2014
马鞍山统计年鉴
MAANSHAN STATISTICS YEARBOOK

马鞍山市统计局　编

中国统计出版社
China Statistics Press

(京)新登字 041 号

图书在版编目(CIP)数据

马鞍山统计年鉴. 2014 / 马鞍山市统计局编. —北京:中国统计出版社, 2014.9
ISBN 978-7-5037-7216-0

Ⅰ. ①马… Ⅱ. ①马… Ⅲ. ①统计资料—马鞍山市—2014—年鉴 Ⅳ. ①C832.543-54

中国版本图书馆 CIP 数据核字(2014)第 186574 号

马鞍山统计年鉴-2014

作　　者 / 马鞍山市统计局
责任编辑 / 陈越月
装帧设计 / 王素捷
出版发行 / 中国统计出版社
地　　址 / 北京市丰台区西三环南路甲 6 号　邮政编码/100073
电　　话 / 邮购(010)63376909　书店(010)68783171
网　　址 / http://csp.stats.gov.cn
印　　刷 / 南京人民印刷厂
经　　销 / 新华书店
开　　本 / 880mm×1230mm　1/16
字　　数 / 30.62 千字
印　　张 / 34　0.5 彩页
版　　别 / 2014 年 9 月第 1 版
版　　次 / 2014 年 9 月第 1 次印刷
定　　价 / 300 元

如有印装差错,由本社发行部调换。

《马鞍山统计年鉴—2014》编辑委员会

2013年，马鞍山市统计局在市委、市政府的坚强领导下，在省统计局的关心支持下，坚持“大统计、大协作、大宣传”，以“打基础、强协作、抓调研、提能力”为主线，深化统计服务，开展经济普查，统计工作取得新成绩。

2013年，马鞍山市统计局先后荣获：马鞍山市第十六届文明单位（蝉联四届）；2013年度全市县级以上党委（党组）中心组理论学习先进单位；2013年度党风廉政责任制优秀单位；2013年度政务公开优秀单位；2013年度人口和计划生育综合治理先进单位；2013年度全市对外宣传工作先进集体；2011-2013年度五好关工委、“四优”文明机关。获得市委、市政府颁发的2013年度招商引资完成任务奖。

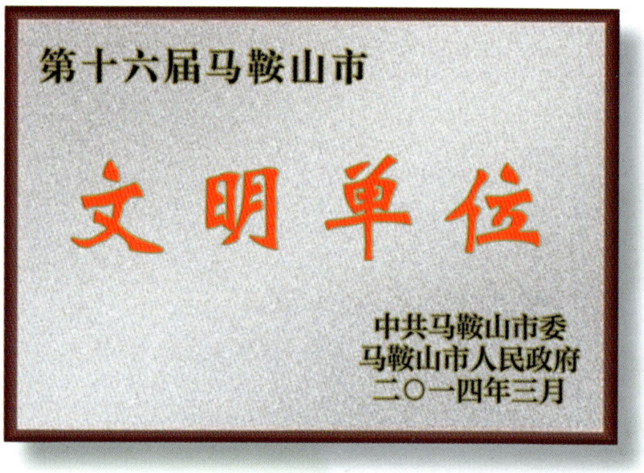

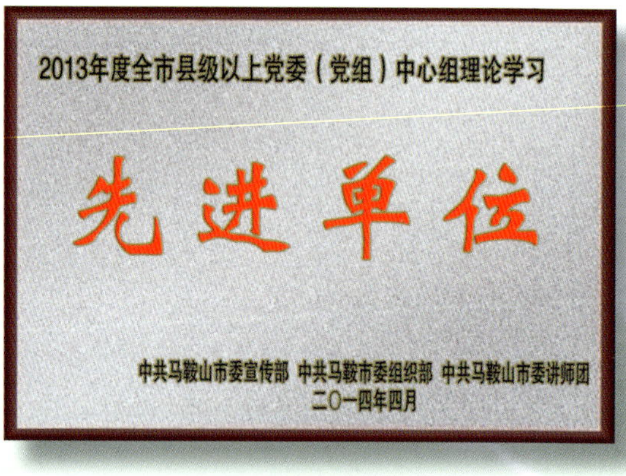

▲ 7月25日，全省统计局长座谈会在我市召开

▲ 9月18日，市第三次全国经济普查领导小组组长、常务副市长王崧在市第三次全国经济普查领导小组第一次会议上讲话

▲ 12月26日，市政府召开第三次全国经济普查领导小组暨部门联席工作会议

▲1月4日，市政府召开2012年暨过去五年全市经济社会发展情况新闻发布会

统计工作回顾剪影 TONGJI GONGZUO HUIGU JIANYING

▲5月17日，马鞍山市召开全市统计工作座谈会

▲ 8月10日，市统计局组织“中国梦”主题宣讲活动

◀8月18日，市统计局、雨山区组织召开第三次全国经济普查省级综合试点动员暨普查登记工作业务培训会

▲ 4月12日，市统计局党员志愿者赴黄池镇中渡村开展义务植树活动

▲ 花山区普查员开展第三次全国经济普查入户登记工作

编辑说明

一、《马鞍山统计年鉴——2014》收录了2013年全市及各县区经济社会各方面的统计数据，是一部综合反映马鞍山国民经济和社会发展情况的资料性年刊。具有全面性、实用性、权威性的特点，是深入了解市情、分析发展趋势的必备工具书。

二、全书共分23个篇章，即：综合；国民经济核算；人口；就业人员和职工工资；固定资产投资；能源生产和消费；财政金融；物价指数；城乡人民生活；城市概况；自然资源和环境保护；农业；工业；建筑业；运输与邮电；国内贸易；对外经济贸易；旅游；教育和科技；卫生和社会服务；文化和体育；公共管理及其他；区域经济。为了进一步帮助读者理解和使用有关数据，各篇章附有简要说明和主要指标解释。书中还附有统计公报、统计法律法规和统计要事等资料。

三、本年鉴所使用的度量衡单位，采用国际统一标准计量单位。本年鉴表中的符号使用说明："-"表示该统计数据不详或无数据；空格表示该统计数据值为"0"；"#"表示其中的主要项。

四、本年鉴数据资料取自我局各专业2013年统计年报和有关部门统计年报及部分抽样调查资料。

五、本年鉴中部分合计数或相对数由于单位取舍不同产生的计算误差，均未作机械调整。

目　　录

一、综　　合

二、国民经济核算

三、人　　口

四、就业人员和职工工资

五、固定资产投资

六、能源生产和消费

七、财政金融

八、物价指数

九、城乡人民生活

十、城市概况

十一、自然资源和环境保护

十二、农　　业

十三、工　业

十四、建筑业

十五、运输与邮电

十六、国内贸易

十七、对外经济贸易

十八、旅　游

十九、教育和科技

二十、卫生和社会服务

二十一、文化和体育

二十二、公共管理及其他

二十三、区域经济

附　录

2013 年马鞍山市国民经济和社会发展情况统计公报

马 鞍 山 市 统 计 局

（2014 年 2 月 26 日）

2013 年，面对复杂多变的宏观形势，全市人民在市委、市政府的坚强领导下，以党的十八大精神为指引，全力推动科学发展，扎实推进"项目提速年"活动，建设"四个中心"，打造"一链一基地四园区"，经济社会发展呈现增长速度稳中有进，发展后劲持续增强，社会事业全面进步的良好态势。

一、综　合

经济总量实现较快增长。全年实现地区生产总值（GDP）1293 亿元，按可比价格计算，比上年增长 11%（见图 1）。其中，第一产业增加值 79.6 亿元，增长 3.5%；第二产业增加值 834.1 亿元，增长 12.3%；第三产业增加值 379.3 亿元，增长 9.1%。

图 1：全市地区生产总值及增幅

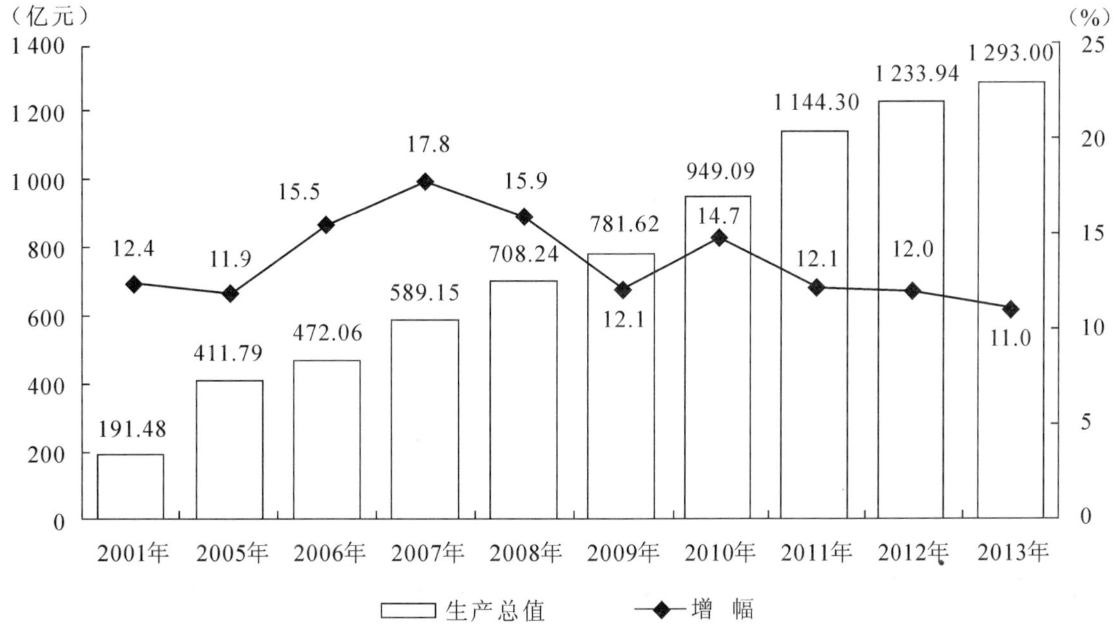

建设全面小康社会目标如期完成。全市建设全面小康社会综合实现程度达 99.7%。在 42 项建设全面小康社会监测指标中，39 项指标达到或超过预期目标，其余 3 项指标均已接近小康目标值。

市场物价稳定。全市居民消费价格（CPI）比上年上涨 1.8%。八大类商品及服务价格呈"六涨二跌"格局，其中，涨幅靠前的主要是食品类和娱乐教育文化用品类，同比分别上涨 4.5% 和 3%，烟酒类价格上涨 0.2%，衣着类价格上涨 1.5%，家庭设备用品价格上涨 0.6%，医疗保健和个人用品类价格上涨 0.9%；居住类、交通和通信类价格均不同程度下跌。工业生产者出厂价格（PPI）比上年下跌 4.8%。

国民经济和社会发展中存在的困难和问题主要是：经济体量不够大；推动经济转型升级的大项目、好项目还不够多；土地、资金、环境等要素制约依然存在，城乡、区域发展不够平衡。

二、工业和建筑业

工业经济平稳较快增长。全年完成规模以上工业增加值 560.02 亿元，扣除价格变动因素，比上年增长 14.2%。县区、开发园区工业生产快速增长，其中，三县规模以上工业增加值增长 21%；三区规模以上工业增加值增长 20.5%。

战略性新兴产业快速发展。全年战略性新兴产业产值达 455.67 亿元，比上年增长 36.1%，增幅居全省首位。其中，电子信息产业增长 1 倍，节能环保产业增长 65.5%，高端装备制造业增长 27.4%，新材料产业增长 25.7%，生物产业增长 19.5%。

工业企业产销衔接良好。全年规模以上工业企业产品销售率为 97%。主要工业产品产量保持较快增长(见下表)。

主要工业产品产量

产品名称	单位	产量	比上年增长(%)
生　铁	万吨	1691.55	4.8
粗　钢	万吨	1733.75	8.9
钢　材	万吨	1943.56	13.2
水　泥	万吨	1364.19	9.7
改装汽车	辆	6700	53.0
汽车及底盘	辆	21032	67.0
机制纸及纸板	万吨	103.96	2.8
发电量	亿千瓦时	295.03	14.1
啤　酒	万千升	13.27	-15.0
纱	万吨	0.85	-44.9
服　装	万件	4144	-2.4
泵	万台	5.58	22.7
阀　门	万吨	2.04	-37.8

建筑业平稳发展。全年实现建筑业增加值 77.47 亿元，按可比价格计算，比上年增长 5.1%。房屋建筑施工面积 2050 万平方米，房屋竣工面积 896 万平方米。

三、农　业

农业经济稳步增长。全年完成农业总产值 131.96 亿元，比上年增长 3.5%。全市粮食种植面积 15.35 万公顷，比上年增长 0.2%。粮食作物在农作物所占比重达 65.1%，比上年提高 2 个百分点。粮食产量实现“十连增”，达 101.79 万吨，比上年增长 0.2%；棉花总产量 1.27 万吨，比上年下降 19.4%；油料总产量 9.84 万吨，比上年下降 3.9%。

农副产品生产形势良好。全市肉类总产量 8.01 万吨，比上年增长 3.7%；家禽出栏 3056.2 万只，比上年增长 3.1%；禽蛋总产量 2.04 万吨，比上年增长 20%；牛奶总产量 4.08 万吨，比上年增长 0.3%；水产品总产量 10.93 万吨，比上年增长 3.1%；蔬菜总产量 67.75 万吨，与上年基本持平；水果总产量 3.24 万吨，比上年增长 11.4%。

四、固定资产投资

固定资产投资稳步增长。全年固定资产投资完成 1431.6 亿元，比上年增长 19.2%（见图 2）。其中，房地产开发投资 255.75 亿元，比上年增长 20.9%。

图 2：全市固定资产投资总额及增幅

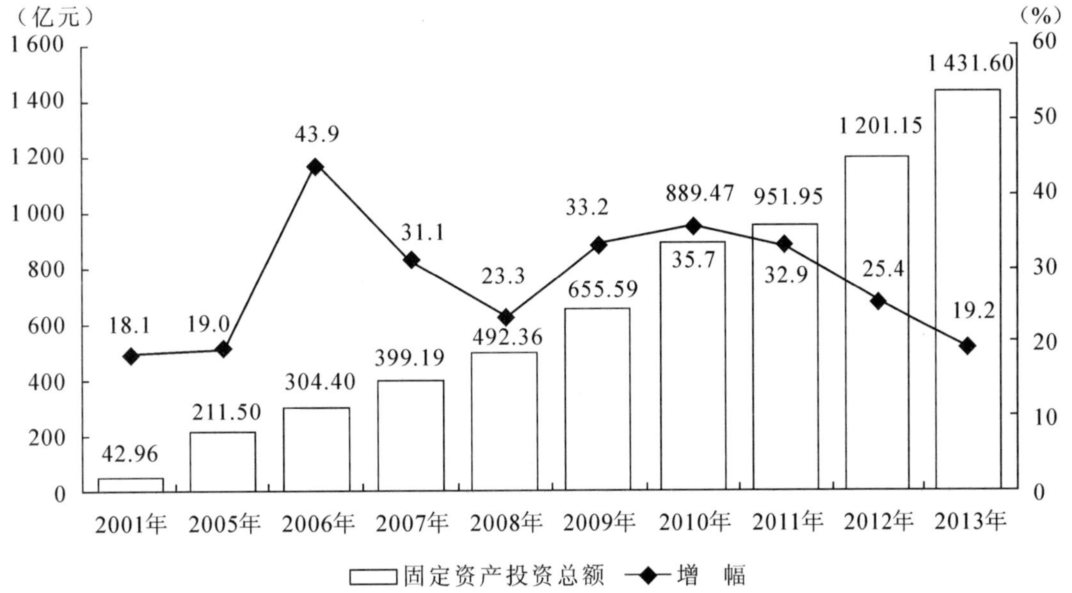

投资结构不断改善。全年第一产业完成投资 32.82 亿元，比上年增长 6.5%。第二产业完成投资 659.39亿元，比上年增长 10.1%，其中，工业性投资完成 657.48 亿元，增长 9.9%。第三产业完成投资 739.39亿元，比上年增长 29.4%（见图 3），其中，城市基础设施投资 236.92 亿元，比上年增长 35.7%。

图 3：全市第三次产业投资额占总投资额的比重

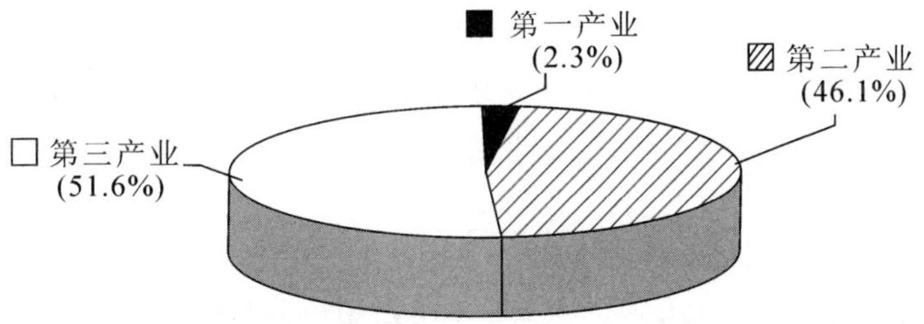

"项目提速年"活动扎实开展。全年实施重点项目 360 个，完成投资 769 亿元，占投资总额的53.7%。"861"项目完成投资 623 亿元。华菱车架、德国易能环保一期等 76 个项目建成投产，正崴科技园、信德石头造纸、同心石化等 134 个项目开工建设，九华路过江隧道、工业机器人等一批重点项目谋划取得积极进展。

五、国内贸易

消费品市场持续繁荣。全年实现社会消费品零售总额 301.34 亿元，比上年增长 14.9%（见图 4）。分地区看，城市市场与农村市场同步发展，城镇和乡村市场分别实现零售额 278.76 亿元和 22.58 亿元，分别比上年增长 15% 和 14.7%。分行业看，批发零售业实现零售额 262.77 亿元，比上年增长 15.1%；其中，限额以上企业实现零售额 125.55 亿元，比上年增长 19.6%。住宿餐饮业实现零售额 38.57 亿元，比上年增长13.5%；其中，限额以上企业实现零售额 5.96 亿元，比上年下降 6.7%。

图 4：全市社会消费品零售总额及增幅

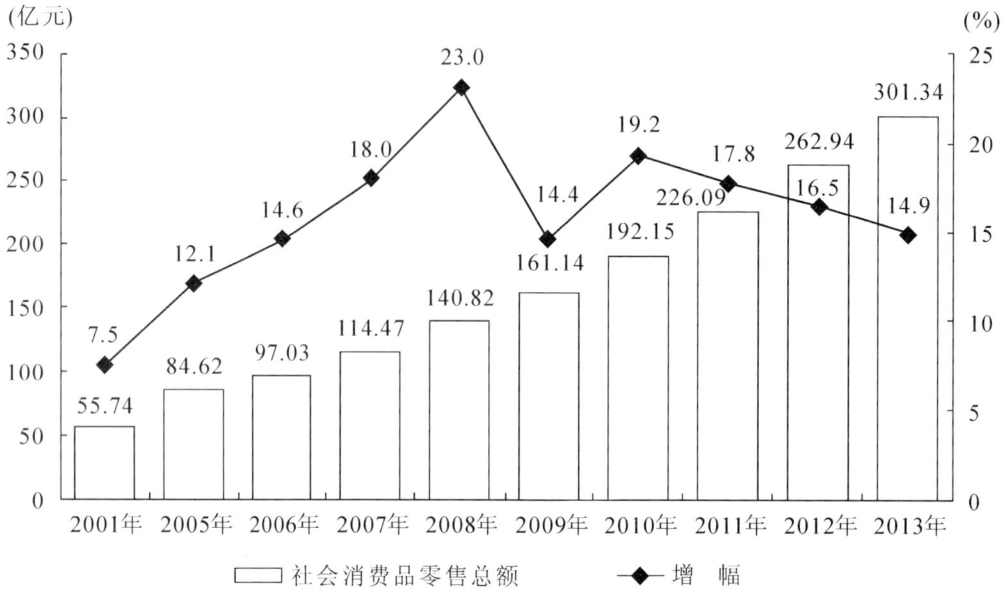

六、对外经济

外贸出口较快增长。全年进出口总额 36.3 亿美元，比上年下降 0.5%。其中，出口 13.9 亿美元，增长 15.8%；进口 22.4 亿美元，下降 8.6%。

招商引资取得新成绩。全年实际利用外资 17.46 亿美元，比上年增长 30.3%；其中，实际利用外商直接投资 14.79 亿美元，增长 15.6%。实际利用内资 1651 亿元，增长 31%。

七、交通、邮电和旅游

交通运输能力稳步提升。全年铁路旅客发送量 107 万人，铁路货运发送量 380 万吨。港口货物吞吐量 7489.2 万吨，比上年增长 9.8%；集装箱吞吐量 7.1 万标箱。马鞍山长江大桥正式建成通车，宁安城际铁路马鞍山段加快建设，205 国道南段改建基本建成、北段改造加快推进，314 省道改造全面完工，206 省道、226 省道改造稳步推进。

邮电通讯业迅猛发展。全年完成邮电业务收入 18.43 亿元，比上年增长 23.3%。年末固定电话用户 56.17 万户，其中，城市电话用户 39.83 万户。年末移动电话用户 166.75 万户，年末宽带用户 34.24 万户。

旅游产业快速增长。全年旅游业总收入 125.1 亿元，比上年增长 12.9%；其中，国际旅游外汇收入 1.57 亿美元，比上年增长 12%。全年共接待海外旅游者 9.22 万人次，比上年增长 12%。年末星级饭店 19 家；其中，五星级 2 家，四星级 5 家，三星级 8 家。现有 A 级景区 15 处，其中 4A 级景区 1 处。

八、财政、金融和保险

财政收入平稳增长。全年实现财政收入 226 亿元，比上年增长 7.3%（见图 5）；其中，地方财政收入 146.2 亿元，比上年增长 14.4%。全年财政支出 203 亿元，比上年增长 6.7%；其中，社会保障和就业支出 18.2 亿元，比上年增长 16.3%。民生工程投入资金 162 亿元，比上年增长 5.9%。

金融信贷规模扩大。中信银行马鞍山分行开业运营，银行业金融机构增至 21 家。年末全市金融机构本外币存款余额 1447.85 亿元，比年初增加 178.66 亿元；其中，单位存款余额 653.93 亿元，比年初增加 51.28 亿元。年末金融机构本外币贷款余额 998.5 亿元，比年初增加 121.35 亿元；其中，短期贷款 430.71 亿元，比年初增加44.07亿元;中长期贷款471.82亿元,比年初增加80.71亿元。

图5:全市财政收入总量及增幅

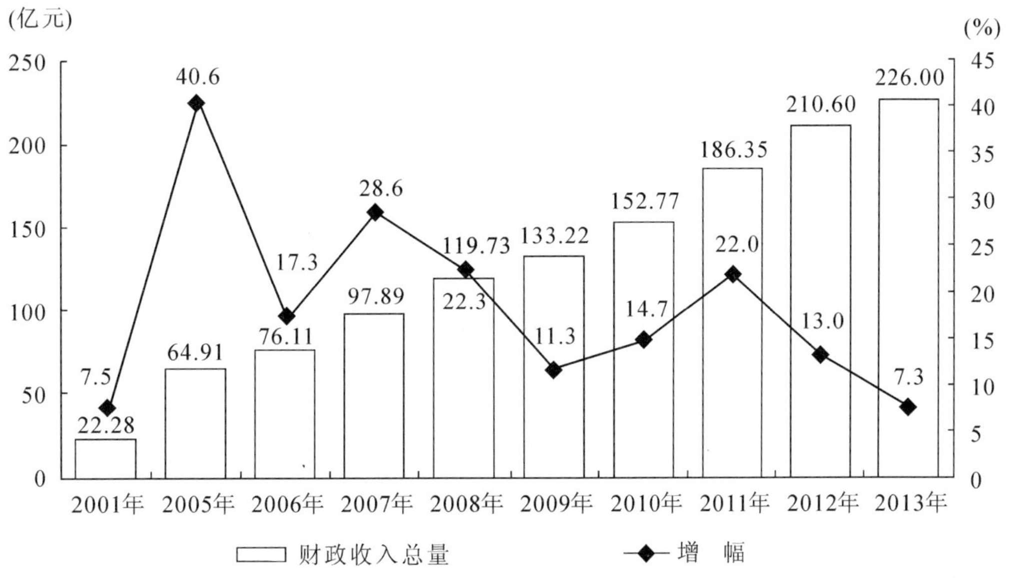

保险事业有序发展。全市各类保险机构20家。全年保费总收入23.12亿元,比上年增长1.5%;其中,财产险保费收入9.01亿元,比上年增长23.9%;人身险保费收入14.11亿元,比上年下降9.1%。

九、城市建设

城乡综合承载能力增强。城市建成区面积89平方公里,城镇化率达62.57%。新建城区主干道路17公里,升级改造县乡公路62公里。完成14个老旧小区整治。美好乡村建设深入推进,建成26个省级重点示范村、50个市级示范村。

城市绿化水平稳步提升。新增城市绿道27公里,建成5座街头游园。新增人工造林15万亩、森林长廊96公里。新增绿地面积148公顷,市区人均公园绿地面积15.89平方米,建成区绿化覆盖率44%。

十、科学技术和教育

科技创新能力持续增强。全年专利申请量5321件,比上年增长20.6%。92个项目被省级以上科技计划项目立项,其中,国家科技支撑计划、国家973计划、国家火炬计划等国家级项目42项。全年组建市级工程技术研究中心23家、重点实验室17家,组建我市第五家院士工作站——中钢天源院士工作站。新三馆(青少年宫、科技馆、妇女儿童活动中心)建成,华琪环保荣获国家技术发明二等奖。

高新技术产业较快发展。全年高新技术产业产值701亿元,比上年增长18.8%。高新技术企业193家,高新技术产品764个。民营科技企业414家,技工贸总收入110亿元。

教育事业全面发展。全年财政用于教育的支出30.99亿元,比上年增长4.2%。全市高等院校6所;中小学及其他各类学校660所,其中,幼儿园241所,小学293所,特殊教育学校3所,普通中学102所。全市省一类幼儿园10所,省示范高中11所,省特色初中1所,省特色小学2所,国家重点职业学校5所。全市中小学及其他各类学校共有在校学生32.87万人、教职工2.31万人。全市高中阶段在校学生8.64万人,高中阶段教育毛入学率122.3%。

人才队伍建设成效显著。举办人才招聘会144场,组团赴外招聘10次,引进本科学历或中级职称以上人才913人。申报获批省"外专百人计划"项目2个,实施引智项目14个,引进国外专家19名,新增2个省级技能大师工作室。

十一、文化、卫生和体育

文化事业欣欣向荣。成功创建首批“国家公共文化服务体系示范区”。完成市博物馆展陈提升改造,建成 10 个自助图书馆,完成 5 个省级农民文化乐园试点村建设。年末拥有公共图书馆 17 个,藏书 470 万册;专业艺术表演团体 11 个,文化馆 7 个;广播人口覆盖率、电视人口覆盖率均为 100%。综合档案馆 7 个,档案资料 124.78 万卷(件),总建筑面积 1.5 万平方米。

卫生事业健康发展。全市共有卫生机构 972 个。其中,医院、卫生院 91 个;社区卫生服务机构 103 家;标准化村卫生室 392 所。共有病床 7226 张,卫生技术人员 10364 人。全市以乡镇为单位四苗、五苗接种率 99.1%,乙肝疫苗首针接种率 99.9%。

体育事业取得新成绩。成功举办 361°中国乒乓球俱乐部超级联赛(马鞍山赛区)、南京都市圈第三届城市龙舟邀请赛、第三届长三角城市山地自行车越野邀请赛、安徽省青少年国际式摔跤锦标赛和安徽省青少年赛艇皮划艇锦标赛等活动。参加省常规比赛获得奖牌 252 枚,其中,金牌 83 枚、银牌 92 枚、铜牌 77 枚。

十二、资源、环境和安全生产

矿产资源丰富。全市已发现 36 种矿种;其中,金属矿产 10 种,非金属矿产 25 种,水汽矿产 1 种。查明资源储量的矿种共计 24 种;其中,金属矿产 5 种,非金属矿产 19 种。

环境质量持续改善。实施减排重点工程 53 项,建成污水管网 19 公里,新建改建脱硫脱硝设施 14 个。污水处理厂 5 座,城市污水处理率达 97.4%。节能降耗、主要污染物排放量控制在省下达的指标以内。全市空气质量优良率 71.8%,城市饮用水水质达标率 100%。工业废水排放达标率 100%。

安全生产形势稳定。全市亿元 GDP 安全事故死亡人数 0.075 人。

十三、人口、人民生活和社会保障

人口总量较为平稳。年末全市户籍人口为 228.4 万人,其中,农业人口 146.2 万人,非农业人口 82.2 万人。据抽样调查,全市常住人口 220.8 万人,人口出生率为 10.3‰,死亡率为 5.5‰,自然增长率为 4.8‰。

城乡居民收入稳步提升。据抽样调查,全市城市居民人均可支配收入 34048 元,稳居全省首位,比上年增长 10.1%(见图 6)。全市农民人均纯收入 12339 元,稳居全省首位,比上年增长 13%(见图 7)。

图 6:全市城市居民人均可支配收入及增幅

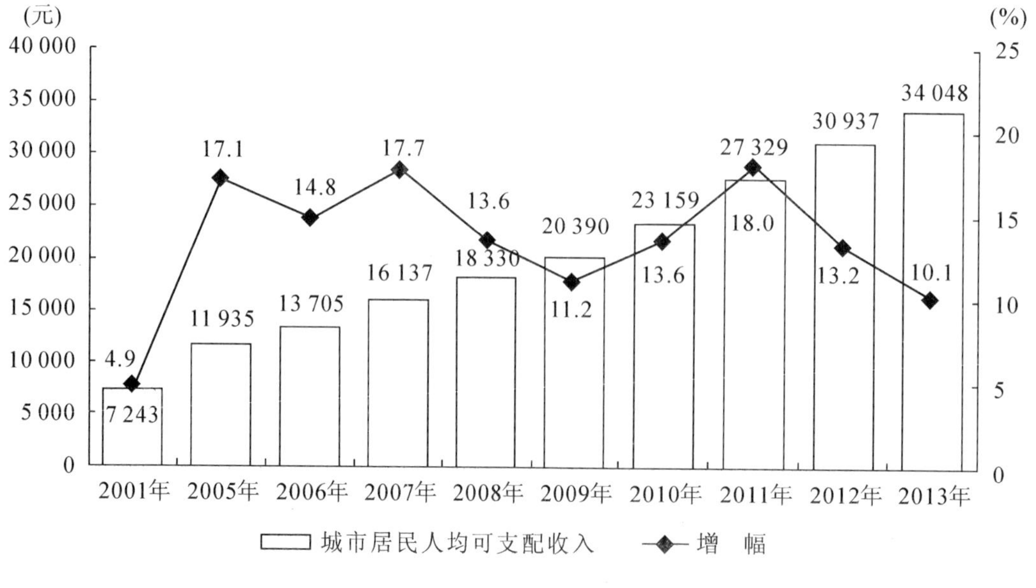

图7：全市农民人均纯收入及增幅

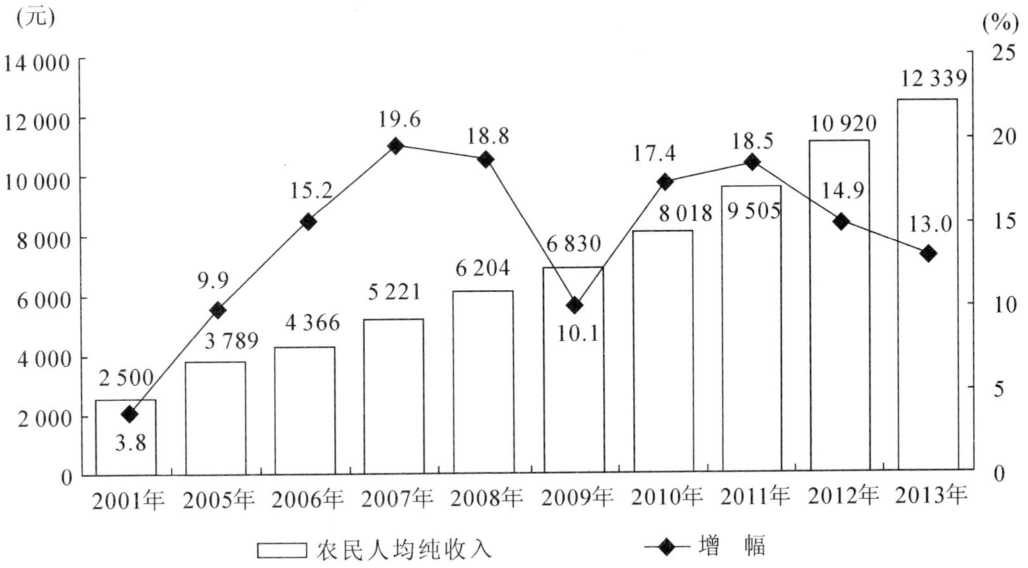

居民储蓄不断增加。年末城乡居民储蓄余额723.60亿元，比年初增加86.02亿元。其中，定期储蓄存款余额495.59亿元，比年初增加67.19亿元；活期储蓄存款余额218.19亿元，比年初增加18.61亿元。

社会保障工作扎实推进。全年新增就业5.03万人；其中，下岗失业人员再就业2.01万人，"4050"人员等困难群体再就业4590人，城镇登记失业率为2.8%。抓好下岗失业人员再就业培训，完成就业再就业技能培训2.1万人，创业培训4037人。城镇职工基本养老保险参保人数60.59万人，失业保险参保人数24.66万人，医疗保险参保人数98.37万人，工伤保险参保人数30.2万人，生育保险参保人数58.28万人。城镇居民医疗保险参保人数50.6万人。新型农村社会养老保险参保人数101.18万人，参保率为91.32%。被征地农民养老保障实现即征即保，参保人数为13.39万人。

社会福利事业日臻完善。城乡低保标准和补助水平稳步提高，城镇居民低保标准提高到户月人均450元，农村低保标准提高到户年人均4260元。全市城乡最低生活保障救助114万人次，全年支付低保金3.16亿元。全市社会收养性福利床位数1.26万张；抚恤、补助各类优抚对象1.65万人；接受社会捐赠891万元；拥有便民利民服务网点680个。全市福利彩票销售2.22亿元，比上年增长21.8%；筹集福利彩票公益金8332万元，比上年增长52.7%，其中市本级2413万元。

说明：

1. 本公报为初步统计数，正式统计数据以《2014马鞍山统计年鉴》为准。
2. 公报中全市生产总值及三次产业增加值绝对数按现价计算，增长速度按可比价计算。

一、综　　合

简要说明

一、本篇包括我市行政区划、国民经济综合资料等内容。

二、各行业机构单位数资料由市统计局普查科整理。

三、国民经济总量、速度、结构、比例和效益指标均取自本年鉴各篇;国民经济综合资料由市统计局综合核算科整理。

1－1　全市行政区划（2013年末）

地　区	街道办事处（个）	社区居委会（个）	乡　镇（个）	村委会（个）	土地面积（平方公里）
全　　市	**13**	**161**	**35**	**400**	**4049**
含 山 县	–	22	8	95	1025
和　　县	–	30	9	85	1318
当 涂 县	–	27	11	130	1002
花 山 区	9	48	1	25	179
雨 山 区	4	28	3	28	174
博 望 区	–	6	3	37	351

1－2　乡镇、街道名录（2013年末）

地　区	乡　镇、街道数（个）	所辖乡镇及街道办事处名称
含 山 县	8	8个镇：环峰镇、仙踪镇、林头镇、清溪镇、陶厂镇、铜闸镇、运漕镇、昭关镇
和　　县	9	9个镇：历阳镇、白桥镇、姥桥镇、西埠镇、香泉镇、乌江镇、善厚镇、石杨镇、功桥镇
当 涂 县	11	8个镇：姑孰镇、黄池镇、乌溪镇、石桥镇、塘南镇、护河镇、太白镇、年陡镇 3个乡：大陇乡、湖阳乡、江心乡
花 山 区	10	9个街道：沙塘路街道、解放路街道、湖东路街道、桃源路街道、霍里街道、金家庄街道、江东街道、塘西街道、慈湖街道 1个乡：慈湖乡
雨 山 区	7	4个街道：平湖街道、雨山街道、安民街道、采石街道 2个镇：向山镇、银塘镇 1个乡：佳山乡
博 望 区	3	3个镇：丹阳镇、新市镇、博望镇

1－3　各行业机构单位数(2013 年)

单位:个

行　　业	单位数	#法人单位	#规模、资质或限额以上单位
总　计	**25454**	**20436**	**1696**
农、林、牧、渔业	**867**	**813**	
农　业	271	268	
林　业	144	128	
畜牧业	142	142	
渔　业	112	112	
农、林、牧、渔服务业	198	163	
采矿业	**182**	**162**	**36**
煤炭开采和洗选业	2	2	
黑色金属矿采选业	109	95	23
有色金属矿采选业	1	1	
非金属矿采选业	67	62	13
开采辅助活动	1	1	
其他采矿业	2	1	
制造业	**5237**	**5053**	**848**
农副食品加工业	283	268	55
食品制造业	66	64	11
酒、饮料和精制茶制造业	41	40	7
纺织业	59	59	8
纺织服装、服饰业	411	404	43
皮革、毛皮、羽毛及其制品和制鞋业	26	26	5
木材加工和木、竹、藤、棕、草制品业	94	94	8
家具制造业	55	54	8
造纸和纸制品业	50	48	6
印刷和记录媒介复制业	126	119	3
文教、工美、体育和娱乐用品制造业	67	57	6
石油加工、炼焦和核燃料加工业	8	8	2
化学原料和化学制品制造业	181	174	44
医药制造业	21	21	7
化学纤维制造业	3	3	
橡胶和塑料制品业	122	121	20
非金属矿物制品业	482	453	108
黑色金属冶炼和压延加工业	379	361	99
有色金属冶炼和压延加工业	71	64	15
金属制品业	775	757	105
通用设备制造业	1080	1060	129
专用设备制造业	302	294	45
汽车制造业	101	94	30
铁路、船舶、航空航天和其他运输设备制造业	49	46	11
电气机械和器材制造业	151	146	35
计算机、通信和其他电子设备制造业	60	58	18
仪器仪表制造业	45	43	6
其他制造业	25	25	3
废弃资源综合利用业	54	49	10
金属制品、机械和设备修理业	50	43	1
电力、热力、燃气及水的生产和供应业	**139**	**83**	**11**
电力、热力生产和供应业	52	16	6
燃气生产和供应业	15	10	3
水的生产和供应业	72	57	2
建筑业	**1523**	**1047**	**175**
房屋建筑业	365	181	78
土木工程建筑业	331	223	33
建筑安装业	249	167	17
建筑装饰和其他建筑业	578	476	47
批发和零售业	**6128**	**5207**	**206**
批发业	4406	4076	46
零售业	1722	1131	160
交通运输、仓储和邮政业	**820**	**618**	**72**
铁路运输业	10	3	
道路运输业	479	384	43
水上运输业	93	91	13

1－3　各行业机构单位数(2013年)(续)

单位:个

行　　业	单位数	#法人单位	#规模、资质或限额以上单位
航空运输业	2	1	
管道运输业	2	2	
装卸搬运和运输代理业	95	81	9
仓储业	44	28	6
邮政业	95	28	1
住宿和餐饮业	**331**	**243**	**67**
住宿业	107	93	42
餐饮业	224	150	25
信息传输、软件和信息技术服务业	**403**	**283**	**10**
电信、广播电视和卫星传输服务	113	19	4
互联网和相关服务	36	30	
软件和信息技术服务业	254	234	6
金融业	**577**	**96**	
货币金融服务	425	60	
资本市场服务	26	12	
保险业	123	22	
其他金融业	3	2	
房地产业	**1026**	**866**	**193**
房地产开发经营	394	369	188
物业管理	363	296	5
房地产中介服务	236	175	
自有房地产经营活动	22	17	
其他房地产业	11	9	
租赁和商务服务业	**1745**	**1534**	**36**
租赁业	208	185	2
商务服务业	1537	1349	34
科学研究和技术服务业	**852**	**727**	**19**
研究和试验发展	103	93	2
专业技术服务业	428	335	16
科技推广和应用服务业	321	299	1
水利、环境和公共设施管理业	**338**	**126**	**4**
水利管理业	190	28	
生态保护和环境治理业	12	10	2
公共设施管理业	136	88	2
居民服务、修理和其他服务业	**403**	**351**	**6**
居民服务业	128	106	4
机动车、电子产品和日用产品修理业	178	153	
其他服务业	97	92	2
教育	**845**	**522**	**4**
学前教育	184	149	1
初等教育	377	112	
中等教育	120	115	
高等教育	9	8	
特殊教育	6	5	
技能培训、教育辅助及其他教育	149	133	3
卫生和社会工作	**726**	**263**	**5**
卫生	636	216	5
社会工作	90	47	
文化、体育和娱乐业	**414**	**383**	**4**
新闻和出版业	11	6	
广播、电视、电影和影视录音制作业	28	22	
文化艺术业	77	71	1
体　育	32	23	1
娱乐业	266	261	2
公共管理、社会保障和社会组织	**2898**	**2059**	
中国共产党机关	67	52	
国家机构	1358	693	
人民政协、民主党派	19	16	
社会保障	30	24	
群众团体、社会团体和其他成员组织	769	715	
基层群众自治组织	655	559	

注:本资料为第三次经济普查初步汇总数据,单位数包括多产业法人单位的本部。

1－4　主要年份国民经济和

指　标		总量指标					
		1995	2000	2005	2010	2012	2013
人口与就业							
人　口							
年末总人口　※	(万人)	114.2	119.0	125.6	227.8	228.4	228.4
#非农业人口	(万人)	46.5	50.8	59.2	81.4	81.5	82.2
农业人口	(万人)	67.7	68.2	66.4	146.4	146.9	146.2
#男性人口	(万人)	59.9	61.8	65.0	117.9	117.8	117.8
女性人口	(万人)	54.3	57.2	60.6	109.9	110.5	110.6
出生人口　※	(万人)	1.47	1.39	1.08	2.10	2.35	2.33
死亡人口　※	(万人)	0.54	0.73	0.52	1.35	2.36	1.83
人口密度　※	(人/平方公里)	677	706	745	564	564	564
年末总户数　※	(万户)	32.7	35.3	37.8	72.4	72.7	73.1
#乡村户数	(万户)	18.2	18.9	19.3	40.8	40.5	40.3
就　业							
经济活动人口　※	(万人)		66.1	61.1	132.7	130.9	135.8
从业人员	(万人)		65.2	60.2	132.7	127.2	131.7
#国有经济	(万人)		11.6	5.5	6.8	7.0	6.9
城镇集体经济	(万人)		5.0	1.5	1.4	1.2	1.0
港澳台投资经济	(万人)		0.1	0.2	0.5	0.7	0.5
外商投资经济	(万人)		0.1	0.3	0.8	0.8	1.2
城镇私营经济	(万人)		2.3	2.2	6.6	8.9	10.1
城镇个体	(万人)		5.5	3.3	9.9	16.8	19.1
职工人数	(万人)		22.8	14.1	18.0	19.1	23.7
国有经济	(万人)		11.5	4.5	6.3	7.0	6.9
城镇集体经济	(万人)		5.3	1.0	1.3	1.2	1.0
其他经济合计	(万人)		6.0	8.6	10.4	10.9	15.7
城镇登记失业人数　▲	(万人)			0.90	0.80	1.8	1.8
宏观经济							
国民经济核算							
生产总值	(亿元)	106.4	173.2	411.8	949.1	1233.9	1293.0
第一产业	(亿元)	20.4	25.0	35.5	58.1	73.5	79.6
第二产业	(亿元)	59.8	85.9	244.9	627.5	818.9	834.1
#工　业	(亿元)	51.7	74.2	221.6	573.7	745.4	756.7
第三产业	(亿元)	26.2	62.3	131.4	263.5	341.6	379.3
固定资产投资　※							
固定资产投资额	(亿元)	34.2	30.6	191.4	889.5	1201.2	1431.6
#国有单位	(亿元)			39.3	210.9	284.1	345.5
集体单位	(亿元)			2.4	7.2	6.7	9.2
固定资产投资按产业分							
#第一产业	(亿元)			1.1	15.8	30.8	32.8
第二产业	(亿元)			124.8	441.1	599.1	659.4
第三产业	(亿元)			65.5	432.6	571.2	739.4
#房地产开发	(亿元)			26.4	103.1	211.5	255.8

注：1. 本表中带“※”的指标，2010 年以后数据为新区划口径，其它年份为原区划口径；
2. 本表中带“▲”的指标，2011 年以后数据为新区划口径，其它年份为原区划口径；
3. 本表中未标注的指标，各年份均为新区划口径。

社会发展总量与速度指标

速度指标(%)						
指数(2013年为以下各年)					平均增长速度	
1995	2000	2005	2010	2012	2001—2005	2006—2010
			100.3	100.0	1.1	
			101.0	100.9	3.1	
			99.9	99.5	-0.5	
			99.9	100.0	1.0	
			100.6	100.1	1.2	
			111.0	99.1	-4.9	
			135.6	77.5	-6.6	
			100.0	100.0	1.1	
			101.0	100.6	1.4	
			98.8	99.6	0.4	
			102.3	103.7	-1.6	
			99.3	103.6	-1.6	
			102.1	99.1	-13.9	
			73.6	85.8	-21.4	
			108.0	77.1	14.9	
			147.5	147.5	24.6	
			153.2	113.6	-0.9	
			192.5	113.5	-9.7	
			131.6	124.0		
			110.2	99.1		
			79.2	85.8		
			151.2	144.2		
	490.8	254.6	138.1	110.0	14.0	15.2
	166.5	136.4	113.3	103.5	4.1	4.5
	616.3	292.1	144.3	112.3	16.1	17.9
	658.2	303.1	145.7	112.9	16.8	18.6
	427.1	218.0	133.5	109.1	14.4	12.2
			160.9	119.2	44.3	
			163.8	121.6		
			127.6	137.2		
			207.6	106.5		
			149.5	110.1		
			170.9	129.4		
			248.1	120.9		

1－4 主要年份国民经济和

指 标		总量指标					
		1995	2000	2005	2010	2012	2013
财 政							
财政收入▲	（亿元）	10.1	18.4	62.7	140.0	210.6	226.0
中 央	（亿元）	4.0	9.0	33.7	70.1	82.8	79.8
地 方	（亿元）	6.1	9.4	29.0	69.9	127.8	146.2
#增值税	（亿元）	1.3	11.6	34.4	53.4	51.7	74.3
营业税	（亿元）	1.2	1.6	5.6	12.5	24.1	29.3
企业所得税	（亿元）	1.3	0.8	7.7	11.9	17.3	16.9
地方财政支出 ▲	（亿元）		9.4	29.1	87.4	190.4	202.6
一般公共服务	（亿元）				10.1	21.1	21.6
教 育	（亿元）				10.2	29.8	31.3
科学技术	（亿元）				2.4	5.3	6.1
社会保障和就业	（亿元）				6.7	15.6	18.2
物价总指数 上年＝100							
商品零售价格指数		111.4	99.0	100.2	103.1	101.9	101.2
居民消费价格指数		116.8	102.5	100.6	103.0	102.0	101.8
工业生产者出厂价格指数		—	—	101.7	112.5	91.1	95.2
利用外资 ※ ▲							
签订利用外资协议额	（万美元）	1660	1549	18549	16975	14203	9462
实际利用外资额	（万美元）	612	1889	14630	81478	133942	174655
#外商直接投资	（万美元）	612	1889	4798	79852	127912	147895
能源生产与消费							
能源生产总量 ※	（万吨标准煤）	—	—	337.8	675.3	770.9	816.8
能源消费总量 ※	（万吨标准煤）	—	—	946.9	1687	1921.7	2000.5
产 业							
农 业							
耕地面积	（公顷）	113833	112830	125082	124928	124744	124441
总播种面积	（公顷）	222283	216270	231519	233874	242868	235783
#粮食播种面积	（公顷）	138411	117429	117270	144963	153201	153540
农林牧渔业总产值	（亿元）	33.1	41.4	59.5	96.1	121.7	131.6
农林牧渔业总产值指数 上年＝100						105.1	103.6
主要农产品产量							
粮 食	（万吨）	84.85	82.04	86.55	94.46	101.64	101.79
棉 花	（万吨）	0.80	0.87	1.29	1.60	1.58	1.27
油 料	（万吨）	9.46	14.39	17.25	10.68	10.24	9.84
茶 叶	（吨）	155	191	305	326	299	272
猪 肉	（万吨）	2.41	3.00	3.33	3.21	2.87	2.87
牛 肉	（吨）	387	659	545	395	392	392
羊 肉	（吨）	729	1177	1866	1417	1354	1412
肉猪出栏	（万头）	39.13	41.00	41.21	39.72	35.07	35.70
奶 类	（吨）	277	848	1952	39587	40645	40767
淡水产品	（万吨）	4.68	9.51	10.31	10.49	10.60	10.93
农业机械总动力	（万千瓦）	73.45	90.00	111.18	130.13	129.14	137.81
有效灌溉面积 ▲	（万公顷）	4.85	4.81	5.19	5.22	12.90	14.79
农用化肥施用量	（万吨）	10.80	12.72	10.25	12.33	9.01	8.66
农村用电量	（万千瓦时）	2.90	2.01	2.66	3.31	4.49	4.82

社会发展总量与速度指标(续1)

速度指标(%)						
指数(2013年为以下各年)					平均增长速度	
1995	2000	2005	2010	2012	2001—2005	2006—2010
			161.4	107.3	27.8	17.4
			113.9	96.4	30.2	15.8
			209.1	114.4	25.3	19.2
			139.1	143.7	24.3	9.1
			234.7	121.7	28.5	17.4
			142.1	97.7	16.3	14.9
			231.8	106.4	25.4	24.6
			214.7	102.6		
			307.0	105.1		
			250.6	114.9		
			271.8	116.9		
			98.2	99.3	0.9	3.0
			98.8	99.8	1.1	2.9
			84.6	104.5		3.2
			55.7	66.6	64.3	-1.8
			214.4	130.4	50.6	41.0
			185.2	115.6	20.5	75.5
			120.9	105.9		
			118.6	104.1		
109.6	110.6	99.7	99.6	99.8	2.1	0.0
109.3	112.3	104.9	100.8	97.1	1.4	0.2
110.7	130.5	130.6	105.9	100.2	0.0	4.3
367.7	294.0	204.5	136.9	108.1	7.5	10.1
				98.6		
119.8	123.9	117.4	107.8	100.1	1.1	3.4
197.5	181.6	122.5	79.5	80.5	8.2	4.4
108.2	71.2	59.4	92.1	96.1	3.7	-9.1
192.9	156.5	98.0	83.4	91.0	9.8	1.3
119.1	95.7	86.2	89.4	100.0	2.1	-0.7
101.3	59.5	71.9	99.2	100.0	-3.7	-6.2
185.7	115.0	72.6	99.6	104.3	9.7	-5.4
89.6	85.5	85.1	89.9	101.8	0.1	-0.7
14673.3	4793.0	2082.2	103.0	100.3	18.1	82.6
226.5	111.5	102.8	104.2	103.1	1.6	0.3
175.8	143.5	116.2	105.9	106.7	4.3	3.2
			283.3	114.7	1.5	0.1
83.4	70.8	87.9	70.2	96.1	-4.2	3.8
154.8	223.4	168.8	145.5	107.2	-1.9	3.6

1－4　主要年份国民经济和

指　标		总量指标					
		1995	2000	2005	2010	2012	2013
工业（规模以上） ※							
主要工业产品产量							
生　铁	（万吨）	323.87	397.11	896.39	1469.72	1617.17	1691.55
粗　钢	（万吨）	259.57	395.40	1021.09	1545.13	1591.85	1733.75
钢　材	（万吨）	198.90	360.12	951.91	1578.10	1648.43	1943.56
水　泥	（万吨）	16.01		93.61	963.30	1243.12	1364.19
载货汽车	（辆）				29315	12596	21032
改装汽车	（辆）	216	915	3286	10878	4379	6700
机制纸及纸板	（万吨）	6.12	13.65	48.25	96.01	101.16	103.96
发电量	（亿千瓦时）	10.22	41.00	75.65	175.85	258.08	295.03
滚动轴承	（万套）	0.40		2.03	7.84	9.3	8.84
金属成形机床	（万台）		0.38	0.60	1.79	1.62	2.00
啤　酒	（千升）			63896	143273	156129	132712
纱	（万吨）	0.79	0.91	1.00	2.08	1.54	0.85
服　装	（万件）	185.93	551.21	966.00	2870.66	4053.63	4144
乳制品	（万吨）				29.25	29.54	39.13
泵	（万台）	—	—	—	3.49	4.55	5.58
阀　门	（万吨）	—	—	—	1.02	3.29	2.04
企业单位数	（个）	105	120	341	1014	750	895
#大型企业	（个）					12	14
工业总产值	（亿元）	95.77	132.41	537.65	1497.86	2016.95	2377.39
工业增加值	（亿元）	33.66	49.37	196.20	422.42	484.28	578.49
资产总计	（亿元）					2015.9	2270.5
负债合计	（亿元）					1218.6	1302.9
主营业务收入	（亿元）					2216.2	2581.7
利润总额	（亿元）					108.3	151.2
建筑业※							
企业单位数	（个）	31	77	105	158	153	147
企业从业人员	（万人）	3.1	4.2	4.9	9.9	8.4	8.7
建筑业总产值	（亿元）	13.02	17.84	73.05	176.46	264.39	271.94
房屋建筑施工面积	（万平方米）	93.23	177.78	564.73	1228.54	1959.84	2058.86
房屋建筑竣工面积	（万平方米）	37.64	108.40	248.40	689.38	780.11	881.34
#住宅面积						470.21	669.65
交通运输 ▲							
货运量	（万吨）						
铁　路		775	941	1452	1785	1659	1579
公　路					9458	14850	16857
水　运					1441	3015	2993
客运量	（万人）						
铁　路		136	178	211	218	193	219
公　路					2120	6959	8246
货物周转量	（万吨公里）						
公　路					1411706	2231675	2494800
水　运					672932	934650	1388881
公路里程	（公里）			1124	2223	5095	6829
等级路里数	（公里）			906	2180	4759	6592
邮电通信业 ▲							
函 件	（万件）	585.01	403.46	480.31	1117.00	1188.64	734.21
报刊期发数	（万份）	191.79	132.27	157.46	366.20	337.00	342.36
本地固定电话局用交换机容量	（万门）			23.37	33.22	76.93	60.91
长途电话交换机容量	（路端）			17305	31610	28818	28818
移动电话年末用户	（万户）			24.10	104.12	165.26	176.75
固定电话年末用户	（万户）			43.64	47.38	59.22	58.67
城　市						30.63	32.84
农　村						28.89	25.83
公用电话	（万户）					3.31	3.27

社会发展总量与速度指标(续2)

速度指标(%)						
指数(2013年为以下各年)					平均增长速度	
201119952013	2000	2005	2010	2012	2001—2005	2006—2010
			115.1	104.6	17.7	
			112.2	108.9	20.9	
			123.2	117.9	21.5	
			141.6	109.7		
			71.7	167.0		
			61.6	153.0	29.1	
			108.3	102.8	28.7	
			167.8	114.3	13.0	
			112.8	95.1		
			111.7	123.5	9.6	
			92.6	85.0		
			40.9	55.2	1.9	
			144.4	102.2	11.9	
			133.8	132.5		
			159.9	122.6		
			200.0	62.0		
			88.3	119.3	23.2	
				116.7		
			158.7	117.9	32.3	
			136.9	119.5	31.8	
				112.6		
				106.9		
				116.5		
				139.7		
			93.0	96.1	6.4	
			87.4	103.0	3.1	
			154.1	102.9	32.6	
			167.6	105.1	26.0	
			127.8	113.0	18.0	
				142.4		
			88.5	95.2	9.1	4.2
			178.2	113.5		
			207.7	99.3		
			100.5	113.5	3.5	0.7
			389.0	118.5		
			176.7	111.8		
			206.4	148.6		
			307.2	134.0		14.6
			302.4	138.5		19.2
			65.7	61.8	3.5	18.4
			93.5	101.6	3.5	18.4
			183.4	79.2		7.3
			91.2	100.0		12.8
			169.8	107.0		34.0
			123.8	99.1		1.7
				0.0		
				0.0		
				0.0		

1－4 主要年份国民经济和

指 标		总量指标					
		1995	2000	2005	2010	2012	2013
国内商业							
社会消费品零售总额	（亿元）	33.91	53.63	84.62	192.15	262.94	301.34
#批发零售业		22.97	35.36	71.27	166.73	228.95	262.77
住宿和餐饮业		2.54	6.04	11.45	25.42	33.98	38.57
其 他		1.47	1.14	1.90	–	–	
批发零售业购进总额	（亿元）	62.48	31.65	143.35	297.50	287.06	486.76
批发零售业销售总额	（亿元）	64.54	32.68	146.10	318.15	311.14	517.07
批发零售业库存总额	（亿元）	10.95	1.79	5.01	13.52	21.73	24.64
对外经济贸易							
进出口总额	（万美元）	16457	25082	128810	307302	365213	362512
进口额		5474	13732	92936	238542	245166	223880
出口额		10983	11350	35874	68760	120047	138632
国际旅游 ▲							
旅游人数	（人）	1028	4340	12452	43567	82678	104156
#外国人		688	2474	11868	–	–	–
旅游外汇收入	（万美元）	45.00	261.41	1077.60	5135.42	13461.49	6818.78
旅游星级宾馆个数	（个）	3	8	18	20	21	19
金融保险							
金融机构本外币存款余额※	（亿元）				1078.21	1269.19	1447.85
#单位存款					472.30	602.65	653.93
个人存款					481.57	649.78	752.05
金融机构本外币贷款余额※	（亿元）				631.54	877.14	998.50
#短期贷款					259.77	386.64	430.71
中长期贷款					311.65	391.11	471.82
保险公司保费收入 ▲	（亿元）				16.52	23.00	23.12
保险公司赔款及给付 ▲	（亿元）				3.58	7.79	11.07
教育、科技、文化							
教 育 ▲							
幼儿园数	（个）		23	127	166	219	241
入园儿童数	（万人）	3.44	2.80	2.14	2.73	4.79	5.02
学龄儿童入学率	（%）		99.89	99.96	99.99	100.00	100.00
专任教师数	（人）	9652	10403	11919	14067	21988	22142
普通高等学校		567	641	1286	2408	2750	2959
中等专业学校		405	361	597	747	676	566
普通中学		3026	3395	4343	4757	8278	8395
#高 中			767	1440	1678	2902	2965
职业中学		218	274	34	93	288	239
小 学		4457	4816	4902	4665	8083	7900

社会发展总量与速度指标(续3)

速度指标(%)						
指数(2013 年为以下各年)					平均增长速度	
20111992013	2000	2005	2010	2012	2001—2005	2006—2010
775.4	490.3	310.7	156.8	114.6	9.6	17.8
996.7	647.5	321.2	157.6	114.8	15.0	18.5
1337.8	562.6	296.8	151.7	113.5	13.6	17.3
					10.8	
459.4	907.0	200.3	163.6	169.6	35.3	15.7
482.1	952.1	213.0	162.5	166.2	34.9	16.8
198.4	1214.0	433.7	182.2	113.4	22.9	22.0
			118.0	99.3	38.7	19.0
			93.9	91.3	46.6	20.7
			201.6	115.5	25.9	13.9
			239.1	126.0	23.5	28.5
					36.8	
			132.8	50.7	32.7	36.7
			95.0	90.5	17.6	2.1
			134.3	114.1		
			138.5	108.5		
			156.2	115.7		
			158.1	113.8		
			165.8	111.4		
			151.4	120.6		
			140.0	100.5		
			309.2	142.1		
			145.2	110.0	40.7	5.5
			183.9	104.8	-5.0	5.0
			100.0	100.0	0.01	0.01
			157.4	100.7	2.8	3.4
			122.9	107.6	14.9	13.4
			75.8	83.7	10.6	4.6
			176.5	101.4	5.0	1.8
			176.7	102.2	13.4	3.1
			257.0	83.0	-34.1	22.3
			169.3	97.7	0.4	-1.0

1－4 主要年份国民经济和

指 标		总量指标					
		1995	2000	2005	2010	2012	2013
在校学生数	(万人)	19.39	21.89	24.22	24.32	37.43	36.39
普通高等学校		0.46	0.87	2.15	4.36	4.99	5.25
中等专业学校		0.62	0.55	2.05	1.21	1.08	1.04
普通中学		5.50	5.97	8.61	7.87	12.32	11.64
#高　中			1.14	2.30	2.98	4.78	4.81
职业中学		0.48	0.27	0.08	1.01	1.49	1.05
小　学		8.88	11.40	9.14	7.10	12.73	12.35
在校学生毕业生数	(万人)	4.62	5.67	6.57	6.67	10.74	10.43
普通高等学校		0.11	0.15	0.43	1.09	1.16	1.25
中等专业学校		0.16	0.15	0.32	0.34	0.45	0.36
普通中学		1.63	1.45	2.59	2.49	4.48	4.16
#高　中			0.32	0.55	0.93	1.40	1.46
职业中学		0.12	0.15	0.02	0.43	0.43	0.45
小　学		1.54	1.90	2.08	1.35	2.46	2.24
教育经费支出	(亿元)				10.20	29.80	31.31
科　技							
科技活动人员	(万人)	0.26	0.55	0.49	0.62	1.50	1.56
研究与试验发展经费支出	(亿元)	0.44	0.30	1.35	10.98	19.95	23.64
技术市场成交额	(万元)				13510	62039	80656
文　化							
出版数量							
杂　志	(万册)	18	18	18	32	20	16
报　纸	(万份)	9041	9046	9049	9387	11887	12430
公共图书馆	(个)					6	6
公共图书馆藏书量	(千册)					2907	1061
电视节目制作时间	(小时)				6475	4037	3279
广播覆盖率	(%)				100	100	100
电视覆盖率	(%)				100	100	100
家庭、生活、环境							
家　庭							
城镇居民平均每户人口	(人)	3.20	3.06	3.00	2.90	2.72	2.79
农村居民平均每户人口	(人)	4.47	3.97	3.92	3.98	3.93	3.68
婚　姻▲	**(对)**						
结婚数			8598	8958	13468	23834	25378
离婚数			1000	2063	4843	5409	6345
居住(平方米)							
城市居民人均居住面积		—	—	—	—	—	30.35
农村居民人均建筑面积		20.10	23.70	27.60	33.00	38.74	38.88
生　活							
城镇居民人均可支配收入	(元)	5173	6904	11935	23159	30937	34048
城镇居民人均消费性支出	(元)	4122	5775	8222	14184	18286	22369
#食品支出		2011	2311	3184	5273	6855	8359
农村居民人均纯收入	(元)	1390	2408	3789	8018	10920	12339
农村居民人均生活费支出	(元)	1349	1593	2851	5019	6782	8936
#食品支出		793	845	1353	2082	2612	3353

社会发展总量与速度指标(续4)

速度指标(%)						
指数(2013年为以下各年)					平均增长速度	
1995	2000	2005	2010	2012	2001—2005	2006—2010
			149.6	97.2	2.0	0.1
			120.4	105.2	19.8	15.2
			86.0	96.3	30.1	-10.0
			147.9	94.5	7.6	-1.8
			161.4	100.6	15.1	5.3
			104.0	70.5	-21.6	66.1
			173.9	97.0	-4.3	-4.9
			156.4	97.1	3.0	0.3
			114.7	107.8	23.4	20.4
			105.9	80.0	16.4	1.2
			167.1	92.9	12.3	-0.8
			157.0	104.3	11.4	11.1
			104.7	104.7	-33.2	84.7
			165.9	91.1	1.8	-8.3
			307.0	105.1		
			251.6	104.0	-2.3	
			215.3	118.5	35.1	
			597.0	130.0		
			50.0	80.0	0.0	12.2
			132.4	104.6	0.0	0.7
				100.0		
				36.5		
			50.6	81.2		
			100.0	100.0		
			100.0	100.0		
85.0	88.9	90.7	96.2	102.6	-0.4	-0.7
87.9	99.0	100.3	92.5	93.6	-0.3	0.3
			188.4	106.5	0.8	8.5
			131.0	117.3	15.6	18.6
		153.6	94.2	88.9		7.7
192.7	163.5	140.4	123.0	104.7	3.1	3.6
598.0	448.1	259.2	147.0	110.1	11.6	14.2
443.6	316.7	222.4	157.7	122.3	7.3	11.5
340.8	296.6	215.3	158.5	121.9	6.6	10.6
785.6	453.5	288.2	153.9	113.0	9.5	16.2
502.7	425.8	237.9	178.0	131.8	12.3	12.0
329.5	309.2	193.0	161.1	128.4	9.9	9.0

1－4　主要年份国民经济和

指　标	总量指标					
	1995	2000	2005	2010	2012	2013
工资、居民生活和保障						
城镇非私营单位就业人员工资总额※（亿元）	18.35	17.20	34.79	71.35	93.66	125.26
国有单位	9.02	8.92	10.84	23.41	34.17	38.66
城镇集体单位	2.65	1.56	1.12	3.64	3.96	4.05
其他单位	6.68	6.72	22.82	44.29	55.33	82.55
城镇非私营单位就业人员平均工资（元）	7023	9487	23993	40927	49756	53582
城镇居民最低生活保障 ▲（万人）			2.36	3.37	4.88	4.91
农村居民最低生活保障 ▲（万人）			0.75	1.79	4.59	4.73
卫　生						
卫生机构数（个）				796	860	971
医院、卫生院				92	93	91
疾病防治中心				7	7	7
妇幼保健站				7	7	7
卫生机构床位数（张）					6713	7258
#医院、卫生院					6293	6847
卫生机构人员数（人）				11473	13047	13433
专业卫生技术人员（人）				9445	10047	10476
#执业（助理）医师				3602	3639	3919
注册护士				3685	4297	4412
市政建设						
供水管道长度（公里）	219	356	426	1149	1889	1931
供水总量（万立方米）	45500	45637	49281	22145	17765	17033
#居民家庭用水量	4300	5002	4228	3719	3702	3807
用水人口（万人）	43.00	46.79	52.53	56.72	65.18	66.97
天然气供气量（万立方米）			2719	13136	15948	18962
#家庭用量			1686	2612	3217	3623
液化石油气供气量（吨）	3322	9841	8823			
污水排放量（万立方米）	13930	15766	18108	15665	12454	12988
污水处理量（万立方米）	13186	12616	16465	13787	10575	11308
排水管长度（公里）	69	201	448	595	1315	1380
生活垃圾清运量（万吨）	7	7	11	18	17	20
生活垃圾无公害处理量（万吨）	7	7	11	18	17	19
公共汽（电）车总数（辆）					625	675
出租汽车数 ▲（辆）	1141	2160	2895	2298	2678	3314
道路长度 ▲（公里）	196	241	343	386	441	461
公园面积（公顷）	276	276	284	291	330	350
公园绿地面积 ▲（公顷）	295	366	631	792	1032	1052
建成区绿化覆盖率（%）	39.6	41.3	42.1	42.7	43.6	43.8
环境、灾害						
污染治理项目本年完成投资额 ▲（万元）			11865	26890	91809	100824
COD 排放量 ▲（万吨）			2.3	2.1	2.9	2.8
二氧化硫排放量 ▲（万吨）			5.3	6.2	7.0	6.7
火灾事故发生数（起）	145	164	180	360	709	872
火灾伤亡人数（人）		2	5			
火灾损失金额（万元）	51	102	448	179	643	960
交通事故发生数（起）	130	887	1112	410	850	753
交通受伤人数（人）					903	784
交通死亡人数（人）					131	131
交通事故损失金额（万元）	18.5	315.6	184.3	70.5	166.1	274.1

注：城镇非私营单位就业人员工资总额及平均工资 2012 年以前数据均为在岗职工口径。

社会发展总量与速度指标(续5)

速度指标(%)						
指数(2013年为以下各年)					平均增长速度	
1995	2000	2005	2010	2012	2001—2005	2006—2010
					15.1	
					4.0	
					-6.4	
					27.7	
					20.4	11.3
						7.4
						19.0
			122.0	1.1		
			98.9	97.8		
			100.0	100.0		
			100.0	100.0		
				108.1		
				108.8		
			117.1	103.0		
			110.9	104.3		
			108.8	107.7		
			119.7	102.7		
			168.0	102.2	3.7	21.9
			76.9	95.9	1.5	-14.8
			102.4	102.8	-3.3	-2.5
			118.1	102.7	2.3	1.5
			144.4	118.9		37.0
			138.7	112.6		9.1
					-2.2	
			82.9	104.3	2.8	-2.9
			82.0	106.9	5.5	-3.5
			231.9	104.9	17.4	5.8
			110.5	116.4	8.4	9.8
			107.7	113.4	8.4	9.8
				108.0		
			144.2	123.7	6.0	-4.5
			119.5	104.5	7.3	2.4
			120.3	106.1	0.6	0.5
			132.8	101.9	11.5	4.7
			102.6	100.5	0.4	0.3
			374.9	109.8		17.8
			136.2	97.2		-2.4
			107.4	95.1		3.3
			242.2	123.0	1.9	14.9
					20.1	-100.0
			536.0	149.2	34.6	-16.8
			183.7	88.6	4.6	-18.1
				86.8		
				100.0		
			388.7	165.0	-10.2	-17.5

1－5 主要年份国民经济和社会发展结构指标

单位:%

指 标	1995	2000	2005	2010	2011	2012	2013
人口与就业							
人 口							
城乡结构							
城 镇	40.7	42.7	47.1	49.9	35.7	36.0	36.0
乡 村	59.3	57.3	52.9	50.1	64.3	64.0	64.0
性别结构							
男	52.4	52.0	51.7	51.4	51.7	51.6	51.6
女	47.6	48.0	48.3	48.6	48.3	48.4	48.4
就 业							
产业结构							
第一产业	34.0	37.7	30.4	31.0	31.8	31.5	31.5
第二产业	44.3	38.9	39.9	35.1	33.9	32.2	31.1
第三产业	21.7	23.4	38.7	33.9	34.3	36.3	37.4
宏观经济							
国民核算							
生产总值产业结构							
第一产业	11.3	8.9	5.0	6.1	5.9	5.9	6.1
第二产业	63.9	54.2	64.1	66.1	68.1	66.4	64.5
第三产业	24.8	36.9	30.9	27.8	26.1	27.7	29.4
投 资							
固定资产投资结构							
第一产业	—	—	0.6	1.8	1.6	2.6	2.3
第二产业	—	—	65.2	49.6	52.9	49.9	46.1
第三产业	—	—	34.2	48.6	45.5	47.5	51.6
资金来源结构							
国家预算内资金	—	—	0.5	3.7	2.2	2.7	2.0
国内贷款	—	—	40.6	13.5	11.6	15.0	15.7
利用外资	—	—	1.8	0.5	0.2	0.1	0.3
自筹和其他投资	—	—	57.1	82.3	85.9	82.2	82.0
财 政							
财政收入结构							
中 央	40.1	48.0	57.5	48.7	51.1	39.3	35.3
地 方	59.9	52.0	42.5	51.3	48.9	60.7	64.7
财政支出结构							
地 方	100.0	100.0	100.0	100.0	100.0	100.0	100.0
利用外资							
实际利用外资结构							
外商直接投资	100.0	100.0	32.8	98.0	99.5	95.5	84.7
产 业							
农 业							
农林牧渔业产值结构							
农 业	53.1	42.5	43.0	50.2	50.4	52.5	50.5
林 业	1.2	1.1	1.2	1.6	1.4	1.5	1.5
牧 业	17.4	15.3	14.8	13.7	14.4	15.5	15.5
渔 业	28.3	41.1	38.8	29.0	28.0	24.1	25.1

注:本表 2010 年以前年份数据均为原区划口径。

1－5　主要年份国民经济和社会发展结构指标(续1)

单位:%

指　标	1995	2000	2005	2010	2011	2012	2013
工　业							
工业总产值规模结构							
大型企业	81.7	88.7	72.9	48.1	49.3	40.3	37.3
中型企业	11.3	5.5	17.5	20.2	16.6	18.2	20.1
小型企业	7.0	5.8	9.6	31.6	34.1	41.5	42.6
建筑业							
建筑业总产值结构							
建筑工程	88.8	84.6	81.1	55.9	51.7	85.9	82.0
安装工程	10.0	11.1	12.9	11.5	11.8	6.6	9.9
其　他	1.2	4.3	6.0	32.6	36.5	7.5	8.1
运输业							
货运量结构							
铁　路	29.4	36.2	28.8	12.7	11.7	8.5	7.4
公　路	19.7	4.8	28.6	67.3	77.9	76.1	78.7
水　运	50.9	59.0	42.6	20.0	10.4	15.4	13.9
国内商业							
社会消费品零售总额构成							
城　镇	53.8	55.0	58.9	91.9	91.9	91.9	92.5
乡　村	24.8	23.3	21.4	8.1	8.1	8.1	7.5
对外经济贸易							
出口商品结构							
初级产品	—	—	11.7	6.2	2.6	2.4	1.1
工业制成品	—	—	88.3	93.8	97.4	97.6	98.9
进口商品结构							
初级产品	—	70.7	70.1	21.8	30.1	90.7	91.6
工业制成品	—	29.3	29.9	78.2	69.9	9.3	8.4
金融保险业							
金融机构资金来源结构							
#各项存款	—	—	—	98.4	86.4	93.9	97.6
其　他	—	—	—	-4.2	-1.9	-4.5	-7.3
金融机构资金运用结构							
#各项贷款	—	—	—	64.3	64.1	64.4	67.1
有价证券及投资	—	—	—	6.8	5.4	4.5	4.5
教育与科技							
教　育							
在校学生结构							
大学生	2.3	8.3	8.9	17.9	12.3	13.3	14.4
中学生	34.0	64.7	44.4	41.5	41.1	32.9	32.0
小学生	45.8	0.0	37.8	29.2	35.4	34.0	33.9
专任教师结构							
大　学	5.9	6.2	10.8	17.1	12.3	12.5	13.4
中　学	37.8	38.7	41.7	39.8	41.8	37.6	37.9
小　学	46.2	46.3	41.1	33.2	37.7	36.8	35.7
科　技							
研究与试验发展经费支出	—	—					
#基础研究	—	—					
应用研究	—	—	21.5	0.5	0.4	0.6	2.7
试验发展	—	—	78.5	99.5	99.6	99.4	97.3

1－5　主要年份国民经济和社会发展结构指标(续 2)

单位:%

指　　标	1995	2000	2005	2010	2011	2012	2013
生活、环境							
生　活							
城市居民消费结构							
食品类	48.8	40.0	38.7	37.2	37.7	37.5	37.4
衣着类	12.8	8.7	9.3	10.7	9.5	9.7	9.5
居　住	8.5	7.8	7.4	9.7	7.9	7.8	7.9
家庭设备用品及服务	7.1	12.0	7.0	5.9	4.7	5.0	5.8
医疗保健	1.3	4.8	7.0	6.0	6.6	6.0	3.5
交通通信	7.4	8.3	13.4	12.2	13.6	12.9	16.6
教育文化娱乐服务	10.7	12.6	13.8	15.0	16.4	17.5	16.6
杂项商品与服务	3.4	5.7	3.2	3.3	3.6	3.6	2.7
农村居民消费结构							
食品类	58.8	53.0	47.5	41.5	40.3	38.5	37.5
衣着类	6.7	6.0	7.1	6.8	7.2	6.8	6.1
居　住	13.9	13.2	12.5	17.0	13.3	11.3	26.0
家庭设备用品及服务	5.8	5.5	6.0	6.1	5.5	5.8	4.6
交通通讯	2.5	4.6	9.2	9.6	10.4	10.0	10.0
文教娱乐用品及服务	6.8	10.8	10.5	10.2	13.3	17.4	8.6
医疗保健	3.8	5.1	5.5	6.6	7.5	8.2	4.7
其他商品及服务	1.7	1.8	1.7	2.2	2.5	2.0	2.5
卫　生							
卫生技术人员结构							
#执业(助理)医师	—	—	44.4	38.1	36.8	36.2	37.4
注册护士	—	—	33.2	39.0	42.1	42.8	42.1
医院床位结构							
市医院	75.1	76.6	72.9	53.8	54.2	65.1	54.9
县医院	24.9	23.4	27.1	46.2	45.8	34.9	45.1
环境、灾害							
治理污染资金使用结构							
治理废水	—	—	79.8	12.9	8.9	6.8	
治理废气	—	—	15.7	81.6	87.5	93.2	100.0
治理固体废物	—	—	0.2				
治理噪声	—	—					
其　他	—	—	4.3	5.5	3.6		
火灾事故损失额结构							
特　大							
重　大			21.8				
一　般	100.0	100.0	78.2	100.0	100.0	100.0	100.0
交通事故损失额结构							
一次性死亡三人以上事故			0.3	6.4	21.7		
重　大	—	—	13.5	38.3	21.2	19.9	16.9
一　般	—	—	86.3	55.3	57.1	80.1	83.1

1-6　主要年份国民经济和社会发展比例和效益指标

指　标		1995	2000	2005	2010	2011	2012	2013
人　口								
出生率	(‰)	12.9	10.5	10.2	8.43	8.48	10.30	10.30
死亡率	(‰)	4.7	5.2	4.5	5.79	5.91	5.45	5.50
自然增长率	(‰)	8.2	5.3	5.7	2.64	2.57	4.85	4.80
就　业								
三次产业从业者比例(以第一产业为100)								
第一产业		100.0	100.0	100.0	100.0	100.0	100.0	100.0
第二产业		130.4	103.3	131.1	113.3	107.0	102.4	99.0
第三产业		64.0	61.8	97.8	109.5	108.1	115.5	119.0
城镇登记失业率	(%)	—	—	3.7	3.1	2.9	2.8	2.8
国民核算								
全社会劳动生产率	(元/人)	12079	21114	58063	71535	93841	96993	98140
第一产业		4000	4974	9486	14145	17304	18356	19167
第二产业		17433	29389	93450	134760	188219	199771	203399
第三产业		13791	33449	60279	58534	71315	73928	76943
人均生产总值	(元)	7205	11609	27963	43711	52108	56306	58724
固定资产投资								
固定资产投资相当于生产总值比例	(%)	41.8	22.2	54.8	93.7	83.2	97.3	110.7
房屋建筑面积竣工率	(%)	45.7	53.6	38.8	42.1	33.9	31.6	24
财　政								
财政收入相当于生产总值比例	(%)	12.4	13.4	18.4	16.1	16.3	17.1	17.5
财政支出相当于生产总值比例	(%)	5.0	6.6	8.3	11.6	12.1	15.4	15.7
地方收入相当于中央财政收入比例	(%)	149.6	108.5	74.0	105.3	95.5	154.4	183.1
利用外资								
实际利用外资额相当于签订利用外资额比例	(%)	36.9	23.0	78.9	480.0	358.0	943.1	1845.9
能源生产与消费								
能源生产弹性系数		—	—	0.94	0.25	0.10	1.07	0.54
电力生产弹性系数		—	—	0.36	0.76	0.38	3.36	1.31
能源消费弹性系数		—	—	—	0.61	0.57	0.55	0.37
电力消费弹性系数		—	—	1.24	0.55	0.46	0.56	0.67
每万元生产总值消耗的能源	(吨标准煤)	—	—	2.64	1.78	1.70	1.61	1.51

注:1. 本表2010年以前数据均为原区划口径;

2. 表中带"▲"项目2011年以后为新区划口径,其余年份为原区划口径。

1－6 主要年份国民经济和社会发展比例和效益指标(续 1)

指　　标		1995	2000	2005	2010	2011	2012	2013
农　业								
每公顷耕地农业机械总动力	（千瓦）	8	9	10	4	10	10	11
每公顷耕地用电量	（千瓦时）	2577	2015	2556	1781	3301	3601	3869
每公顷耕地化肥施用量	（公斤）	449	620	518	987	751	723	696
农业从业者人均农产品产量	（公斤）							
粮　食		1554	1433	2132	2298	2487	2540	2457
棉　花		16	7	19	39	43	39	31
油　料		145	235	422	260	261	256	238
肉　类		90	104	150	115	203	193	193
水产品		138	231	355	255	273	265	264
每公顷播种面积农产品产量	（公斤）							
粮　食		3817	3794	3739	4039	6594	6634	6630
棉　花		707	590	1020	1298	1305	1297	1358
油　料		1388	1804	2248	2363	2257	2362	2427
工　业								
总资产贡献率	（%）	—	4.9	11.1	13.0	10.9	10.0	11.9
资产负债率	（%）	—	33.8	48.5	55.8	57.1	60.5	57.4
成本费用利润率	（%）	1.7	2.4	8.1	6.0	5.3	5.1	6.2
流动资产周转次数	（次/年）	0.9	1.4	2.4	2.4	2.6	1.8	2.7
产品销售率	（%）	99.4	98.6	99.4	98.0	97.6	97.2	97.3
交通运输业								
铁路网密度	（公里/万平方公里）	—	—	—	89	89	89	89
公路网密度	（公里/万平方公里）	—	—	6666	13186	11328	12583	16866
铁路货运密度	（吨/公里）	215333	261278	403333	495694	481500	460833	438611
公路货运密度	（吨/公里）	—	—	—	42542	25665	21339	24684
邮电通信业								
全市电话普及率	（部/百人）	—	—	—	37	28	26	26
#移动电话普及率		—	—	—	81	67	72	77
国内商业								
批零和住宿餐饮业人均消费品零售额	（元）	—	—	—	—	10298	11512	13193
对外经济贸易								
进出口总额相当于生产总值比例	（%）	12.9	12.0	25.6	21.9	23.7	18.2	17.4
国际旅游								
每一来华游客花费	（美元）	438	602	865	1179	1371	1628	654
国内旅游人均花费	（元）	—	521	520	494	622	672	663

1－6　主要年份国民经济和社会发展比例和效益指标（续2）

指　　标		1995	2000	2005	2010	2011	2012	2013
金融保险								
金融机构存款相当于生产总值比例	（%）	54.1	81.5	88.2	102.1	95.6	101.3	112.0
金融机构贷款相当于生产总值比例	（%）	62.5	59.3	53.4	63.1	70.5	69.5	77.2
教　育▲								
学龄儿童入学率	（%）	—	99.9	100.0	100.0	100.0	100.0	100.0
小学升学率	（%）	—	96.3	102.0	102.8	100.5	97.1	97.8
初中升学率	（%）	—	60.3	67.8	112.8	107.1	101.0	91.5
高中毛入学率	（%）							
学校教师负担系数	（%）							
高等学校		8.1	13.6	16.7	17.6	18.1	18.1	17.7
中等学校		18.1	16.9	21.6	21.6	15.5	16.1	14.9
小学学校		19.9	23.7	18.7	15.2	16.8	15.8	15.6
科　技								
研究与开发经费支出相当于生产总值比例	（%）	0.5	0.2	0.4	1.2	1.4	1.6	1.8
卫　生								
每万人执业（助理）医师数	（人）	—	—	—	15.8	15.1	15.9	17.2
每万人医院床位数	（张）	28.0	28.0	27.0	20.2	21.2	23.1	25.6
医院病床使用率	（%）	—	—	—	81.3	87.1	76.6	72.1
文　化								
每百万人有艺术表演团体	（个）	—	—	—	—	3.9	4.8	5.7
每百万人有公共图书馆	（个）	—	—	—	—	2.2	3.1	2.6
每百万人有博物馆	（个）	—	—	—	—	4.4	4.8	4.4
婚　姻								
离婚率	（‰）	—	1.7	3.3	7.5	5.4	2.6	2.7
生　活								
城市与农村居民收入增长率比例（1995＝100）		1.0	0.8	0.8	0.8	0.8	0.8	0.8
市政建设								
城市自来水普及率	（%）	100.0	100.0	100.0	100.0	100.0	100.0	100.0
城市用气普及率	（%）	91.2	98.2	100.0	100.0	100.0	100.0	100.0
人均公园绿地面积	（平方米）	7.8	8.9	12.0	14.0	15.0	16.0	15.7

1－7 主要年份平均每天主要社会经济活动

指　　标		1995	2000	2005	2010	2011	2012	2013
每天创造的财富								
地区生产总值	（万元）	2240	3772	9576	26003	31351	33807	35419
第一产业		253	333	476	1593	1836	2013	2176
第二产业		1433	2045	6145	17190	21344	22435	22853
工　业		1255	1794	5653	15718	19494	20421	20731
建 筑 业		177	251	492	1472	1849	2014	2122
第三产业		555	1393	2956	7219	8171	9359	10390
财政收入	（万元）	—	505	1717	4185	5105	5770	6192
#地　方		—	258	793	2146	2494	3501	4005
粮　食	（吨）	974	961	1063	2807	2933	2785	2789
棉　花	（吨）	10	5	10	44	46	43	35
油　料	（吨）	91	157	210	293	279	281	270
布	（万米）	11	15	11	3	2	2	1
发电量	（万千瓦时）	280	1123	2073	4818	5039	7071	8083
生铁	（吨）	8873	10880	24559	40266	41902	44306	46344
粗钢	（吨）	7112	10833	27975	42332	42538	43612	47500
钢材	（吨）	5449	9866	26080	43235	44526	45162	53248
机制纸及纸板	（吨）	168	374	1322	2630	2448	2772	2848
每天其他经济活动								
财政支出	（万元）	—	258	798	3009	3789	5216	5562
固定资产投资	（万元）	14590	1152	6153	24369	26081	32908	39222
城　镇		—	944	5676	22249	24413	31070	36466
农　村		—	208	477	2120	1668	1838	2756
社会消费品零售总额	（万元）	660	1056	1768	5264	6194	7204	8256
进出口总额	（万美元）	45	68	337	842	1150	1001	993
出口额		30	31	86	188	217	329	380
进口额		15	37	251	654	932	672	613

注：本表2010年以前年份数据均为原区划口径。

主要统计指标解释

可比价格

指计算各种总量指标所采用的扣除了价格变动因素的价格,可进行不同时期总量指标的对比。按可比价格计算总量指标有两种方法:一种是直接用产品产量乘某一年的不变价格计算;另一种是用价格指数进行缩减。

平均增长速度

我国计算平均增长速度有两种方法:一种是习惯上经常使用的"水平法",又称几何平均法,是以间隔期最后一年的水平同基期水平对比来计算平均每年增长(或下降)速度;另一种是"累计法",又称代数平均法或方程法,是以间隔期内各年水平的总和同基期水平对比来计算平均每年增长(或下降)速度。在一般正常情况下,两种方法计算的平均每年增长速度比较接近;但在经济发展不平衡、出现大起大落时,两种方法计算的结果差别较大。

本《年鉴》内所列的平均增长速度,除固定资产投资用"累计法"计算外,其余均用"水平法"计算。从某年到某年平均增长速度的年份,均不包括基期年在内。如建国四十三年的平均增长速度是以 1949 年为基期计算的,则写为 1950 -1992 年平均增长速度,其余类推。

企业(单位)登记注册类型

是以在工商行政管理机关登记注册的各类企业为划分对象,以工商行政管理部门对企业登记注册的类型为依据,将企业登记注册类型分为内资企业、港澳台商投资企业和外商投资企业三大类。内资企业包括国有企业、集体企业、股份合作企业、联营企业、有限责任公司、股份有限公司、私营公司和其他企业;港澳台商投资企业和外商投资企业分别包括合资经营企业、合作经营企业、独资经营企业和股份有限公司。对不在工商行政管理部门进行登记注册的行政机关、事业单位和社会团体,主要按其经费来源和管理方式进行划分。

法人单位

指具备以下条件的单位:(一)依法成立,有自己的名称、组织机构和场所,能够独立承担民事责任;(二)独立拥有和使用(或授权使用)资产,承担负债,有权与其他单位签订合同;(三)会计上独立核算,能够编制资产负债表。法人单位包括企业法人、事业单位法人、机关法人、社会团体法人和其他法人。按照下属是否有产业活动单位,又分为单产业法人和多产业法人。

行政机关、事业单位和社会团体

参照企业登记注册类型,主要按其经费来源和管理方式划分。具体规定如下:

(1)行政机关:包括国家机关和政党机关,原则上均列为"国有"。但有特殊规定的,如供销社等,则列为"集体"。

(2)事业单位:包括经国家机构编制部门和有关业务主管部门批准成立的各类事业单位,不包括实行企业化管理的事业单位。事业单位的划分办法如下:

①由国家财政预算拨款或列入财政预算外资金管理以及经费主要来源于国有主管部门或国有上级单位的事业单位,列为"国有"。

②经费主要来源于集体单位的事业单位,列为"集体"。

③公民个人(或个人合伙)开办的事业单位,列为"私营"。

④上述以外的其他事业单位,如果其经费来源不明确,按管理方式进行归类。

(3)社会团体:包括经民政部门批准成立以及未纳入社会团体管理条例范围的工会、妇联等各类社会团体。社会团体的划分办法如下:

①未纳入民政部社会团体管理条例范围的工会、妇联、共青团、青联、工商联、科协、侨联等社会团体,国家拨款设立的基金会或基金管理组织以及经费主要来源于国有业务主管部门或国有上级单位的社会团体,列为"国有"。

②经费主要来源于集体单位的社会团体,列为"集体"。

③公民个人(或个人合伙)开办的社会团体,划为"私营"。

④上述以外的其他社会团体,如果其经费来源不明确,改按管理方式进行归类。

二、国民经济核算

简要说明

一、本篇包括国民经济核算资料等内容。

二、有关"指数"部分分为"以上年为100的指数"和"以1978年为100的指数"两个方面,"以上年为100的指数"表中2000年以前(含2000年)的数据是按1990年价格计算的,2000－2005年的数据是按2000年价格计算的,2005－2010年的数据是按2005年价格计算的,2010年以后的数据是按2010年价格计算的;"以1978年为100的指数"是以1978年为基数,每年指数相乘得到的。

三、全市人均GDP为按年平均常住人口测算,县人均GDP为按年均户籍人口测算。

四、本篇资料由市统计局综合核算科整理。

2-1 主要年份生产总值

本表按当年价格计算

年 份	生产总值（亿元）	第一产业	第二产业	工 业	建筑业	第三产业	人均生产总值（按常住人口计算）（元/人）
1995	106.44	20.39	59.84	51.67	8.17	26.21	6186
2000	173.15	24.97	85.87	74.18	11.68	62.31	7907
2001	191.48	25.70	93.88	79.88	14.00	71.90	8715
2002	216.26	26.87	105.65	90.13	15.53	83.74	9811
2003	266.95	28.26	140.34	122.40	17.93	98.36	12071
2004	359.59	34.49	203.39	181.46	21.92	121.71	16207
2005	411.79	35.52	244.90	221.60	23.31	131.36	18499
2006	472.06	37.60	285.82	259.01	26.81	148.64	21138
2007	589.15	42.67	367.44	337.69	29.75	179.05	26270
2008	708.24	49.02	448.95	411.07	37.88	210.26	31403
2009	781.62	52.52	491.31	446.37	44.95	237.79	34515
2010	949.09	58.13	627.45	573.71	53.74	263.51	43711
2011	1144.30	67.02	779.04	711.54	67.50	298.24	52108
2012	1233.94	73.46	818.86	745.36	73.50	341.62	56306
2013	1293.02	79.62	834.14	756.67	77.47	379.25	58733

2-2 主要年份生产总值构成

本表按当年价格计算　　单位:%

年 份	生产总值	第一产业	第二产业	工 业	建筑业	第三产业
1995	100	19.2	52.9	45.4	7.5	27.9
2000	100	14.4	49.6	42.8	6.7	36.0
2001	100	13.4	49.0	41.7	7.3	37.6
2002	100	12.4	48.9	41.7	7.2	38.7
2003	100	10.6	52.6	45.9	6.7	36.8
2004	100	9.6	56.6	50.5	6.1	33.8
2005	100	8.6	59.5	53.8	5.7	31.9
2006	100	8.0	60.5	54.9	5.7	31.5
2007	100	7.2	62.4	57.3	5.0	30.4
2008	100	6.9	63.4	58.0	5.3	29.7
2009	100	6.7	62.9	57.1	5.8	30.4
2010	100	6.1	66.1	60.4	5.7	27.8
2011	100	5.8	68.1	62.2	5.9	26.1
2012	100	5.9	66.4	60.4	6.0	27.7
2013	100	6.2	64.5	58.5	6.0	29.3

2－3 主要年份生产总值指数

本表按不变价格计算(上年为100)

年 份	生产总值						人 均 生产总值
		第一产业	第二产业			第三产业	
				工 业	建筑业		
1995	110.6	112.0	110.7	110.4	112.4	110.4	109.1
2000	107.6	102.1	106.6	106.9	104.4	111.8	106.5
2001	112.4	103.9	109.9	108.5	118.7	119.4	111.6
2002	112.8	104.6	114.0	114.8	109.2	114.0	112.1
2003	114.3	100.9	118.1	119.3	110.8	113.7	112.7
2004	118.9	109.4	122.1	123.0	116.0	117.4	118.8
2005	111.9	101.8	116.8	118.8	103.5	107.8	111.4
2006	115.5	102.7	120.1	120.7	114.0	110.4	115.2
2007	117.8	102.6	120.8	122.4	104.0	115.7	117.2
2008	115.9	106.9	117.8	118.4	111.4	113.8	115.3
2009	112.1	106.1	113.5	114.2	104.7	110.1	111.7
2010	114.7	104.2	117.2	117.6	111.0	111.3	111.4
2011	112.1	104.1	114.3	114.3	113.4	108.8	111.8
2012	112.0	105.2	112.4	112.9	107.5	112.5	112.2
2013	111.0	103.5	112.3	112.9	105.1	109.1	110.5

2－4 主要年份生产总值指数

本表按不变价格计算(1978＝100)

年 份	生产总值						人 均 生产总值
		第一产业	第二产业			第三产业	
				工 业	建筑业		
1995	614.1	222.2	662.2	655.3	381.8	984.7	477.2
2000	1058.1	322.7	1086.0	1096.2	531.7	1970.2	776.8
2001	1189.4	335.2	1193.1	1189.0	630.9	2352.0	867.1
2002	1341.2	350.6	1360.4	1365.6	689.3	2681.1	972.3
2003	1532.6	353.6	1607.0	1629.6	763.5	3047.6	1095.7
2004	1822.3	386.8	1961.8	2004.5	885.6	3578.8	1302.3
2005	2039.0	393.8	2292.2	2380.5	916.4	3856.6	1451.4
2006	2354.5	404.6	2752.1	2873.4	1044.4	4255.8	1671.4
2007	2774.3	415.1	3323.6	3518.0	1085.7	4924.7	1958.2
2008	3215.2	443.6	3915.9	4164.2	1209.1	5605.0	2257.5
2009	3603.0	470.8	4445.9	4757.1	1265.7	6169.7	2522.2
2010	4133.8	490.8	5210.2	5596.2	1405.0	6866.3	2810.2
2011	4634.8	510.9	5953.2	6398.7	1592.8	7467.1	3142.5
2012	5191.0	537.5	6691.4	7224.2	1712.2	8400.5	3525.9
2013	5710.0	556.3	7514.4	8156.1	1799.5	9165.0	3896.1

2-5　主要年份三次产业贡献率

本表按不变价格计算　　　　单位:%

年份	生产总值	第一产业	第二产业	工业	第三产业
1995	100	21.1	53.3	41.6	25.6
2000	100	7.4	71.2	61.1	21.5
2005	100	2.0	87.5	85.8	10.5
2006	100	1.8	69.2	64.8	29.1
2007	100	1.8	88.5	83.5	9.6
2008	100	3.6	74.2	67.3	22.3
2009	100	4.0	82.5	74.8	13.6
2010	100	1.9	77.0	73.9	21.2
2011	100	1.9	71.4	65.3	26.7
2012	100	2.5	69.5	65.9	28.1
2013	100	1.7	75.8	73.2	22.5

注:产业贡献率指各产业增加值增量与 GDP 增量之比,按可比价格计算。

2-6　主要年份三次产业拉动率

本表按不变价格计算　　　　单位:百分点

年份	生产总值	第一产业	第二产业	工业	第三产业
1995	10.6	2.2	5.6	4.4	2.7
2000	7.6	0.6	5.4	4.7	1.6
2005	11.9	0.2	10.4	10.2	1.3
2006	15.5	0.3	10.7	10.0	4.5
2007	17.8	0.3	15.8	14.9	1.7
2008	15.9	0.6	11.8	10.7	3.5
2009	12.1	0.5	9.9	9.0	1.6
2010	14.7	0.3	11.3	10.9	3.1
2011	12.1	0.2	8.7	7.9	3.2
2012	12.0	0.3	8.3	7.9	3.4
2013	11.0	0.2	8.3	8.0	2.5

注:产业拉动率指 GDP 增长速度与各产业贡献率之乘积,按可比价格计算。

2-7 生产总值收入法构成项目(2013年)

本表按当年价格计算　　单位:亿元

	增加值				
		劳动者报酬	生产税净额	固定资产折旧	营业盈余
地区生产总值	1293.02	492.23	247.43	250.13	303.40
第一产业	79.02	77.86		1.94	
第二产业	834.14	237.96	212.04	185.67	198.47
工　业	756.67	219.83	187.56	173.33	175.95
建筑业	77.47	18.13	24.48	12.34	22.52
第三产业	379.25	176.41	35.39	62.52	104.93
交通运输、仓储和邮政业	33.21	10.24	3.09	5.27	14.61
信息传输、计算机服务和软件业	19.48	2.70	1.22	5.88	9.68
批发和零售业	86.60	35.22	12.60	9.58	29.20
住宿和餐饮业	24.40	15.23	1.68	2.48	5.01
金融业	32.56	22.40	4.20	0.43	5.53
房地产业	39.91	2.41	5.23	26.55	5.72
租赁和商务服务业	40.88	21.37	2.60	0.97	15.94
科学研究、技术服务和地质勘查业	13.37	8.63	0.80	3.04	0.90
水利、环境和公共设施管理业	5.38	1.75	0.22	1.90	1.51
居民服务和其他服务业	21.38	8.19	1.35	0.75	11.09
教　育	17.32	15.65	0.55	0.54	0.58
卫生、社会保障和社会福利业	13.57	11.23	0.75	1.17	0.42
文化、体育和娱乐业	7.33	1.46	0.62	0.51	4.74
公共管理和社会组织	23.86	19.93	0.48	3.45	

2-8 生产总值收入法构成项目比例(2013年)

本表按当年价格计算　　单位:%

	增加值				
		劳动者报酬	生产税净额	固定资产折旧	营业盈余
地区生产总值	100.0	38.1	19.1	19.3	23.5
第一产业	100.0	97.6		2.4	
第二产业	100.0	28.5	25.4	22.3	23.8
工　业	100.0	29.1	24.8	22.9	23.3
建筑业	100.0	23.4	31.6	15.9	29.1
第三产业	100.0	46.5	9.3	16.5	27.7
交通运输、仓储和邮政业	100.0	30.8	9.3	15.9	44.0
信息传输、计算机服务和软件业	100.0	13.9	6.3	30.2	49.7
批发和零售业	100.0	40.7	14.5	11.1	33.7
住宿和餐饮业	100.0	62.4	6.9	10.2	20.5
金融业	100.0	68.8	12.9	1.3	17.0
房地产业	100.0	6.0	13.1	66.5	14.3
租赁和商务服务业	100.0	52.3	6.4	2.4	39.0
科学研究、技术服务和地质勘查业	100.0	64.5	6.0	22.7	6.7
水利、环境和公共设施管理业	100.0	32.5	4.1	35.3	28.1
居民服务和其他服务业	100.0	38.3	6.3	3.5	51.9
教　育	100.0	90.4	3.2	3.1	3.3
卫生、社会保障和社会福利业	100.0	82.8	5.5	8.6	3.1
文化、体育和娱乐业	100.0	19.9	8.5	7.0	64.7
公共管理和社会组织	100.0	83.5	2.0	14.5	

2-9　第三产业增加值

本表按当年价格计算　　　　单位:亿元

行　　业	2012	2013
总　计	**341.62**	**379.25**
交通运输、仓储和邮政业	30.17	33.21
信息传输、计算机服务和软件业	18.81	19.48
批发和零售业	78.16	86.60
住宿和餐饮业	22.16	24.40
金融业	29.89	32.56
房地产业	36.35	39.91
租赁和商务服务业	33.75	40.88
科学研究、技术服务和地质勘查业	12.21	13.37
水利、环境和公共设施管理业	4.91	5.38
居民服务和其他服务业	17.65	21.38
教　育	15.83	17.32
卫生、社会保障和社会福利业	12.39	13.57
文化、体育和娱乐业	6.05	7.33
公共管理和社会组织	23.29	23.86

2-10　第三产业增加值构成

本表按当年价格计算　　　　单位:%

行　　业	2012	2013
总　计	**100.0**	**100.0**
交通运输、仓储和邮政业	8.9	8.8
信息传输、计算机服务和软件业	5.5	5.1
批发和零售业	22.9	22.8
住宿和餐饮业	6.5	6.4
金融业	8.7	8.6
房地产业	10.6	10.5
租赁和商务服务业	9.9	10.8
科学研究、技术服务和地质勘查业	3.6	3.5
水利、环境和公共设施管理业	1.4	1.4
居民服务和其他服务业	5.2	5.6
教　育	4.6	4.6
卫生、社会保障和社会福利业	3.6	3.6
文化、体育和娱乐业	1.8	1.9
公共管理和社会组织	6.8	6.3

2－11 第三产业增加值指数

本表按不变价格计算(上年为100)

行业	2012	2013
总计	**112.5**	**109.1**
交通运输、仓储和邮政业	109.8	108.5
信息传输、计算机服务和软件业	106.1	103.4
批发和零售业	112.0	109.4
住宿和餐饮业	109.9	106.3
金融业	117.0	107.5
房地产业	105.8	107.6
租赁和商务服务业	122.8	118.6
科学研究、技术服务和地质勘查业	109.2	106.9
水利、环境和公共设施管理业	109.1	107.0
居民服务和其他服务业	122.8	118.6
教育	109.2	107.0
卫生、社会保障和社会福利业	109.1	106.9
文化、体育和娱乐业	122.8	118.7
公共管理和社会组织	114.0	100.0

2－12 主要年份各县生产总值和指数

本表绝对数按当年价格计算,指数按不变价格计算。

地区	生产总值(亿元)					
	1995	2000	2005	2010	2012	2013
全市	**126.27**	**173.15**	**411.79**	**949.09**	**1233.94**	**1293.02**
含山县	13.20	17.62	29.61	64.42	91.73	103.91
和县	14.90	17.87	32.65	73.98	102.78	116.43
当涂县	24.63	25.65	58.17	189.40	214.52	243.48

2－12　主要年份各县生产总值和指数(续)

地　区	指数(上年＝100)					
	1995	2000	2005	2010	2012	2013
全　　市	**110.6**	**107.6**	**111.9**	**114.7**	**112.0**	**111.0**
含 山 县	111.1	106.9	110.8	114.2	115.2	113.4
和　　县	109.9	107.3	114.5	113.0	114.0	113.6
当 涂 县	112.2	105.6	115.6	118.4	118.5	115.2

2－13　各县生产总值(2013年)

本表绝对数按当年价格计算,指数按可比价格计算。　　单位:亿元

地　区	生产总值	第一产业	第二产业			第三产业	人均生产总值(元/人)
				工　业	建筑业		
全　　市	**1293.02**	**79.62**	**834.14**	**756.67**	**77.47**	**379.25**	**58733**
含 山 县	103.91	19.71	52.82	45.32	7.50	31.37	23373
和　　县	116.43	22.03	61.26	51.66	9.60	33.14	21414
当 涂 县	243.48	25.44	173.92	156.23	17.69	44.13	51420

注:县人均生产总值按户籍人口计算。

地　区	构　成(%)				指数(以上年为100)			
	生产总值	第一产业	第二产业	第三产业	生产总值	第一产业	第二产业	第三产业
全　　市	**100**	**6.2**	**64.5**	**29.3**	**111.0**	**103.5**	**112.3**	**109.1**
含 山 县	100	19.0	50.8	30.2	113.4	105.2	118.4	109.8
和　　县	100	18.9	52.6	28.5	113.6	105.3	118.8	109.1
当 涂 县	100	10.4	71.4	18.1	115.2	104.4	117.7	110.0

主要统计指标解释

国内生产总值(GDP)

指按市场价格计算的一个国家(或地区)所有常住单位在一定时期内生产活动的最终成果。国内生产总值有三种表现形态,即价值形态、收入形态和产品形态。从价值形态看,它是所有常住单位在一定时期内生产的全部货物和服务价值超过同期投入的全部非固定资产货物和服务价值的差额,即所有常住单位的增加值之和;从收入形态看,它是所有常住单位在一定时期内创造并分配给常住单位和非常住单位的初次收入之和;从产品形态看,它是所有常住单位在一定时期内最终使用的货物和服务价值减去货物和服务进口价值。在实际核算中,国内生产总值有三种计算方法,即生产法、收入法和支出法。三种方法分别从不同的方面反映国内生产总值及其构成。

劳动者报酬

指劳动者因从事生产活动所获得的全部报酬。包括劳动者获得的各种形式的工资、奖金和津贴,既包括货币形式的,也包括实物形式的,还包括劳动者所享受的公费医疗和医药卫生费、上下班交通补贴、单位支付的社会保险费、住房公积金等。对于个体经济来说,其所有者所获得的劳动报酬和经营利润不易区分,这两部分统一作为劳动者报酬处理。

生产税净额

指生产税减生产补贴后的余额。生产税指政府对生产单位从事生产、销售和经营活动以及因从事生产活动使用某些生产要素(如固定资产、土地、劳动力)所征收的各种税、附加费和规费。生产补贴与生产税相反,指政府对生产单位的单方面转移支出,因此视为负生产税,包括政策亏损补贴、价格补贴等。

固定资产折旧

指一定时期内为弥补固定资产损耗按照规定的固定资产折旧率提取的固定资产折旧,或按国民经济核算统一规定的折旧率虚拟计算的固定资产折旧。它反映了固定资产在当期生产中的转移价值。各类企业和企业化管理的事业单位的固定资产折旧是指实际计提的折旧费;不计提折旧的政府机关、非企业化管理的事业单位和居民住房的固定资产折旧是按照统一规定的折旧率和固定资产原值计算的虚拟折旧。原则上,固定资产折旧应按固定资产当期的重置价值计算,但是目前我国尚不具备对全社会固定资产进行重估价的基础,所以暂时只能采用上述办法。

营业盈余

指常住单位创造的增加值扣除劳动者报酬、生产税净额和固定资产折旧后的余额。它相当于企业的营业利润加上生产补贴,但要扣除从利润中开支的工资和福利等。

三、人　口

简要说明

一、本篇资料反映我市人口方面的基本情况，包括全市主要人口统计数据，主要指标有：总户数、总人口、家庭户规模、性别比等。

二、本篇资料来源主要有以下三个方面：

1. 有关家庭户数据、人口性别比、人口受教育程度、抚养系数等资料是根据历年人口抽查调查和人口普查数据整理计算的。

2. 有关历史上六次人口普查资料，是根据历次人口普查资料整理的。

3. 有关户籍人口、非农业人口、农业人口、人口变动情况，是根据公安部门提供的户籍人口统计年报资料整理的。

三、本篇资料由市统计局人口和社会科技科整理编制。

3－1　主要年份人口指标

年份	户籍人口			常住人口				
	总数（万人）	非农业人口	非农业人口占比重（%）	总数（万人）	城镇人口比重（%）	出生率（‰）	死亡率（‰）	自然增长率（‰）
1995	114.2	46.5	40.7	—		11.53	4.64	6.89
1998	116.6	48.6	41.7	—		13.78	4.81	8.97
1999	118.1	49.8	42.2	—		13.56	4.61	8.95
2000	119.0	50.8	42.7	119.7	50.34	10.54	5.21	5.33
2001	120.0	51.8	43.2	—		11.50	4.90	6.60
2002	122.1	54.2	44.4	123.0		10.85	4.27	6.58
2003	124.1	56.4	45.4	123.0		10.50	4.80	5.70
2004	124.4	58.2	46.8	125.0		10.30	4.70	5.60
2005	125.6	59.2	47.1	125.0	58.50	10.20	4.50	5.70
2006	126.6	60.1	47.5	126.0		10.10	4.60	5.50
2007	127.3	61.1	48.0	127.0	64.20	10.10	4.80	5.30
2008	128.1	63.1	49.3	128.0	66.00	10.20	4.90	5.30
2009	128.6	64.1	49.8	129.0	67.30	10.20	5.00	5.20
2010	129.1	64.5	49.9	220.3	57.70	8.43	5.79	2.64
2011	228.6	81.5	35.7	218.8	59.40	8.48	5.91	2.57
2012	228.4	81.5	36.0	219.5	61.20	10.30	5.45	4.85
2013	228.4	82.2	36.0	220.8	62.57	10.30	5.50	4.80

注：户籍人口为公安户籍统计数，常住人口为人口抽样调查推算数；2000年和2010年常住人口数为普查数。2010年及以前年份数据为原区划口径。

3－2　主要年份户籍人口数及构成

年份	总户数（户）	总人口（万人）				非农业人口（万人）	农业人口（万人）
		合计	男	女	性别比（女=100）		
1993	312891	111.3	58.3	53.0	110	44.6	66.7
1994	315689	112.9	59.2	53.7	110	45.8	67.1
1995	327093	114.2	59.9	54.3	110	46.5	67.7
1998	344379	116.6	60.7	55.8	109	48.6	68.0
1999	350408	118.1	61.6	56.6	109	49.8	68.3
2000	353445	119.0	61.8	57.2	108	50.8	68.2
2001	357002	120.0	62.3	57.7	108	51.8	68.2
2002	362844	122.1	63.3	58.8	108	54.2	67.9
2003	369858	124.1	64.3	59.8	108	56.4	67.7
2004	373796	124.4	64.4	60.0	107	58.2	66.2
2005	378291	125.6	65.0	60.7	107	59.2	66.4
2006	383407	126.6	65.4	61.2	107	60.1	66.5
2007	389476	127.3	65.7	61.6	107	61.1	66.2
2008	395339	128.1	66.0	62.1	106	63.1	65.0
2009	399504	128.6	66.2	62.4	106	64.1	64.5
2010	405565	129.1	66.3	62.8	106	64.5	64.6
2011	736240	228.6	118.1	110.5	107	81.5	147.1
2012	726627	228.4	117.8	110.5	107	81.5	146.9
2013	730839	228.4	117.8	110.6	107	82.2	146.2

注：表内数据为公安户籍人口。

3-3 主要年份人口系数

单位:%

年 份	少年儿童系数	老年系数	老少比	少年儿童抚养系数	老年抚养系数	总抚养系数	年龄中位数(岁)
2000	20.76	7.53	36.28	28.95	10.50	39.45	
2005	18.28	9.96	54.52	25.44	13.87	39.31	
2010	16.36	12.74	80.39	18.84	15.14	33.98	39.52

注:2000 年、2010 年为普查数据,其余年份为人口变动抽样调查数。

3-4 主要年份每 10 万人受教育程度和总人口文盲率

单位:人

年 份	大专及以上	高中、中专	初 中	小 学	总人口文盲率(%)
1990	2357	9214	24167	33654	19.99
1995	2995	8500	30562	34000	8.76
2000	4778	12148	31950	32695	8.89
2002	5476	12229	35246	30137	9.75
2004	6027	13282	35642	30961	8.14
2006	5718	13291	38581	27163	9.93
2007	5710	13781	41101	32174	6.86
2008	5578	14181	42460	30772	6.62
2010	8130	12096	37141	29105	9.09
2011	8801	14907	35754	29211	5.38
2012	5770	11970	38430	31146	6.29
2013	11750	14492	38879	27209	5.00

注:2000 年和 2010 年份总文盲率为普查数据。

3－5　全市人口变动情况(2013年)

单位:人

指　标	出　生			死　亡		
	合　计	男	女	合　计	男	女
全　市	**23328**	**12683**	**10645**	**18252**	**9734**	**8518**
含山县	5161	2925	2236	3883	2048	1835
环峰镇	1525	846	679	1167	599	568
仙踪镇	676	367	309	760	414	346
昭关镇	314	178	136	404	188	216
清溪镇	547	316	231	256	143	113
陶厂镇	579	352	227	189	107	82
铜闸镇	390	223	167	405	205	200
林头镇	670	390	280	552	307	245
运漕镇	460	253	207	150	85	65
和县	6156	3408	2748	6655	3385	3270
历阳镇	1505	791	714	1481	801	680
白桥镇	748	411	337	738	391	347
姥桥镇	898	524	374	526	292	234
功桥镇	631	375	256	786	358	428
西埠镇	721	421	300	751	371	380
乌江镇	578	288	290	939	487	452
香泉镇	206	132	74	600	305	295
善厚镇	426	223	203	327	128	199
石杨镇	443	243	200	507	252	255
当涂县	4984	2687	2297	3961	2136	1825
湖阳乡	303	190	113	311	182	129
大陇乡	367	197	170	221	122	99
江心乡	298	158	140	193	93	100
太白镇	463	246	217	342	177	165
姑孰镇	1025	560	465	1192	622	570
黄池镇	462	230	232	352	194	158
乌溪镇	299	167	132	203	102	101
护河镇	362	197	165	299	174	125
塘南镇	342	173	169	240	130	110
石桥镇	501	273	228	321	189	132
当涂经济开发区	98	51	47	83	48	35
年陡镇	464	245	219	204	103	101
花山区	2693	1346	1347	1403	843	560
沙塘路街道	346	167	179	221	132	89
解放路街道	347	158	189	169	102	67
湖东路街道	314	164	150	111	64	47
桃源路街道	446	226	220	270	166	104
霍里街道	494	252	242	235	139	96
金家庄街道	196	102	94	183	106	77
塘西街道	517	262	255	187	117	70
慈湖高新技术产业开发区	33	15	18	27	17	10
雨山区	2087	1063	1024	1115	648	467
雨山街道	249	133	116	225	135	90
平湖街道	166	91	75	184	120	64
安民街道	306	153	153	97	51	46
采石办事处	243	133	110	83	48	35
九华派出所(市开发区)	23	13	10			
佳山乡	593	296	297	187	97	90
向山镇	300	150	150	212	124	88
银塘镇	207	94	113	127	73	54
博望区	2247	1254	993	1235	674	561
丹阳镇	1185	684	501	621	339	282
博望镇	556	293	263	363	206	157
新市镇	506	277	229	251	129	122

注:本表为公安户籍人口数。

3－5 全市人口变动情况(2013 年)(续)

单位:人

指 标	迁 入			迁 出		
	合 计	省内迁入	省外迁入	合 计	迁往省内	迁往省外
全 市	**12371**	**6933**	**5438**	**13510**	**6324**	**7186**
含山县	1801	1081	720	2384	1553	831
环峰镇	643	362	281	632	378	254
仙踪镇	242	140	102	318	185	133
昭关镇	86	43	43	87	40	47
清溪镇	146	89	57	179	112	67
陶厂镇	123	80	43	150	107	43
铜闸镇	138	85	53	163	100	63
林头镇	223	155	68	606	460	146
运漕镇	200	127	73	249	171	78
和县	2390	1069	1321	2748	1190	1558
历阳镇	604	297	307	1083	607	476
白桥镇	280	113	167	152	47	105
姥桥镇	410	150	260	51	27	24
功桥镇	177	97	80	160	88	72
西埠镇	196	97	99	246	128	118
乌江镇	277	113	164	373	79	294
香泉镇	170	62	108	207	59	148
善厚镇	138	82	56	161	83	78
石杨镇	138	58	80	315	72	243
当涂县	2153	1135	1018	2191	1089	1102
湖阳乡	123	53	70	138	27	111
大陇乡	124	42	82	131	66	65
江心乡	139	78	61	68	37	31
太白镇	168	91	77	279	169	110
姑孰镇	725	439	286	767	414	353
黄池镇	191	101	90	190	96	94
乌溪镇	77	38	39	107	44	63
护河镇	135	55	80	129	67	62
塘南镇	93	29	64	112	40	72
石桥镇	152	64	88	140	69	71
当涂经济开发区	53	35	18	48	21	27
年陡镇	173	110	63	82	39	43
花山区	3258	2141	1117	2787	1042	1745
沙塘路街道	454	303	151	333	86	247
解放路街道	488	302	186	424	109	315
湖东路街道	376	201	175	624	288	336
桃源路街道	607	334	273	839	330	509
霍里街道	308	230	78	74	33	41
金家庄街道	326	245	81	202	82	120
塘西街道	664	508	156	254	103	151
慈湖高新技术产业开发区	35	18	17	37	11	26
雨山区	2045	1199	846	2880	1312	1568
雨山街道	335	180	155	373	71	302
平湖街道	203	93	110	253	64	189
安民街道	383	211	172	382	132	250
采石办事处	85	52	33	46	11	35
九华派出所(市开发区)	124	64	60	89	43	46
佳山乡	499	349	150	365	216	149
向山镇	298	155	143	1336	754	582
银塘镇	118	95	23	36	21	15
博望区	724	308	416	520	138	382
丹阳镇	444	219	225	173	41	132
博望镇	155	71	84	255	81	174
新市镇	125	18	107	92	16	76

3－6　近两次全市人口普查基本情况

指　标		2000	2010
总人口	（人）	**1196916**	**2202899**
男		617633	1134024
女		579283	1068875
育龄妇女（15—49岁）		330943	623184
总户数	（户）	**366610**	**739334**
家庭户		360503	723224
集体户		6107	16090
家庭户规模	（人/户）	**3.24**	**2.90**
各年龄组人口	（人）		
0—6岁		99384	135059
7—14岁		161504	174660
15—64岁		845879	1644204
65岁以上		90149	248976
劳动年龄人口		923604	1859264
男60岁、女55岁以上人口		165327	442324
民族人口	（人）		
汉　族		1189101	2188218
少数民族		7815	14681
每十万人拥有的受教育程度人口	（人）		
大专以上		4778	8129
高　中		12148	12096
初　中		31950	37140
小　学		32695	29104
文盲人口及文盲率			
文盲人口	（人）	106349	172041
文盲率	（%）	8.89	9.09
城镇乡村人口	（人）		
城　镇		602528	1271608
乡　村		594388	931291

备注:2010年数据包括含山、和县。

3－7　计划生育基本情况(2013)

单位:人

项　　目	全　市	市　区
一、领证及女性初婚情况		
1、育龄妇女人数	648996	233784
2、已婚妇女人数	493096	174951
其中:无孩妇女人数	28285	12211
一孩妇女人数	299914	125149
二孩妇女人数	148496	33770
多孩妇女人数	16401	3821
3、领取独生子女证人数	154796	81816
4、女性初婚人数	19008	5822
其中:19 岁以下人数	1251	185
23 岁以上人数	10581	4053
二、节育情况		
1、采取各种节育措施人数合计	428990	150297
其中:男性绝育	194	68
女性绝育	141211	27514
2、本期采取各种节育手术例数	29130	7191
其中:男性绝育	5	2
女性绝育	2723	693

3－8　各区、县主要人口指标(2013 年)

地　区	总户数(户)	户籍人口(人)				性别比(女=100)	非农业人口比重(%)
		总数	非农业人口	男	女		
全　市	**730839**	**2283981**	**821838**	**1178103**	**1105878**	**107**	**36.0**
含山县	143220	444682	84311	232677	212005	110	19.0
环峰镇	39739	120272	44447	62368	57904	108	37.0
仙踪镇	19771	64417	3948	33659	30758	109	6.1
昭关镇	6827	25300	707	13313	11987	111	2.8
清溪镇	17052	48931	3209	25773	23158	111	6.6
陶厂镇	11136	39189	2617	20687	18502	112	6.7
铜闸镇	9738	33508	3731	17541	15967	110	11.1
林头镇	25978	72190	17132	38031	34159	111	23.7
运漕镇	12979	40875	8520	21305	19570	109	20.8
和　县	168822	542132	84669	283786	258346	110	15.6
历阳镇	45549	139267	52803	72256	67011	108	37.9
白桥镇	14126	53954	5704	28234	25720	110	10.6
姥桥镇	18450	65711	3815	34148	31563	108	5.8
功桥镇	15486	51104	2668	27521	23583	117	5.2
西埠镇	18415	56150	5155	30010	26140	115	9.2
乌江镇	21412	63228	7163	32616	30612	107	11.3
香泉镇	11646	40417	2580	21010	19407	108	6.4
善厚镇	11448	33518	2065	17674	15844	112	6.2
石杨镇	12290	38783	2716	20317	18466	110	7.0
当涂县	152800	473654	98301	242834	230820	105	20.8
湖阳乡	9200	28722	3035	15197	13525	112	10.6
大陇乡	8969	32670	1209	17440	15230	115	3.7
江心乡	9055	25626	911	12825	12801	100	3.6
太白镇	15569	41981	6774	21433	20548	104	16.1
姑孰镇	36837	109044	67987	54792	54252	101	62.3
黄池镇	16117	48952	3742	25144	23808	106	7.6
乌溪镇	7509	24827	1966	12922	11905	109	7.9
护河镇	9859	31811	2028	16544	15267	108	6.4
塘南镇	9160	32111	1031	16819	15292	110	3.2
石桥镇	14333	47491	2805	24669	22822	108	5.9
当涂经济开发区	4049	11756	4756	5760	5996	96	40.5
年陡乡	12143	38663	2057	19289	19374	100	5.3
花山区	124896	377060	339670	188969	188091	100	90.1
沙塘路街道	16257	52556	52556	26200	26356	99	100.0
解放路街道	18913	57945	57945	29191	28754	102	100.0
湖东路街道	12908	41686	41686	20845	20841	100	100.0
桃源路街道	23156	73620	73611	37084	36536	101	100.0
霍里街道	16850	43858	23940	21360	22498	95	54.6
金家庄街道	12709	37725	36599	19466	18259	107	97.0
塘西街道	20287	58417	42289	28894	29523	98	72.4
慈湖乡	3816	11253	11044	5929	5324	111	98.1
雨山区	86881	261508	199509	132504	129004	103	76.3
雨山街道	15372	46907	46894	23765	23142	103	100.0
平湖街道	10346	35666	35666	18651	17015	110	100.0
安民街道	15695	48002	46398	24219	23783	102	96.7
采石办事处	7311	23023	10622	11419	11604	98	46.1
九华派出所(市开发区)	360	1487	1487	1009	478	211	100.0
佳山乡	16743	46806	23238	23102	23704	97	49.6
向山镇	15985	43860	31735	22427	21433	105	72.4
银塘镇	5069	15757	3469	7912	7845	101	22.0
博望区	54220	184945	15378	97333	87612	111	8.3
博望镇	17101	55082	5444	28588	26494	108	9.9
丹阳镇	23897	90142	8364	47872	42270	113	9.3
新市镇	13222	39721	1570	20873	18848	111	4.0

注:本表为公安户籍人口数。

主要统计指标解释

人口数

指定时点、地区范围内的有生命的个人的总和。

常住人口

是指具有中华人民共和国国籍并在中华人民共和国境内常住的人。

(1) 居住本乡、镇、街道，户口在本乡、镇、街道的人；

(2) 居住本乡、镇、街道半年以上，户口在外乡、镇、街道的人；

(3) 在本乡、镇、街道居住不满半年，离开户口登记 地半年以上的人；

(4) 居住本乡、镇、街道，户口待定的人；

(5) 原住本乡、镇、街道，现在国外工作学习，暂无 户口的人；

常住户口在本乡、镇、街道，但已离开本乡、镇、街 道半年以上的人，在户口所在地只登记人数，不计人户口 所在地的常住人口数内。

总人口文盲率

15 岁及以上不识字人数与总人口数的比例。

出生率(又称粗出生率)

指在一定时期内(通常为一年)平均每千人所出生的 人数的比率，一般用千分率表示。计算公式为：

出生率 = 年出生人数/年平均人数 ×1000‰

式中：出生人数指活产婴儿，即胎儿脱离母体时(不含怀孕月数)，有过呼吸或其他生命现象。年平均人数指年 初、年底人口数的平均数，也可用年中人口数代替。

死亡率(又称粗死亡率)

指在一定时期内(通常为一年)一定地区的死亡人数 与同期平均人数(或期中人数)之比，一般用千分率表示。

计算公式为：

死亡率 = 年死亡人数/年平均人数 ×1000‰

人口自然增长率

指在一定时期内(通常为一年)人口自然增加数(出生人数减死亡人数)与该时期内平均人数(或期中人数)之比，一般用千分率表示。计算公式为：

人口自然增长率 = (年出生人数 - 年死亡人数)/年平均人数 ×1000‰
= 人口出生率 - 人口死亡率

在业人口(又称就业人口)

指十五周岁及十五周岁以上人口中从事一定的社会劳动并取得劳动报酬或经营收人的人口。

未工作人口

指十五周岁及十五周岁以上人口中未从事社会劳动的人口，包括在校学生、料理家务、待升学、失去工作、离退休、退职、丧失劳动能力等非在业人口。

抚养系数

指被抚养人口(0—14 岁和 65 岁以上人口)与 15—64 岁人口的比例。计算公式为：

抚养系数 = 被抚养人口/15—64 岁人口 ×100%

老年抚养系数

指老年人口(65 岁以上人口)与 15—64 岁人口的比例。计算公式为：

老年抚养系数 = 老年人口/15—64 岁人口 ×100%

少年儿童抚养系数指

0—14 岁少年儿童与 15—64 岁人口的比例。计算公式为：

少年儿童系数抚养 = 少年儿童人口/15—64 岁人口 ×100%

四、就业人员和职工工资

简要说明

一、本篇资料反映我市劳动经济方面的基本情况,包括全市和三区三县的主要劳动统计数据。主要指标有:从业人员、城镇私营和个体从业人员、城镇登记失业人员及失业率、单位从业人员、在岗职工、职工工资总额和职工平均工资等。

二、本篇资料来源主要有四个方面:

1. 职工人数、工资总额、平均工资及单位从业人员情况,是根据《2013 年度全市劳动统计年报)汇总整理提供的。

2. 私营企业和个体从业人员,是根据市工商局提供的资料整理的。

3. 城镇登记失业人数、城镇登记失业数、新就业人数、城镇登记失业率、职业介绍机构、职业介绍工作情况和劳动部门社会保障、劳动仲裁情况,是根据市人力资源和社会保障局提供的资料整理的。

4. 就业基本情况是根据全市劳动统计年报、全市 2013 年人口变动抽样调查资料、市统计局农业统计年报、市工商统计年报等综合编制的。

三、1998 年及以后城镇单位就业人员、职工工资、工资总额、平均工资等指标中不再包括离开本单位仍保留劳动关系职工及其生活费。

四、本篇资料由市统计局人口和社会科技科整理编制。

4-1　主要年份就业基本情况

单位:万人

指　　标	2000	2005	2010	2011	2012	2013
经济活动人口	66.1	61.1	133.5	179.6	130.93	135.75
从业人员合计	65.2	60.2	132.7	122.0	127.22	131.73
第一产业	24.6	18.3	41.1	38.7	40.02	41.43
第二产业	25.4	24.0	46.6	41.4	40.99	41.01
第三产业	15.2	17.9	45.0	41.8	46.21	49.29
从业人员构成(合计=100)						
第一产业	37.7	30.4	31.0	31.8	31.46	31.5
第二产业	38.9	39.9	35.1	33.9	32.22	31.1
第三产业	23.4	38.7	33.9	34.3	36.32	37.4
按城乡分从业人员						
城镇从业人员	27.0	21.9	36.8	63.4	65.68	68.25
#国有单位	11.6	5.5	6.8	6.3	6.99	6.94
城镇集体单位	5.0	1.5	1.4	1.2	1.16	1.03
股份合作单位		0.1	0.2	0.3	0.04	0.04
联营单位						
有限责任公司	0.8	3.5	3.8	3.2	3.89	8.80
股份有限公司	4.9	5.3	5.4	5.2	5.58	5.02
私营企业	2.3	2.2	6.6	9.0	8.89	10.11
港澳台商投资单位	0.1	0.2	0.5	0.7	0.65	0.54
外商投资单位	0.1	0.3	0.8	0.8	0.78	1.18
个　体	5.5	3.3	9.9	10.7	16.84	19.06
其　他			1.5	26.1	20.86	15.53
乡村从业人员	29.0	9.7	30.0	58.6	61.54	63.49
#私营企业	0.8	2.3	17.9	6.4	5.20	5.11
个　体	5.1	7.1	7.5	1.8	2.50	2.26
其　他	2.5	0.3	4.5	50.4	53.84	56.12
全部职工人数	22.8	14.1	6.2	18.1	19.09	23.69
国有单位	11.5	4.5	6.3	6.5	6.99	6.94
城镇集体单位	5.3	1.0	1.3	1.2	1.16	1.03
其他单位	6.0	8.6	10.4	10.5	10.94	15.72
城镇单位女性从业人员	3.2	3.4	6.1	6.1	5.98	7.25
城镇登记失业率(%)		3.7	3.1	2.9	2.8	2.8

注:全社会从业人员总计、城镇和乡村从业人员小计资料根据有关部门资料进行了调整,2010起为新行政区划数据。

4－2　主要年份分行业从业人员数

单位:万人

指　　标	2005	2010	2011	2012	2013
总　　计	**18.3**	**15.08**	**121.95**	**127.22**	**131.74**
农、林、牧、渔业	2.6	1.99	38.73	40.02	41.43
采矿业	14	15.08	1.77	1.51	3.17
制造业	0.4	0.42	25.90	25.25	25.44
电力、燃气及水的生产和供应业	7	8.43	1.40	1.10	0.77
建筑业	3.3	4.03	12.33	13.14	11.64
批发和零售业	1.6	2.32	11.29	11.49	9.91
交通运输、仓储和邮政业	0.4	0.56	5.21	5.39	6.35
住宿和餐饮业	0.5	0.80	8.54	9.15	9.83
信息传输、软件和信息技术服务业	6.3	10.26	0.71	0.75	1.47
金融业	0.2	0.51	1.02	1.34	1.35
房地产业	0.4	1.23	0.81	0.98	2.05
租赁和商务服务业	0.3	0.40	1.44	1.78	2.14
科学研究和技术服务业	0.2	0.18	0.61	1.01	1.14
水利、环境和公共设施管理业	1.4	1.67	0.44	0.55	0.50
居民服务、修理和其他服务业	1.3	1.38	3.31	4.17	4.47
教　育	0.4	0.68	2.94	3.09	3.33
卫生和社会工作	0.3	0.33	1.53	1.80	1.96
文化、体育和娱乐业	1.3	1.38	0.83	1.31	1.49
公共管理、社会保障和社会组织	60.2	66.74	3.14	3.40	3.30

注:2011年前均为原区划口径数据。

4－3　各县区按三次产业分的从业人员数(2013年)

地　区	从业人员(万人)				构成(合计＝100)		
		第一产业	第二产业	第三产业	第一产业	第二产业	第三产业
全　　市	**131.74**	**41.43**	**41.02**	**49.29**	**31.5**	**31.1**	**37.4**
含 山 县	27.51	10.66	8.51	8.34	38.7	30.9	30.3
和　　县	32.27	13.15	8.29	10.83	40.7	25.7	33.6
当 涂 县	30.79	10.60	10.59	9.60	34.4	34.4	31.2
花 山 区	19.09	3.23	4.59	11.27	16.9	24.0	59.0
雨 山 区	13.50	0.70	5.73	7.07	5.2	42.4	52.4
博 望 区	8.58	3.09	3.31	2.18	36.0	38.6	25.4

4－4 主要年份按城乡分的从业人员数

单位:人

年份	合计	城镇						
		小计	国有单位	集体单位	股份合作单位	联营单位	有限责任公司	股份有限公司
2000	652000	270000	116000	50000			8000	49000
2005	602000	219000	55000	15000	1000		35000	53000
2006	615000	228000	54000	14000	1000		35000	54000
2007	619000	233000	44000	10000	1000		42000	54000
2008	645972	261587	43604	10550	470	186	39321	53334
2009	649671	262802	44232	8661			38160	51825
2010	667401	28517	245280	7960			37352	51540
2011	1219506	633899	63269	11454	2516		32367	51697
2012	1272195	656790	69939	11644	438	47	38915	55577
2013	1317365	682422	69365	10323	362		88030	50223

年份						乡村			
	私营企业	港澳台商投资单位	外商投资单位	个体	其他	小计	私营企业	个体	其他
2000	15000	1000	1000	30000		382000	7312	25659	51000
2005	22000	2000	3000	33000		383000	23776	27852	71000
2006	25000	3000	4000	38000		387000	29006	26262	68000
2007	20000	3000	6000	53000		386000	24121	3903	60000
2008	49170	3590	6192	55170		384385	53501	24603	35006
2009	47447	4448	9044	57554	1431	386869	58789	15859	37000
2010	51073	4615	8316	63808	15228	382229	52629	14569	382229
2011	89912	6848	7921	107431	260484	585607	63742	18267	[illegible]
2012	88931	6485	7832	168425	208557	615405	52018	24945	[illegible]
2013	101060	5390	11833	190632	155204	634943	51066	22635	[illegible]

注:2011 年以前均为老行政区划数据。

4－5　各县区按城乡分的从业人员数(2013年)

单位:人

地　区	合　计	城　　镇						
		小　计	#国有单位	#集体单位	#股份合作单位	#联营单位	#有限责任公司	#股份有限公司
全　市	**1317365**	**682422**	**69365**	**10323**	**362**		**88030**	**50223**
含山县	275057	117252	10263	352	297		3936	753
和　县	322746	138899	13052	6856			9489	2021
当涂县	307871	139678	10468	675			1604	1218
花山区	190885	136876	19781	762			28034	9243
雨山区	134982	110878	13638	1455	33		44783	36988
博望区	85824	38839	2163	223	32		184	

地　区						乡　村			
	#私营企业	#港澳台商投资单位	#外商投资单位	#个　体	其　他	小　计	#私营企业	#个　体	其　他
全　市	**101060**	**5390**	**11833**	**190632**	**155204**	**634943**	**51066**	**22635**	**561242**
含山县	11290		241	40225	49895	157805	8698	6306	142801
和　县	22287	304	661	49585	34644	183847	7659	1075	175113
当涂县	38664	433	1528	46511	38577	168193	2856	5605	159732
花山区	5526	1214	3387	39436	29493	54009	18499	6791	28719
雨山区	1684	3439	6016	2026	816	24104	5246	1520	17338
博望区	21609			12849	1779	46985	8108	1338	37539

4－6 各县区分行业城镇非私营单位从业人员数(2013 年)

单位:人

地 区	合 计	农 林 牧渔业	采矿业	制造业	电力、燃气及水的生产和供应业	建筑业	批发和零售业	交 通 运输、仓储和邮政业	住宿和餐饮业	信息传输、计算机服务和软件业
全 市	**236928**	**763**	**25218**	**69535**	**4820**	**33854**	**7120**	**8358**	**553**	**3335**
市 直	47894		16514	31366						
含山县	16017	196	520	2201	244	1910	381	532		123
和 县	32383	361		2975	736	15219	568	448		125
当涂县	15986	154	124	2853	224		1265	489		87
花山区	62513			9758	2958	13545	3430	5077	385	1285
雨山区	59288		8060	20255	658	3180	1471	1812	168	1715
博望区	2847	52		127			5			

地 区	金融业	房地产业	租赁和商务服务业	科学研究、技术服务和地质勘查 业	水利、环境和公共设施管 理 业	居民服务和其他服务 业	教 育	卫生、社会保障和社会福利业	文化、体育和娱乐业	公共管理和社会组织
全 市	**9666**	**2578**	**4192**	**5152**	**3229**	**1763**	**22546**	**10128**	**1145**	**22973**
市 直		14								
含山县	651	365	55	155	378	32	3695	1205	108	3266
和 县	871	350	186	115	558	23	4234	1515	165	3934
当涂县	407	125	269	332	780	81	4214	1276	191	3115
花山区	4831	839	478	993	1228	44	5432	4664	408	7158
雨山区	2906	850	3118	3557	249	1583	3553	1279	273	4601
博望区		35	86		36		1418	189		899

4-7 主要年份城镇非私营单位就业人员数

单位:人

行业	2005	2010	2011	2012	2013
总计	**141439**	**177282**	**181034**	**190877**	**236928**
农、林、牧、渔业	565	929	808	801	763
采矿业	17906	15260	11566	9887	25218
制造业	65083	70115	71281	67452	69535
电力、燃气及水的生产和供应业	3859	4792	4642	4605	4820
建筑业	8321	15570	17449	21142	33854
批发和零售业	3805	4403	4987	5672	7120
交通运输、仓储和邮政业	4393	3580	3609	4145	8358
住宿和餐饮业	729	544	339	334	553
信息传输、软件和信息技术服务业	631	940	1423	1490	3335
金融业	2716	5004	5936	9525	9666
房地产业	502	522	590	1048	2578
租赁和商务服务业	343	2568	3542	625	4192
科学研究和技术服务业	2572	2571	2693	4557	5152
水利、环境和公共设施管理业	2400	2645	2537	3386	3229
居民服务、修理和其他服务业	203	114	113	147	1763
教育	12196	20378	20625	22145	22546
卫生和社会工作	3253	7964	8518	9861	10128
文化、体育和娱乐业	1103	1257	983	1121	1145
公共管理、社会保障和社会组织	10859	18126	19393	22934	22973

4-8 各县区城镇非私营单位就业人员数(2013 年)

单位:人

地区	合计	国有经济单位	城镇集体经济单位	其他经济单位	比重(%) 国有经济单位	比重(%) 城镇集体经济单位	比重(%) 其他经济单位
全市	**236928**	**69365**	**10323**	**157240**	**29.3**	**4.3**	**66.4**
市直	47894			47894			100.0
含山县	16017	10263	352	5402	64.1	2.2	33.7
和县	32383	13052	6856	12475	40.3	21.2	38.5
当涂县	15986	10468	675	4843	65.5	4.2	30.3
花山区	62513	19781	762	41970	31.7	1.2	67.1
雨山区	59288	13638	1455	44195	23.0	2.5	74.5
博望区	2847	2163	223	461	76.0	7.8	16.2

注:2012 年以前为在岗职工数。

4－9 城镇非私营单位在岗专业技术人员数(2013年)

单位:人

行　业	合　计	国有单位	城镇集体单位	其他单位
总　计	**56361**	**31985**	**2429**	**21947**
按执行会计制度类别分组				
企　业	27500	4025	1531	21944
事　业	26942	26059	883	
机　关	1851	1838	13	
民间非营利组织	2		2	
其　他	66	63		3
按国民经济行业分组				
农、林、牧、渔业	208	208		
采矿业	4519	526	19	3974
制造业	10050	209	54	9787
电力、燃气及水的生产和供应业	1685	701	204	780
建筑业	4473	238	1039	3196
批发和零售业	539	142	23	374
交通运输、仓储和邮政业	467	273	10	184
住宿和餐饮业	42	25	4	13
信息传输、软件和信息技术服务业	852	100		752
金融业	2222	777	133	1312
房地产业	698	127		571
租赁和商务服务业	141	140	1	
科学研究和技术服务业	2292	1935		357
水利、环境和公共设施管理业	576	500	59	17
居民服务、修理和其他服务业	45	45		
教 育	17367	17337		30
卫生和社会工作	6880	5412	868	600
文化、体育和娱乐业	519	506	13	
公共管理、社会保障和社会组织	2786	2784	2	

4－10 各县区城镇非私营单位在岗专业技术人员数(2013年)

单位:人

地　区	合　计	国有经济单位	城镇集体经济单位	其他经济单位
全　市	**56361**	**31985**	**2429**	**21947**
市　直	9497			9497
含山县	5875	5335	293	247
和　县	8504	6534	1090	880
当涂县	4112	3468	315	329
花山区	16553	9398	406	6749
雨山区	10490	6110	161	4219
博望区	1330	1140	164	26

4－11 城镇非私营单位分行业就业人员数(2013年)

单位:人

行业	合计	国有单位	城镇集体单位	其他单位
总计	**236928**	**69365**	**10323**	**157240**
按执行会计制度类别分组				
企业	175116	9719	9145	156252
事业	40254	39125	1129	
机关	20460	20428	32	
民间非营利组织	250		5	245
其他	848	93	12	743
按国民经济行业分组				
农、林、牧、渔业	**763**	**763**		
农业	79	79		
林业	377	377		
畜牧业				
渔业				
农、林、牧、渔服务业	307	307		
采矿业	**25218**	**520**	**1002**	**23696**
制造业	**69535**	**113**	**268**	**69154**
#酒、饮料和精制茶制造业	738	7		731
烟草制品业				
石油加工、炼焦和核燃料加工业				
化学原料及化学制品制造业	4720			4720
橡胶和塑料制品业	276			276
非金属矿物制品业	1930		120	1810
黑色金属冶炼和压延加工业	33112			33112
有色金属冶炼和压延加工业	112			112
金属制品业	3052	83	86	2883
通用设备制造业	4065		32	4033
汽车制造业	4105			4105
电气机械和器材制造业	913			913
电力、热力、燃气及水生产和供应业	**4820**	**1166**	**467**	**3187**
建筑业	**33854**	**1045**	**6365**	**26444**
房屋建筑业	20936		5549	15387
土木工程建筑业	2905	600	182	2123
建筑安装业	426		391	35
建筑装饰和其他建筑业	9587	445	243	8899
批发和零售业	**7120**	**790**	**73**	**6257**
批发业	2413	734	37	1642
零售业	4707	56	36	4615
交通运输、仓储和邮政业	**8358**	**3547**	**133**	**4678**
#铁路运输业				
道路运输业	4355	1234	16	3105
水上运输业	337	58		279
航空运输业				
邮政业	1791	1791		
住宿和餐饮业	**553**	**40**	**42**	**471**
住宿业	371	40		331
餐饮业	182		42	140

4-11 城镇非私营单位分行业就业人员数(2013年)(续)

单位:人

行业	合计	国有单位	城镇集体单位	其他单位
信息传输、软件和信息技术服务业	**3335**	**242**		**3093**
电信、广播电视和卫星传输服务	2255	225		2030
互联网和相关服务				
软件和信息技术服务业	1080	17		1063
金融业	**9666**	**1833**	**438**	**7395**
货币金融服务	5404	1483	438	3483
资本市场服务	48	17		31
保险业	4211	333		3878
其他金融业	3			3
房地产业	**2578**	**274**		**2304**
#房地产开发经营	2395	131		2264
物业管理	40			40
租赁和商务服务业	**4192**	**1282**	**383**	**2527**
租赁业	12		12	
商务服务业	4180	1282	371	2527
科学研究、技术服务业	**5152**	**2048**		**3104**
研究与试验发展	456	149		307
专业技术服务业	4495	1698		2797
科技推广和应用服务业	201	201		
水利、环境和公共设施管理业	**3229**	**3064**	**63**	**102**
水利管理业	892	892		
生态保护和环境治理业	171	120		51
公共设施管理业	2166	2052	63	51
居民服务、修理和其他服务业	**1763**	**120**		**1643**
居民服务业	180	120		60
机动车、电子产品和日用产品修理业				
其他服务业	1583			1583
教育	**22546**	**22225**		**321**
#高等教育	3052	3052		
中等教育	10217	9972		245
初等教育	8483	8483		
卫生和社会工作	**10128**	**6400**	**1053**	**2675**
卫生	9910	6182	1053	2675
社会工作	218	218		
文化、体育和娱乐业	**1145**	**925**	**31**	**189**
新闻和出版业	176	176		
广播、电视、电影和影视录音制作业	265	265		
文化艺术业	577	438	31	108
体育	46	46		
娱乐业	81			81
公共管理、社会保障和社会组织	**22973**	**22968**	**5**	
中国共产党机关	673	673		
国家机构	21603	21603		
人民政协和民主党派	144	144		
社会保障	208	203	5	
群众团体、社会团体和其他成员组织	345	345		

4-12 城镇非私营单位分行业在岗女性从业人员占全部从业人员比重(2013 年)

以本类型从业人员为 100　　　　单位:%

行　业	合　计	国有单位	城镇集体单位	其他单位
总　计	**30.6**	**37.2**	**29.1**	**27.8**
按执行会计制度类别分组				
企　业	27.4	27.9	25.8	27.4
事　业	43.9	43.5	56.2	
机　关	29.6	29.6	9.4	
民间非营利组织	58.0		40.0	58.4
其　他	82.1	32.3	50.0	88.8
按国民经济行业分组				
农、林、牧、渔业	**26.3**	**26.3**		
农　业	38.0	38.0		
林　业	29.4	29.4		
畜牧业				
渔　业				
农、林、牧、渔服务业	19.5	19.5		
采矿业	**25.4**	**19.2**	**76.4**	**23.3**
制造业	**25.1**	**50.4**	**17.2**	**25.0**
#酒、饮料和精制茶制造业	43.0	28.6		43.1
烟草制品业				
石油加工、炼焦和核燃料加工业				
化学原料及化学制品制造业	33.2			33.2
橡胶和塑料制品业	23.6			23.6
非金属矿物制品业	22.7		15.0	23.2
黑色金属冶炼和压延加工业	14.6			14.6
有色金属冶炼和压延加工业	43.8			43.8
金属制品业	22.1	61.4	11.6	21.3
通用设备制造业	21.9		18.8	21.9
汽车制造业	25.3			25.3
电气机械和器材制造业	40.3			40.3
电力、热力、燃气及水生产和供应业	**31.5**	**22.6**	**71.9**	**28.8**
建筑业	**13.1**	**9.5**	**12.3**	**13.4**
房屋建筑业	16.1		10.2	18.2
土木工程建筑业	20.4	9.8	27.5	22.8
建筑安装业	34.5		36.6	11.4
建筑装饰和其他建筑业	3.4	9.0	9.5	2.9
批发和零售业	**61.5**	**21.6**	**31.5**	**66.9**
批发业	33.0	21.3	37.8	38.2
零售业	76.1	26.8	25.0	77.1
交通运输、仓储和邮政业	**27.7**	**30.4**	**15.0**	**26.0**
#铁路运输业				
道路运输业	25.8	12.4	31.3	31.1
水上运输业	13.1	15.5		12.5
航空运输业				
邮政业	45.6	45.6		
住宿和餐饮业	**70.2**	**55.0**	**90.5**	**69.6**
住宿业	60.6	55.0		61.3
餐饮业	89.6		90.5	89.3

4-12 城镇非私营单位分行业在岗女性从业人员占全部从业人员比重(2013年)(续)

以本类型从业人员为100　　　　单位:%

行　业	合　计	国有单位	城镇集体单位	其他单位
信息传输、软件和信息技术服务业	**31.5**	**21.5**		**32.3**
电信、广播电视和卫星传输服务	35.2	20.4		36.8
互联网和相关服务				
软件和信息技术服务业	23.8	35.3		23.6
金融业	**57.8**	**45.6**	**44.7**	**61.6**
货币金融服务	50.5	42.8	44.7	54.5
资本市场服务	37.5	58.8		25.8
保险业	67.3	57.1		68.2
其他金融业	66.7			66.7
房地产业	**36.3**	**31.4**		**36.9**
#房地产开发经营	36.6	32.1		36.9
物业管理	37.5			37.5
租赁和商务服务业	**38.3**	**12.2**	**37.6**	**51.6**
租赁业	50.0		50.0	
商务服务业	38.3	12.2	37.2	51.6
科学研究、技术服务业	**22.8**	**25.7**		**20.9**
研究与试验发展	24.3	22.8		25.1
专业技术服务业	22.3	25.3		20.5
科技推广和应用服务业	31.3	31.3		
水利、环境和公共设施管理业	**28.2**	**27.3**	**58.7**	**35.3**
水利管理业	23.0	23.0		
生态保护和环境治理业	30.4	31.7		27.5
公共设施管理业	30.1	28.9	58.7	43.1
居民服务、修理和其他服务业	**16.8**	**26.7**		**16.1**
居民服务业	46.7	26.7		86.7
机动车、电子产品和日用产品修理业				
其他服务业	13.5			13.5
教育	**44.8**	**44.7**		**50.2**
#高等教育	46.2	46.2		
中等教育	37.4	36.9		58.4
初等教育	51.8	51.8		
卫生和社会工作	**63.8**	**65.3**	**57.0**	**63.0**
卫生	63.6	65.1	57.0	63.0
社会工作	72.5	72.5		
文化、体育和娱乐业	**40.1**	**37.2**	**48.4**	**52.9**
新闻和出版业	27.3	27.3		
广播、电视、电影和影视录音制作业	29.8	29.8		
文化艺术业	49.4	47.5	48.4	57.4
体育	19.6	19.6		
娱乐业	46.9			46.9
公共管理、社会保障和社会组织	**29.8**	**29.8**	**40.0**	
中国共产党机关	21.2	21.2		
国家机构	29.8	29.8		
人民政协和民主党派	20.8	20.8		
社会保障	49.0	49.3	40.0	
群众团体、社会团体和其他成员组织	38.0	38.0		

4-13 主要年份城镇非私营单位就业人员工资总额和指数

年 份	工资总额(万元)			
	合 计	国有单位	城镇集体单位	其他单位
1995	183516	90162	26514	66840
1997	181024	92797	24532	63695
1998	169848	86974	19012	63861
1999	163186	85532	16638	61016
2000	172035	89231	15605	67200
2001	192654	96428	14994	81231
2002	228030	110555	16524	100952
2003	258386	121453	16051	120882
2004	303748	144687	10683	148378
2005	347853	108384	11227	228242
2006	372788	110988	11469	250331
2007	454116	114781	11901	327434
2008	503875	129326	13139	361410
2009	545837	148940	13479	383419
2010	713457	234093	36445	442920
2011	827854	283113	35329	509411
2012	936589	341734	39568	555287
2013	1252618	386632	40533	825453

年 份	指 数(上年=100)			
	合 计	国有单位	城镇集体单位	其他单位
1995	115.9	111.7	112.8	123.5
1997	97.4	100.5	94.6	94.3
1998	93.8	93.7	77.5	100.3
1999	96.1	98.3	87.5	95.5
2000	105.4	104.3	93.8	110.1
2001	112.0	108.1	96.1	120.9
2002	118.4	114.6	110.2	124.3
2003	113.3	109.9	97.1	119.7
2004	117.6	119.1	66.6	122.7
2005	114.5	74.9	105.1	153.8
2006	107.2	102.4	102.2	109.7
2007	121.8	103.4	103.8	130.8
2008	111.0	112.7	110.4	110.4
2009	108.3	115.2	102.6	106.1
2010	130.7	157.2	270.4	115.5
2011	116.0	120.9	96.9	115.0
2012	—	—	—	—
2013	133.7	113.1	102.4	148.7

注:2012 年以前工资总额和平均工资为城镇非私营单位在岗职工工资总额和平均工资(以下各表同)。

4-14 主要年份城镇非私营单位就业人员年平均工资及指数

年　份	平均货币工资（元）			
	合　计	国有单位	城镇集体单位	其他单位
1995	7023	6866	3945	10648
1997	7551	7522	4198	10994
1998	8308	8367	4487	10988
1999	8546	8604	4668	10917
2000	9487	9432	4817	12368
2001	11137	11080	5334	14042
2002	13638	13368	6294	17329
2003	16247	15853	7246	20053
2004	20946	20074	9477	24062
2005	23993	22861	10588	26226
2006	26282	25119	12501	28292
2007	31888	29880	15400	34012
2008	36000	34683	18851	37762
2009	38217	37903	22574	39300
2010	40927	38840	30975	43301
2011	46439	44810	32932	48814
2012	49756	48904	37427	51519
2013	53582	55877	41530	53316

年　份	指　数(上年=100)			
	合　计	国有单位	城镇集体单位	其他单位
1995	114.0	114.1	109.2	113.7
1997	103.0	104.9	100.4	101.8
1998	110.0	111.2	106.9	99.9
1999	102.9	102.8	104.0	99.4
2000	111.0	109.6	103.2	113.3
2001	117.4	117.5	110.7	113.5
2002	122.5	120.6	118.0	123.4
2003	119.1	118.6	115.1	115.7
2004	128.9	126.6	130.8	120.0
2005	114.5	113.9	111.7	109.0
2006	109.5	109.9	118.1	107.9
2007	121.3	119.0	123.2	120.2
2008	112.9	116.1	122.4	111.0
2009	106.2	109.3	119.7	104.1
2010	107.1	102.5	137.2	110.2
2011	113.5	115.4	106.3	112.7
2012	—	—	—	—
2013	107.7	114.3	111.0	103.5

4－15　城镇非私营单位分行业就业人员工资总额(2013 年)

单位:万元

行　业	合　计	国有单位	城镇集体单位	其他单位
总　计	**1252618**	**386632**	**40533**	**825453**
按执行会计制度类别分组				
企　业	910302	52577	35038	822686
事　业	212274	207051	5223	
机　关	126590	126391	198	
民间非营利组织	718		16	702
其　他	2735	613	58	2065
按国民经济行业分组				
农、林、牧、渔业	**2868**	**2868**		
农业	155	155		
林业	1109	1109		
畜牧业				
渔业				
农、林、牧、渔服务业	1604	1604		
采矿业	**114890**	**2547**	**5013**	**107330**
制造业	**406610**	**361**	**791**	**405459**
#酒、饮料和精制茶制造业	3066	27		3039
烟草制品业				
石油加工、炼焦和核燃料加工业				
化学原料及化学制品制造业	16181			16181
橡胶和塑料制品业	523			523
非金属矿物制品业	9010		372	8639
黑色金属冶炼和压延加工业	254026			254026
有色金属冶炼和压延加工业	425			425
金属制品业	13054	224	231	12599
通用设备制造业	19759		128	19631
汽车制造业	17784			17784
电气机械和器材制造业	5250			5250
电力、热力、燃气及水生产和供应业	**35471**	**12054**	**1595**	**21822**
建筑业	**142310**	**4857**	**22644**	**114809**
房屋建筑业	91903		19163	72740
土木工程建筑业	12500	2670	592	9238
建筑安装业	1997		1862	135
建筑装饰和其他建筑业	35909	2187	1026	32696
批发和零售业	**24843**	**1975**	**348**	**22519**
批发业	10562	1710	195	8657
零售业	14281	265	153	13863
交通运输、仓储和邮政业	**38278**	**17376**	**400**	**20502**
#铁路运输业				
道路运输业	16665	4419	32	12215
水上运输业	2228	182		2046
航空运输业				
邮政业	11633	11633		
住宿和餐饮业	**1822**	**129**	**170**	**1523**
住宿业	1215	129		1087
餐饮业	606		170	436

4-15 城镇非私营单位分行业就业人员工资总额(2013年)(续)

单位:万元

行业	合计	国有单位	城镇集体单位	其他单位
信息传输、软件和信息技术服务业	**13761**	**1214**		**12547**
电信、广播电视和卫星传输服务	10634	1115		9519
互联网和相关服务				
软件和信息技术服务业	3127	99		3028
金融业	**59962**	**13027**	**2943**	**43992**
货币金融服务	44238	11926	2943	29368
资本市场服务	602	139		463
保险业	15080	962		14118
其他金融业	43			43
房地产业	**15215**	**1574**		**13641**
#房地产开发经营	14313	737		13576
物业管理	65			65
租赁和商务服务业	**17251**	**4118**	**1383**	**11749**
租赁业	58		58	
商务服务业	17193	4118	1326	11749
科学研究、技术服务业	**40433**	**12457**		**27975**
研究与试验发展	2887	514		2374
专业技术服务业	36426	10824		25602
科技推广和应用服务业	1120	1120		
水利、环境和公共设施管理业	**14291**	**13581**	**207**	**503**
水利管理业	5037	5037		
生态保护和环境治理业	546	297		249
公共设施管理业	8708	8247	207	254
居民服务、修理和其他服务业	**7065**	**576**		**6489**
居民服务业	709	576		133
机动车、电子产品和日用产品修理业				
其他服务业	6356			6356
教　育	**120607**	**119661**		**945**
#高等教育	16340	16340		
中等教育	56588	55886		702
初等教育	43431	43431		
卫生和社会工作	**50243**	**32744**	**4941**	**12558**
卫生	49434	31936	4941	12558
社会工作	809	809		
文化、体育和娱乐业	**6912**	**5738**	**83**	**1091**
新闻和出版业	1828	1828		
广播、电视、电影和影视录音制作业	1531	1531		
文化艺术业	2927	2223	83	621
体育	157	157		
娱乐业	470			470
公共管理、社会保障和社会组织	**139790**	**139774**	**16**	
中国共产党机关	4800	4800		
国家机构	130633	130633		
人民政协和民主党派	1139	1139		
社会保障	1044	1028	16	
群众团体、社会团体和其他成员组织	2175	2175		

4-16 各县区城镇非私营单位分行业就业人员工资总额(2013年)

单位:万元

地　区	合　计	农林牧渔业	采矿业	制造业	电力、燃气及水的生产和供应业	建筑业	批发和零售业	交通运输、仓储和邮政业	住宿和餐饮业	信息传输、计算机服务和软件业
全　市	**1252618**	**2868**	**114890**	**406610**	**35471**	**142310**	**24843**	**38278**	**1822**	**13761**
市　直	307590		63131	244295						
含山县	72331	455	2547	7540	1928	7227	943	1299		496
和　县	134937	1645		9804	3735	54739	1287	1799		602
当涂县	88801	505	506	11356	1185		4136	2339		530
花山区	326062			43310	25004	68198	11304	22752	1090	5891
雨山区	308112		48706	89714	3620	12146	7152	10089	731	6242
博望区	14786	262		592			21			

地　区	金融业	房地产业	租赁和商务服务业	科学研究、技术服务和地质勘查业	水利、环境和公共设施管理业	居民服务和其他服务业	教　育	卫生、社会保障和社会福利业	文化、体育和娱乐业	公共管理和社会组织
全　市	**59962**	**15215**	**17251**	**40433**	**14291**	**7065**	**120607**	**50243**	**6912**	**139790**
市　直		163								
含山县	5092	1443	277	717	1089	140	17739	5398	465	17537
和　县	4918	2206	454	533	3220	89	19625	8250	637	21396
当涂县	1811	965	2045	1889	2338	251	29295	6535	1142	21975
花山区	30078	3642	1778	6930	6146	230	29247	22424	3248	44793
雨山区	18064	6660	12214	30364	1292	6356	18091	6795	1420	28457
博望区		138	483		207		6609	842		5633

4-17 各县区城镇非私营单位就业人员工资总额(2013年)

单位:万元

地区	合计	国有经济单位	城镇集体经济单位	其他经济单位
全市	**1252618**	**386632**	**40533**	**825453**
市直	307590			307590
含山县	72331	49718	1308	21306
和县	134937	64018	25225	45695
当涂县	88801	65792	3031	19978
花山区	326062	116582	2830	206650
雨山区	308112	78498	7164	222450
博望区	14786	12024	976	1786

4-18 主要年份城镇非私营单位分行业就业人员年平均工资

单位:元

行业	2005	2010	2011	2012	2013
总计	**23993**	**40927**	**46439**	**49756**	**53582**
农、林、牧、渔业	9820	20595	27201	31632	37050
采矿业	23960	46930	56005	58944	63429
制造业	26196	42699	47804	48955	53053
电力、燃气及水的生产和供应业	24056	40763	48784	64052	73409
建筑业	20024	38501	41901	50480	44969
批发和零售业	11316	24408	29301	30828	33868
交通运输、仓储和邮政业	19241	32741	38073	44810	45628
住宿和餐饮业	9331	18186	23181	24887	32069
信息传输、软件和信息技术服务业	25319	34548	37736	42768	49392
金融业	26872	55292	62182	58950	62060
房地产业	24737	31647	42726	59490	65357
租赁和商务服务业	19292	22848	21126	39404	41458
科学研究和技术服务业	19515	39498	44015	49617	78070
水利、环境和公共设施管理业	18835	27466	33393	36082	43784
居民服务、修理和其他服务业	21650	33360	43044	43383	39757
教育	23261	40400	46933	49301	53739
卫生和社会工作	23121	37937	45195	46662	50567
文化、体育和娱乐业	24984	40181	46259	53781	60312
公共管理、社会保障和社会组织	25167	41466	47911	50827	61325

注:2012年以前为在岗职工年平均工资。

4－19　各县区城镇非私营单位分行业就业人员年平均工资(2013 年)

单位:元

地　区	合　计	农　林牧渔业	采矿业	制造业	电力、燃气及水的生产和供应业	建筑业	批发和零售业	交　通运输、仓储和邮政业	住宿和餐饮业	信息传输、计算机服务和软件业
全　市	**53582**	**37050**	**63429**	**53053**	**73409**	**44969**	**33868**	**45628**	**32069**	**49392**
市　直			66496	63524						
含山县	45747	22535	53615	35752	77414	38400	24568	23109		39357
和　县	45184	45833		32658	48626	43197	20530	40704		45293
当涂县	55629	32172	40774	39567	53374		32210	48037		60920
花山区	52002			44103	84075	48647	32305	45017	27122	46020
雨山区	52510		60731	44338	58485	39526	46559	54712	44048	53809
博望区	52920	46786		39440			42000			

地　区	金融业	房地产业	租赁和商务服务业	科学研究、技术服务和地质勘查业	水利、环境和公共设施管理业	居民服务和其他服务业	教　育	卫生、社会保障和社会福利业	文化、体育和娱乐业	公共管理和社会组织
全　市	**62060**	**65357**	**41458**	**78070**	**43784**	**39757**	**53739**	**50567**	**60312**	**61325**
市　直		116500								
含山县	78337	40075	57792	46258	28802	42394	48283	45549	43074	54277
和　县	56528	66431	24787	45513	57605	38652	46351	54345	39346	55387
当涂县	44706	77160	75191	56907	29977	30963	69552	53694	60723	70431
花山区	63349	60591	37353	69580	48851	51000	54030	49198	79017	62665
雨山区	60435	77445	39501	84838	51059	39848	51337	53503	51264	62051
博望区		38194	53644		57417		47686	44793		66504

4－20　城镇非私营单位就业人员年平均工资(2013年)

单位:元

行　业	合　计	国有单位	城镇集体单位	其他单位
总　计	**53582**	**55877**	**41530**	**53316**
按执行会计制度类别分组				
企　业	52838	53098	40790	53494
事　业	53065	53251	46595	
机　关	62209	62210	61938	
民间非营利组织	33065		31200	33108
其　他	29536	65860	48000	25151
按国民经济行业分组				
农、林、牧、渔业	37050	37050		
采矿业	63429	53615	50133	64509
制造业	53053	33110	29610	53164
电力、燃气及水的生产和供应业	73409	103115	31966	68969
建筑业	44969	42681	39216	46418
批发和零售业	33868	23545	47658	35060
交通运输、仓储和邮政业	45628	48187	29607	44108
住宿和餐饮业	32069	32150	42550	31203
信息传输、软件和信息技术服务业	49392	49350		49396
金融业	62060	69217	66438	59960
房地产业	65357	58293		66284
租赁和商务服务业	41458	32427	36115	46848
科学研究和技术服务业	78070	60502		89664
水利、环境和公共设施管理业	43784	43893	31892	47924
居民服务、修理和其他服务业	39757	47238		39205
教　育	53739	54011		32826
卫生和社会工作	50567	52568	47278	47175
文化、体育和娱乐业	60312	61901	26774	58011
公共管理、社会保障和社会组织	61325	61331	31200	

4－21　各县区城镇非私营单位就业人员年平均工资(2013年)

单位:元

地　区	合　计	国有经济单位	城镇集体经济单位	其他经济单位
全　市	**53582**	**55877**	**41530**	**53316**
市　直	64128			64128
含山县	45747	48771	38125	40397
和　县	45184	49161	40123	43226
当涂县	55629	63189	44904	39128
花山区	52002	58817	36702	51921
雨山区	52510	57597	48998	54009
博望区	52920	56826	43955	39162

4－22 城镇非私营单位分行业就业人员年平均工资(2013 年)

单位:元

行 业	合 计	国有单位	城镇集体单位	其他单位
总 计	**53582**	**55877**	**41530**	**53316**
按执行会计制度类别分组				
企 业	52838	53098	40790	53494
事 业	53065	53251	46595	
机 关	62209	62210	61938	
民间非营利组织	33065		31200	33108
其 他	29536	65860	48000	25151
按国民经济行业分组				
农、林、牧、渔业	**37050**	**37050**		
农业	18627	18627		
林业	28885	28885		
畜牧业				
渔业				
农、林、牧、渔服务业	52244	52244		
采矿业	**63429**	**53615**	**50133**	**64509**
制造业	**53053**	**33110**	**29610**	**53164**
酒、饮料和精制茶制造业	41829	45000		41803
烟草制品业				
石油加工、炼焦和核燃料加工业				
化学原料及化学制品制造业	34827			34827
橡胶和塑料制品业	20841			20841
非金属矿物制品业	46231		31218	47207
黑色金属冶炼和压延加工业	63189			63189
有色金属冶炼和压延加工业	34032			34032
金属制品业	42177	27938	26884	43015
通用设备制造业	48523		40000	48591
汽车制造业	44184			44184
电气机械和器材制造业	56876			56876
电力、热力、燃气及水生产和供应业	**73409**	**103115**	**31966**	**68969**
建筑业	**44969**	**42681**	**39216**	**46418**
房屋建筑业	44626		38334	46643
土木工程建筑业	41267	38471	32713	42887
建筑安装业	45596		46206	38571
建筑装饰和其他建筑业	47343	49261	53717	47045
批发和零售业	**33868**	**23545**	**47658**	**35060**
批发业	42130	21843	52730	51313
零售业	29579	47339	42444	29271
交通运输、仓储和邮政业	**45628**	**48187**	**29607**	**44108**
铁路运输业				
道路运输业	38585	35691	19813	39852
水上运输业	67102	31362		74668
航空运输业				
邮政业	64093	64093		
住宿和餐饮业	**32069**	**32150**	**42550**	**31203**
住宿业	31325	32150		31230
餐饮业	33672		42550	31136

4-22 城镇非私营单位分行业就业人员年平均工资(2013年)(续)

单位:元

行业	合计	国有单位	城镇集体单位	其他单位
信息传输、软件和信息技术服务业	**49392**	**49350**		**49396**
电信、广播电视和卫星传输服务	46721	48890		46479
互联网和相关服务				
软件和信息技术服务业	61312	55167		61537
金融业	**62060**	**69217**	**66438**	**59960**
货币金融服务	82702	80419	66438	85796
资本市场服务	120400	81765		140303
保险业	35398	25170		36406
其他金融业	144000			144000
房地产业	**65357**	**58293**		**66284**
房地产开发经营	66822	59419		67277
物业管理	16200			16200
租赁和商务服务业	**41458**	**32427**	**36115**	**46848**
租赁业	48000		48000	
商务服务业	41439	32427	35730	46848
科学研究、技术服务业	**78070**	**60502**		**89664**
研究与试验发展	62363	34483		75592
专业技术服务业	80677	63336		91238
科技推广和应用服务业	55697	55697		
水利、环境和公共设施管理业	**43784**	**43893**	**31892**	**47924**
水利管理业	56410	56410		
生态保护和环境治理业	31356	24708		46130
公共设施管理业	39636	39628	31892	49824
居民服务、修理和其他服务业	**39757**	**47238**		**39205**
居民服务业	38962	47238		22133
机动车、电子产品和日用产品修理业				
其他服务业	39848			39848
教　育	**53739**	**54011**		**32826**
高等教育	54593	54593		
中等教育	55610	56088		33108
初等教育	51066	51066		
卫生和社会工作	**50567**	**52568**	**47278**	**47175**
卫生	50790	52996	47278	47175
社会工作	39847	39847		
文化、体育和娱乐业	**60312**	**61901**	**26774**	**58011**
新闻和出版业	102685	102685		
广播、电视、电影和影视录音制作业	58648	58648		
文化艺术业	50551	50185	26774	59114
体育	34778	34778		
娱乐业	56614			56614
公共管理、社会保障和社会组织	**61325**	**61331**	**31200**	
中国共产党机关	71429	71429		
国家机构	60938	60938		
人民政协和民主党派	78538	78538		
社会保障	50420	50896	31200	
群众团体、社会团体和其他成员组织	65120	65120		

4－23　公共就业人才服务工作情况（2013年）

项　　目		市及以上	区（县）	街　道	乡　镇	社　区	行政村
本期办理就业登记人数	（人）	46835	7256	3298	5278	1979	1319
本期单位登记招聘人数	（人）	83896	12998	5908	9453	3545	2362
本期登记招聘人员的单位数	（个）	7119	1103	501	802	301	201
本期登记求职人数	（人）	71624	11097	5044	8070	3026	2018
#女性			30943	4794	2179	3486	1307
#城镇登记失业人员		33899	5252	2387	3820	1432	955
应届高校毕业生		4528	701	319	510	191	128
农村劳动者		7508	1163	529	846	317	212
本期接受职业指导人数	（人）	51993	8055	3662	5858	2197	1465
#女性		30833	4777	2171	3474	1303	869
本期接受创业服务人数	（人）	3199	496	225	360	135	91
#女性		1663	258	117	187	70	47
期末代理保管人事档案人数	（人）						
期末管理流动党员人数	（人）						
本期介绍成功人数	（人）	49212	7624	3466	5545	2079	1386
#女性		20694	3206	1457	2332	874	584
#城镇登记失业人员		23240	3601	1637	2619	982	654
应届高校毕业生		3098	480	218	349	131	88
农村劳动者		8328	1290	587	938	352	235

4－24　人力资源服务机构综合情况（2013年）

项　　目		公共就业服务机构	公共人才服务机构	国有性质服务企业	私营性质服务企业
服务机构数	（个）	6	3	7	9
从业人员人数	（人）	117	29	36	54
#大专及以下		63	11	6	33
本　科		48	16	29	20
硕士及以上		6	2	1	1
#取得职业资格人数		41	23	23	20
设立固定招聘场所	（个）	4	3	11	4
总资产	（万元）	3882	663	1685	1678
建立人力资源服务网站	（个）	3	3	4	7
全年营业总收入	（万元）		264	19756	1126

4-25 人力资源服务业务基本情况(2013 年)

项目		公共就业服务机构	公共人才服务机构	国有性质服务企业	私营性质服务企业
服务人员总数	(人)	266684	206274	20767	11834
登记要求流动人员	(人)	159748	8402	13719	6393
#大专及以下		147074	5573	13438	4985
本　科		12548	2686	265	1324
硕士及以上		126	143	16	84
实现就业和流动人数	(人)	97175	20709	13209	4343
服务用人单位数	(个)	6986	2681	982	929
#国有企、事业单位		188	249	211	18
私营企业		5803	2357	726	701
外资企业		41	33	17	2
建立人力资源数据库	(人次)	4	3	6	13
现存数据库求职信息总量	(人次)	8387	144611	5921	38563
#全年入库求职信息		2744	7775	4387	6509
现场招聘服务					
举办招聘会次数	(次)	240	188	125	152
#毕业生专场		28	36	21	10
农民工专场		38		12	6
参会用人单位	(家)	5971	1662	594	55
提供招聘岗位	(个)	132171	136510	21749	3153
参会求职人数	(人)	178344	111850	22281	2560
网络招聘服务	(条)				
发布岗位信息		85594	11045	1800	1100
发布求职信息		543747	11997	11000	3340
劳务(人才)派遣服务					
派遣单位	(个)	9	1	242	82
派遣人员总量	(人)	597	3	8471	1391
登记要求派遣人数	(人)	170		5005	2480
人力资源管理咨询					
服务用人单位	(个)	247	8	389	79
人力资源外包服务					
服务用人单位	(个)	1		10	22
流动人员档案管理					
现存档案数量	(人)	87388	58204	810	1910
依托档案提供服务	(次)	15361	14932	700	
培训服务					
举办培训班	(个)	107	2	25	14
参加人数	(人)	5299	360	1588	1050
测评服务					
测评人数	(人)		725	135	200
猎头服务					
成功推荐人才	(人)		136	6	5

4－26　各县区职业技能鉴定综合情况(2013 年)

单位:人

地　区	鉴定机构数(个)				考评人员人数	鉴定考核人数			
	小　计	#鉴定中心	#职业技能鉴定所	#行业特有工种鉴定站		小　计	初　级	中　级	高　级
全　　市	**22**	**4**	**18**		**664**	**31009**	**19087**	**8607**	**2329**
市　　级	**17**	**1**	**16**		**590**	**20739**	**8817**	**8607**	**2329**
含 山 县	3	1	2		20	3557	3557		
和　　县	1	1			30	3237	3237		
当 涂 县	1	1			24	3476	3476		

地　区			获取证书人数					
	技　师	高级技师	小　计	初　级	中　级	高　级	技　师	高级技师
全　　市	**945**	**41**	**24892**	**16429**	**6313**	**1685**	**444**	**21**
市　　级	**945**	**41**	**16155**	**7692**	**6313**	**1685**	**444**	**21**
含 山 县			2839	2839				
和　　县			2877	2877				
当 涂 县			3021	3021				

4-27 主要年份职业介绍机构基本情况

年 份	本年末职业介绍机构个数(个)	劳动保障部门办	其他组织办	公民个人办	本年末职业介绍机构人数(人)	劳动保障部门办	其他组织办	公民个人办
2005	17	11	4	2	165	138	21	6
2006	17	11	4	2	167	138	23	6
2007	17	11	4	2	170	141	23	6
2008	18	11	4	3	225	191	24	10
2009	18	11	4	3	287	245	26	16
2010	18	11	4	3	417	356	35	26
2011	19	10	4	5	489	426	35	28
2012	25	11	5	9	219	185	27	7
2013	25	11	5	9	236	161	21	54

4-28 主要年份劳动部门职业介绍工作情况

单位:万人

年 份	本年登记招聘人数	本年登记求职人次数	#下岗职工	#失业人员	#获得职业资格人员	本年介绍成功人次数	#下岗职工	#失业人员	#获得职业资格人员
2006	13.27	12.61	0.07	10.11	1.77	2.97	0.05	2.61	0.52
2007	4.88	3.99	0.27	2.25	0.84	3.04	0.21	1.71	0.56
2008	4.56	3.89	2.01	1.33	0.86	3.01	1.56	1.04	0.57
2009	6.20	5.38	0.68	2.58	1.02	3.77	0.11	1.25	0.37
2010	5.56	4.68	0.56	2.95	1.00	3.81	0.31	1.77	0.66
2011	5.52	5.62	0.50	3.66	1.26	4.15	0.27	2.13	1.00
2012	7.28	6.14	0.6	5.35	1.39	4.44	0.3	3.99	1.27
2013	11.82	10.09	0.4	8.24	1.84	6.93	0.3	6.07	1.75

4－29　各县区劳动部门职业介绍工作情况(2013年)

单位:万人

地　区	本年登记招聘人数	本年登记求职人次数	#失业人员	本年介绍成功人次数	#失业人员
全　　市	**11.82**	**10.09**	**8.24**	**6.93**	**6.07**
含山县	1.42	1.21	0.98	0.83	0.72
和　　县	1.18	1.01	0.82	0.69	0.61
当涂县	1.65	1.41	1.15	0.97	0.85
花山区	3.54	3.03	2.47	2.08	1.82
雨山区	3.31	2.82	2.31	1.94	1.69
博望区	0.72	0.61	0.51	0.42	0.38

4－30　主要年份城镇登记失业人数及失业率

单位:人

年　份	本年新登记失业人数	登记失业人员中新增就业人数	年末实有登记失业人数	#女　性	城镇登记失业率(%)
2005	25651	27447	8489	4863	3.7
2006	27600	27582	8507	4486	3.7
2007	26672	27693	7486	4328	3.3
2008	16967	15622	8831	3574	3.7
2009	13877	15006	7702	3954	3.2
2010	12542	12750	7494	3443	3.1
2011	8958	10260	9605	5095	2.9
2012	42447	42072	9264	4086	2.8
2013	43524	34521	18267	8288	2.8

4－31　各县区城镇登记失业人数及失业率(2013年)

单位:人

地　区	本年新登记失业人数	登记失业人员中新增就业人数	年末实有登记失业人数	#女　性	城镇登记失业率(%)
全　市	**43524**	**31521**	**18267**	**8288**	**2.82**
含山县	7717	6122	3555	1469	3.07
和　县	8570	6797	3788	1632	2.95
当涂县	8483	6728	3965	1615	3.11
花山区	8861	7028	3265	1687	2.47
雨山区	7412	2879	2789	1413	2.52
博望区	2481	1967	905	472	2.45

主要统计指标解释

从业人员

指从事一定社会劳动并取得劳动报酬或经营收人的全部劳动力。包括:1. 全部职工;2. 城镇私营企业从业人员;3. 城镇个体劳动者;4. 农村社会劳动者;5. 其他社会劳动者。这一指标反映了一定时期内全部劳动力资源的实际利用情况,是研究基本国情国力的重要指标。

单位从业人员

指在各级国家机关、政党机关、社会团体及企业、事业单位中工作,取得工资或其他形式的劳动报酬的全部人员。包括在岗职工、再就业的离退休人员、民办教师以及在各单位中工作的外方人员和港澳台方人员、兼职人员、借用的外单位人员和第二职业者。不包括离开本单位仍保留劳动关系的职工。各单位的从业人员反映了各单位实际参加生产或工作的全部劳动力。

城镇私营和个体从业人员

城镇私营从业人员指在工商管理部门注册登记,其经营地址设在县城关镇(含城关镇)以上的私营企业从业人员;包括私营企业投资者和雇工。城镇个体从业人员指在工商管理部门注册登记,并持有城镇户口或在城镇长期居住,经批准从事个体工商经营的从业人员;包括个体经营者和在个体工商户劳动的家庭帮工和雇工。

城镇登记失业人员

指有非农业户口,在一定的劳动年龄内,有劳动能力,无业而要求就业,并在当地就业服务机构进行求职登记的人员。

城镇登记失业率

指城镇登记失业人数同城镇从业人数与城镇登记失业人数之和的比。计算公式为:

城镇登记失业率=城镇登记失业人数/(城镇从业人数+城镇登记失业人数)×100%

职工

指在国有经济、城镇集体经济、联营经济、股份制经济、外商和港、澳、台投资经济、其他经济单位及其附属机构工作,并由其支付工资的各类人员,不包括返聘的离退休人员、民办教师、在国有经济单位工作的外方人员和港、澳、台人员(1998年以后的数据均为在岗职工数据,其他相关指标如职工工资总额,职工平均工资等指标也从1998年按此口径进行了相应调整)。

国有单位职工

指在国有经济单位及其附属机构工作,并由其支付工资的各类人员。

城镇集体单位职工

指在城镇集体经济单位及其管理部门工作,并由其支付工资的各类人员。

其他单位职工

指在联营经济、股份制经济、外商投资经济、港、澳、台投资经济单位工作,并由其支付工资的各类人员。

在岗职工

指在本单位工作并由单位支付工资的人员,以及有工作岗位,但由于学习、病伤产假等原因暂未工作,仍由单位支付工资的人员。

专业技术人员

指从事专业技术工作的人员以及从事专业技术管理工作且已在1983年以前评定了专业技术职称或在1984年以后聘任了专业技术职务的人员。

专业技术人员具体指工程技术人员、农业技术人员、科研人员(含自然科学研究、社会科学研究及实验技术人员)、卫生技术人员、教学人员(含高等院校、中等专业学校、技工学校、中学、小学)、民用航空飞行技术人员、船舶技术人员、经济人员、会计人员、统计人员、翻译人员、图书资料、档案、文博人员、新闻、出版人员、律师、公证人员、广播电视播音人员、工艺美术人员、体育人员、艺术人员及政工人员。

专业技术管理人员具体指企业、事业单位的领导;企业、事业单位下设的职能机构、企业的生产车间和辅助车间(或附属辅助生产单位)中从事生产、技术、经济管理和政治工作的人员。

按照公务员管理或参照公务员管理的人员不统计为专业技术人员。

职工工资总额

指各单位在一定时期内直接支付给本单位全部职工的劳动报酬总额。

工资总额的计算应以直接支付给职工的全部劳动报酬为依据。各单位支付给本单位全部职工的劳动报酬,不论是计人成本还是不计人成本,不论是以货币形式支付还是以实物形式支付,不论是单位自筹的资金还是上级(或政府财政部门)下拨的资金,不论是厂级单位筹集的资金还是下属车间(科室)及附属经营单位筹集的资金,均应列人工资总额计算的范围。

工资总额的统计应按国务院1989年9月30日批准、国家统计局1990年1月1日发布的《关于工资总额组成的规定》执行。

职工平均工资

指企业、事业、机关单位的职工在一定时期内平均每人所得的货币工资额。它表明一定时期职工工资收人的高低程度,是反映职工工资水平的主要指标。计算公式为:

职工平均工资=报告期实际支付的全部职工工资总额/报告期全部职工平均人数

五、固定资产投资

简要说明

一、按照国家统计局现行统计制度规定,全社会固定资产投资统计的范围包括:(1) 城镇投资50万元以上项目;(2) 房地产开发投资;(3) 农村非农户投资;(4) 农村农户投资。按登记注册类型分,包括内资、港澳台商及外商投资。

二、固定资产投资统计的调查方法均为全面统计报表。

三、本篇资料由市统计局工业及建设统计科整理。

5－1　主要年份固定资产投资

指　　标	1995	2000	2005	2010	2011	2012	2013
投资总额(万元)	**362202**	**439352**	**2281678**	**8894673**	**9519544**	**12011508**	**14316040**
按注册类型分							
内　资	—	356816	2149031	8027767	9095873	11758622	13900342
国有经济	—	200879	451537	2109023	2259135	2841389	3454626
集体经济	—	53516	25838	72343	40045	67000	91932
#农　村	—	—	8778		12715	22100	7500
私营经济	—	60	499159	3372845	4408295	5238964	6583520
#农　村	—	—	57494	380538	413791	392364	499097
联营经济	—	70	800	106450	78904	58234	54145
股份制经济	—	73713	844358	728792	816582	738152	557939
其他经济	—	28578	327339	1638314	1492912	2814883	3158180
个体经济	—	77074	70075	402796	6160	300	58400
外商投资经济	—	262	3005	315878	312393	175906	116913
港澳台投资经济	—	5200	59567	148232	105118	76680	240385
按三次产业分							
第一产业	—	7297	27626	158018	153674	308272	328246
第二产业	—	155755	1408390	4410877	5035067	5990853	6593927
#工　业	—	154668	1393015	4343377	4979802	5981270	6574847
第三产业	—	276300	845662	4325778	4330803	5712383	7393867
#房地产开发	—	58459	284432	1030533	1351694	2114935	2557476
按资金来源分							
国家预算内资金	—	—	11567	338813	193397	328928	286862
国内贷款	—	—	995170	1243777	1003688	1798581	2243419
利用外资	—	—	44968	46872	17300	12270	38450
自筹资金	—	—	1216897	6985911	7284701	9729043	12269858
其他资金	—	—	184395	574642	141587	969030	1473464
按构成分							
建筑安装工程	216026	252197	1050089	5105961	5656379	6798105	8107906
设备工具器具购置	101928	131572	906831	2237182	2458329	3707674	4666895
其他费用	44248	55583	324758	1551530	1404836	1505729	1541239
房屋建筑面积(万平方米)							
施工面积	236.57	226.85	673.23	1922.36	2581.12	2966.19	2874.08
#住　宅	108.60	173.05	426.99	921.47	1124.83	1024.95	1249.34
竣工面积	180.10	140.11	323.57	809.15	875.43	850.03	900.47
#住　宅	49.40	120.36	201.00	292.77	341.95	279.94	353.07

5－2 主要年份固定资产投资增长速度

年 份	总 计	国有经济	集体经济	私营经济	个体经济	其他各种经济
增长速度(上年＝100)						
2005	14.7	－3.5	－72.7	－11.8	－68.1	92.7
2006	33.4	18.5	－0.3	39.2	－93.4	44.4
2007	31.1	14.0	140.1	75.4	147.0	17.2
2008	23.3	105.7	－44.0	16.9	－21.0	5.3
2009	33.2	37.3	110.7	81.8	341.9	－3.2
2010	35.7	22.4	－0.9	30.2	7.5	54.9
2011	32.9	35.4	－11.6	44.2	－75.5	18.4
2012	25.4	25.0	66.5	18.0	－95.9	36.9
2013	19.2	21.6	37.2	25.7	19366.7	6.8

5－3 主要年份固定资产投资资金来源增长速度及构成

年 份	资 金 来 源				按 构 成 分		
	国家预算内资金	国内贷款	利用外资	自筹和其他资金	建筑安装工程	设备工具器具购置	其他费用
增长速度(上年＝100)							
2005	1.0	362.1	－16.8	30.2	31.1	47.1	10.0
2006	254.4	310.3	45.4	64.2	118.8	66.0	18.8
2007	56.0	－13.1	11.7	80.1	5.6	49.8	61.4
2008	81.9	47.3	21.6	5.2	15.6	－1.3	－30.6
2009	34.1	36.8	－32.5	56.7	65.8	32.8	142.9
2010	59.6	－8.9	－54.7	53.5	40.1	12.1	68.2
2011	－34.0	22.1	－55.7	40.4	36.1	30.3	27.3
2012	70.1	79.2	－29.1	44.1	20.2	50.8	7.2
2013	－12.8	24.7	213.4	26.1	19.3	25.9	2.4

注:2010 年及以前年度的数据均不含含山、和县数据。

5－4　主要年份按城乡分固定资产投资

单位:万元

年　份	固定资产投资	城　镇	#房地产开发	农　村	#非农户
2000	439352	297177	58459	142175	66649
2001	511422	354096	82830	157326	75478
2002	818639	609070	107695	209569	115448
2003	1320575	1114837	145766	205738	112322
2004	1989021	1496847	173112	492174	280424
2005	2281678	2056725	284432	224953	158322
2006	3044103	2830960	337344	213143	213143
2007	3991913	3661259	413322	330654	330654
2008	4923639	4501027	732960	422612	416492
2009	6555925	5932634	756936	623291	623291
2010	8894673	8120993	1030533	773680	773680
2011	9519544	8910840	1351694	608704	608704
2012	12011508	11340774	2114935	670734	670734
2013	14316040	13310087	2557476	1005953	1005953

5－5　主要年份分行业固定资产投资

单位:万元

行　业	2005	2010	2011	2012	2013
总　计	**2281678**	**8894673**	**9519544**	**12011508**	**14316040**
农、林、牧、渔业	13512	158018	153674	308272	328246
采掘业	61468	146631	152365	180655	154646
制造业	1188503	3792173	4446854	5427620	6090876
电力、热力、燃气及水的生产和供应业	220973	404573	380583	372995	329325
建筑业	17143	67500	55265	9583	19080
批发和零售业	31419	432827	200089	436954	487945
交通运输、仓储和邮政业	86067	494012	534753	253051	446637
住宿和餐饮业	10817	185668	77900	88520	141744
信息传输、软件和信息技	7784	83087	29652	112550	165654
金融业	966	12860	34960	27470	47741
房地产业	325420	1444276	1828711	2773810	3238229
租赁和商务服务业	4632	133520	104161	107709	165184
科学研究和技术服务	8670	40942	10440	57686	146078
水利、环境和公共设施管理业	254957	1066395	1141053	1449723	2148423
居民服务、修理和其他服务业	3463	23862	95866	67382	90385
教育	16488	114779	116142	108536	86769
卫生和社会工作	10072	56810	39285	54680	48792
文化、体育和娱乐业	2862	99602	55458	102935	146455
公共管理、社会保障和社会组织	16462	137138	62333	71377	33831

5－6　按经济类型分的固定资产投资(2013 年)

指　标	总　计	内　资				
			国　有	集　体	股份合作	联　营
投资总额(万元)	**14316040**	**13900342**	**3454626**	**91932**	**15936**	**54145**
资金来源						
国家预算内资金	286862	286862	253962	1600		29000
国内贷款	2243419	2207582	835689	634		41250
利用外资	38450	26750				
自筹资金	12269858	11917362	2713042	86970	26146	46775
其他资金	1473464	1417108	194816	1500	350	
按构成分						
建筑安装工程	8107906	7893453	2434904	72809	9600	28036
设备工具器具购置	4666895	4493743	601928	8473	2366	11902
其他费用	1541239	1513146	417794	10650	3970	14207
房屋建筑面积(万平方米)						
施工面积	2874.08	2822.49	610.55	12.45	10.26	22.83
竣工面积	900.47	875.4	211.57	6.09	0.41	11.09
#住　宅	353.07	331.16	82.56			10.6

指　标	有限责任公司	私营经济	其　他	港澳台商投资	外商投资	个　体
投资总额(万元)	**1362477**	**6583520**	**2337706**	**116913**	**240385**	**58400**
资金来源						
国家预算内资金	1500	800				
国内贷款	42650	925659	361700	1390	27950	6497
利用外资		26750			11700	
自筹资金	1276331	5473296	2294802	111484	197254	43758
其他资金	53957	570628	595857	20337	35019	1000
按构成分						
建筑安装工程	706693	3123002	1518409	34879	149077	30497
设备工具器具购置	583773	2824369	460932	76654	72867	23631
其他费用	72011	636149	358365	5380	18441	4272
房屋建筑面积(万平方米)						
施工面积	189.15	1191.44	785.81	17.21	33.83	0.55
竣工面积	93.96	383.34	168.94	6.5	18.57	
#住　宅	4	126.84	107.16	5.84	16.07	

5－7 城镇建设项目投资完成情况(2013年)

行　　业		合　计	地方项目
计划投资	(万元)		
建设项目计划总投资		22493696	21438041
自开始建设累计完成投资		15533435	14812701
自年初累计完成投资	(万元)	**10752611**	**10501132**
#国有经济控股		3391140	3139661
#住　宅		199732	199732
按建设性质分			
#新　建		6569223	6331600
扩　建		1532463	1532463
改建和技术改造		2440620	2426764
按构成分			
建筑工程		4944935	4810973
安装工程		531021	528872
设备工器具购置		4290898	4189530
#用于更新的设备		1022500	1022500
其他费用		985757	971757
新增固定资产	(万元)	**7856338**	**7770470**
项目个数	(个)		
施工项目个数		1984	1962
#本年新开工		1507	1490
本年投产项目个数		1469	1466
房屋建筑面积	(万平方米)		
施工面积		1265.25	1246.27
#住　宅		127.76	127.76
竣工面积		515.56	515.24
#住　宅		47.95	47.95
本年资金来源合计	(万元)	**11163466**	**10858611**
上年末结余资金		302080	302080
本年资金来源小计		10861386	10556531
国家预算内资金		244062	187062
国内贷款		1336490	1321490
债　券		61530	61530
利用外资		12200	12200
#外商直接投资		1000	1000
自筹资金		8981870	8754015
#企、事业单位自有资金		3714376	3707844
其他资金来源		225234	220234
各项应付款合计	(万元)	**716458**	**706389**
#工程款		397644	397644

5－8 各行业城镇建设项目投资(2013年)

单位:万元

行　业	投资额	#新　建	扩　建	改　建	新　增 固定资产
总 计	**10752611**	**6569223**	**1532463**	**2440620**	**7856338**
农、林、牧、渔业	**210861**	**191711**	**16650**	**2500**	**134970**
农业	101840	100840		1000	48900
林业	48081	38281	9800		30000
畜牧业	12540	12540			14840
渔业	19900	16600	1800	1500	19900
农、林、牧、渔服务业	28500	23450	5050		21330
采矿业	**119346**	**70994**	**14840**	**33512**	**151715**
煤炭开采和洗选业					
石油和天然气开采业	6000	6000			6000
黑色金属矿采选业	88626	48674	8670	31282	125355
有色金属矿采选业					
非金属矿采选业	22320	13920	6170	2230	17960
开采辅助活动					
其他采矿业	2400	2400			2400
制造业	**5696809**	**3225248**	**740628**	**1696833**	**4397675**
农副食品加工业	161923	71110	17184	73629	99876
食品制造业	142433	44627	14920	82886	99833
酒、饮料和精制茶制造业	26660	12200	3530	10930	24698
烟草制品业					
纺织业	26120	9400	16320	400	25281
纺织服装、服饰业	137779	56229	29580	40670	120860
皮革、毛皮、羽毛及其制品和制鞋业	8180	4080		4100	8180
木材加工及木竹藤棕草制品业	30300	25400	4900		24800
家具制造业	4700	4700			4700
造纸及纸制品业	195616	177720	5850	12046	19696
印刷业和记录媒介的复制	29180	17080	7300	2800	24212
文教、工美、体育和娱乐用品制造业	36540	4530	30710	1300	27580
石油加工、炼焦及核燃料加工业	6250	1350		4900	8900
化学原料及化学制品制造业	360952	179104	29790	152058	297003
医药制造业	47462	36310		11152	60810
化学纤维制造业					
橡胶和塑料制品业	135825	86275	18950	30600	96923
非金属矿物制品业	486152	219593	84620	181939	387385
黑色金属冶炼及压延加工业	497649	42800	74010	366339	275281
有色金属冶炼及压延加工业	58237	25797	4300	24640	57640
金属制品业	523976	290388	83759	149829	444188
通用设备制造业	1048995	697683	135940	215372	901059
专用设备制造业	582335	381505	81529	116501	465777
汽车制造业	402008	258576	23776	119656	340614
铁路、船舶、航空航天和其他运输设备制造业	28560	8710	9100	10750	28200
电气机械及器材制造业	394497	338984	17650	37863	362179
计算机、通信和其他电子设备制造业	225887	209237	9250	7400	106580
仪器仪表制造业	40940	21860	1380	17700	38300
其他制造业	13873		8900	4973	8900
废弃资源综合利用业	27580		16080	11500	22790
金属制品、机械和设备修理业	16200		11300	4900	15430

5－8　各行业城镇建设项目投资(2013年)(续1)

单位:万元

行　　业	投资额	#新　建	扩　建	改　建	新　　增 固定资产
电力燃气水的生产供应业	**319325**	**157457**	**20950**	**136245**	**229481**
电力、热力的生产和供应业	189199	80052	3700	105447	182681
燃气生产和供应业	60387	55887	4500		
水的生产和供应业	69739	21518	12750	30798	46800
建筑业	**19080**	**12900**	**6180**		**15680**
房屋建筑业					
土木工程建筑业					
建筑安装业	13780	10000	3780		10780
建筑装饰和其他建筑业	5300	2900	2400		4900
批发和零售业	**449845**	**216469**	**176066**	**37008**	**407915**
批发业	309430	154949	125521	16008	288063
零售业	140415	61520	50545	21000	119852
交通运输、仓储和邮政业	**437837**	**245654**	**58050**	**55147**	**226831**
铁路运输业	29688	29688			
道路运输业	116076	45249	24480	46347	62355
水上运输业	133843	36767	10790	8800	93976
航空运输业					
管道运输业					
装卸搬运和运输代理业	118670	96570	20600		50520
仓储业	39560	37380	2180		19980
邮政业					
住宿和餐饮业	**124844**	**64495**	**35150**	**11712**	**78354**
住宿业	66413	51190	8336	2000	29346
餐饮业	58431	13305	26814	9712	49008
信息传输、软件和信息技术服务业	**165654**	**138430**	**26544**		**80044**
电信、广播电视和卫星传输服务	14354	2360	11994		11794
互联网和相关服务					
软件和信息技术服务业	151300	136070	14550		68250
金融业	**41741**	**20100**	**16641**		**38771**
货币金融服务	24441	8800	10641		21471
资本市场服务	13800	9600	4200		13800
保险业	1700	1700			1700
其他金融业	1800		1800		1800
房地产业	**617333**	**559675**	**46269**	**6989**	**595814**
房地产业	617333	559675	46269	6989	595814
租赁和商务服务业	**163984**	**122658**	**35190**	**2936**	**88894**
租赁业	30696	22546	4950		20896
商务服务业	133288	100112	30240	2936	67998
科学研究和技术服务业	**133867**	**102507**	**9000**	**17360**	**83517**
研究和试验发展	41588	24208	4750	12630	33108
专业技术服务业	18990	10010	4250	4730	9250
科技推广和应用服务业	73289	68289			41159
水利、环境和公共设施管理业	**1899513**	**1289958**	**198887**	**408168**	**1038184**
水利管理业	42819	22649	13800	6370	38829
生态保护和环境治理业	55645	36945		18700	29000
公共设施管理业	1801049	1230364	185087	383098	970355

5-8 各行业城镇建设项目投资(2013 年)(续 2)

单位:万元

行 业	投资额	#新 建	扩 建	改 建	新增固定资产
居民服务、修理和其他服务业	**90385**	**25845**	**27870**	**31410**	**78275**
居民服务业	60265	11625	11970	31410	56755
机动车、电子产品和日用产品修理业	30120	14220	15900		21520
其他服务业					
教育	**80469**	**39331**	**35638**		**102234**
教育	80469	39331	35638		102234
卫生和社会工作	**45992**	**24800**	**9600**		**32175**
卫生	44792	24800	8400		31772
社会工作	1200		1200		403
文化、体育和娱乐业	**107195**	**40770**	**50800**		**42570**
新闻和出版业	4400	4400			2000
广播、电视、电影和影视录音制作业	8725		2600		
文化艺术业	5750	5750			3750
体育	61300	13100	48200		9800
娱乐业	27020	17520			27020
公共管理、社会保障和社会组织	**28531**	**20221**	**7510**	**800**	**33239**
国家机构	9261	9261			13969
社会保障					
群众团体、社会团体和其他成员组织	13600	6800	6800		13600
基层群众自治组织	5670	4160	710	800	5670

5-9 农村非农户固定资产投资完成情况(2013 年)

指 标		合 计	地方项目
完成投资	(万元)	1005953	1003353
#住 宅		23301	23301
按建设性质分			
#新 建		782155	779555
扩 建		143000	143000
改建和技术改造		80798	80798
按构成分			
建筑工程		518160	518160
安装工程		94438	94438
设备工器具购置		332211	332211
#用于更新的设备		101440	101440
其他费用		61144	58544
新增固定资产	(万元)	780715	778115

5－9　农村非农户固定资产投资完成情况(2013年)(续)

指　　标		合　计	地方项目
施工项目个数	（个）		
施工项目个数		192	191
#本年新开工		166	165
本年投产项目个数		154	153
房屋建筑施工面积	（万平方米）	136.17	136.17
#住　宅		49.54	49.54
房屋建筑竣工面积		30.72	30.72
#住　宅		19.86	19.86

5－10　各县区农村非农户固定资产投资完成情况(2013年)

地　区	完成投资（万元）	#住　宅	新增固定资　产（万元）	房屋建筑施工面积（万平方米）	#住　宅	房屋建筑竣工面积（万平方米）	#住　宅
全　　市	**1005953**	**23301**	**780715**	**136.17**	**49.54**	**30.72**	**19.86**
含 山 县	468138	11222	385190	52.26	10.93	14.46	7.93
和　　县	183275	2659	125005	27.70	19.58		
当 涂 县	66620	9420	35700	42.96	19.03	15.86	11.93
花 山 区	199400		149900	1.05			
雨 山 区	60320		56720	10.81			
博 望 区	28200		28200	1.39		0.40	

5-11 主要年份城镇施工、投产项目

年份	项目投资（万元）	施工项目（个）	全部建成投产项目（个）	项目建成投产率（%）	新增固定资产（万元）	固定资产交付使用率（%）	征用和购置土地情况 规划用地面积（万平方米）	实际征用和购置土地面积（万平方米）	实际征用和购置土地成交价款（万元）
2005	1549663	507	337	66.5	1050358	67.8	1228.32	1017.61	102688
2006	2487615	727	498	68.5	1302349	52.4	1759.83	771.43	61913
2007	2772714	762	501	65.7	3614168	130.3	2275.48	1184.5	267828
2008	3100935	1015	745	73.4	1677216	54.9	2725.07	1008.38	116756
2009	4346155	1582	1146	72.4	3543739	81.5	4045.72	1689.09	161143
2010	7090460	2269	1806	79.6	4293279	60.6	6128.27	2381.21	437564
2011	7559146	1703	1247	73.2	4816719	63.7	6072.27	1793.89	354394
2012	9225839	1917	1268	66.1	6345470	68.8	6178.1	1495.31	290326
2013	10752611	1984	1469	74.0	7856338	73.1	—	—	—

注:2009年及以前年度的数据均不含含山、和县数据。

5-12 各县区城镇500万元以上施工、投产项目(2013年)

地区	项目投资（万元）	施工项目（个）	全部建成投产项目（个）	项目建成投产率（%）	新增固定资产（万元）	固定资产交付使用率（%）
全市	**10752611**	**1984**	**1469**	**74.0**	**7856338**	**73.1**
市直	337615	12	2	16.7	14367	4.3
含山县	565043	101	60	59.4	283759	50.2
和县	1087724	155	107	69.0	734916	67.6
当涂县	2959485	542	459	84.7	2825347	95.5
花山区	2327607	462	294	63.6	1693608	72.8
雨山区	2328751	479	360	75.2	1297405	55.7
博望区	1146386	233	187	80.3	1006936	87.8

5-13 各县区按注册类型分城镇建设项目投资(2013年)

单位:万元

地 区	总 计	内 资	#国有及国有经济	#私营经济	港澳台商投资	外商投资	个 体
全 市	**10752611**	**10422399**	**2964399**	**5173221**	**105353**	**182614**	**42245**
市 直	337615	337615	114294				
含山县	565043	562843	92643	145300		2200	
和 县	1087724	1027579	397193	504100	32335	27810	
当涂县	2959485	2951485	1024925	1220703		8000	
花山区	2327607	2154823	699111	1413545	2700	127839	42245
雨山区	2328751	2241668	407907	1315183	70318	16765	
博望区	1146386	1146386	228326	574390			

5-14 各区县城镇固定资产投资按三次产业分(2013年)

单位:万元

地 区	总 计	第一产业	第二产业	#工 业	第三产业	#房地产	#住 宅
全 市	**13310087**	**210861**	**6154560**	**6135480**	**6944666**	**2557476**	**1733030**
市 直	337615		229085	229085	108530		
含山县	710455	4000	416650	416650	289805	145412	83042
和 县	1471970	40611	504917	504917	926442	384246	255324
当涂县	3334119	111910	1566314	1556314	1655895	374634	293231
花山区	3330678	4800	1211037	1211037	2114841	1003071	721098
雨山区	2879201	10250	1513737	1504657	1355214	550450	304126
博望区	1246049	39290	712820	712820	493939	99663	76209

5－15 各县区分行业城镇建设项目投资(2013年)

单位:万元

地区	合计	农林牧渔业	采矿业	制造业	电力、燃气及水的生产和供应业	建筑业	批发和零售业	交通运输、仓储和邮政业	住宿和餐饮业	信息传输、计算机服务和软件业
全市	**10752611**	**210861**	**119346**	**5696809**	**319325**	**19080**	**449845**	**437837**	**124844**	**165654**
市直	337615		35452	193633				29688		
含山县	565043	4000		416650				29097		
和县	1087724	40611	10800	457462	36655		15490	55936	32700	15620
当涂县	2959485	111910	30004	1387017	139293	10000	133702	102810	12500	8600
花山区	2327607	4800	5870	1113095	92072		228169	107240	69644	88480
雨山区	2328751	10250	16220	1443732	44705	9080	51049	100346	5000	52954
博望区	1146386	39290	21000	685220	6600		21435	12720	5000	

地区	金融业	房地产业	租赁和商务服务业	科学研究、技术服务和地质勘查业	水利、环境和公共设施管理业	居民服务和其他服务业	教育	卫生、社会保障和社会福利业	文化、体育和娱乐业	公共管理、社会保障和社会组织
全市	**41741**	**617333**	**163984**	**133867**	**1899513**	**90385**	**80469**	**45992**	**107195**	**28531**
市直					78842					
含山县		28700	2700		80966	1460	1470			
和县	1400	44100	10370	39659	282651		12130	9250	19660	3230
当涂县		320089	22268	14950	571145	48900	33161		2750	10386
花山区	18826	31230	52618	7550	378235	30725	20958	4100	73285	710
雨山区	21515	66119	74028	66708	317778	9300	7220	20642	11500	605
博望区		127095	2000	5000	189896		5530	12000		13600

5－16　各县区分行业城镇建设项目新增固定资产（2013 年）

单位：万元

地　区	合　计	农林牧渔业	采矿业	制造业	电力、燃气及水的生产和供应业	建筑业	批发和零售业	交通运输、仓储和邮政业	住宿和餐饮业	信息传输、计算机服务和软件业
全　市	**7856338**	**134970**	**151715**	**4397675**	**229481**	**15680**	**407915**	**226831**	**78354**	**80044**
市　直	14367		13382	985						
含山县	283759			224330						
和　县	734916	17150	11600	298144	4850		12110	6380	16820	
当涂县	2825347	70150	96903	1495135	94990	7000	135102	40800		36500
花山区	1693608	4800	1370	926713	90931		193978	91765	54857	680
雨山区	1297405	4280	15260	800588	32110	8680	39690	74866	1677	42864
博望区	1006936	38590	13200	651780	6600		27035	13020	5000	

地　区	金融业	房地产业	租赁和商务服务业	科学研究、技术服务和地质勘查业	水利、环境和公共设施管理业	居民服务和其他服务业	教　育	卫生、社会保障和社会福利业	文化、体育和娱乐业	公共管理、社会保障和社会组织
全　市	**38771**	**595814**	**88894**	**83517**	**1038184**	**78275**	**102234**	**32175**	**42570**	**33239**
市　直										
含山县		18430			40999					
和　县	1530	30330	2660	25709	284213		12330	1300	6560	3230
当涂县		385360	20888	14950	299359	46850	63516		2750	15094
花山区	15726	23730	30718	3250	185237	22825	16058	1500	28760	710
雨山区	21515	45169	34628	34608	105590	8600	4800	17375	4500	605
博望区		92795		5000	122786		5530	12000		13600

5－17　各区县按资金来源和隶属关系分的城镇建设项目投资(2013 年)

单位:万元

地　区	按资金来源分						按隶属关系分	
	国家预算内资金	国内贷款	债　券	利用外资	自筹资金	其他资金	中央项目	地方项目
全　　市	**244062**	**1336490**	**61530**	**12200**	**8981870**	**225234**	**251479**	**10501132**
市　　直	86000	125200	45000		42605	10000	79666	257949
含 山 县	8526	12760	350		499899	61829		565043
和　　县	85015	9050			1057469			1087724
当 涂 县	6753	241747			2363210	6090	6532	2952953
花 山 区	57768	690733	16180	12200	1157760	137315	40820	2286787
雨 山 区		252000			2723121	10000	124461	2204290
博 望 区		5000			1137806			1146386

5－18　各区县按构成和建设性质分的城镇建设项目投资(2013 年)

单位:万元

地　区	投资额	按构成分				按建设性质分		
		建筑工程	安装工程	设备、工器具购置	其他费用	#新　建	扩　建	改　建
全　　市	**10752611**	**4944935**	**531021**	**4290898**	**985757**	**6569223**	**1532463**	**2440620**
市　　直	337615	154522	6343	142076	34674	142704		194911
含 山 县	565043	306275	14373	218557	25838	370150	95366	98067
和　　县	1087724	648567	59270	267001	112886	882121	155694	44409
当 涂 县	2959485	1499477	75627	1232144	152237	2107567	136210	693835
花 山 区	2327607	1140860	164593	809895	212259	739508	697722	777283
雨 山 区	2328751	716131	102930	1306265	203425	1341085	297873	626415
博 望 区	1146386	479103	107885	314960	244438	986088	149598	5700

5－19 主要年份城镇建设项目新增主要产品生产能力

指　　标		2005	2010	2011	2012	2013
原煤开采	（万吨/年）					
焦炭	（万吨/年）					
铁矿石原矿开采	（万吨/年）	10	59	200		507
钢材	（万吨/年）	12	330	332.1		
热轧钢材				300		
冷加工钢材			12	30		
发电机组容量	（万千瓦）	132			120	1360
水力发电						
火力发电		132			120	
水泥	（万吨/年）			10		8
平板玻璃	（万重量箱/年）		10	100		
农用氮、磷、钾化学肥料	（吨/年）		7300			
氮肥						
磷肥						
塑料树脂及共聚物	（吨/年）		4328		23000	5000
载货汽车制造	（辆/年）				31000	
轿车制造	（辆/年）					
客车制造	（辆/年）					
化学纤维	（吨/年）					
棉纺锭	（锭）					
家用洗衣机	（万台/年）					
新建公路	（公里）		4.3			24.5
#高速公路						
改建公路	（公里）	24		7.3		25
城市自来水供水能力	（万吨/日）					
城市污水处理能力	（万吨/日）	6	7		1	
机制纸	（万吨/年）					

5-20 主要年份房地产开发主要指标

指　标		2000	2005	2010	2011	2012	2013
企业个数	**(个)**	**46**	**50**	**174**	**198**	**185**	**188**
内　资		45	45	165	191	180	184
#国　有		10	4	12	12	9	3
集　体		10	1				
港、澳、台投资		1	2	3	3	3	2
外商投资			3	6	4	2	2
平均从业人数	**(人)**	**1077**	**2178**	**2997**	**4297**	**4898**	**4707**
内　资		1047	2059	2659	3790	4423	4519
#国　有		324	830	401	247	165	56
集　体		277	35				
港、澳、台投资		30	63	33	80	105	52
外商投资			56	305	427	370	136
本年完成投资额	**(万元)**	**55285**	**264084**	**1030533**	**1351694**	**2114935**	**2557476**
#住　宅		48696	217462	825563	1153474	1529622	1733030
本年土地购置面积	**(万平方米)**					**176.38**	**191.18**
资金来源小计	**(万元)**	**53221**	**301287**	**1179074**	**1951054**	**2257655**	**3174362**
国内贷款		8696	32570	175599	193541	360810	539379
利用外资		150			3279		
自筹资金		19287	122738	478516	977144	1242724	1635930
其他资金		25088	145979	524959	777090	654121	999053
房屋建筑面积	**(万平方米)**						
施工面积		113.00	412.00	873.15	1064.10	1187.01	1472.66
竣工面积		46.90	129.00	222.51	306.52	296.22	354.19
本年新开工面积		40.74	229.56	398.49	498.63	513.97	556.89
#住　宅		66.14	200.48	333.36	414.26	362.48	400.99
商品房屋销售面积	**(万平方米)**	**27.00**	**184.00**	**204.38**	**245.57**	**260.22**	**312.14**
#住　宅		24.00	172.70	190.98	222.56	240.39	286.22
商品房屋销售价格(元/平方米)		**1381**	**2614**	**3936**	**3848**	**4348**	**4740**
#住　宅		1335	2480	3818	3669	4282	4397
实收资金合计	**(万元)**		**131996**	**329840**	**595753**	**843920**	**934616**
资产负债率	(%)	79.5	73.8	74	75.8	71.8	74.2
经营总收入	**(万元)**	**38424**	**131889**	**503257**	**746544**	**518198**	**1094994**
#土地转让收入					158	8042	

注:本表2010年及以后年度数据为新区划口径,其他年份为原区划口径。

5－21 主要年份房地产开发企业(单位)财务状况

单位:万元

指　　标	2000	2005	2010	2011	2012	2013
年初存货		**164738**	**594633**	**1253560**	**1872842**	**2541865**
年末资产负债						
流动资产合计		434395	1578995	3033199	3865083	5265574
#存　货		179098	878674	1840987	2568900	3363691
固定资产原价		35461	62080	105347	110674	106982
累计折旧	3159	7916	13653	24302	31170	35112
#本年折旧	408	681	3878	7415	7141	7078
资产总计	128577	595274	1882660	3407482	4801021	6351263
负债合计	102254	439607	1456447	2581928	3448649	4713313
所有者权益合计	26323	155667	426212	825554	1352372	1637950
#实收资本		131996	226373	595753	843920	934616
损益及分配						
主营业务收入	38424	131889	492127	654164	518057	1093740
土地转让收入			6366	157	8042	
商品房屋销售收入	36776	131596	482662	627583	485940	1014572
房屋出租收入		293		7572	9199	6320
其他收入			3099	18852	14875	72849
主营业务成本	31488	105989	386552	484291	349882	822204
主营业务税金及附加	2142	6587	30496	49644	49653	77960
主营业务利润		18253	66216	120229	118522	—
其他业务收入		3112	2625	18852		
其他业务利润		3101	2366	3078	1417	7457
销售费用	123	1060	11254	20903	24155	39993
管理费用	3801	9889	24574	47596	51050	63042
财务费用		1169	2711	6783	10875	15035
营业利润		10296	35904	61089	32981	74624
投资收益			－25	960	1299	1355
利润总额	1014	10266	32249	60781	66323	72209
应交所得税		3502	7089	16986	11901	13723
人工成本						
应付职工薪酬(贷方累计发生额)	950	3517	11840	44609	24710	29316
全部从业人员年平均人数(人)	**1077**	**2178**	**3387**	**4462**	**4898**	**4707**
土地和固定资产支出	**—**	**—**	**—**	**—**	**297999**	**—**
土地购置	—	—	—	—	250548	—
房屋和建筑物	—	—	—	—	45461	—
机器设备	—	—	—	—	385	—
运输工具	—	—	—	—	1053	—
其他费用	—	—	—	—	552	—

注:本表2010年及以后年度数据为新区划口径,其他年份为原区划口径。

5-22 主要年份房地产开发企业(单位)投资、资金和土地情况

单位:万元

指　　标	2005	2010	2011	2012	2013
计划总投资	1164651	4481303	5735258	9403719	11355979
自开始建设累计完成投资	509564	2410259	3212165	4868187	6981491
本年完成投资	264084	1030533	1351694	2114935	2557476
#配套工程投资		14284	19831	52457	25435
#国有控股		246642	392067	641877	739438
按构成分:建筑工程	195037	646373	900569	1355385	1816070
安装工程		36719	48511	150020	203282
设备工器具购置	722	17177	13987	35202	43786
其他费用	68325	330264	388627	574328	494338
#旧建筑物购置费		11247	5981	2131	12346
土地购置费	53243	256617	336524	462870	366608
按工程用途分:					
住　宅	217462	825563	1153474	1529622	1733030
#90 平方米以下		195950	314284	516599	448017
144 平方米以上*		102074	147016	139823	113880
别墅、高档公寓		63678	48670	59180	77039
办公楼	2239	8298	12281	24972	104342
商业营业用房	31376	120486	117211	282216	481850
其　他	13007	76186	68728	278125	238254
本年新增固定资产	243423	484973	669142	1045012	1521594
本年资金来源合计	359616	1304518	2124742	2562317	3645766
上年末结余资金	58329	125444	173688	304662	471404
本年资金来源小计	301287	1179074	1951054	2257655	3174362
国内贷款	32570	175599	193541	360810	539379
利用外资			3279		
自筹资金	122738	478516	977144	1242724	1635930
其他资金来源	142031	524959	777090	654121	999053
本年各项应付款合计	74243	213703	322449	672367	628757
#工程款	54150	142110	177489	299824	385151
待开发土地面积(万平方米)		68.78	162.09	133.48	196.97
本年购置土地面积(万平方米)		167.97	264.01	176.38	191.18
本年土地成交价款		273526	398590	410888	391877

注:1、2005、2010 年为 140 平方米以上口径;

2、本表 2010 年及以后年度数据为新区划口径,其他年份为原区划口径。

5－23 房地产开发企业(单位)施工、销售和待售情况(2013年)

指 标		合 计	按用途分					
			住 宅	#90平米以下	#别墅、高档公寓	办公楼	商业营业用房	其 他
房屋施工面积	(万平方米)	1472.66	1072.04	269.16	25.21	41.52	239.52	119.58
#新开工面积		556.89	400.99	97.32	10.32	16.33	94.22	45.35
房屋竣工面积	(万平方米)	354.19	285.26	70.55	5.52	2.76	42.52	23.65
#不可销售面积		23.43	3.38	1.75	1.47		16	4.05
住宅竣工套数	(套)	—	26774	8880	396	—	—	—
房屋竣工价值	(万元)	923068	729714	154145	14051	7794	121262	64298
批准预售面积	(万平方米)	174.39	149.23	30.35	5.43	1.84	21.49	1.83
批准预售住宅套数	(套)	—	14066	3707	262	—	—	—
出租房屋面积	(万平方米)	2.03					1.04	0.99
商品房销售面积	(万平方米)	312.14	286.22	65.75	12.29	1.55	23.23	1.14
#现房销售面积		79.32	70.3	17.07	7.27	1.55	6.42	1.05
期房销售面积		232.82	215.92	48.68	5.02		16.81	0.09
商品房销售额	(万元)	1479623	1258564	266561	86152	7741	210895	2423
#现房销售额		364316	288698	54113	42900	7741	65764	2113
期房销售额		1115307	969866	212448	43252		145131	310
商品住宅销售套数	(套)	—	28043	8542	887	—	—	—
#现房销售套数		—	6732	2471	372	—	—	—
期房销售套数		—	21311	6071	515	—	—	—
待售面积	(万平方米)	112.51	95.03	44.76	16.26	0.81	13.07	3.6
待售1－3年		41.73	35.07	23.77	1.12	0.81	4.47	1.38
待售3年以上		33.76	32.78	17.08	15.14		0.98	

5－24 房地产开发

指　　标		总　计	内　资		
				国　有	集　体
计划总投资		11355979	10285979	155060	
自开始建设累计完成投资		6981491	6469707	134102	
本年完成投资		2557476	2488145	41850	
#配套工程投资		25435	21689		
#国有及国有控股		739438	739438	41850	
按构成分:建筑工程		1816070	1763306	40130	
安装工程		203282	196536	1720	
设备工器具购置		43786	40080		
其他费用		494338	488223		
#旧建筑物购置费		12346	12346		
土地购置费		366608	366608		
按工程用途分:					
住宅		1733030	1670807	38550	
#90 平方米以下		448017	441157	9154	
140 平方米以上		113880	71997		
别墅、高档公寓		77039	37756		
办公楼		104342	103842		
商业营业用房		481850	480270	1300	
其他		238254	233226	2000	
本年新增固定资产		1521594	1482956	960	
本年资金来源合计		3645766	3474526	38070	
上年末结余资金		471404	440959	120	
本年资金来源小计		3174362	3033567	37950	
国内贷款		539379	538989		
利用外资					
自筹资金		1635930	1539981	36990	
其他资金来源		999053	954597	960	
本年各项应付款合计		628757	573821	5500	
#工程款		385151	361665	5500	
待开发土地面积	（万平方米）	196.97	159.83		
本年购置土地面积	（万平方米）	191.18	191.18		
本年土地成交价款		391877	391877		

投资(2013年)

单位:万元

港、澳、台投资	外商投资	中央	省	市	县	其他
140000	930000	142000	255000	2453625	498265	8007089
79960	431824	124242	182107	1156095	384539	5134508
11560	57771	31990	54316	450877	142139	1878154
	3746			6375		19060
		31990	54316	313145	115940	224047
8850	43914	31990	34816	309324	98450	1341490
2590	4156			44224	14284	144774
50	3656			13672	4700	25414
70	6045		19500	83657	24705	366476
						12346
			19500	72400	21705	253003
9760	52463	28990	25741	321852	117074	1239373
6860		8194	3874	50194	31541	354214
	41883		1514	9302	4062	99002
	39283			405		76634
500				18674		85668
650	930	1000	15631	18730	21105	425384
650	4378	2000	12944	91621	3960	127729
6500	32138		48303	184569	12960	1275762
27748	143492	31990	103925	692453	205453	2611945
1111	29334		42929	71715	6616	350144
26637	114158	31990	60996	620738	198837	2261801
390				140529	110021	288829
5910	90039	31990	60996	310977	71050	1160917
20337	24119			169232	17766	812055
5200	49736		27830	147494	57255	396178
4250	19236		3830	110945	46805	223571
	37.14			50.41	13.67	132.89
			6.99	45.98	21.77	116.44
			20000	84829	21705	265343

5－25 房地产开发企业

指　标	流动资产合计	#存货	固定资产原价	累计折旧	资产合计	负债合计	资产负债率（%）
全　市	**5265574**	**3363691**	**106982**	**35112**	**6351263**	**4713313**	**74.2**
国有及国有控股企业	1494126	997510	8232	4721	2150592	1298097	60.4
按注册类型分							
内　资	4927303	3047909	104806	34433	5953106	4397265	73.9
#国有	131675	101224	996	71	132600	123945	93.5
集体							
港、澳、台投资	10044	9833	12	6	11910	4128	34.7
外商投资	328227	305949	2164	673	386247	311920	80.8
按隶属关系分							
中　央	120854	99748	43	18	120879	112807	93.3
省	83153	77712	43	18	83266	69999	84.1
地　区	1299432	854814	1363	483	1621292	1208127	74.5
县	128794	37251	1569	324	165123	107904	65.3
其　他	3633341	2294166	103964	34269	4360703	3214476	73.7
按资质等级分							
一　级							
二　级	729743	585960	8358	4452	968414	631198	65.2
三　级	1472548	971715	85035	24949	1699054	1310830	77.2
四　级	267028	180390	3582	1225	284359	242729	85.4
暂定	2622762	1584110	9556	4346	2782515	2360183	84.8
其他	173493	41516	451	140	616921	168373	27.3

5－26 各县区房地产开发

地　区	流动资产合计	#存货	固定资产原价	累计折旧	资产合计	负债合计	资产负债率（%）
全　市	**5265574**	**3363691**	**106982**	**35112**	**6351263**	**4713313**	**74.2**
含山县	213927	105514	2931	996	225270	174833	77.6
和　县	536054	332741	7385	1918	1033784	521258	50.4
当涂县	571725	357313	2714	1191	584777	466823	79.8
花山区	2051542	1193664	76801	24474	2300463	1874581	81.5
雨山区	1778964	1325731	15638	5913	2047929	1573008	76.8
博望区	113362	48728	1513	620	159040	102810	64.6

财务状况（2013 年）

单位：万元

所有者权益合计	实收资本	主营业务收入	土地转让收入	主营业务成本	主营业务税金及附加	营业利润	本年应付工资总额	全部从业人员年平均数（人）
1637950	**934616**	**1093740**		**822204**	**77960**	**74624**	**29316**	**4707**
852495	247940	210348		137260	12193	41619	5966	886
1555841	848109	1009854		752041	70781	74949	27280	4519
8655	8619	834		759	45	-274	123	56
7782	6615	5603		3810	387	877	155	52
74327	79892	78283		66353	6792	-1202	1881	136
8072	8000	43		20	2	15		31
13267	15430					-862	252	65
413165	239433	202846		159810	12048	8452	6825	797
57219	19330	1309		989	294	-1862	437	105
1146227	652423	889542		661385	65616	68881	21802	3709
337216	153118	137978		96300	10702	15601	5760	870
388224	320997	395283		303906	31744	19400	10047	1311
41630	34294	105553		80844	6981	8586	2034	434
422332	384760	415129		336188	28396	-2070	11023	2019
448548	41447	39797		4966	137	33107	452	73

企业财务状况（2013 年）

单位：万元

所有者权益合计	实收资本	营业务收入	土地转让收入	主营业务成本	主营业务税金及附加	营业利润	本年应付工资总额	全部从业人员年平均数（人）
1637950	**934616**	**1093740**		**822204**	**77960**	**74624**	**29316**	**4707**
50437	28874	122787		94274	7882	12471	2292	601
512526	135180	143185		76633	11368	44585	3966	583
117954	109795	149198		126298	8140	2206	3208	587
425882	346243	456306		355171	33981	21045	9657	1459
474921	291915	204293		157616	15567	-6177	8779	1179
56230	22609	17971		12212	1022	494	1414	298

5－27　各县区房地产开发企业(单位)个数(2013 年)

单位:个

地　区	企业个数	内资企业				港澳台投资企业	外商投资企业	国有及国有控股
			#国　有	#集　体	#私　营			
全　市	**188**	**184**	**3**		**126**	**2**	**2**	**22**
含山县	29	29	1		18			2
和　县	25	24	1		15		1	5
当涂县	27	27			25			
花山区	61	60			36	1		6
雨山区	33	31	1		21	1	1	8
博望区	13	13			11			1

5－28　各县区房地产开发企业(单位)从业人数(2013 年)

单位:人

地　区	平均从业人　数	内资企业				港澳台投资企业	外商投资企业	国有及国有控股
			#国　有	#集　体	#私　营			
全　市	**4707**	**4519**	**56**		**2645**	**52**	**136**	**886**
含山县	601	601	7		357			28
和　县	583	475	18		295		108	103
当涂县	587	587			529			
花山区	1459	1429			813	30		104
雨山区	1179	1129	31		389	22	28	635
博望区	298	298			262			16

5-29 各县区房地产开发建设投资总规模及完成投资(2013年)

单位:万元

地区	计划总投资	自开始建设至本年底累计完成投资	本年完成投资	#配套工程投资额	全部建成尚需投资
全市	**11355979**	**6981491**	**2557476**	**25435**	**4374488**
含山县	503948	438974	145412	500	64974
和县	1081143	835958	384246	9146	245185
当涂县	1197093	808565	374634		388528
花山区	4700742	2915981	1003071	5087	1784761
雨山区	3522493	1734612	550450	10702	1787881
博望区	350560	247401	99663		103159

5-30 各县区按用途分的房地产开发企业(单位)完成投资额(2013年)

单位:万元

地区	本年完成投资额	住宅	#90平米以下	#140平米以上	#别墅、高档公寓	办公楼	商业营业用房	其他
全市	**2557476**	**1733030**	**448017**	**113880**	**77039**	**104342**	**481850**	**238254**
含山县	145412	83042	9623	2035	890	5357	42899	14114
和县	384246	255324	100515	48847	39283	5500	113902	9520
当涂县	374634	293231	48626	13694	29171	1595	51162	28646
花山区	1003071	721098	172909	25854	5790	59045	135866	87062
雨山区	550450	304126	88357	14582	1905	32385	116807	97132
博望区	99663	76209	27987	8868		460	21214	1780

5－31 各县区房地产开发企业(单位)资金来源(2013年)

单位:万元

地区	本年资金来源合计	上年末结余资金	本年资金来源小计	国内贷款	#银行贷款	利用外资	#外商直接投资	自筹资金	其他资金来源
全市	**3645766**	**471404**	**3174362**	**539379**	**485360**			**1635930**	**999053**
含山县	236204	22145	214059	2345	2145			96875	114839
和县	434232	15430	418802	550	550			340179	78073
当涂县	403227		403227	7900	7900			364427	30900
花山区	1527707	199935	1327772	279263	225594			544804	503705
雨山区	889735	194609	695126	211100	211100			237595	246431
博望区	154661	39285	115376	38221	38071			52050	25105

5－32 各县区房地产开发建设房屋建筑面积和造价(2013年)

地区	施工房屋面积(平方米)	#新开工	竣工房屋面积(平方米)	房屋建筑面积竣工率(%)	竣工房屋价值(万元)	竣工房屋造价(元/平方米)
全市	**14726579**	**5568893**	**3541877**	**24.1**	**923068**	**2606**
含山县	1205195	420676	158252	13.1	38203	2414
和县	1337388	800920	375255	28.1	91949	2450
当涂县	2197552	882615	717302	32.6	204475	2851
花山区	5090506	1807475	1003105	19.7	276418	2756
雨山区	4214168	1516883	1124153	26.7	274433	2441
博望区	681770	140324	163810	24.0	37590	2295

5－33　各县区按用途分的房地产开发企业(单位)新开工房屋面积(2013年)

单位:平方米

地　区	本年新开工房屋面积	住　宅	#90平米以　下	#140平米以　上	#别墅、高档公寓	办公楼	商业营业用　房	其　他
全　　市	**5568893**	**4009929**	**973223**	**60694**	**103224**	**163344**	**942156**	**453464**
含山县	420676	294589	25530	2297	560		96838	29249
和　县	800920	548894	236739	29220	26700	26667	225159	200
当涂县	882615	643628	64535	10105	75964		172839	66148
花山区	1807475	1269087	272258	6214		62959	196440	278989
雨山区	1516883	1149798	333144			73718	214489	78878
博望区	140324	103933	41017	12858			36391	

5－34　各县区商品房屋销售情况(2013年)

地　区	房屋销售面　积(平方米)	#住　宅	现　房	期　房	商品房销售额(万元)	#住　宅	现　房	期　房
全　　市	**3121351**	**2862232**	**793200**	**2328151**	**1479623**	**1258564**	**364316**	**1115307**
含山县	382434	324007	48284	334150	158444	122861	18101	140343
和　县	358343	322564	176438	181905	182105	155217	88067	94038
当涂县	384204	328787	171055	213149	186298	137686	97056	89242
花山区	1152177	1101524	272335	879842	566210	516898	111931	454279
雨山区	754101	704615	91080	663021	358947	302669	40247	318700
博望区	90092	80735	34008	56084	27619	23233	8914	18705

5－35　各县区按用途分的商品房屋实际销售面积(2013年)

单位:平方米

地　区	房屋销售面　　积	商品住宅	#90平米以　下	#140平米以　上	#别墅、高档公寓	办公楼	商业营业用　　房	其　他
全　　市	**3121351**	**2862232**	**657473**	**271356**	**122948**	**15526**	**232332**	**11261**
含 山 县	382434	324007	51192	8303	977		57054	1373
和　　县	358343	322564	69473	75193	74132		35779	
当 涂 县	384204	328787	41052	18399	1821	15526	30051	9840
花 山 区	1152177	1101524	265096	128465	23298		50653	
雨 山 区	754101	704615	217067	37919	21856		49438	48
博 望 区	90092	80735	13593	3077	864		9357	

5－36　各县区按用途分的商品房屋平均销售价格(2013年)

单位:元/平方米

地　区	房屋平均销售价格	商品住宅	#90平米以　下	#140平米以　上	#别墅、高档公寓	办公楼	商业营业用　　房	其　他
全　　市	**4740**	**4397**	**4054**	**5296**	**7007**	**4986**	**9077**	**2152**
含 山 县	4143	3792	3968	4112	4719		6162	3088
和　　县	5082	4812	3392	5983	6008		7515	
当 涂 县	4849	4188	4092	7950	11021	4986	12946	2000
花 山 区	4914	4693	5008	3439	8210		9735	
雨 山 区	4760	4296	3109	9482	9088		11377	6458
博 望 区	3066	2878	4147	1758	1794		4687	

5－37　各县区按用途分的商品房待售情况（2013 年）

单位：平方米

地　区	房屋销售面　积	商品住宅				办公楼	商业营业用　房	其　他
			#90 平米以　下	#140 平米以　上	#别墅、高档公寓			
全　　市	**1125071**	**950282**	**447562**	**242388**	**162578**	**8148**	**130673**	**35968**
含 山 县	69674	52219					16889	566
和　　县	386401	374589	179763	152474	151415		11812	
当 涂 县	22609	14512	979				7470	627
花 山 区	129080	78732	14459	14014			30557	19791
雨 山 区	387492	327927	232417	49615		4148	42991	12426
博 望 区	129815	102303	19944	26285	11163	4000	20954	2558

5－38　本年新开工大型项目基本情况（2013 年）

单位：万元

单　位　名　称	项　目　名　称	开工时间	计划总投　资	本年完成投　　资
马鞍山市滨江新区建设投资	采石古镇改造	201301	980000	160596
马鞍山海信旅游投资有限公司	马鞍山海信濮塘体育休闲产业项目	201308	372131	16000
地球卫士（含山）环保新材料有限公司	年产 60 万吨多功能环保新材料项目	201301	300000	115920
安徽盘景水泥有限公司	盘景水泥二期	201303	162000	59330
马鞍山市公路管理局	205 国道马鞍山段（慈湖至采石段）改建工程	201307	150885	27657
马鞍山红烈农业市场投资公司	红利来国际商贸城	201308	150000	800
马鞍山郑蒲港建设投资公司	郑蒲港新区 206 省道（太阳河－沈巷）改造工程项目	201301	116000	47881
安徽广纳投资发展有限公司	天润港城项目	201311	106000	2500
安徽康佳绿色照明技术有限公司	LED 照明产业化项目	201306	100000	14826
马鞍山市新的电器实业公司	单丝、家电研发及生产基地项目	201303	100000	32486
安徽日发纺织机械有限公司	智能纺织装备研发制造基地	201310	93000	800
安徽海德石油化工有限公司	碳四综合利用二期项目	201308	87401	1350

5－38 本年新开工大型项目基本情况(2013 年)(续)

单位:万元

单位名称	项目名称	开工时间	计划总投资	本年完成投资
安徽云谷信息科技服务有限公司	云计算、物联网产品等服务外包项目	201304	80000	15620
安徽富腾农业科技有限公司	富腾现代农业生态观光园	201310	80000	6870
马鞍山汇通投资发展有限公司	汇通机械电子创业园一期	201305	76000	8644
安徽开米绿色科技有限公司	20 万吨/年环保浓缩型蔬果清洗剂	201304	75000	42453
安徽威达环保科技股份有限公司	威达环保工业园项目	201307	60000	15100
含山县林头镇人民政府	林头镇含山工业园区铸造产业孵化园项目	201309	60000	7200
安徽鹏泰环保设备有限公司	玻璃钢复合材料	201306	60000	10000
安徽迅捷皖江物流有限公司	皖江综合物流基地项目	201308	60000	4550
太祥电子科技马鞍山有限公司	无线通信设备制造项目	201311	60000	700
马鞍山南部国际高新科技产业园有限公司	南部国际高新科技产业园项目	201305	59000	20900
马鞍山市重点工程建设管理局	秀山新区综合医院	201306	58956	500
马鞍山南部承接产业转移新区经济技术发展有限公司	年陡安置房三期	201308	58000	820
安徽省雪润肉食品有限公司	年产 5 万吨深加工食品项目	201303	57000	22245
中钢集团马鞍山矿山研究院有限公司	年产 4 万吨高性能空心玻璃微珠项目	201305	54750	4710
马鞍山达利食品有限公司	达利食品、饮料生产线三期扩建	201304	50000	24647

主要统计指标解释

固定资产投资

固定资产投资额是以货币表现的建造和购置固定资产活动的工作量，它是反映固定资产投资规模、速度、比例关系和使用方向的综合性指标。全社会固定资产投资按经济类型可分为国有、集体、个体、联营、股份制、外商、港澳台商、其他等。按照管理渠道，全社会固定资产投资统计的范围包括：(1) 城镇 50 万元以上项目；(2) 房地产开发投资；(3) 农村非农户投资。

房地产开发投资

指房地产开发公司、商品房建设公司及其他房地产开发法人单位和附属于其他法人单位实际从事房地产开发或经营的活动单位统一开发的包括统代建、拆迁还建的住宅、厂房、仓库、饭店、宾馆、度假村、写字楼、办公楼等房屋建筑物和配套的服务设施，土地开发工程（如道路、给水、排水、供电、供热、通讯、平整场地等基础设施工程）的投资；不包括单纯的土地交易活动。

固定资产投资的资金来源

根据固定资产投资的资金来源不同，分为国家预算内资金、国内贷款、利用外资、自筹资金和其他资金来源。

(1) 国家预算内资金：指中央财政和地方财政中由国家统筹安排的基本建设拨款和更新改造拨款，以及中央财政安排的专项拨款中用于基本建设的资金和基本建设拨款改贷款的资金等。

(2) 国内贷款：指报告期内企、事业单位向银行及非银行金融机构借入的用于固定资产投资的各种国内借款。包括银行利用自有资金及吸收的存款发放的贷款、上级主管部门拨入的国内贷款、国家专项贷款（包括煤代油贷款、劳改煤矿专项贷款等）、地方财政专项资金安排的贷款、国内储备贷款、周转贷款等。

(3) 利用外资：指报告期内收到的用于固定资产投资的国外资金，包括统借统还、自借自还的国外贷款，中外合资项目中的外资，以及对外发行债券和股票等。国家统借统还的外资指由我国政府出面同外国政府、团体或金融组织签订贷款协议、并负责偿还本息的国外贷款。

(4) 自筹资金：指建设单位报告期内收到的，用于进行固定资产投资的上级主管部门、地方和企、事业单位自筹资金。

(5) 其他资金来源：指报告期内收到的除以上各种拨款。

固定资产投资按建设性质分

建设项目的性质一般分为新建、扩建、改建、迁建、恢复。基本建设按建设项目划分建设性质，更新改造、国有单位其他固定资产投资及城镇集体投资等按整个企业、事业单位的建设情况确定建设性质，房地产开发单位、农村投资等投资不划分建设性质。

(1) 新建：一般是指从无到有、"平地起家"新开始建设的单位。有的单位原有的基础很小，经过建设后其新增加的固定资产价值超过原有固定资产价值（原值）三倍以上的也算新建。

(2) 扩建：一般是指为扩大原有产品的生产能力，在厂内或其他地点增建主要生产车间（或主要工程）、独立的生产线或分厂的企业；事业单位和行政单位在原单位增建业务用房（如学校增建教学用房、医院增建门诊部或病床用房、行政机关增建办公楼等）也作为扩建。

(3) 改建：一般是指现有企业、事业单位为了技术进步，提高产品质量，增加花色品种，促进产品升级换代，降低消耗和成本，加强资源综合利用和三废治理、劳保安全等，采用新技术、新工艺、新设备、新材料等对现有设施、工艺条件进行技术改造或更新（包括相应配套的辅助性生产、生活福利设施）。有的企业为充分发挥现有生产能力，进行填平补齐而增建不增加本单位主要产品生产能力的车间等，也属于改建。

固定资产投资按构成分

固定资产投资活动按其工作内容和实现方式分为建筑安装工程，设备、工具、器具购置，其他费用三个部分。

(1) 建筑安装工程（建筑安装工作量）：指各种房屋、建筑物的建造工程和各种设备、装置的安装工程。包括各种房屋建造工程，各种用途设备基础和各种工业窑炉的砌筑工程；为施工而进行的各种准备工作和临时工程以及完工后的清理工作等；铁路、道路的铺设，矿井的开凿及石油管道的架设等；水利工程；防空地下建筑等特殊工程；以及各种机械设备的安装工程；为测定安装工程质量，对设备进行的试运工作。在安装工程中，不包括被安装设备本身的价值。

(2) 设备、工具、器具购置：指购置或自制达到固定资产标准的设备、工具、器具的价值，固定资产的标准按财务部门规定。新建单位、扩建单位的新建车间按照设计和计划要求购置或自制的全部设备、工具、器具，不论是否达到固定资产标准均计入"设备、工具、器具购置"中。

(3) 其他费用：指在固定资产建造和购置过程中发生的，除建筑安装工程和设备、工具、器具购置以外的各种应摊入固定资产的费用。

施工项目

指报告期内曾进行建筑或安装工程施工活动的建设项目，包括报告期内新开工项目、报告期以前开工跨入报告期继续施工的项目以及报告期施过工并在报告期内全部建成投产或停缓建的项目。

全部建成投产项目

工业项目是指设计文件规定形成生产能力的主体工程及其相应配套的辅助设施全部建成，经负荷试运转，证明具备生产设计规定合格产品的条件，并经过验收鉴定合格或达到竣工验收标准，与生产性工程配套的生活福利设施可以满足近期正常生产的需要，正式移交生产的建设项目。非工业项目是指设计文件规定的主体工程和相应的配套工程全部建成，能够发挥设计规定的全部效益，经验收鉴定合格或达到竣工验收标准，正式移交使用的建设项目。

新增生产能力

指通过固定资产投资活动而增加的设计能力或工程效

益,它是用实物形态表示的固定资产投资的成果。新增生产能力的计算,是以能独立发挥生产能力或工程效益的单项工程(或项目)为对象。当单项工程(或项目)建成,经有关部门鉴定合格,正式移交投入生产,即可计算新增生产能力。

新增生产能力的数量一般按设计能力计算。设计能力是指设计文件中规定的在正常情况下能够达到的生产能力,而不论投产后的实际产量如何。以设备数量、建筑物容积、面积、长度等表示的新增生产能力或工程效益,则按建成的实际数量计算。

商品住宅

指房地产开发企业(单位)建设并出售、出租给使用者,仅供居住用的房屋。

土地开发投资额

指房地产开发企业完成的前期工程投资,即路通、水通、电通、场地平整等(也称七通一平)所完成的投资。一般指生地开发成熟地的投资。在旧城区(老区拆迁)的开发中,如果有统一的规划,如政府有关部门批准的小区建设的前期工程中,有场地平整,原有建筑物、构筑物拆除,供水供电工程等工作量也可计算。未进行开发工程、只进行单纯的土地交易活动不作为土地开发投资统计。土地开发投资额在房屋用途分组中能分摊的部分就分摊,不能分摊的全部计入其他。

土地购置费

指房地产开发企业为取得土地使用权而支付的费用。土地购置费按当期发生数计入投资,如土地购置费为分期付款的,可分期计入投资;不计入新增固定资产。土地购置费支出包括:①通过草拟方式取得的土地使用权所支付的土地补偿费、附着物和青苗补偿费、安置补偿费及土地征收管理费等;②通过出让方式取得土地使用权所支付的出让金。

投资额按房屋工程用途分组

指投资额中用于各类房屋建设的投资。

住宅

指专供居住的房屋,包括别墅、公寓、职工家属宿舍和集体宿舍(包括职工单身宿舍和学生宿舍)等。但不包括住宅楼中作为人防用、不住人的地下室等。

别墅、高档公寓

一般指单位建筑面积造价高于当地同等地段商品住宅平均造价一倍以上的公寓或别墅,或者经有权审批房地产投资计划的审批单位审定为高档公寓、别墅的房地产投资项目。

经济适用房

指根据国家经济适用房计划安排建设的住宅。由国家统一下达计划,地方政府统一组织建设;用地一般实行行政划拨的方式,免收土地出让金,对各种经批准的收费实行减半征收;出售价格实行政府指导价,按保本微利的原则确定。

本年完成开发土地面积

指报告期内对土地进行开发并已完成七通一平等前期开发工程,具备进行房屋建筑物施工或出让条件的土地面积。

本年购置土地面积

指在本年内通过各种方式获得土地使用权的土地面积。

本年土地成交价款

指进行土地使用权交易活动的最终金额。在土地一级市场,是指土地最后的划拨款和出让价;在土地二级市场是指土地转让、出租、抵押等最后确定的合同价格。土地成交价款与土地购置面积同口径,目的是正确计算平均土地购置价格。

房屋施工面积

指报告期内施工的全部房屋建筑面积。包括本期新开工的面积和上年开工跨入本期继续施工的房屋面积,以及上期已停建在本期恢复施工的房屋面积。本期竣工和本期施工后又停建缓建的房屋面积仍包括在施工面积中,多层建筑应填各层建筑面积之和。

房屋竣工面积

指报告期内房屋建筑按照设计要求已全部完工,达到住人和使用条件,经验收鉴定合格或达到竣工验收标准(实行房地产开发小区综合验收的城市,应经小区综合验收合格),可正式移交使用的各栋房屋建筑面积的总和。

实际销售面积

指报告期内已竣工的房屋面积中已正式交付给购房者或已签订(正式)销售合同的商品房屋面积。不包括已签订预售合同正在建设的商品房屋面积,但包括报告期或报告期以前签订了预售合同,在报告期又竣工的商品房屋面积。

在管物业占地面积

指报告期末物业管理单位正在进行管理的物业所占用的全部土地面积。

在管房屋建筑面积

指报告期末物业管理单位正在进行管理的已竣工交付使用的全部房屋建筑面积。

房屋代理销售成交合同面积

指经房地产中介服务机构代理,并签订销售合同的商品房及以外的所有房屋的成交面积。

房屋代理销售成交合同数

指房地产中介服务机构代理销售商品房及以外的所有房屋并签订销售合同的业务笔数。

房屋代理销售成交合同金额

指房地产中介服务机构对商品房及以外的所有房产进行销售,并签订销售合同的商品房成交金额。

房屋代理出租成交合同面积

指经房地产中介服务机构代理,并签订租赁合同的商品房及以外的所有出租房屋的总面积。

房屋代理出租成交合同数

指房地产中介服务机构代理出租商品房及以外的所有房屋,并签订租赁合同的业务笔数。

房屋代理出租成交合同金额

指房地产中介服务机构对商品房及以外的所有房产进行租赁,并签订租赁合同的商品房成交金额。

直接从建设单位承揽工程完成的产值

指总承包企业或专业承包企业直接与建设单位(业主)签订的承包合同(包括报告期及以往年度签订的合同,不包括无效合同和中途解除的合同),在报告期内完成的工程总值。包括企业向其他专业承包企业或劳务分包企业分包出去的工程所完成产值,还包括分包企业缴纳的管理费。

六、能源生产和消费

简要说明

一、本篇包括的主要内容有：能源生产、消费及品种构成，能源生产和消费弹性系数，近年来综合能源平衡表和电力平衡表，分行业分主要能源品种的消费量等。

二、分行业主要能源品种消费量、分行业工业用水量为年主营业务收入 2000 万元及以上的工业法人单位。

三、本篇资料由市统计局能源统计科整理。

四、关于数据口径与计算的说明

1. 一次能源生产量与工业统计数据一致。

2. 行业分类采用现行统一的国民经济行业分类国家标准。

3. 能源生产与消费弹性系数分别以能源生产、消费增长速度与国内生产总值增长速度相比求得。

6－1　主要年份能源生产和消费总量及电力生产和消费量

年　份	能源生产总量（万吨标准煤）	电力生产量（亿千瓦时）	能源消费总量（万吨标准煤）	电力消费量（亿千瓦时）
2005	337.82	75.65	946.90	67.70
2006	354.16	76.31	1051.93	75.42
2007	496.27	108.19	1195.97	97.34
2008	596.31	113.24	1331.70	106.79
2009	651.53	157.97	1405.84	107.23
2010	675.25	175.85	1686.49	130.85
2011	683.26	183.93	1803.51	138.65
2012	770.88	258.08	1921.74	148.05
2013	816.75	295.03	2000.49	158.99

注：1. 能源生产量为发电量、焦炭和原煤，电力按当量值计算；
2. 本表及能源消费诸表2010年以前年度数据不包括含山县、和县。

6－2　主要年份综合能源平衡表

单位：万吨标准煤

指　　标	2005	2010	2011	2012	2013
能源消费总量	**946.90**	**1686.49**	**1803.51**	**1921.74**	**2000.49**
在总量中：					
农、林、牧、渔、水利业	1.72	10.75	11.10	11.61	12.00
工　业	884.38	1555.52	1657.25	1757.19	1819.02
建筑业	2.63	6.21	9.36	11.01	13.44
交通运输和邮电通信业	1.91	26.76	28.76	31.52	34.18
商业、饮食、物资供销和仓储业	2.73	5.72	8.19	16.39	20.04
其　他	46.10	42.85	47.76	46.25	49.92
生活消费	7.43	38.68	41.08	47.77	51.89
城市居民	4.79	26.26	27.37	31.74	34.88
农村居民	2.64	12.42	13.72	16.03	17.01
在总量中：					
终端消费		1686.16	1770.95	1863.50	2000.40
#工　业		1679.95	1624.70	1698.95	1818.92
加工转换损失量		-124.43	32.56	58.24	0.09
输配损失量					
平衡差额					

6-3　主要年份能源生产弹性系数

年　份	能源生产比上年增长（%）	电力生产比上年增长（%）	马鞍山生产总值比上年增长（%）	能源生产弹性系数	电力生产弹性系数
2005	11.21	4.27	11.90	0.94	0.36
2006	4.84	0.88	16.49	0.29	0.05
2007	40.13	41.77	18.65	2.15	2.24
2008	20.16	4.67	16.29	1.24	0.29
2009	9.26	39.50	12.10	0.77	3.26
2010	3.61	11.21	14.70	0.25	0.76
2011	1.19	4.60	12.10	0.10	0.38
2012	12.82	40.31	12.00	1.07	3.36
2013	5.95	14.32	10.96	0.54	1.31

注：能源生产增长速度按当量热值计算，电力生产增长速度按实物量计算。

6-4　主要年份能源消费弹性系数

年　份	能源消费比上年增长（%）	电力消费比上年增长（%）	马鞍山生产总值比上年增长（%）	能源消费弹性系数	电力消费弹性系数
2005	—	14.75	11.9	—	1.24
2006	11.09	11.41	16.49	0.67	0.69
2007	13.69	29.06	18.65	0.73	1.56
2008	11.35	9.71	16.29	0.70	0.60
2009	5.57	0.41	12.10	0.46	0.03
2010	8.95	8.16	14.70	0.61	0.55
2011	6.94	5.58	12.10	0.57	0.46
2012	6.56	6.78	12.00	0.55	0.56
2013	4.10	7.39	10.96	0.37	0.67

注：能源消费增长速度按等价热值计算，电力生产增长速度按实物量计算。

6-5 主要年份能源消耗指标

年 份	单位地区生产总值能耗（等价值）		单位工业增加值能耗（规模以上，当量值）		单位地区生产总值电耗	
	指标值（吨标准煤/万元）	上升或下降（±%）	指标值（吨标准煤/万元）	上升或下降（±%）	指标值（千瓦小时/万元）	上升或下降（±%）
2005	2.64	—			1907.14	—
2006	2.52	-4.65			1823.79	-4.37
2007	2.41	-4.17			1982.97	8.73
2008	2.31	-4.25			1870.63	-5.67
2009	2.18	-5.81			1675.54	-10.43
2010	1.78	-5.01			1378.62	-5.70
2011	1.70	-4.61	3.10	-6.94	1298.08	-5.84
2012	1.61	-4.90	2.60	-1.90	1241.91	-3.75
2013	1.51	-6.18	2.41	-8.18	1201.94	-2.82

注：1. 计算地区生产总值能耗降低率时，两年地区生产总值能耗保留亲四位小数。2010 年以后，国内生产总值按 2010 年可比价格计算（下同）；

2. 按 2005 年可比价计算的 2010 年单位生产总值能耗为 1.99，单位生产总值电耗为 1550.16。

6-6 主要年份全社会用电情况

单位：亿千瓦时

指 标	2005	2010	2011	2012	2013
全社会用电量总计	**67.70**	**131.32**	**138.65**	**148.05**	**158.99**
全行业用电量合计	64.53	123.00	129.80	137.87	147.96
第一产业	1.00	1.56	1.61	1.91	1.8
第二产业	61.00	115.72	121.42	127.64	136.54
第三产业	2.53	5.72	6.77	8.32	9.62
城乡居民生活用电量合计	3.17	8.32	8.85	10.18	11.03
城镇居民	2.25	2.35	5.14	5.89	6.47
乡村居民	0.92	5.97	3.71	4.29	4.56
分行业用电					
农、林、牧、渔业	1.00	1.56	1.61	1.91	1.8
工 业	60.64	115.20	120.62	126.71	135.4
#轻工业	3.38	9.29	9.53	10.04	8.57
重工业	57.26	105.91	111.09	11.67	126.83
#采矿业	4.42	5.86	6.01	6.64	10.77
制造业	53.49	104.04	109.26	115.28	118.71
电力、燃气及水的生产和供应业	2.72	5.30	5.36	4.79	5.92
建筑业	0.37	0.52	0.79	0.93	1.14
交通运输、仓储和邮政业	0.34	0.87	1.16	1.38	1.5
信息传输、计算机服务和软件业	0.10	0.26	0.32	0.39	0.46
商业和住宿、餐饮业	0.72	1.98	2.01	1.87	2.18
金融、房地产、商务及居民服务业	0.35	0.83	1.24	2.0	2.68
公共事业及管理组织	1.01	1.78	2.03	2.7	2.8

6－7　主要年份工业企业主要能源品种消费量

指　标		2000	2005	2006	2010	2011	2012	2013
原　煤	（万吨）	275.61	487.84	489.87	1053.27	1116.69	1421.74	1553.02
洗精煤	（万吨）	276.75	338.88	372.26	704.47	697.08	733.46	735.08
其他洗煤	（万吨）				0.02	0.32	0.12	0.07
焦　炭	（万吨）	188.02	408.52	436.24	675.20	696.50	705.99	718.69
汽　油	（万吨）	0.28	0.38	0.40	0.24	0.38	0.33	0.38
煤　油	（万吨）			0.01				
柴　油	（万吨）	1.61	2.92	2.92	4.44	4.56	6.08	6.06
燃料油	（万吨）	0.38	0.61	0.67	0.62	0.65	0.6	0.56
热　力	（万百万千焦）	416.52	929.95	718.84	1408.14	1436.49	1491.28	2467.47

6－8　主要年份分行业全社会工业用电量

单位：亿千瓦时

行　业	2000	2005	2010	2011	2012	2013
消费总量	**28.41**	**60.64**	**115.20**	**120.62**	**126.71**	**135.40**
煤炭开采和洗选业				0.01	0.03	0.03
石油和天燃气开采业						
黑色金属矿采选业	3.14	4.18	5.45	5.50	6.05	9.43
有色金属矿采选业				0.03	0.08	0.34
非金属矿采选业	0.20	0.23	0.40	0.38	0.37	0.67
其他采矿业		0.01	0.01	0.10	0.12	0.3
食品、饮料制造业	0.15	0.32	1.65	1.83	1.68	1.8
纺织业	0.42	0.63	0.81	0.62	0.67	0.4
服装鞋帽、皮革羽绒及其制品业		0.08	0.21	0.22	0.23	0.34
木材加工及制品和家具制造业		0.08	0.16	0.27	0.27	0.34
造纸及纸制品业	0.76	1.15	3.85	3.93	4.39	3.06
印刷业和记录媒介的复制		0.04	0.14	0.15	0.15	0.09
文体用品制造业（轻）			0.03	0.03	0.02	0.02
石油加工、炼焦及核燃料加工业			0.58	0.31	0.30	0.03
化学原料及化学制品制造业	0.27	0.41	1.03	1.56	2.11	2.74
医药制造业	0.03	0.64	0.64	0.39	0.21	0.22
化学纤维制造业						
橡胶和塑料制品业	0.03	0.46	0.78	0.65	0.64	0.68
非金属矿物制品业	0.25	0.61	9.43	11.18	9.91	12.49
黑色金属冶炼及压延加工业	21.47	46.63	79.79	82.48	87.90	86.16
有色金属冶炼及压延加工业		0.01	0.18	0.16	0.10	1.3
金属制品业	0.39	1.56	2.38	2.99	3.14	5.98
通用及专用设备制造业	0.14		1.47	1.32	1.43	0.76
电气、电子设备制造业		0.45	0.65	0.54	0.40	0.75
交通运输设备制造业	0.06	0.32	0.06	0.22	0.43	0.71
工艺品及其他制造业		0.05	0.12	0.33	0.47	0.71
废弃资源和废旧材料回收加工业	0.09	0.04	0.08	0.10	0.12	0.13
电力、热力的生产和供应业	0.79	2.34	4.76	4.74	4.78	5.18
燃气生产和供应业		0.05	0.04	0.07	0.14	0.13
水的生产和供应业	0.24	0.33	0.50	0.55	0.57	0.61

6-9 分行业工业用水情况(2013年)

单位:万立方米

行业	工业取水总量	地表水	地下水	自来水	其他水	重复用水数量
消费总量	**35118.26**	**28660.13**	**39.45**	**2952.38**	**3466.30**	**283555.73**
黑色金属矿采选业	2469.77	1790.95		528.52	150.30	13365.18
非金属矿采选业	11.78	4.44	4.33	3.02		3.92
农副食品加工业	170.21	22.95	13.83	132.32	1.11	5.31
食品制造业	500.73			387.42	13.31	1237.43
酒、饮料和精制茶制造业	57.86	0.71	0.24	56.91		2.42
纺织业	38.57	0.02		38.55		0.06
纺织服装、服饰业	29.89	0.22		29.49	0.17	
皮革、毛皮、羽毛及其制品和制鞋业	1.49			1.49		
木材加工和木、竹、藤、棕、草制品业	6.48		1.02	5.46		0.93
家具制造业	0.73			0.73		
造纸和纸制品业	1508.92	1418.94		89.98		3284.13
印刷和记录媒介复制业	1.49			1.49		
文教、工美、体育和娱乐用品制造	0.73			0.73		
石油加工炼焦及核燃料加工业	0.45			0.45		0.65
化学原料及化学制品制造业	1784.63	1424.60	0.01	156.10	203.92	1460.57
医药制造业	22.43			22.43		3.70
橡胶和塑料制品业	52.05		0.30	33.04	18.71	36.66
非金属矿物制品业	412.96	246.32	17.11	142.97	6.56	120.65
黑色金属冶炼和压延加工业	16184.29	13006.53	0.08	206.05	2971.64	263295.18
有色金属冶炼和压延加工业	54.59	3.35		51.24		9.27
金属制品业	135.04	0.83	2.10	131.96	0.15	131.25
通用设备制造业	142.58	36.19	0.23	106.13	0.03	34.67
专用设备制造业	24.53	3.20		21.33		4.25
汽车制造业	41.42	0.66	0.20	40.25	0.30	0.80
铁路、船舶、航空航天和其他运输设备制造业	9.03			9.03		3.30
电气机械和器材制造业	64.68	0.12		64.56		1.85
计算机、通信和其他电子设备制造业	29.18	0.23		28.95		6.92
仪器仪表制造业	2.59			2.49	0.10	0.01
其他制造业	5.14			5.14		
废弃资源综合利用业	10.27			10.27		
电力、热力的生产和供应业	428.74	414.03		14.71		546.62
燃气生产和供应业	7.36			7.36		
水的生产和供应业	10907.65	10285.84		621.81		

6－10 分行业工业企业主要

行业	原煤（吨）	#无烟煤（吨）	一般烟煤（吨）	褐煤（吨）	洗精煤（吨）	其它洗煤（吨）
消费总量	**15530151**	**2508622**	**13013207**	**7397**	**7350765**	**686**
黑色金属矿采选业	7049		7049			298
非金属矿采选业	96		96			
农副食品加工业	42444	170	41860			
食品制造业	106		106			
酒、饮料和精制茶制造业	8098	70	8028			
纺织业	1012		1012			
纺织服装、服饰业	571		571			
皮革、毛皮、羽毛及其制品和制鞋业	665		665			
木材加工和木、竹、藤、棕、草制品业	4367		4367			
家具制造业						
造纸和纸制品业	630049	6938	623111			
印刷和记录媒介复制业						
文教、工美、体育和娱乐用品制造业						
石油加工、炼焦和核燃料加工业	19561		19561			
化学原料和化学制品制造业	112017	38	111978		2356	
医药制造业						
橡胶和塑料制品业	2399		2399			
非金属矿物制品业	1083062	1060	1074395	7097	2721	388
黑色金属冶炼和压延加工业	3493929	2497076	996853		7345585	
有色金属冶炼和压延加工业	11597	1127	10470			
金属制品业	14283	1672	12311	300	68	
通用设备制造业	1389	332	1057		35	
专用设备制造业	313		313			
汽车制造业	1186		1186			
铁路、船舶、航空航天和其他运输设备制造业	139	139				
电气机械和器材制造业	1830		1830			
计算机、通信和其他电子设备制造业	358		358			
仪器仪表制造业						
其他制造业						
废弃资源综合利用业						
电力、热力生产和供应业	10093631		10093631			
燃气生产和供应业						
水的生产和供应业						

能源品种消费量(2013 年)

焦　炭 (吨)	其它焦化产品 (吨)	焦炉煤气 (万立方米)	高炉煤气 (万立方米)	转炉煤气 (万立方米)	天然气 (气　态) (万立方米)	液化天然气 (液　态) (吨)	汽　油 (吨)
7186919	**96822**	**213629**	**2486838**	**151300**	**9651**		**3825**
24							278
					289		149
					1536		24
					132		85
					73		43
							35
							209
2516							
	96822				1996		111
					74		38
					107		103
					2306		245
7159736		213536	2486838	151300	2486		1079
					296		13
1554					101		195
11546					38		797
					77		59
7556					45		84
							102
3987		93					35
					95		61
							18
							17
							45

6－10　分行业工业企业主要

行　　业	煤　油（吨）	柴　油（吨）	燃料油（吨）	液　化石油气（吨）	润滑油（吨）	溶剂油（吨）
消费总量	**17**	**60564**	**5598**	**708**	**108**	**43**
黑色金属矿采选业		28153	129			
非金属矿采选业		3362				
农副食品加工业		451				
食品制造业		31		21		
酒、饮料和精制茶制造业		20		34		
纺织业						
纺织服装、服饰业		31				
皮革、毛皮、羽毛及其制品和制鞋业						
木材加工和木、竹、藤、棕、草制品业		59				
家具制造业						
造纸和纸制品业		1120				
印刷和记录媒介复制业						
文教、工美、体育和娱乐用品制造业						
石油加工、炼焦和核燃料加工业						
化学原料和化学制品制造业	2	1596	2193	101	1	43
医药制造业		26				
橡胶和塑料制品业		79				
非金属矿物制品业	3	6817	125			
黑色金属冶炼和压延加工业		15231				
有色金属冶炼和压延加工业		137	3138			
金属制品业	4	464			42	
通用设备制造业		204	13	373	24	
专用设备制造业		46				
汽车制造业		1328				
铁路、船舶、航空航天和其他运输设备制造业		219		179	41	
电气机械和器材制造业		47				
计算机、通信和其他电子设备制造业	8	33				
仪器仪表制造业						
其他制造业						
废弃资源综合利用业		404				
电力、热力生产和供应业		669				
燃气生产和供应业		4				
水的生产和供应业		33				

能源品种消费量(2013 年)(续)

石油沥青 (吨)	其它石油制品 (吨)	热力 (百万千焦)	电力 (万千瓦时)	煤矸石用于燃料 (吨)	城市垃圾用于燃料 (吨)	生物质废料用于燃料 (吨)	余热余压 (百万千焦)	其他燃料 (吨标准煤)
577	**3619**	**24674700**	**1577380**	**11520**	**3449**	**12377**	**11712704**	**4242**
			118075					
			4579					
	111		8194			12377		3138
		394394	13950					
			906					
			2744					
			2026					
			412					
			2432					
			306					
		6209130	80525					
			151					
			184					
			1198					
577	3508	1416098	70236				223635	1071
			956					
			3916					
		59778	121148	11200			1826565	8
		16595300	927031				9221200	
			3992	320	3449			
			21748					25
			17291					
			3323					
			6485					
			3015					
			8635					
			3767					
			239					
			178					
			621					
			145531				441304	
			875					
			2711					

6－11 规模以上工业企业能源购进、消费及库存(2013 年)

能源名称		购进量		消费量			年末库存量
		实物量	金额(万元)	工业生产消费	#用于原材料	非工业生产消费	
原煤	(吨)	15581590	958423	15517365	102530	12786	696823
其中:1. 无烟煤	(吨)	2465598	246365	2508597	70	25	77106
2. 炼焦烟煤	(吨)	415	51	925			391
3. 一般烟煤	(吨)	13107680	711534	13000446	102461	12761	618716
4. 褐煤	(吨)	6897	419	7397			600
洗精煤	(吨)	7334949	549768	7350763		2	212456
其他洗煤	(吨)	1298	133	686			905
煤制品	(吨)						
焦　炭	(吨)	2799687	405942	7186894	2370	25	589860
其他焦化产品	(吨)	93448	25211	96822	96822		8070
焦炉煤气	(万立方米)	290	148	190987		22642	
高炉煤气	(万立方米)			2486838			
转炉煤气	(万立方米)			151300			
发生炉煤气	(万立方米)						
天然气(气态)	(万立方米)	10239	27694	9631	57	19	16
液化天然气(液态)	(吨)						
煤层气(煤田)	(万立方米)						
原　油	(吨)	37	7	21		16	
汽　油	(吨)	3557	2770	1739		2085	73
煤　油	(吨)	17	17	11		6	1
柴　油	(吨)	61089	45991	52417	1144	8147	2042
燃料油	(吨)	5801	2249	5410		188	562
液化石油气	(吨)	792	544	708			94
炼厂干气	(吨)						
石脑油	(吨)						
润滑油	(吨)	108	115	106		2	
石　蜡	(吨)						
溶剂油	(吨)	43	30	43			
石油焦	(吨)						
石油沥青	(吨)	577	260	577			
其他石油制品	(吨)	3101	1034	3619	3508		1793
热　力	(百万千焦)	1870270	10274	24493108		181592	
电　力	(万千瓦时)	926812	613502	1536868		40512	
煤矸石用于燃料	(吨)	11520	112	11520	11200		
城市垃圾用于燃料	(吨)	3449	140	3449			
生物质废料用于燃料	(吨)	12377	414	12377			
余热余压	(百万千焦)	441304	1529	11472704		240000	
其他工业废料用于燃料	(吨)						
其他燃料	(吨标准煤)	4219	354	4242	76		164

6－12　主要年份地区能源消费与单位 GDP 能耗

单位:万吨标准煤

指　标	2011	2012	2013
能源消费总量(等价值)	**1803.51**	**1921.74**	**2000.49**
第一产业能源消费	11.10	11.61	12.00
第二产业能源消费	1666.62	1768.2	1832.46
工业能源消费	1657.26	1757.19	1819.02
建筑业能源消费	9.36	11.01	13.44
第三产业能源消费	84.71	94.16	104.14
#交通运输业能源消费	28.76	31.52	34.18
居民生活用能	41.08	47.77	51.89
城市居民	27.37	31.74	34.88
农村居民	13.72	16.03	17.01
单位 GDP 能耗(等价值)(吨标准煤/万元)	1.70	1.61	1.51

6－13　各县区全社会用电情况(2013 年)

单位:亿千瓦时

地　区	全社会用电量总计	全行业用电量合计				城乡居民生活用电量合计		
			第一产业	第二产业	第三产业		城镇居民	乡村居民
全　市	**158.99**	**147.96**	**1.8**	**136.54**	**9.62**	**11.03**	**6.47**	**4.56**
市　区	112.21	107.83	0.07	101.29	6.47	4.38	4.05	0.33
含山县	8.74	7.12	0.19	6.48	0.45	1.62	0.51	1.11
和　县	10.97	8.99	0.45	7.3	1.24	1.98	0.74	1.24
当涂县	27.07	24.02	1.09	21.47	1.46	3.05	1.17	1.88

6-14 主要年份各县区工业用电量

单位:亿千瓦时

地区	2000	2005	2010	2011	2012	2013
全市	**28.41**	**60.64**	**115.20**	**120.62**	**126.71**	**135.40**
市辖区	26.73	56.03	89.38	90.31	93.48	100.69
含山县	—		4.05	4.83	5.05	6.37
和县	—		6.61	7.79	7.20	7.18
当涂县	1.68	4.61	15.16	17.69	20.98	21.16

6-15 各县区工业用水情况(2013 年)

单位:万立方米

地区	工业取水总量	#地表水数量	地下水数量	自来水数量	重复用水数量
全市	**35118.26**	**28660.13**	**39.45**	**2952.38**	**283555.73**
含山县	311.15	224.36	21.86	63.45	113.81
和县	534.31	434.22	0.69	97.31	224.20
当涂县	2062.48	1728.80	14.12	319.08	22162.10
花山区	12669.52	11874.00	0.60	710.95	3350.24
雨山区	916.16	624.46	0.38	137.05	218.03
博望区	378.30	336.33	0.71	40.60	307.09

主要统计指标解释

能源生产总量

指一定时期内全市一次能源生产量的总和，是观察全市能源生产水平、规模、构成和发展速度的总量指标。一次能源生产量包括原煤，原油，天然气，水电、核能及其他动力能（如风能、地热能等）发电量，不包括低热值燃料生产量、生物质能、太阳能等的利用和由一次能源加工转换而成的二次能源产量。

能源消费总量

指一定时期内全市物质生产部门、非物质生产部门和生活消费的各种能源的总和，是观察能源消费水平、构成和增长速度的总量指标。能源消费总量包括原煤和原油及其制品、天然气、电力，不包括低热值燃料、生物质能和太阳能等的利用。能源消费总量分为终端能源消费量、能源加工转换损失量和损失量三部分。

（1）终端能源消费量：指一定时期内全市生产和生活消费的各种能源在扣除了用于加工转换二次能源消费量和损失量以后的数量。

（2）能源加工转换损失量：指一定时期内全市投人加工转换的各种能源数量之和与产出各种能源产品之和的差额，是观察能源在加工转换过程中损失量变化的指标。

（3）能源损失量：指一定时期内能源在输送、分配、储存过程中发生的损失和由客观原因造成的各种损失量，不包括各种气体能源放空、放散量。

能源生产弹性系数

是研究能源生产增长速度与国民经济增长速度之间关系的指标。计算公式为：

能源生产弹性系数 = 能源生产总量年平均增长速度/国民经济年平均增长速度

国民经济年平均增长速度，可根据不同的目的或需要，用国民生产总值、国内生产总值等指标来计算，本年鉴是采用国内生产总值指标计算的。

电力生产弹性系数

是研究电力生产增长速度与国民经济增长速度之间关系的指标。一般来说，电力的发展应当快于国民经济的发展，也就是说电力应超前发展。计算公式为：

电力生产弹性系数 = 电力生产量年平均增长速度/国民经济年平均增长速度能源消费弹性系数

是反映能源消费增长速度与国民经济增长速度之间比例关系的指标。计算公式为：

能源消费弹性系数 = 能源消费量年平均增长速度/国民经济年平均增长速度电力消费弹性系数

反映电力消费增长速度与国民经济增长速度之间比例关系的指标。计算公式为：

电力消费弹性系数 = 电力消费量年平均增长速度/国民经济年平均增长速度能源加工转换效率

指一定时期内能源经过加工、转换后，产出的各种能源产品的数量与同期内投人加工转换的各种能源数量的比率。它是观察能源加工转换装置和生产工艺先进与落后、管理水平高低等的重要指标。计算公式为：

能源加工转换效率 = 能源加工、转换产出量/能源加工、转换投人量 × 100

七、财政金融

简要说明

一、本篇反映全市财政收支、金融保险业发展状况。

二、财政收支资料来源于市财政局财政决算报表。

三、金融机构信贷收支情况,资料由中国人民银行马鞍山支行提供。

四、保险业务情况,资料由马鞍山保险协会提供。

五、本篇资料由市统计局综合核算科整理。

7－1　主要年份财政收支总额及增长速度

年　份	财政收入（万元）	财政支出（万元）	增长速度（%）	
			财政收入	财政支出
1995				
2000	184386	94313	0.9	
2001	195579	105957	6.1	12.3
2002	231774	142612	18.5	34.6
2003	302018	172903	30.3	21.2
2004	441924	217176	46.3	25.6
2005	626632	291148	41.8	34.1
2006	714522	382354	14.0	31.3
2007	914229	501274	27.9	31.1
2008	1101810	561810	20.5	12.1
2009	1223120	800721	11.0	42.5
2010	1400097	873946	14.5	9.1
2011	1863465	1382943	22.0	26.2
2012	2105983	1903706	13.0	37.7
2013	2260035	2030227	7.3	6.7

注:2011 年以前年份均为原区划口径(下同)。

7－2　主要年份财政收入占全市生产总值的比重

年　份	财政收入（亿元）	生产总值（亿元）	财政收入相当生产总值的百分比（%）
1995			
2000	18.44	137.66	13.4
2001	19.56	153.70	12.7
2002	23.18	175.65	13.2
2003	30.20	220.50	13.7
2004	44.19	303.70	14.6
2005	62.66	349.54	17.9
2006	71.45	402.20	17.8
2007	91.42	505.74	18.1
2008	110.18	606.18	18.2
2009	122.31	666.49	18.4
2010	140.01	810.72	17.3
2011	186.35	1144.30	16.3
2012	210.60	1234.00	17.1
2013	226.00	1293.02	17.5

7－3　主要年份中央和地方财政收入及比重

年　份	绝对数(万元)			比重(%)	
	全　市	中　央	地　方	中　央	地　方
1995					
2000	184386	90065	94321.0	48.8	51.2
2005	626632	337021	289611.0	53.8	46.2
2006	714522	401773	312749.0	56.2	43.8
2007	914229	500500	413729.0	54.7	45.3
2008	1101810	668463	433347.0	60.7	39.3
2009	1223120	585839	637281.0	47.9	52.1
2010	1400097	701296	698801.0	50.1	49.9
2011	1863465	953035	910430.0	51.1	48.9
2012	2105983	827826	1278157.0	39.3	60.7
2013	2260035	798212	1461823.0	35.3	64.7

7－4　主要年份税收收入和非税收入及比重

年　份	绝对数(万元)			比重(%)	
	全　市	税收收入	非税收入	税收收入	非税收入
1995					
2000	184386	148556	35830	80.6	19.4
2005	626632	594494	32138	94.9	5.1
2006	714522	669920	44602	93.8	6.2
2007	914229	835800	78429	91.4	8.6
2008	1101810	1047673	54137	95.1	4.9
2009	1223120	978616	244504	80.0	20.0
2010	1400097	1170812	229285	83.6	16.4
2011	1863465	1635017	228448	87.7	12.3
2012	2105983	1558045	547938	74.0	26.0
2013	2260035	1746770	513265	77.3	22.7

7－5　主要年份各项税收收入

单位:万元

年　份	#税收收入	#增值税	#营业税	#契税	#企业所得税	#个人所得税
1995						
2000	148556	115651	15922		8196	
2005	594494	344217	55671	10196	77414	26699
2006	669920	382388	76900	10931	69641	24974
2007	835800	456011	90314	24411	73528	30054
2008	1047673	533009	89952	15991	113253	34865
2009	978616	504656	106195	21878	79881	31564
2010	1170812	533825	124829	36758	119057	41074
2011	1635017	652332	197276	70600	154550	53547
2012	1558045	516645	240771	61533	173436	46275
2013	1746770	742700	293432	137573	169092	55083

7－6　地方财政收支情况

单位:万元

指　　标	2012	2013
收入合计	**1278157**	**1461823**
增值税	132834	162508
营业税	240771	293432
企业所得税	49362	47864
个人所得税	13610	16201
资源税	24466	21585
城市维护建设税	49252	55280
房产税	32154	30354
印花税	14492	15062
城镇土地使用税	53214	53285
土地增值税	31873	95892
车船税	4639	5141
耕地占用税	24390	16257
契　税	61533	137573
烟叶税		
专项收入	46868	42627
行政事业性收费收入	159124	114244
罚没收入	18965	21015
国有资本经营收入	33485	24995
国有资源(资产)有偿使用收入	285856	298031
其他收入	1269	10477
支出合计	**1903706**	**2025888**
一般公共服务	210799	216394
国 防	379	554
公共安全	62545	85354
教 育	297574	313134
科学技术	50509	60893
文化体育与传媒	26241	38187
社会保障和就业	151036	182419
医疗卫生	123455	143929
环境保护	39531	33224
城乡社区事务	348850	342994
农林水事务	142813	172814
交通运输	74681	76131
资源勘探电力信息等事务	75052	68215
商业服务业等事务	24302	36454
金融监管等事务支出	2406	1344
国土资源气象等事务	28286	36012
住房保障支出	209237	194962
粮油物资储备管理事务	7808	9397
国债还本付息支出	18458	3473
其他支出	9744	10004

7－7 各县区财政收入(2013 年)

单位:万元

地区	收入合计	增值税	营业税	企业所得税
含山县	131089	31399	25036	12612
和县	155782	34195	23727	17468
当涂县	405690	112098	56159	25990
花山区	297359	39115	57901	35380
雨山区	200310	55023	35278	23666
博望区	83147	36923	11732	4422

地区	个人所得税	资源税	城市维护建设税	房产税	印花税
含山县	3537	3174	2750	722	549
和县	5473	5252	2636	1629	1215
当涂县	7259	2538	9019	3324	2270
花山区	7834	320	6459	3670	1181
雨山区	4820	2085	5967	1418	1715
博望区	1948	2026	3585	297	388

7－7　各县区财政收入(2013年)(续)

单位:万元

地　区	城镇土地使用税	土地增值税	车船税	耕地占用税	契　税	烟叶税
含山县	1632	3555	326	1111	12271	
和　县	3005	3387	425	952	26805	
当涂县	18468	19766	743	1705	27441	
花山区	1461	18619	8			
雨山区	7095	5682	11		11	
博望区	2214	670		2246	1246	

地　区	专项收入	行政事业性收费收入	罚没收入	国有资本经营收入	国有资源(资产)有偿使用收入	其他收入
含山县	5870	6072	3491		11808	946
和　县	3601	7210	4049		11585	225
当涂县	6141	15662	4228		84884	
花山区	2699	1596	422		120684	10
雨山区	2542	5490	441		39965	9101
博望区	2173	2586	1231		9430	29

7-8 各县区财政支出(2013年)

单位:万元

地区	支出合计	一般公共服务	国防	公共安全
含山县	212549	21890	463	9930
和县	252025	30357	91	11192
当涂县	430839	58636		14484
花山区	215885	21552		10480
雨山区	121664	9844		5927
博望区	73231	10827		3515

地区	医疗卫生	教育	科学技术	文化体育与传媒	社会保障和就业
含山县	43779	4395	10814	20659	21171
和县	46613	3896	5032	25539	27459
当涂县	67750	10359	5587	42539	43910
花山区	38970	4342	364	16100	6792
雨山区	25501	1331	407	14627	4411
博望区	14423	1098	283	7186	4716

7-8 各县区财政支出(2013年)(续)

单位:万元

地区	节能环保	城乡社区事务	农林水事务	交通运输	资源勘探电力信息等事务	商业服务业等事务
含山县	4144	19977	36359	4187	976	2042
和县	5615	14181	50622	8421	478	5246
当涂县	4778	86966	43870	4676	4365	4305
花山区	1545	14741	2060		1172	769
雨山区	5068	31409	3729		535	1838
博望区	804	8792	6731	864	3389	1276

地区	金融监管等事务支出	国土资源气象等事务	住房保障支出	粮油物资储备管理等事务	国债还本付息	其他支出
含山县	474	1896	7847	1245	238	63
和县	195	3981	9662	3283	162	
当涂县	142	3067	31087	1291		3027
花山区		2759	92761		1346	132
雨山区		12385	4382			270
博望区		477	8625			225

7-9　主要年份金融机构人民币各项存款和贷款余额

单位:亿元

年　份	金融机构人民币存款余额	#单位存款	个人存款	金融机构人民币贷款余额	#短期贷款	中长期贷款
1995						
2000	145.69	48.14	90.89	111.95	81.35	16.45
2005	379.15	112.99	228.6	219.8	85.83	117.41
2010	969.39	268.64	479.6	599.1	233.82	308.33
2011	1094.03	511.02	562.9	806.3	367.19	363.99
2012	1249.93	585.77	647.4	857.2	366.84	390.94
2013	1426.49	635.77	749.48	980.08	415.80	468.31

7-10　金融机构人民币信贷资金平衡表(资金来源)

(年末余额)　　单位:万元

项　　目	2012	2013
资金来源总计	**13313181**	**14611981**
一、各项存款	12499295	14264927
1. 单位存款	5857721	6357678
其中:活期存款	3183366	2625418
定期存款	1257158	1628893
通知存款	56034	352545
保证金存款	922884	929169
2. 个人存款	6473999	7494829
其中:储蓄存款	6352582	7210873
保证金存款	837	5023
结构性存款	120580	278933
3. 财政性存款	111016	328348
4. 临时性存款	28884	28759
5. 委托存款	2085	37419
6. 其他存款	25589	17894
二、金融债券		
三、中长期借款		
四、应付及暂收款	252497	384548
其中:应付利息	170570	212764
五、同业往来(来源方)	83089	21034
六、系统内资金往来(来源方)		
七、外汇买卖(来源方)	438116	196058
其中:结售汇	438116	196058
八、各项准备	133685	170602
其中:贷款损失准备金	132936	169947
九、所有者权益	508252	638484
其中:实收资本	264401	319526
十、其他	-601753	-1063673

7－11　金融机构人民币信贷资金平衡表(资金运用)

(年末余额)　　　　　　　　　　　　　　　　　　　　　　　　单位:万元

项　　目	2012	2013
资金运用总计	**13313181**	**14611981**
一、各项贷款	8571797	9800821
(一)境内贷款	8571659	9800568
1. 短期贷款	3668445	4158020
(1)个人贷款及透支	483361	693433
其中:个人消费贷款	85645	110468
(2)单位普通贷款及透支	3003173	3318150
其中:经营贷款	2992305	3311062
固定资产贷款	10868	7000
(3)普通并购贷款		
(4)银团贷款	3140	4000
(5)贸易融资	178771	142437
(6)境外筹资转贷款		
2. 中长期贷款	3909389	4683123
(1)个人贷款	1256074	1554127
其中:个人消费贷款	933278	1124926
(2)单位普通贷款	2461487	2966608
其中:经营贷款	610087	703330
固定资产贷款	1851400	2263278
(3)普通并购贷款		
(4)银团贷款	191128	162389
(5)贸易融资	700	
(6)境外筹资转贷款		
3. 融资租赁		
4. 票据融资	953814	927113
其中:贴现	953814	927113
5. 各项垫款	40012	32311
(二)境外贷款	138	253
二、有价证券	594904	651658
三、股权及其他投资	104258	59514
四、应收及预付款	35181	396655
其中:应收利息	22562	26440
五、同业往来(运用方)	1145	
六、系统内资金往来(运用方)	3373762	3307190
七、金银占款		
八、外汇买卖(运用方)	437865	195751
其中:结售汇	437865	195751
九、固定资产	119943	125280
十、库存现金	74325	75113
十一、投资性房地产		

7－12 金融机构本外币合并信贷收支

(年末余额)　　单位:万元

项　　目	2012	2013
一、各项存款	12691886	14478520
1. 单位存款	6026518	6539294
其中:活期存款	3274466	2658408
定期存款	1333911	1727358
通知存款	56034	352545
保证金存款	923828	979330
2. 个人存款	6497776	7520526
其中:储蓄存款	6375789	7235960
保证金存款	837	5023
结构性存款	121151	279542
3. 财政性存款	111016	328348
4. 临时性存款	28894	34982
5. 委托存款	2091	37474
6. 其他存款	25590	17895
一、各项贷款	8771420	9984951
(一)境内贷款	8771282	9984697
1. 短期贷款	3866383	4307061
2. 中长期贷款	3911073	4718212
3. 融资租赁		
4. 票据融资	953814	927113
5. 各项垫款	40012	32311
(二)境外贷款	138	253

7－13　人民币信贷收支情况(2013 年)

(年末余额)　　　　　　　　　　　　　　　　　　　　　　　　　　　　单位:万元

项　　目	国　有 商业银行	股份制 商业银行	政策性 银　行	农　村 商业银行
一、各项存款	6207132	1778247	86067	2494911
1. 单位存款	2228045	1425520	86067	857170
其中:活期存款	941542	307344	62088	486462
定期存款	798259	310715	22690	194466
通知存款	54444	125250		
保证金存款	118826	445580	1288	176242
2. 个人存款	3953891	335905		1634432
其中:储蓄存款	3758696	247405		1634375
保证金存款	51	4711		57
结构性存款	195144	83789		
3. 临时性存款	17301	2222		3309
4. 其他存款	7894	14600		
一、各项贷款	3880194	1497118	538203	1707335
(一)境内贷款	3879941	1497118	538203	1707335
1. 短期贷款	1434399	683637	132768	709521
(1)个人贷款及透支	119931	125255		242762
其中:个人消费贷款	79056	10687		12212
(2)单位普通贷款及透支	1218705	511706	132768	462759
其中:经营贷款	1218618	511706	132768	462759
固定资产贷款				
(3)普通并购贷款				
(4)银团贷款				4000
(5)贸易融资	95762	46675		
(6)境外筹资转贷款				
2. 中长期贷款	2407326	737009	390385	460319
(1)个人贷款	932322	201108		135799
其中:个人消费贷款	806024	92136		25098
(2)单位普通贷款	1374904	535902	390385	301731
其中:经营贷款	179495	88232		279065
固定资产贷款	1195409	447670	390385	22666
(3)普通并购贷款				
(4)银团贷款	100100			22789
(5)贸易融资				
(6)境外筹资转贷款				
3. 融资租赁				
4. 票据融资	38216	72033	15050	535887
其中:贴现	38216	72033	15050	535887
5. 各项垫款		4439		1608

7－14　主要年份马鞍山上市公司数量

单位:个

年　份	全市合计	上交所	深交所	仅发 A 股公　　司	发 A、H 股公　　司	发 A、B 股公　　司	仅发 H 股公　　司
2005	4	3	1	3	1		
2010	9	3	5	7	1		1
2011	9	3	5	7	1		1
2012	9	3	5	7	1		1
2013	9	3	5	7	1		1

7－15　主要年份马鞍山股票发行及筹资情况

年　份	股票发行(万股)		筹资额合　计(亿元)					
	A 股	H 股		H 股	配股筹资	可转债筹　资	认股权行　权	公司债
2005								
2010	7842.18	120000	354.99					
2011	2200		10.56					55.00
2012	1569		2.50					
2013	36000		22.00					

注:股票发行包括首次发行、增发和认股权行权。

7－16 保险业务情况

计量单位:万元

项　　目	2012	2013
保费收入	**229982.50**	**231215.80**
其中:财产险	74821.19	87734.69
人身险	155161.31	143481.11
赔款、给付	**77883.26**	**110713.21**
其中:财产险	36565.95	47830.44
人身险	41317.31	62882.77

主要统计指标解释

财政收入

指国家财政参与社会产品分配所取得的收入，是实现国家职能的财力保证。财政收入所包括的内容几经变化，目前主要包括：

（1）税收收入：包括增值税、消费税、营业税、企业所得税、个人所得税、资源税、城市维护建设税、房产税、印花税、城镇土地使用税、土地增值税、车船税、耕地占用税、契税和烟叶税等。

（2）非税收入：包括专项收入、行政事业性收费收入、罚没收入、国有资本经营收入和国有资源（资产）有偿使用收入等。

财政支出

国家财政将筹集起来的资金进行分配使用，以满足社会各项事业发展和经济建设的需要，主要包括：

（1）一般公共服务：反映政府提供一般公共服务的支出。具体包括人大事务、政协事务、政府办公厅（室）及相关机构事务、发展与改革事务、统计信息事务、财政事务、税收事务、审计事务、海关事务、人事事务、纪律监察事务、人口与计划生育事务、商贸事务、知识产权事务、工商行政管理事务、食品和药品监督管理事务、质量技术监督与检验检疫事务、国土资源事务、海洋管理事务、测绘事务、地震事务、气象事务、民族事务、宗教事务、港澳台侨事务、档案事务、共产党事务、民主党派事务、群众团体事务、彩票事务、国债事务、其他一般公共服务支出。

（2）公共安全：反映政府维护社会公共安全方面的支出。具体包括武装警察、公安、国家安全、检察、法院、司法、监狱、劳教、国家保密、其他公共安全支出。

（3）教育：反映政府教育支出情况。具体包括教育管理事务、普通教育、职业教育、成人教育、广播电视教育、留学教育、特殊教育、教师进修及干部继续教育、教育附加及基金支出、其他教育支出。

（4）科学技术：反映国家用于科学技术方面的支出。具体包括科学技术管理事务、基础研究、应用研究、技术研究与开发、科技条件与服务、社会科学、科学技术普及、科技交流与合作、其他科学技术支出。

（5）文化体育与传媒：反映政府在文化、文物、体育、广播影视、新闻出版等方面支出。

（6）社会保障和就业：反映政府在社会保障与就业方面的支出。具体包括社会保障和就业管理事务、民政管理事务、财政对社会保险基金的补助、补充全国社会保障基金、行政事业单位离退休、企业关闭破产补助、就业补助、抚恤、退役安置、社会福利、残疾人事业、城市居民最低生活保障、其他城镇社会救济、农村社会救济、自然灾害生活救助、红十字事业、其他社会保障和就业支出。

（7）医疗卫生：反映政府用于医疗卫生方面的支出。具体包括医疗卫生管理事务、医疗服务、社区卫生服务、医疗保障、疾病预防控制、卫生监督、其他医疗卫生支出。

（8）环境保护：反映政府用于环境保护方面的支出。具体包括环境保护管理事务支出、环境监测与监察支出、污染防治支出、自然生态保护支出、天然林保护支出、退耕还林支出、风沙荒漠治理支出、退牧还草支出、已垦草原退耕还草支出等，

（9）城乡社区事务：反映政府用于城乡社区事务方面的支出。包括城乡社区管理事务、城乡社区规划与管理、城乡社区公共设施、城乡社区住宅、城乡社区环境卫生、建设市场管理与监督、政府住房基金支出、土地有偿使用支出、城镇公用事业附加支出、其他城乡社区事务支出。

（10）农林水事务：反映政府用于农林水事务方面的支出。具体包括农业支出、林业支出、水利支出、南水北调支出、扶贫支出、农业综合开发支出、其他农林水事务支出。

（11）交通运输：反映政府用于交通运输方面的支出。具体包括公路运输支出、铁路运输支出、民用航空运输支出等。

信贷资金

指金融机构以信用方式积聚和分配的货币资金。金融机构信贷资金的来源有各项存款、对国际金融机构负债、流通中货币、银行自有资金及当年结益等；信贷资金的运用有各项贷款、黄金占款、外汇占款、财政借款及在国际金融机构中的资产等。

存款

指企业、机关、团体或居民根据资金必须收回的原则，把货币资金存入银行或其他信用机构保管并取得一定利息的一种信用活动形式。根据存款对象的不同可划分为企业存款、财政存款、机关团体存款、基本建设存款、城镇储蓄存款、农村存款等科目。它是银行信贷资金的主要来源。

贷款

指银行或其他信用机构根据资金必须归还的原则，按一定利率，为企业、个人等提供资金的一种信用活动形式。我国银行贷款分为流动资金贷款、固定资产贷款、城乡个体工商户贷款以及农业贷款等科目。

保费

指投保人为取得保险人在约定范围内所承担赔偿责任而支付给保险人的费用。

赔款

指保险人根据保险合同的规定，向被保险人支付的赔偿保险责任损失的金额。

给付

包括死伤医疗给付和满期给付。死伤医疗给付是指保险人根据人寿保险及长期健康保险合同的规定，因被保险人在保险期内发生保险责任范围内的保险事故支付给被保险人（或受益人）的金额。满期给付是指被保险人生存期满，保险人按人寿保险合同规定支付给被保险人的满期保险金额。

八、物价指数

简要说明

一、本篇价格指数资料，反映生产、流通、消费与投资等环节的价格变动趋势和变动幅度。主要包括居民消费价格指数、商品零售价格指数、工业生产者出厂价格指数等。

二、价格指数统计由国家统计局安徽调查总队组织实施，市统计局城调队依据国家统计局统一制定的价格统计调查制度采集原始数据汇总后上报。

三、本篇资料由市统计局城调队整理。

8－1 主要年份各种价格总指数

上年＝100

年　份	居民消费价格指数	商品零售价格指数	工业生产者出厂价格指数
1995	116.8	111.4	—
2000	102.5	99.0	—
2005	100.6	100.2	101.7
2006	102.7	101.8	93.9
2007	105.2	104.9	110.6
2008	105.2	106.6	123.0
2009	98.3	98.7	81.4
2010	103.0	103.1	112.5
2011	104.8	103.9	108.5
2012	102.0	101.9	91.1
2013	101.8	101.2	95.2

8－2 主要年份各种价格定基指数

1990＝100

年　份	居民消费价格指数	商品零售价格指数	工业生产者出厂价格指数
1995	214.2	192.6	—
2000	242.4	196.3	—
2005	255.6	205.1	139.7
2006	262.5	208.8	131.2
2007	276.2	219.0	145.1
2008	290.6	233.5	178.5
2009	285.7	230.5	145.3
2010	294.3	237.6	163.5
2011	308.4	246.9	177.4
2012	314.6	251.6	161.6
2013	320.3	254.6	153.8

8－3 居民消费价格分类指数(2013年)

上年＝100

类 别	指 数
居民消费价格指数	**101.8**
非食品价格指数	**100.5**
服务项目价格指数	**100.0**
扣除鲜菜鲜果总指数	**101.6**
消费品价格指数	**102.5**
一、食品	**104.5**
1. 粮食	105.8
2. 淀粉及制品	101.1
3. 干豆类及豆制品	103.2
4. 油脂	102.4
5. 肉禽及其制品	103.5
6. 蛋	101.7
7. 水产品	107.6
8. 菜	107.4
9. 调 味 品	105.3
10. 糖	101.2
11. 茶及饮料	102.3
12. 干鲜瓜果	102.4
13. 糕点饼干面包	100.9
14. 液体乳及乳制品	109.3
15. 在外用膳食品	103.1
16. 其他食品	106.4
二、烟酒	**100.2**
1. 烟草	100.0
2. 酒	100.4
三、衣着	**101.5**
1. 服装	102.1
2. 衣着材料	102.9
3. 鞋袜帽	99.9
4. 衣着加工服务费	104.7
四、家庭设备用品及维修服务	**100.6**
1. 耐用消费品	100.2
2. 室内装饰品	98.5
3. 床上用品	97.5
4. 家庭日用杂品	101.0
5. 家庭服务及加工维修服务	107.7
五、医疗保健和个人用品	**100.9**
1. 医疗保健	101.2
2. 个人用品及服务	100.3
六、交通和通信	**99.1**
1. 交通	99.3
2. 通信	99.0
七、娱乐教育文化用品及服务	**103.0**
1. 文娱用耐用消费品及服务	100.5
2. 教育	103.7
3. 文化娱乐类	101.5
4. 旅游	103.5
八、居住	**98.9**
1. 建房及装修材料	102.0
2. 住房租金	98.3
3. 自有住房	97.1
4. 水、电、燃料	100.8

8－4 商品零售价格分类指数(2013 年)

上年 = 100

类　　别	指　　数
商品零售价格总指数	**101.2**
一、食品	**104.6**
1. 粮食	105.8
2. 淀粉及制品	101.1
3. 干豆类及豆制品	103.2
4. 油脂	102.4
5. 肉禽及其制品	103.5
6. 蛋	101.7
7. 水产品	107.6
8. 菜	107.4
9. 调味品	105.3
10. 糖	101.2
11. 干鲜瓜果	102.4
12. 糕点饼干面包	100.6
13. 液体乳及乳制品	109.3
14. 在外用膳食品	103.1
15. 其他食品	106.4
二、饮料、烟酒	**100.5**
1. 茶及饮料	102.3
2. 烟草	100.0
3. 酒	100.4
三、服装、鞋帽	**101.6**
1. 服装	102.1
2. 鞋袜帽	99.9
3. 其他	99.5
四、纺织品	**99.3**
1. 衣着材料	102.9
2. 床上用品	97.1
五、家用电器及音像器材	**100.2**
1. 家庭设备	100.7
2. 文娱用耐用消费品	100.1
3. 专业音像器材	94.3
六、文化办公用品	**99.6**
七、日用品	**101.2**
1. 日用百货	100.8
2. 日用杂品	100.1
3. 洗涤用品	104.8
4. 其他日用品	99.1
八、体育娱乐用品	**100.8**
1. 体育用品	98.1
2. 娱乐用品	102.2
九、交通、通信用品	**96.9**
1. 交通运输机械	97.5
2. 通信器材	95.2
十、家具	**99.1**
十一、化妆品	**101.8**
十二、金银珠宝	**92.1**
十三、中西药品及医疗保健用品	**101.9**
1. 医疗器具及用品	106.2
2. 中药材及中成药	98.6
3. 西药	103.4
4. 保健器具及用品	103.6
十四、书报杂志及电子出版物	**104.8**
1. 教材及参考书	108.5
2. 书报杂志	100.3
3. 电子音像制品	107.9
十五、燃料	**96.9**
1. 煤炭及制品	81.4
2. 石油及制品	99.9
十六、建筑材料及五金电料	**100.2**
1. 建筑装璜材料	100.2
2. 五金电料	100.4

8－5 居民消费价格分月指数(2013年)

月　份	环比指数 (以上月价格为100)	同比指数 (以上年同月价格为100)	累计比指数 (以上年同期价格为100)
1	101.0	102.0	102.0
2	100.3	102.7	102.4
3	99.1	102.1	102.3
4	100.1	102.1	102.2
5	99.2	100.4	101.9
6	100.2	102.0	101.9
7	99.8	101.9	101.9
8	99.8	100.8	101.7
9	101.3	101.3	101.7
10	100.8	102.3	101.7
11	99.7	102.1	101.8
12	100.3	101.5	101.8

8－6 主要年份工业生产者出厂价格分类指数

上年＝100

年　份	全　部 工业品	生产资料	采掘工业	原材料 工　业	加工工业	生活资料	食　品	衣　着	一　般 日用品	耐　用 消费品
2002	96.3	96.0	98.9	95.5	97.3	101.0	101.2	99.8	105.5	77.7
2003	116.7	117.4	101.5	103.3	120.1	98.7	98.8	101.9	95.3	81.4
2004	122.3	122.8	142.7	115.0	122.1	109.3	114.8	103.4	98.6	97.4
2005	101.7	101.6	122.7	110.3	100.0	104.7	104.8	105.2	101.0	101.4
2006	93.9	93.8	107.1	100.9	91.4	98.9	97.0	103.6	104.1	103.7
2007	110.6	110.9	103.0	104.0	112.3	99.5	102.6	91.4	103.8	100.0
2008	123.0	123.2	106.0	118.7	124.5	109.8	114.1	100.0	99.8	100.0
2009	81.4	80.7	93.9	88.3	79.4	99.2	99.2	97.6	102.1	100.0
2010	112.5	113.0	123.6	107.2	113.1	102.4	101.5	101.5	109.3	100.0
2011	108.5	108.2	116.9	106.2	108.2	115.8	116.8	114.3	111.6	101.4
2012	91.1	90.3	92.9	99.0	89.0	107.0	104.2	133.3	100.3	100.0
2013	95.2	94.5	101.1	96.4	93.9	107.1	107.7	110.4	99.4	100.0

8－7 主要年份分部门工业生产者出厂价格指数

上年＝100

类　别	2005	2006	2007	2008	2009	2010	2011	2012	2013
总 指 数	**101.7**	**93.9**	**110.6**	**123.0**	**81.4**	**112.5**	**108.5**	**91.1**	**95.2**
冶金工业	100.1	90.3	114.7	129.3	76.2	115.4	108.6	87.4	92.7
电力工业	108.8	100.1	99.6	109.2	103.1	104.8	106.1	102.6	99.3
化学工业	105.9	109.1	109.9	117.4	83.4	110.2	108.9	97.2	100.4
机械工业	110.0	107.1	100.1	103.1	96.7	98.5	104.2	99.2	100.0
建筑材料工业	95.5	101.9	104.5	104.3	96.6	114.4	130.0	86.5	96.8
食品工业	104.6	96.1	103.6	117.1	98.3	101.8	117.3	104.2	107.4
纺织工业	91.5	102.6	98.8	100.2	96.7	120.3	124.5	92.8	104.8
缝纫工业	105.2	103.6	91.4	100.0	97.6	101.5	114.3	133.3	110.4
造纸工业	103.7	103.0	107.0	118.7	82.8	113.2	109.3	90.2	91.4
文教艺术用品工业	105.9	101.4	98.0	100.7	103.8	106.2	107.7	103.9	100.6

8－8 主要年份工业生产者出厂价格轻重工业分类指数

上年＝100

年　份	轻工业	以农产品为原料	以非农产品为原料	重工业	#采掘工业	原料工业	加工工业
2002	97.7	97.7	96.6	96.1	98.9	95.5	98.7
2003	102.9	103.6	101.8	118.5	101.5	103.7	121.6
2004	112.3	114.3	108.6	123.5	142.7	115.8	123.1
2005	101.7	101.6	101.9	101.7	122.7	110.0	100.0
2006	100.1	101.1	98.7	93.2	107.2	100.9	91.4
2007	103.1	102.9	103.4	111.5	103.0	104.1	113.2
2008	112.2	114.0	110.6	124.1	106.0	118.5	125.7
2009	93.4	92.4	94.6	80.0	93.9	88.8	78.2
2010	106.1	106.3	105.9	113.4	123.6	107.2	113.6
2011	114.3	114.8	110.1	108.1	116.9	106.0	108.2
2012	101.6	101.8	100.0	90.3	92.9	99.2	88.9
2013	102.1	102.9	95.7	94.6	101.1	96.9	93.9

8－9　工业生产者出厂

分　　组	1 月	2 月	3 月	4 月	5 月	6 月
全部工业品	**89.5**	**93.2**	**96.1**	**94.5**	**94.1**	**93.7**
其中：轻工业	101.9	101.3	100.8	100.3	103.8	102.5
以农产品为原料	102.5	102.2	101.6	101.0	105.0	103.4
以非农产品为原料	96.9	94.6	94.4	94.9	94.7	94.7
重工业	88.4	92.5	95.6	93.9	93.2	92.9
采　掘	102.0	101.0	101.2	102.6	102.4	99.4
原　料	98.8	101.1	100.8	97.9	92.0	95.3
加　工	86.4	90.9	94.6	92.9	93.0	92.2
其中：生产资料	88.4	92.4	95.5	93.8	93.2	92.8
(01)采掘	102.0	101.0	101.2	102.6	102.4	99.4
(02)原料	98.3	100.7	100.4	97.4	91.3	94.7
(03)加工	86.6	91.0	94.6	93.0	93.1	92.2
生活资料	107.2	106.4	105.0	104.0	109.1	108.0
(01)食品	104.4	103.9	104.1	103.7	110.9	109.5
(02)衣着	132.5	128.7	115.4	112.5	108.6	108.5
(03)一般日用品	99.8	99.4	98.8	97.3	98.4	97.5
(04)耐用消费品	100.0	100.0	100.0	100.0	100.0	100.0
按工业行业大、中类分						
黑色金属矿采选业	102.1	101.1	101.2	102.6	102.4	99.5
铁矿采选	102.1	101.1	101.2	102.6	102.4	99.5
非金属矿采选业	90.6	94.5	98.1	98.7	98.7	94.1
土砂石开采	90.6	94.5	98.1	98.7	98.7	94.1
农副食品加工业	104.7	105.1	104.2	105.5	105.5	105.6
谷物磨制	96.2	96.4	92.5	91.3	91.3	90.6
饲料加工	104.6	106.5	105.0	102.2	100.8	103.1
植物油加工	103.7	103.6	103.2	105.4	106.3	105.5
屠宰及肉类加工	97.3	97.3	97.3	100.0	100.0	100.0
其他农副食品加工	130.9	131.8	131.5	131.8	131.8	132.1
食品制造业	103.6	102.7	103.5	101.9	113.8	111.5
焙烤食品制造	120.3	122.6	122.9	122.8	117.9	117.4
液体乳及乳制品制造	100.8	100.7	100.7	98.2	111.5	111.5
调味品、发酵制品制造	103.0	93.0	98.4	97.0	95.5	76.6
其他食品制造	100.0	100.0	100.0	100.4	127.4	127.4
饮料制造业	100.2	100.3	100.2	100.2	100.0	100.0
酒的制造	100.2	100.3	100.2	100.2	100.0	100.0
纺织业	101.4	99.9	102.0	102.7	102.5	103.4
棉、化纤纺织及印染精加工	97.4	97.1	99.8	100.6	100.4	101.5
纺织制成品制造	114.7	108.5	108.5	108.5	108.5	108.5
纺织服装、鞋、帽制造业	132.5	128.7	115.4	112.5	108.6	108.5
纺织服装制造	132.5	128.7	115.4	112.5	108.6	108.5
木材加工及木、竹、藤、棕、草制品业	100.6	100.3	104.2	104.5	106.2	106.0
人造板制造	100.6	100.3	104.2	104.5	106.2	106.0
造纸及纸制品业	90.8	91.7	92.7	92.8	93.8	91.1
造纸	90.0	90.8	92.0	92.0	93.5	89.8
纸制品制造	97.6	99.5	99.5	99.7	97.2	102.7
印刷业和记录媒介的复制	104.3	104.3	104.3	100.0	100.0	100.0
印刷	104.3	104.3	104.3	100.0	100.0	100.0
文教体育用品制造业	101.8	101.8	100.0	99.6	100.0	96.6
体育用品制造	101.8	101.8	100.0	99.6	100.0	96.6
化学原料及化学制品制造业	99.0	101.1	100.5	97.3	99.6	98.5
基础化学原料制造	113.4	120.5	118.3	86.5	115.3	124.7
农药制造	108.8	110.5	110.6	106.6	106.7	106.3
涂料、油墨、颜料及类似产品制造	92.7	83.0	81.8	87.1	83.3	85.8

价格分类指数(2013 年)

以上年同期价格为 100

7 月	8 月	9 月	10 月	11 月	12 月	累计指数
94.4	94.4	98.7	100.5	96.9	98.0	95.2
102.5	101.8	101.2	102.7	102.9	102.9	102.1
103.6	102.6	101.7	103.3	103.7	103.7	102.9
94.1	95.2	97.5	97.9	96.6	96.8	95.7
93.6	93.7	98.5	100.4	96.3	97.6	94.6
98.6	98.7	104.1	101.9	100.5	100.4	101.1
98.8	96.5	97.2	96.1	94.0	93.8	96.9
92.6	93.0	98.4	101.0	96.5	98.1	93.9
93.6	93.6	98.2	100.1	96.2	97.4	94.5
98.6	98.7	104.1	101.9	100.5	100.4	101.1
98.4	96.1	96.7	95.8	93.6	93.4	96.4
92.7	93.0	98.2	100.7	96.4	97.9	93.9
107.1	107.5	106.5	108.0	108.3	108.1	107.1
109.5	109.2	107.9	109.5	109.9	109.7	107.7
104.2	104.8	103.8	105.4	105.0	105.1	110.4
95.8	99.8	100.8	101.3	102.1	101.6	99.4
100.0	100.0	100.0	100.0	100.0	100.0	100.0
98.6	98.8	104.2	102.0	100.5	100.4	101.1
98.6	98.8	104.2	102.0	100.5	100.4	101.1
97.6	89.0	90.9	92.1	104.0	104.8	96.0
97.6	89.0	90.9	92.1	104.0	104.8	96.0
105.6	103.3	101.6	101.6	101.9	102.0	103.9
90.5	91.3	94.7	95.8	96.9	97.5	93.7
102.8	103.4	103.1	101.2	101.2	100.6	102.8
105.6	105.9	105.1	105.0	105.5	105.8	105.1
100.0	100.0	100.0	100.0	100.0	100.0	99.3
132.5	119.0	108.9	108.4	109.0	109.1	121.8
111.5	112.3	111.0	115.0	115.5	115.2	109.9
117.7	117.7	119.0	127.3	131.1	128.5	122.3
111.1	110.7	110.7	110.7	110.7	110.7	107.4
78.5	87.6	76.3	99.0	99.2	98.8	91.9
127.4	127.4	127.4	127.4	127.4	127.4	118.3
99.9	99.7	99.7	99.6	99.2	99.2	99.9
99.9	99.7	99.7	99.6	99.2	99.2	99.9
103.2	108.8	108.2	108.1	108.8	108.7	104.8
104.0	103.3	102.5	102.3	103.3	103.2	101.3
100.0	128.6	128.6	128.6	128.6	128.6	117.0
104.2	104.8	103.8	105.4	105.0	105.1	110.4
104.2	104.8	103.8	105.4	105.0	105.1	110.4
103.4	103.8	104.8	105.5	104.9	104.9	104.1
103.4	103.8	104.8	105.5	104.9	104.9	104.1
93.2	89.5	89.4	89.8	90.5	90.8	91.4
91.2	88.8	88.1	88.2	88.5	88.2	90.1
109.5	95.7	100.9	103.1	106.6	111.3	101.9
100.8	100.8	100.8	100.8	100.8	100.8	101.5
100.8	100.8	100.8	100.8	100.8	100.8	101.5
95.9	91.2	91.9	95.2	91.9	93.8	96.6
95.9	91.2	91.9	95.2	91.9	93.8	96.6
99.9	98.7	102.3	96.6	95.5	101.5	99.2
119.8	127.3	126.1	50.0	50.0	129.6	106.7
106.2	106.7	107.3	102.5	102.0	103.0	106.4
85.9	87.0	98.0	97.6	89.0	90.8	88.3

8－9 工业生产者出厂

分　　组	1月	2月	3月	4月	5月	6月
专用化学产品制造	91.6	99.0	97.5	95.3	97.7	93.3
日用化学产品制造	95.8	96.7	97.2	95.3	97.5	95.9
医药制造业	114.8	113.7	110.7	110.7	110.7	110.7
化学药品制剂制造	100.0	96.7	87.7	87.7	87.7	87.7
中成药制造	123.8	123.8	123.8	123.8	123.8	123.8
生物、生化制品的制造	100.0	102.3	102.3	102.3	102.3	102.3
橡胶制品业	103.4	103.0	102.9	102.2	101.9	102.5
橡胶板、管、带的制造	100.0	100.0	100.0	100.0	100.0	100.0
橡胶零件制造	111.1	109.5	109.1	107.1	106.1	107.9
塑料制品业	102.2	101.6	101.5	100.9	99.9	101.4
泡沫塑料制造	102.6	101.9	101.8	101.1	99.9	102.1
其他塑料制品制造	100.0	100.0	100.0	100.0	100.0	97.1
非金属矿物制品业	87.7	85.9	86.9	94.3	97.3	98.0
水泥、石灰和石膏的制造	77.3	73.5	76.1	90.1	94.7	98.1
水泥及石膏制品制造	91.5	91.7	89.4	97.1	102.1	99.3
耐火材料制品制造	97.2	97.4	97.7	97.4	97.9	97.9
石墨及其他非金属矿物制品制造	100.0	100.0	100.0	95.5	95.5	95.5
黑色金属冶炼及压延加工业	83.2	88.9	93.4	90.9	90.5	90.3
炼铁	88.1	92.7	93.0	87.4	91.5	89.8
炼钢	81.2	88.4	82.0	82.5	82.5	87.1
钢压延加工	83.0	88.8	93.5	91.0	90.5	90.3
铁合金冶炼	98.5	101.6	101.0	103.8	99.8	100.9
有色金属冶炼及压延加工业	97.3	98.4	94.4	99.3	91.4	93.2
有色金属压延加工	97.3	98.4	94.4	99.3	91.4	93.2
金属制品业	89.4	90.9	94.9	93.7	95.7	93.8
结构性金属制品制造	98.0	92.8	99.6	97.1	103.1	92.9
金属工具制造	100.0	100.0	100.0	100.0	100.0	100.0
集装箱及金属包装容器制造	80.8	80.8	80.8	85.0	100.0	105.3
金属丝绳及其制品的制造	77.1	85.9	90.0	88.2	84.4	88.8
不锈钢及类似日用金属制品制造	100.0	100.0	100.0	100.0	100.0	100.0
通用设备制造业	99.7	99.6	99.8	99.4	100.2	100.3
锅炉及原动机制造	100.0	100.0	100.0	100.0	100.0	100.0
金属加工机械制造	100.2	99.0	98.5	98.2	99.9	100.2
泵、阀门、压缩机及类似机械的制造	91.7	91.7	92.9	91.9	92.4	92.4
轴承、齿轮、传动和驱动部件的制造	99.6	100.0	98.5	98.6	98.9	99.5
风机、衡器、包装设备等通用设备制造	100.0	100.0	100.0	100.0	100.0	100.0
通用零部件制造及机械修理	100.9	100.9	100.9	100.9	100.9	100.9
金属铸、锻加工	99.9	100.9	103.6	102.6	102.7	102.4
专用设备制造业	98.3	99.0	99.4	99.1	99.3	99.2
矿山、冶金、建筑专用设备制造	99.9	101.4	101.4	101.4	100.2	100.2
化工、木材、非金属加工专用设备制造	100.2	100.2	100.2	100.2	100.2	100.2
电子和电工机械专用设备制造	95.6	92.9	95.4	95.4	95.4	94.3
环保、社会公共安全及其他专用设备制造	86.5	87.1	89.7	87.5	93.3	92.5
交通运输设备制造业	98.8	98.1	98.1	100.0	103.6	97.0
汽车制造	98.8	98.1	98.1	100.0	103.6	97.0
电气机械及器材制造业	116.1	112.5	106.8	102.3	103.0	101.7
电线、电缆、光缆及电工器材制造	117.5	113.6	107.4	102.6	103.4	102.0
电池制造	96.2	96.2	97.0	97.0	97.0	97.0
通信设备、计算机及其他电子设备制造业	104.7	99.5	97.9	101.2	100.9	100.9
电子元件制造	104.7	99.5	97.9	101.2	100.9	100.9
仪器仪表及文化、办公用机械制造业	100.0	100.0	100.0	100.0	100.0	100.0
专用仪器仪表制造	100.0	100.0	100.0	100.0	100.0	100.0
废弃资源和废旧材料回收加工业	107.3	109.1	112.2	96.7	56.9	77.0
金属废料和碎屑的加工处理	107.3	109.1	112.2	96.7	56.9	77.0
电力、热力的生产和供应业	99.5	100.5	100.1	100.8	100.2	99.8
电力生产	97.9	100.1	99.1	100.9	99.5	98.4
电力供应	100.6	100.6	100.6	100.6	100.6	100.6
燃气生产和供应业	103.5	104.4	103.5	103.5	100.0	100.0
水的生产和供应业	100.0	100.0	100.0	100.0	100.0	100.0
自来水的生产和供应	100.0	100.0	100.0	100.0	100.0	100.0

价格分类指数(2013年)(续)

以上年同期价格为100

7月	8月	9月	10月	11月	12月	累计指数
99.3	92.4	99.4	98.0	96.8	101.9	96.8
94.0	96.4	95.9	96.8	98.4	97.4	96.4
110.7	110.7	115.3	100.4	100.4	100.4	108.8
87.7	87.7	101.3	101.3	101.3	101.3	94.0
123.8	123.8	123.8	100.0	100.0	100.0	116.9
102.3	102.3	102.3	102.3	102.3	102.3	102.1
102.7	102.8	102.1	100.7	99.8	99.6	102.0
100.0	100.2	100.2	100.0	100.0	100.0	100.0
108.7	108.5	106.4	102.1	99.5	98.9	106.1
102.6	102.0	100.5	103.1	103.0	103.8	101.9
103.5	102.7	100.6	103.6	103.5	104.4	102.3
97.1	97.1	99.3	100.0	100.0	100.0	99.2
99.8	102.2	103.6	102.5	103.0	105.1	96.9
100.8	108.2	109.7	105.9	106.0	110.4	94.3
105.4	104.6	109.4	105.8	108.5	106.9	100.7
97.9	97.9	98.2	99.2	97.7	98.6	97.9
95.5	95.5	95.5	95.5	95.5	95.5	96.6
90.6	91.2	97.8	101.2	95.4	97.1	92.2
89.5	90.6	91.6	92.3	91.1	97.8	91.2
85.5	84.7	84.7	84.7	91.4	91.4	85.3
90.6	91.2	98.0	101.6	95.5	97.2	92.3
102.0	101.8	101.4	101.1	100.3	98.3	100.9
92.9	98.0	96.2	99.9	92.8	97.2	95.9
92.9	98.0	96.2	99.9	92.8	97.2	95.9
92.8	93.5	99.3	96.9	96.5	94.9	94.3
95.1	88.1	100.1	95.3	94.8	90.7	95.5
100.0	100.0	100.0	100.0	100.0	100.0	100.0
105.3	105.3	110.8	83.1	83.1	83.1	91.4
83.6	93.6	95.3	99.7	99.5	99.5	90.0
100.0	100.0	100.0	100.0	100.0	100.0	100.0
100.5	100.3	100.6	100.2	100.1	100.2	100.1
91.7	91.7	91.7	91.7	91.7	91.7	95.8
100.2	98.8	99.9	100.0	99.8	100.0	99.6
92.4	92.4	93.6	92.4	92.3	92.4	92.4
100.3	99.0	98.6	98.8	99.9	99.0	99.2
100.0	100.0	100.0	100.0	100.0	100.0	100.0
100.9	100.9	99.1	99.1	99.1	99.1	100.3
102.7	105.0	106.2	104.2	103.4	104.3	103.1
99.9	99.8	99.2	99.3	99.4	99.3	99.3
100.2	100.2	94.7	94.7	94.7	94.7	98.6
100.2	100.2	100.2	100.2	100.2	100.2	100.2
96.5	93.2	87.6	87.6	90.9	90.8	93.0
97.9	97.7	114.3	114.7	115.1	114.4	98.6
100.3	97.9	97.8	100.2	100.4	104.4	99.7
100.3	97.9	97.8	100.2	100.4	104.4	99.7
98.6	100.3	107.5	102.6	103.0	101.9	104.6
98.7	100.6	108.3	102.9	103.4	102.1	105.1
97.0	96.7	96.1	98.0	96.6	98.9	97.0
101.6	100.9	100.9	100.9	102.1	102.1	101.1
101.6	100.9	100.9	100.9	102.1	102.1	101.1
100.0	100.0	100.0	100.0	100.0	100.0	100.0
100.0	100.0	100.0	100.0	100.0	100.0	100.0
93.6	84.1	86.8	84.4	80.6	87.7	89.7
93.6	84.1	86.8	84.4	80.6	87.7	89.7
101.7	100.5	99.8	99.7	96.7	92.4	99.3
103.0	100.2	99.5	99.2	92.1	82.9	97.6
100.6	100.6	100.0	100.0	100.0	100.0	100.4
100.0	100.0	108.8	109.5	109.5	108.8	104.3
100.0	100.0	100.0	100.0	100.0	100.0	100.0
100.0	100.0	100.0	100.0	100.0	100.0	100.0

主要统计指标解释

居民消费价格指数

是反映一定时期内居民所消费商品及服务项目的价格水平变动趋势和变动程度的相对数。它是宏观经济分析和决策、价格总水平监测和调控以及国民经济经济核算的重要指标。其按年度计算的变动率通常被用来作为反映通货膨胀(或紧缩)程度的指标。

商品零售价格指数

商品的零售价格是商品在流通过程中最后一个环节的价格,是工业、商业、餐饮业和其他零售企业向城乡居民、机关团体出售生活消费品和办公用品的价格。商品零售价格指数,反映了市场商品零售价格的变动趋势和变动程度,为国家宏观调控和国民经济核算提供参考依据。同时,还可以在此基础上编制其他派生价格指数。

工业生产者出厂价格指数

是反映各工业行业产品出厂价格总水平的变动趋势和程度的相对数。为国民经济核算、测算工业发展速度、宏观经济分析和调控、理顺价格体系提供依据。

九、城乡人民生活

简要说明

一、本篇资料反映我市城乡人民生活状况。包括居民收支、消费水平及主要消费品拥有量等。

二、本篇中有关城镇居民生活状况的数据来源于国家统计局马鞍山调查队的城镇住户调查资料，是对城镇居民家庭抽样调查汇总的结果。

三、有关农村居民生活的统计资料主要来源于国家统计局马鞍山调查队的农村居民住户调查。主要内容包括农村居民家庭基本情况、人均纯收入、生活消费支出、主要消费品消费量、耐用消费品拥有量等。

9-1 主要年份人民物质文化生活情况

指　　标		1995	2000	2005	2010	2011	2012	2013
就　业								
每一农村劳动力负担人数	（人）	1.54	1.39	1.37	1.30	1.28	1.28	1.48
每一城市就业者负担人数	（人）	1.50	1.90	2.20	2.10	2.10	2.00	2.00
城市登记失业率	（%）			3.7	3.1	2.9	2.8	2.8
收　入								
农村居民家庭人均纯收入	（元）	1390	2408	3789	8018	9505	10920	12339
农村居民家庭人均纯收入指数	（1990=100）	194.1	337.7	531.4	1124.5	1333.1	1785.6	2017.7
城市居民家庭人均可支配收入	（元）	5173	6904	11935	23159	27329	30937	34048
城市居民家庭人均可支配收入指数	（1990=100）	301.2	402.0	694.9	1348.8	1591.7	1801.8	1982.9
城乡基尼系数		0.15	0.19	0.26	0.30	0.32	0.26	—
农村居民家庭恩格尔系数	（%）	53.5	53.0	47.4	41.5	40.3	38.5	37.5
城市居民家庭恩格尔系数	（%）	48.8	40.0	38.7	37.2	37.7	37.5	37.4
城镇非私营单位就业人员年平均工资	（元）	7023	9487	23993	40927	46439	49756	53582
消费水平	**（元）**							
农村居民		1306	1593	2863	5019	5780	6782	8936
城市居民		4122	5775	8222	12739	15815	18286	22369
储　蓄								
城乡居民年底储蓄存款余额	（亿元）					542	638	749
平均每人储蓄存款余额	（元）					23710	27933	31699
住房面积								
农村平均每人居住（居住面积）	（平方米）	22.94	25.73	30.50	33.00	35.03	38.74	38.88
城市平均每人居住（建筑面积）	（平方米）							30.35
交　通								
城市每百户拥有摩托车	（辆）	10.00	30.00	24.00	22.00	17.04	19.47	11.11
城市每万人拥有公共车辆	（标台）	7.3	10.1	13.6	—	6.9	7.6	8.2
城市公用事业								
自来水普及率	（%）	100.0	100.0	100.0	100.0	100.0	100.0	100.0
燃气普及率	（%）	91.2	100.0	100.0	100.0	100.0	100.0	100.0
人均公园绿地	（平方米）	8	9	12	14	15	16	16
文　化								
城市每百户有彩色电视机	（台）	87	132	139	152	143	152	151
农村每百户有彩色电视机	（台）	22	56	91	126	130	138	131
广播人口覆盖率	（%）					100.0	100.0	100.0
电视人口覆盖率	（%）					100.0	100.0	100.0
教　育								
学龄儿童入学率	（%）		99.9	100.0	100.0	100.0	100.0	100.0
每万人口中在校大学生数	（人）		73	172	310	159	218	230
卫　生								
每万人有医院、卫生院病床数	（张）	28.0	28.0	27.0	20.0	21.0	23.1	25.6
每万人有医生数	（人）	—	—	—	15.8	15.1	15.9	17.2

9－2　城乡储蓄存款年末余额和年增加额

单位:亿元

年　份	年末余额			年增加额		
	储蓄存款	定　期	活　期	储蓄存款	定　期	活　期
2011	541.7	355.1	175.7	81.4	53.8	21.0
2012	637.6	428.4	199.6	95.9	73.3	23.9
2013	749.5	495.6	218.2	102.1	67.2	18.6

9－3　主要年份城乡居民人均收入及恩格尔系数

年　份	农村居民家庭人均纯收入		城市居民家庭人均可支配收入		农村居民家庭恩格尔系数（%）	城市居民家庭恩格尔系数（%）
	绝对数（元）	指　数（1990 年＝100）	绝对数（元）	指　数（1990 年＝100）		
1995	1390	194.9	5173	301.2	53.5	48.8
1997	2263	317.4	6108	355.6	51.3	48.8
1998	2336	327.6	6359	370.3	52.6	45.3
1999	2375	333.1	6607	384.7	53.7	42.5
2000	2408	337.7	6904	402.0	53.0	40.0
2001	2500	350.6	7243	421.7	50.0	39.9
2002	2673	374.9	7720	449.5	49.8	38.6
2003	2867	402.1	8794	512.0	47.4	38.7
2004	3447	483.5	10189	593.3	48.4	39.1
2005	3789	531.4	11935	694.9	47.8	38.7
2006	4366	612.3	13705	798.0	46.4	38.1
2007	5221	732.3	16137	939.6	45.1	35.3
2008	6204	870.1	18330	1067.6	45.7	39.8
2009	6830	957.9	20390	1187.5	42.4	39.1
2010	8018	1124.5	23159	1348.8	41.5	37.2
2011	9505	1333.1	27329	1591.7	40.3	37.7
2012	10920	1785.6	30937	1801.8	38.5	37.5
2013	12339	2017.7	34048	1982.9	37.5	37.4

9－4　主要年份城市居民家庭基本情况

指　　标		1995	2000	2005	2010	2012	2013
调查户数	**(户)**	**100**	**100**	**200**	**300**	**300**	**242**
平均每户家庭人口	**(人)**	**3.20**	**3.06**	**3.00**	**2.90**	**2.72**	**2.75**
平均每户就业人口	**(人)**	**2.10**	**1.59**	**1.30**	**1.40**	**1.37**	**1.37**
平均每户就业面	**(%)**	**65.8**	**52.0**	**44.7**	**48.3**	**50.4**	**49.7**
平均每一就业者负担人数(包括就业者本人)	**(人)**	**1.5**	**1.9**	**2.2**	**2.1**	**2.0**	**2.0**
平均每人全部年收入	**(元)**	**5164**	**7014**	**13313**	**26313**	**35167**	**37746**
#可支配收入		5173	6904	11935	23159	30937	34048
工资性收入		4739	4326	9184	16755	21564	23252
经营性收入		2	147	388	859	2304	2569
财产性收入		53	24	186	1124	1396	1255
转移性收入		369	2518	3554	7575	9903	10670
平均每人消费性支出	**(元)**	**4122**	**5775**	**8222**	**14184**	**18286**	**22369**
食　品		2011	2311	3184	5273	6855	8359
衣　着		527	504	768	1519	1776	2125
居　住		349	451	612	1382	1428	1774
家庭设备用品及服务		292	694	574	838	918	1307
医疗保健		53	276	579	852	638	782
交通和通信		307	479	1102	1727	27933	3719
教育文化娱乐服务		442	728	1138	2128	3206	3712
杂项商品与服务		141	332	264	463	661	592
平均每人消费性支出构成（人均消费性支出＝100）	**(%)**						
食　品		48.8	40.0	38.7	37.2	37.5	37.4
衣　着		12.8	8.7	9.3	10.7	9.7	9.5
居　住		8.5	7.8	7.4	9.7	7.8	7.9
家庭设备用品及服务		7.1	12.0	7.0	5.9	5.0	5.8
医疗保健		1.3	4.8	7.0	6.0	6.0	3.5
交通和通信		7.4	8.3	13.4	12.2	12.9	16.6
教育文化娱乐服务		10.7	12.6	13.8	15.0	17.5	16.6
杂项商品与服务		3.4	5.7	3.2	3.3	3.6	2.6

9－5 主要年份城市居民家庭平均每人全年购买的主要商品数量

单位：千克

指　　标	1995	2000	2005	2010	2012	2013
粮　　食	111.20	92.23	85.83	81.00	89.13	69.52
鲜　　菜	108.89	116.17	109.30	120.00	125.99	146.75
食用植物油	7.37	10.05			2.80	2.80
猪　　肉					24.93	31.18
牛 羊 肉					3.43	4.34
家　　禽	9.88	13.56	13.81	13.00	13.55	13.89
鲜　　蛋	10.96	15.93	13.34	13.00	12.25	19.80
水 产 品	12.37	17.13	15.33	16.00	17.54	18.80
酒　　类	14.07	13.22	11.70	8.00	9.77	6.71

9－6 主要年份城市居民家庭平均每百户年末耐用消费品拥有量

指　　标	1995	2000	2005	2010	2012	2013
摩 托 车　（辆）	10	30	24	22	19	11
助 力 车　（辆）			26	62	59	68
家用汽车　（辆）		2	5	8	17	22
洗 衣 机　（台）	89	98	100	100	102	99
电 冰 箱　（台）	93	101	102	101	101	99
彩　　电　（台）	87	132	139	152	152	151
家用电脑　（台）		6	30	72	87	96
组合音响　（套）	13	33	26	25	23	13
摄 像 机　（架）		2	4	9	14	13
照 相 机　（架）	40	54	56	50	54	56
中高档乐器（含钢琴）（架）	2		2	1	2	10
微 波 炉　（台）		16	70	85	89	92
空 调 器　（台）	19	69	114	168	179	186
淋浴热水器　（台）	50	93	93	101	104	108
健身器材　（套）		3	6	4	5	5
普通电话　（部）	29	97	99	92	85	76
移动电话　（部）		11	128	179	189	213

9－7　按收入等级分的城市居民家庭基本情况(2013年)

指　　标		总平均	低收入户	中低收入户	中等收入户	中高收入户	高收入户
调查户数	(户)	242	49	49	48	48	48
比　重	(%)	100.0	20.0	20.0	20.0	20.0	20.0
平均每户家庭人口	(人)	2.75	3.30	3.03	2.43	2.48	2.48
平均每户就业人口	(人)	1.37	1.45	1.41	1.21	1.44	1.33
平均每户就业面	(%)	49.7	43.9	46.5	49.7	58.0	53.7
平均每一就业者负担人数(包括就业者本人)	(人)	2.0	2.3	2.1	2.0	1.7	1.9
平均每人全部年收入	(元)	37746	17981	27137	32790	41602	76224
平均每人可支配收入	(元)	34048	15281	23761	29656	37071	71242
平均每人消费性支出	(元)	22369	14733	19027	16521	27104	36598

9－8　按收入等级分的城市居民家庭就业情况(2013年)

指　　标		总平均	低收入户	中低收入户	中等收入户	中高收入户	高收入户
调查户数	(户)	242	49	49	48	48	48
家庭人口数		665	162	148	117	129	119
有收入者人数		460	98	99	85	90	88
就业人口数		331	71	69	61	66	64
无收入者人数		205	64	49	32	30	31

9－9 按收入等级分的城市居民家庭年人均现金收入(2013 年)

单位:元

指　　标	总平均	低收入户	中低收入户	中等收入户	中高收入户	高收入户
家庭总收入	37746	17981	27137	32790	41602	76224
#可支配收入	34048	15281	23761	29656	37071	71242
工资性收入	23252	13248	18610	19039	28623	39707
经营性收入	2569	1166	641	2128	1640	8113
财产性收入	1255	42	625	823	1004	4273
转移性收入	10670	3525	7262	10800	10334	24132

9－10 按收入等级分的城市居民家庭年人均现金支出(2013 年)

单位:元

指　　标	总平均	低收入户	中低收入户	中等收入户	中高收入户	高收入户
家庭总支出	31021	18561	25440	22509	38811	53291
消费性支出	22369	14733	19027	16521	27104	36598
财产性支出	27	1	2	53		94
转移性支出	2913	1255	2186	2605	3128	5970
社会保障支出	3467	2571	3199	2918	4251	4598
购房与建房支出	2245		1027	412	4328	6032

9-11 按收入等级分的城市居民家庭年人均消费性支出(2013年)

单位:元

指　　标	总平均	低收入户	中低收入户	中等收入户	中高收入户	高收入户
消费性支出	22369	14733	19027	16521	27104	36598
食　　品	8359	6270	8241	7414	9301	11079
衣　　着	2125	1204	1923	1733	2132	3934
居　　住	1774	1013	1647	1243	2640	2454
家庭设备用品及服务	1307	809	1044	1088	1509	2245
医疗保健	782	658	975	635	793	853
交通和通信	3719	2057	2156	1708	4782	8486
教育文化娱乐服务	3712	2424	2735	2317	5424	5960
其他商品和服务	592	298	307	382	524	1587

9-12 按收入等级分的城市居民家庭年人均消费性支出构成(2013年)

单位:%

指　　标	总平均	低收入户	中低收入户	中等收入户	中高收入户	高收入户
消费性支出	100.0	100.0	100.0	100.0	100.0	100.0
食　　品	37.4	42.6	43.3	44.9	34.3	30.3
衣　　着	9.5	8.2	10.1	10.5	7.9	10.7
居　　住	7.9	6.9	8.7	7.5	9.7	6.7
家庭设备用品及服务	5.8	5.5	5.5	6.6	5.6	6.1
医疗保健	3.5	4.5	5.1	3.8	2.9	2.3
交通和通信	16.6	14.0	11.3	10.3	17.6	23.2
教育文化娱乐服务	16.6	16.5	14.4	14.0	20.0	16.3
杂项商品和服务	2.7	2.0	1.6	2.3	1.9	4.3

9－13 按收入等级分的城市居民家庭平均每人全年购买商品数量(2013 年)

指　　标		总 平 均	低收入户	中低收入户	中等收入户	中高收入户	高收入户
粮　　食	（千克）	191.1	251.5	207.4	168.7	167.6	161.4
淀粉及薯类	（元）	61.1	66.7	57.2	50.0	61.0	70.7
干豆类及豆制品	（元）	387.7	408.8	387.1	331.3	396.8	414.4
食用植物油	（千克）	24.2	27.9	25.0	24.6	21.6	21.8
食用动物油	（元）	9.9	16.5	12.2	5.9	7.1	8.0
猪　　肉	（千克）	85.7	88.3	86.8	81.5	81.7	90.4
牛　　肉	（千克）	8.1	8.5	7.6	6.4	9.7	8.1
羊　　肉	（千克）	3.9	3.2	4.3	2.8	5.4	3.6
禽　　类	（千克）	38.2	44.4	46.9	32.0	35.0	32.7
鲜　　蛋	（千克）	58.0	57.6	61.4	51.7	64.1	55.0
鱼	（千克）	40.0	42.7	43.7	38.4	36.8	38.5
虾	（千克）	7.4	6.5	6.9	5.6	9.6	8.4
鲜　　菜	（千克）	403.4	426.5	397.1	380.9	383.1	429.8
糖　　类	（元）	105.1	93.9	103.3	93.9	97.2	137.0
烟草类	（元）	2844.6	2266.6	3299.3	1745.1	3469.9	3431.7
白　　酒	（千克）	11.7	11.6	18.8	8.4	10.4	9.5
啤　　酒	（千克）	6.2	6.8	8.0	5.7	4.8	5.6
鲜瓜果	（千克）	187.1	193.2	190.3	179.8	193.4	178.7
糕　　点	（千克）	19.9	20.3	25.9	14.2	20.3	18.6
鲜乳品	（千克）	102.3	98.9	92.9	102.5	95.1	122.4
奶　　粉	（千克）	3.1	5.3	3.2	1.1	3.0	2.8
酸　　奶	（千克）	14.5	12.3	14.1	12.5	21.0	12.4
洗衣机	（台/百户）	8.5	6.7	10.7	8.1	9.6	7.5
电冰箱	（台/百户）	3.9	2.7	5.2	3.2	8.6	0.0
空调器	（台/百户）	14.3	7.4	12.7	18.6	12.8	20.1
移动电话	（台/百户）	45.4	46.1	49.8	21.5	64.0	45.2
彩色电视机	（台/百户）	9.2	10.6	7.0	15.1	7.3	5.9
家用电脑	（元）	354.9	261.3	277.0	24.3	599.0	608.0

9－14 各区城市居民家庭年人均现金收支(2013 年)

单位:元

指　　标	全　市	花山区	雨山区	博望区
家庭总收入	37746	36208	40343	
#可支配收入	34048	33901	34495	
工资性收入	23252	21902	25531	
经营性收入	2569	3337	1271	
财产性收入	1255	1488	862	
转移性收入	10670	9480	12679	
家庭总支出	31021	26843	38075	
消费性支出	22369	19834	26649	
财产性支出	27	36	12	
转移性支出	2913	2356	3853	
社会保障费支出	3467	3101	4086	
购房与建房支出	2245	1516	3475	

注:2013 年博望区无城镇数据,下同。

9－15 各区城市居民平均每人全年家庭收入来源(2013年)

单位:元

地　区	家庭总收入	#可支配收入	工资性收入	经营性收入	财产性收入	转移性收入
全　市	**37746**	**34048**	**23252**	**2569**	**1255**	**10670**
花山区	36208	33901	21902	3337	1488	9480
雨山区	40343	34495	25531	1271	862	12679
博望区						

9－16 各区城市居民家庭平均每人全年消费性支出(2013年)

单位:元

地　区	消费性支出	食　品	衣　着	家庭设备用品及服务	医疗保健	交通和通信	教育文化娱乐服务	居　住	其他商品和服务
全　市	**22369**	**8359**	**2125**	**1307**	**782**	**2350**	**3712**	**1774**	**592**
花山区	19834	7734	1782	1124	600	2821	3405	1774	549
雨山区	26649	9414	2703	1615	1090	1424	4229	1773	663
博望区									

9-17 各区城市居民家庭平均每百户年末耐用消费品拥有量(2013 年)

地　区	摩托车(辆)	助力车(辆)	家用汽车(辆)	洗衣机(台)	彩色电视机(台)	家用电脑(台)	组合音响(台)	摄像机(架)	照相机(架)
全　市	**10.6**	**67.7**	**22.3**	**98.8**	**150.8**	**95.6**	**13.4**	**12.7**	**56.1**
花山区	8.9	69.1	15.5	98.0	139.3	86.5	10.6	10.9	53.4
雨山区	13.5	65.1	34.1	100.2	170.7	111.4	18.4	16.0	60.8
博望区									

地　区	钢　琴(架)	微波炉(台)	空调器(台)	淋　浴热水器	消毒碗柜(台)	洗碗机(台)	健身器材(套)	普通电话(部)	移动电话(部)
全　市	**10.5**	**92.0**	**185.7**	**107.9**	**10.3**	**0.9**	**5.2**	**75.8**	**212.9**
花山区	7.4	89.1	169.5	100.4	5.2	0.8	3.8	74.2	205.3
雨山区	15.9	96.9	213.9	121.1	19.0	1.2	7.5	78.6	226.1
博望区									

9－18　主要年份城市居民家庭居住情况

单位:%

指　标	1995	2000	2005	2010	*2012	2013
按房屋产权分	**100.0**	**100.0**	**100.0**	**100.0**	**100.0**	**100.0**
租赁公房	100.0	10.0	6.0	0.7		
租赁私房	-	1.0	-	2.3	1.3	5.4
原有私房	-		1.0	1.3	0.3	5.4
房改私房	-	89.0	72.5	52.4	49.8	43.2
商品房	-		18.0	43.4	48.5	45.9
其　他	-		2.5			
按住宅建筑式样分					**100.0**	**100.0**
单栋住宅						
四居室					5.3	2.9
三居室					31.0	34.3
二居室					62.4	6.3
一居室					1.3	
普通楼房						
平房及其他						
按饮水情况分					**100.0**	**100.0**
自来水					100.0	100.0
按用水情况分	**100.0**	**100.0**	**100.0**	**100.0**	**100.0**	**100.0**
独用自来水	98.0	99.0	96.5	100.0	100.0	100.0
公用自来水	2.0		3.5			
井、河水						
其 他		1.0				
按卫生设备分	**100.0**	**100.0**	**100.0**	**100.0**	**100.0**	**100.0**
无卫生设施	16.0	-	3.0			
有浴室厕所	11.0	36.0	70.5	96.1	97.7	100.0
有厕所无浴室	72.0	64.0	26.0	3.9	2.3	
公　用	1.0		0.5			
按取暖设备分	**100.0**	**100.0**	**100.0**	**100.0**	**100.0**	**100.0**
无取暖设备	100.0	70.0	21.0	5.8	1.0	2.7
空调设备	-	30.0	63.0	94.2	99.0	97.3
暖　气	-					
其　他			16.0			
按炊用燃料使用情况分	**100.0**	**100.0**	**100.0**	**100.0**	**100.0**	**100.0**
管道煤气、天然气	89.0	99.0	95.5	99.7	100.0	97.3
液化石油气	8.0	1.0	3.5	0.3		
煤	3.0	-	-			
其　他		-	1.0			2.7
按电话拥有情况分						
有电话						
固定电话（部/百户）	29	97	99	92	85	78
移动电话（部/百户）		11	128	179	189	214

9－19　主要年份农村居民家庭基本情况

指　　标		1995	2000	2005	2010	2012	2013
调查户数	**（户）**	**1920**	**1320**	**1020**	**940**	**930**	**417**
常住人口	（人）	8574	5234	3999	3732	3658	1535
平均每户常住人口	（人）	4.47	3.97	3.92	3.98	3.93	3.68
平均每户整半劳力	（人）	2.89	2.85	2.87	3.07	3.07	2.6
平均每个劳动力负担人口（含本人）	（人）	1.54	1.39	1.37	1.30	1.28	1.48
平均每人年收入	**（元）**						
总收入		2366	3226	5131	9855	13139	16966
工资性收入		464	1237	1962	4321	6065	7842
家庭经营收入		1839	1832	2910	4752	6100	7579
财产性收入		25	58	39	215	277	336
转移性收入		39	99	220	567	697	1209
现金收入		2000	2839	4331	8773	11579	15234
工资性收入		454	1197	1957	4366	6055	7817
家庭经营收入		1276	1244	2186	3776	4646	5873
财产性收入		214	262	21	73	190	336
转移性收入		56	136	168	559	689	1208
平均每人年支出	**（元）**						
总支出		2368	2369	4443	7326	9674	11060
家庭经营费用支出		799	546	1055	1608	1984	1216
购置生产性固定资产		48	30	145	42	26	78
生活消费支出		1349	1593	2851	5019	6782	8936
转移性支出		36	56	333	579	772	829
财产性支出		16	10	3	73	105	1
现金支出		1884	2091	3793	6533	8860	9116
家庭经营费用支出		625	476	1010	1459	1878	1239
购置生产性固定资产		47	30	102	42	26	78
生活消费支出		922	1175	2291	4392	6089	7047
转移性支出		88	171	333	563	759	829
财产性支出		83	110	3	73	105	56
平均每人年纯收入	**（元）**	**1390**	**2408**	**3789**	**8018**	**10920**	**12339**
工资性收入		464	1237	1962	4321	6065	6325
家庭经营纯收入		875	1042	1682	3070	4005	4953
转移性纯收入		27	71	106	412	574	790
财产性纯收入		25	58	39	215	277	271

9-20 农村居民人均可支配收入分组情况(2013年)

单位:元

指　　标	总平均	农村低收入户	农村中低收入户	农村中等收入户	农村中高收入户	农村高收入户
调查样本住户数	385	77	76	78	77	77
期内住户常住成员数	1333	289	274	288	241	242
劳动力人数	957	198	183	211	179	186
常住成员从业人数	871	183	169	192	164	164
可支配收入	12430	5068	8462	10871	14302	25133
工资性收入	5503	1673	3625	5184	7370	10319
经营净收入	5492	2147	3684	4572	5497	12463
财产净收入	168	94	249	29	151	330
转移净收入	1267	1154	904	1086	1284	2021
总支出	12256	8949	9943	11085	13741	18402
消费支出	8840	6271	7617	8263	9406	13211
食品烟酒	2856	2259	2663	2841	3041	3570
衣着	477	368	392	448	543	657
居住	2830	1556	2342	2579	2851	5111
生活用品及服务	395	316	375	443	404	445
交通通信	790	413	496	784	802	1562
教育文化娱乐	897	724	848	663	1216	1051
医疗保健	438	496	384	449	355	518
其他用品和服务	157	137	118	56	193	298
生产经营费用支出	1285	1786	1258	957	1066	1372
#第一产业经营费用支出	1211	1711	1218	949	1005	1169
财产性支出	1.1	1.3	0.5	0.9	0.4	2.7
转移性支出	242	133	144	271	287	399
部分商业保险支出	13				23	44
购置资产及非经常性转移支出	1191	599	585	1084	1993	1799
借贷性支出	685	159	338	509	967	1574

9－21　主要年份按来源分农村居民家庭人均纯收入

单位:元

年　份	纯收入	工资性收入	家庭经营纯收入	财产性收入	转移性收入
1995	1390	557	784	22	27
2000	2408	1240	1037	60	71
2005	3789	1979	1665	39	106
2006	4366	2327	1849	79	111
2007	5221	2844	2107	78	192
2008	6204	3245	2620	61	278
2009	6830	3682	2741	58	349
2010	8018	4321	3070	215	412
2011	9505	5158	3632	222	493
2012	10920	6065	4005	277	573
2013	12339	6325	4953	271	790

9－22　各县区按来源分农村居民家庭人均纯收入(2013年)

单位:元

地　区	纯收入	工资性收入	家庭经营纯收入	财产性收入	转移性收入
全　市	**12339**	**6325**	**4953**	**271**	**790**
含山县	11196	5049	5003	385	759
和　县	11257	4462	6166	20	608
当涂县	14363	6684	6669	137	872
花山区	16075	12290	838	1057	1891
雨山区	15713	9983	3999	186	1545
博望区	14371	11148	3002	125	96

9－23 主要年份农村居民人均收支情况

单位:元

指　　标	2000	2005	2010	2012	2013
总收入	**3226**	**5131**	**9855**	**11520**	**16966**
工资性收入	1237	1962	4321	5158	7842
家庭经营收入	1832	2910	4752	5555	7579
财产性收入	58	39	215	222	336
转移性收入	99	220	567	584	1209
纯收入	**2408**	**3789**	**8018**	**9505**	**12339**
按纯收入来源分					
工资性收入	1237	1962	4321	5158	6325
家庭经营收入	1042	1682	3070	3632	4953
财产性收入	58	39	215	222	271
转移性收入	71	106	412	493	790
期内现金收入合计	**2839**	**4331**	**8773**	**10273**	**15234**
工资性收入	1197	1957	4366	5154	7817
家庭经营收入	1244	2186	3776	4412	5873
#出售产品的收入	1033	1877	3173	3622	2909
财产性收入	262	21	73	131	336
转移性收入	136	168	559	576	1208
期内现金支出合计	**2091**	**3793**	**6533**	**8742**	**9116**
生产费用支出	506	1112	1500	1855	1317
生活消费支出	1175	2291	4392	5091	7047
财产性支出	110	3	73	90	56
转移性支出	171	333	563	1701	829

9－24 主要年份农村居民家庭平均每人生活消费支出

单位:元

指　　标	1995	2000	2005	2010	2012	2013
生活消费支出	**1349**	**1593**	**2851**	**5019**	**6782**	**8936**
按消费类别分						
食　品	793	845	1353	2082	2612	3353
衣　着	91	95	201	342	459	544
居　住	188	211	356	855	767	2321
家庭设备用品及服务	78	87	171	304	392	410
医疗保健	51	81	158	333	557	421
交通通讯	34	74	262	482	680	890
文教娱乐用品及服务	91	171	300	513	1179	767
其他商品及服务	23	29	48	109	136	229

9－25 主要年份农村居民家庭平均每人生活消费支出构成

单位:%

指　　标	1995	2000	2005	2010	2012	2013
生活消费支出	**100.0**	**100.0**	**100.0**	**100.0**	**100.0**	**100.0**
按消费类别分						
食　品	58.8	53.0	47.5	41.5	38.5	37.5
衣　着	6.7	6.0	7.1	6.8	6.8	6.1
居　住	13.9	13.2	12.5	17.0	11.3	26.0
家庭设备用品及服务	5.8	5.5	6.0	6.1	5.8	4.6
医疗保健	3.8	5.1	5.5	6.6	8.2	4.7
交通通讯	2.5	4.6	9.2	9.6	10.0	10.0
文教娱乐用品及服务	6.7	10.7	10.5	10.2	17.4	8.6
其他商品及服务	1.7	1.8	1.7	2.2	2.0	2.5

9－26　主要年份农村居民家庭平均每百户年底耐用消费品拥有量

指　　标		1995	2000	2005	2010	2012	2013
洗　衣　机	（台）	20	26	45	61	74	69
电　冰　箱	（台）	16	25	44	85	95	91
空　调　机	（台）		3	18	63	87	83
抽 油 烟 机	（台）			5	20	26	18
自　行　车	（辆）	109	154	133	114	121	81
摩　托　车	（辆）	6	15	30	52	45	50
生活用汽车	（辆）				1	7	7
电　话　机	（部）		55	84	87	75	57
移 动 电 话	（部）			56	158	201	172
黑白电视机	（台）	72	53	35	6	3	
彩色电视机	（台）	37	78	93	126	138	131
照　相　机	（台）	4	5	4	5	7	7
家用计算机	（台）			1	15	33	30
热　水　器	（台）		4	15	47	57	71

9－27　主要年份农村家庭房屋使用情况

指　　标		1995	2000	2005	2010	2012	2013
年末使用房屋							
居住面积	（平方米/人）	22.94	25.73	30.50	32.98	38.74	36.35
#砖木结构		12.39	8.96	9.45	12.29	13.65	8.17
钢筋混凝土结构		10.55	16.77	21.05	20.69	25.09	28.18

9－28　主要年份各县区农村居民人均现金收入情况

单位:元

地　　区	2000	2005	2010	2011	2012	2013
全　　市	**2839**	**4331**	**8773**	**10273**	**11579**	**12780**
含山县	2665	3351	7031	7981	9363	9873
和　　县	2899	4265	7697	9658	10715	10868
当涂县	2029	4959	10558	11964	12562	15469
花山区	3217	4581	9456	11330	14024	15161
雨山区	3217	5142	10010	11805	13616	15644
博望区	3217	5541	11024	13097	14986	13524

9－29　主要年份各县区农村居民人均现金支出情况

单位:元

地　　区	2000	2005	2010	2011	2012	2013
全　　市	**2091**	**3793**	**6533**	**8742**	**8860**	**8344**
含山县	2151	3125	4794	5836	7621	7015
和　　县	2412	3643	5556	6327	7582	5788
当涂县	2210	4143	8419	12652	10511	11109
花山区	2332	5257	7807	8112	9686	11874
雨山区	2332	4356	6383	8608	9824	11152
博望区	2332	3907	7195	8192	10816	5649

9－30　各县区农村居民人均现金收支情况(2013年)

单位:元

地　区	期内现金收入合计	工资性收入	家庭经营现金收入	#出售产品的现金	财产性收入	转移性收入
全　　市	**12780**	**5821**	**5786**	**3088**	**177**	**996**
含山县	9873	4857	3759	3077	385	871
和　县	10868	4263	5389	2775	20	1195
当涂县	15469	6417	8043	3967	137	872
花山区	15161	11733	493	106	1057	1878
雨山区	15644	9732	4181	502	186	1545
博望区	13524	11024	2281	969	125	94

9－31　各县区农村居民家庭平均每人生活消费现金支出(2013年)

单位:元

地　区	生活消费支出合计	食　品	衣　着	居　住	家庭设备用品及服务	交通和通讯	文教、娱乐用品及服务	医疗保健	其他商品及服务
全　　市	**6246**	**2336**	**458**	**1090**	**363**	**726**	**691**	**369**	**213**
含山县	5728	2518	318	695	343	350	918	225	361
和　县	4349	1565	314	675	294	411	639	400	51
当涂县	7824	2562	598	1782	452	1098	617	420	295
花山区	9743	5118	910	812	361	941	1145	146	310
雨山区	10313	5170	574	325	463	1672	494	1579	36
博望区	5270	2498	535	297	163	1092	447	141	96

主要统计指标解释

城镇家庭总收入

指调查户中生活在一起的所有家庭成员在调查期得到的工薪收入、经营净收入、财产性收入、转移性收入的总和，不包括出售财物和借贷收入。

城镇家庭可支配收入

指调查户可用于最终消费支出和其它非义务性支出以及储蓄的总和，即居民家庭可以用来自由支配的收入。它是家庭总收入扣除交纳的所得税、个人交纳的社会保障费以及调查户的记账补贴后的收入。计算公式为：

可支配收入 = 家庭总收入 - 交纳所得税 - 个人交纳的社会保障费 - 记账补贴

城镇家庭总支出

指家庭除借贷支出以外的全部实际支出。包括消费性支出、购房建房支出、转移性支出、财产性支出、社会保障支出。

城镇家庭消费性支出

指调查户用于本家庭日常生活的全部支出，包括食品、衣着、家庭设备用品及服务、医疗保健、交通和通信、教育文化娱乐服务、居住、杂项商品和服务八大类等。

农村居民家庭总收入

指调查期内农村住户和住户成员从各种来源渠道得到的收入总和。按收入的性质划分为工资性收入、家庭经营收入、财产性收入和转移性收入。

农村居民家庭纯收入

指农村住户当年从各个来源得到的总收入相应地扣除所发生的费用后的收入总和。计算方法：

纯收入 = 总收入 - 税费支出 - 家庭经营费用支出 - 生产性固定资产折旧 - 农村内部亲友赠送

纯收入主要用于再生产投入和当年生活消费支出，也可用于储蓄和各种非义务性支出。“农民人均纯收入”按人口平均的纯收入水平，反映的是一个地区或一个农户农村居民的平均收入水平。

农村居民家庭生活消费支出

指农村住户用于物质生活和精神生活方面的支出。生活消费支出包括食品、衣着、居住、家庭设备用品及服务、医疗保健、交通和通讯、文化教育娱乐用品及服务、其他商品和服务等消费支出。

城乡居民储蓄存款余额

指某一时点城乡居民存入银行及农村信用社的储蓄金额，包括城镇居民储蓄存款和农民个人储蓄存款，不包括居民的手存现金和工矿企业、部队、机关、团体等单位存款。

十、城市概况

简要说明

一、本篇资料反映全市社会、经济发展和城市建设的规模、效益及综合水平等基本情况，资料由相关部门提供，由市统计局综合核算科整理。

二、城市社会基本情况资料根据国家统计局《城市社会经济基本情况统计报表制度》搜集、汇总整理，资料由相关部门提供，数据为初步统计数，最终数据以本年鉴其他篇章资料为准。

10－1 城市社会经济基本情况表(2013年)

指　　标		全　市	#市辖区
一、行政区划、人口、从业人员、土地及水资源			
(一) 行政区划			
所辖行政区数	(个)	3	—
所辖行政县(旗)数	(个)	3	—
所辖行政县级市数	(个)	0	—
(二) 人口			
年末总人口	(万人)	228.4	82.35
年平均人口	(万人)	228.39	82.21
常住人口	(万人)	219.5	220.8
年出生人口	(人)	23328	7027
年死亡人口	(人)	18252	3757
年末总户数	(万户)	73.08	26.60
(三) 从业人员			
从业人员期末人数(城镇)	(万人)	23.69	8.45
第一产业(农、林、牧、渔业)	(万人)	0.07	0.01
第二产业	(万人)	13.34	2.53
第三产业	(万人)	10.28	5.91
(四) 土地面积及水资源			
行政区域土地面积	(平方公里)	4049	704
#建成区面积	(平方公里)	—	89
城市建设用地面积	(平方公里)	—	100
#居住用地面积	(平方公里)	—	22
公共设施用地面积	(平方公里)	—	3
工业用地面积	(平方公里)	—	38
水资源总量	(万立方米)	17300	—
二、综合经济			
(一) 地区生产总值(当年价格)	(万元)	12928032	8259219
第一产业增加值	(万元)	794090	124419
第二产业增加值	(万元)	8341442	5428354
第三产业增加值	(万元)	3792500	2706446
地区生产总值(2010年价格)	(万元)	9298766	4811701
地区生产总值增长率	(%)	11.02	8.86
(二) 财政			
公共财政收入	(万元)	2260035	1567473
#税收收入	(万元)	1746768	1220331
公共财政支出	(万元)	2025888	1133491
#一般性公共服务支出	(万元)	216394	107642
科学技术支出	(万元)	60893	42243
教育支出	(万元)	313134	154105
文化体育与传媒支出	(万元)	38187	17242
医疗卫生支出	(万元)	143929	51313
节能保护支出	(万元)	33224	18958
城乡社区事务支出	(万元)	342994	222898
交通运输支出	(万元)	76131	58846
社会保障和就业支出	(万元)	182419	93638
住房保障支出	(万元)	194962	146366
(三) 金融			
年末金融机构各项存款余额	(万元)	14478520	10065071
#居民储蓄存款余额	(万元)	7494829	4270773

10－1　城市社会经济基本情况表(2013 年)(续 1)

指　　标		全　市	#市辖区
年末金融机构各项贷款余额	(万元)	9984951	7533076
(四)保险			
保费收入	(万元)	231216	—
#财产险	(万元)	87735	—
人身险	(万元)	143481	—
赔款、给付	(万元)	110713	—
#财产险	(万元)	47830	—
人身险	(万元)	62883	—
三、工业			
规模以上工业法人企业			
工业企业数	(个)	895	376
(1)内资企业	(个)	840	340
#国有企业	(个)	2	1
私营企业	(个)	721	265
(2)港、澳、台商投资企业	(个)	20	13
(3)外商投资企业	(个)	35	23
四、交通运输、邮电通信及能源电力			
(一)交通运输			
公路客运量(全社会)	(万人)	8246	—
公路货运量(全社会)	(万吨)	16447	—
内河港口货物吞吐量(规模以上)	(万吨)	7489	—
公路里程	(公里)	7047	—
境内高速公路里程	(公里)	141	—
(二)邮电通信			
年末邮政局(所)数	(处)	71	18
邮政业务收入	(万元)	16000	—
电信业务收入	(万元)	169000	—
固定电话年末用户数	(万户)	56.17	—
移动电话年末用户数	(万户)	166.75	—
互联网宽带接入用户数	(万户)	34.24	—
(三)能源电力			
综合能源消费量	(万吨标准煤)	2000	—
全社会用电量	(万千瓦时)	1589850	1122121
#工业用电	(万千瓦时)	1354035	1001988
城乡居民生活用电	(万千瓦时)	110264	64677
五、贸易、外经及旅游			
(一)贸易			
社会消费品零售总额	(万元)	3013382	1904941
限额以上批发零售贸易业商品销售总额	(万元)	5057901	4161453
限额以上批发零售企业数(法人数)	(个)	206	129
#零售业	(个)	160	95
(二)外经			
货物进口额(海关数)	(万美元)	224000	—
货物出口额(海关数)	(万美元)	139000	—
外商直接投资合同项目	(个)	23	18
当年实际使用外资额	(万美元)	174655	133217
(三)旅游			
入境游客人数(含一日游游客)	(人)	92200	—
国际旅游(外汇)收入	(万美元)	15700	—

10－1 城市社会经济基本情况表(2013年)(续2)

指　　标		全　市	#市辖区
六、固定资产投资			
(一) 固定资产投资			
固定资产投资(不含农户)	(万元)	14316040	8495955
#房地产开发投资	(万元)	2557476	1653184
#住宅	(万元)	1733030	1101433
全年新增固定资产	(万元)	10158647	5587054
(二)房地产			
商品房销售面积	(万平方米)	312.14	199.64
#住宅	(万平方米)	286.22	188.69
#别墅、高档公寓	(万平方米)	12.29	4.6
商品房销售额	(万元)	1479623	952776
#住宅	(万元)	1258564	842800
#别墅、高档公寓	(万元)	86152	39146
待售面积	(万平方米)	112.51	64.64
七、教育、科技、体育、文化及卫生			
(一) 教育			
学校数			
普通高等学校数	(所)	6	—
中等职业教育学校数	(所)	14	4
普通中学数	(所)	102	32
小学数	(所)	293	61
(二) 科技			
专利申请受理量	(项)	6404	—
利申请授权量	(项)	4127	—
#发明	(项)	280	—
(三) 体育			
体育场馆数	(个)	16	
(四) 文化			
剧场、影剧院数	(个)	4	4
公共图书馆图书总藏量	(千册、件)	1061.24	886.31
广播节目综合人口覆盖率	(%)	100	100
电视节目综合人口覆盖率	(%)	100	100
(五) 卫生			
医院、卫生院数	(个)	91	34
医院、卫生院床位数	(张)	6847	3699
医生数(执业医师＋执业助理医师)	(人)	3919	2319
注册护士	(人)	4412	2872
八、人民生活和社会保障			
在岗职工平均人数	(万人)	21.97	7.57
在岗职工工资总额	(万元)	1215	436
(一) 居民收支			
家庭总收入	(元)	—	37746
工资性收入	(元)	—	23252
经营净收入	(元)	—	2569
财产性收入	(元)	—	1255
转移性收入	(元)	—	10670
城镇居民人均可支配收入	(元)	—	34048
城镇居民人均现金消费支出	(元)	—	22368
(二) 居民生活			

10－1　城市社会经济基本情况表(2013 年)(续 3)

指　　标		全　市	#市辖区
每百户居民家庭拥有量			
(1)家用汽车	(辆)	—	22
(2)家用电脑	(台)	—	96
(3)固定电话	(部)	—	78
(4)移动电话	(部)	—	213
(5)电冰箱(柜)	(台)	—	99
(6)彩色电视机	(台)	—	150
(7)钢琴	(架)	—	2
(8)照相机	(架)	—	55
(9)摄像机	(架)	—	12
(10)洗衣机	(台)	—	99
居民消费价格指数(上年为 100)	(%)	—	101.8
(三) 社会保障			
城镇基本养老保险参保人数	(人)	605888	456702
城镇基本医疗保险参保人数	(人)	983561	689964
城镇职工基本医疗保险参保人数	(人)	477557	371960
失业保险参保人数	(人)	246658	192405
工伤保险参保人数	(人)	301974	216670
生育保险参保人数	(人)	582757	516185
社会福利院数	(个)	3	1
社会福利院床位数	(张)	790	500
社区服务设施数	(个)	315	163
社区服务中心覆盖率	(%)	83	80
城市居民最低生活保障人数	(人)	49157	32766
九、市政公用事业			
(一) 基础设施			
城市维护建设资金支出	(万元)	—	299867
年末实有城市道路面积	(万平方米)	—	1218
排水管道长度	(公里)	—	1397
供水综合生产能力(包括自备水源)	(万立方米/日)	—	120.54
城市供水总量	(万吨)	—	17033
售水量	(万吨)	—	14802
#居民生活用水量	(万吨)	—	3807
用水人口	(万人)	—	66.97
用水普及率	(%)	100	100
(二) 供气			
供气总量 (人工煤气、天然气)	(万立方米)	—	18962
#家庭用量	(万立方米)	—	3623
用气人口	(人)	—	67
(三) 公共交通			
年末实有公共汽(电)车营运车辆数	(辆)	—	542
全年公共汽(电)车客运总量	(万人次)	—	9065
年末实有出租汽车数	(辆)	—	2298
(四) 绿地			
绿地面积	(公顷)	—	5498
#公园绿地面积	(公顷)	—	1052
建成区绿化覆盖面积	(公顷)	—	3900
十、环境保护			
工业废水排放量	(万吨)	6743	—
工业二氧化硫产生量	(吨)	177758	—
工业二氧化硫排放量	(吨)	63242	—
工业烟(粉)尘去除量	(吨)	4543310	—
工业烟(粉)尘排放量	(吨)	31070	—

10－2 主要年份城市市政公用基础设施基本情况

指 标		1995	2000	2005	2010	2011	2012	2013
城市面积								
建成区面积	（平方公里）	33.5	38	66	78.50	82.5	86	89
城市人口密度	（人/平方公里）	1709	1823	3249	3225	3564	3707	3809
供水、供气及供热								
供水管道长度	（公里）	219	356	426.48	1149.4	1789	1888.55	1931.12
供水总量	（万立方米）	45500	45637	49281	22144.67	17386.95	17764.66	17033.22
#居民家庭用水量		4300	5002	4228	3719.15	3509.02	3702.33	3806.76
用水人口	（万人）	43	46.79	52.53	56.72	62.67	65.18	66.97
人均日生活用水	（升）	274	292.89	364.15	219.92	193.19	195.38	192.36
用水普及率	（%）	100	100	100	100	100.00	100	100
城市用水普及率	（%）	100	100	100	100	100.00	100	100
天然气供气量	（万立方米）			2719	13135.7	14001	15948	18962
#家庭用量				1686	2612	2806.12	3217	3623
液化石油气供气量	（吨）	3322	9841	8823				
#家庭用量		3322	9791	8823				
公共交通								
公共汽（电）车总数	（辆）	260	465	662		564	625	675
每万人拥有	（标台）	7.3	10.14	13.59		6.90	7.61	8.20
出租汽车	（辆）	1141	2160	2895	2298	2298	2298	3314
市政工程								
道路长度	（公里）	196	241	343.15	385.6	406.61	441.49	460.97
道路面积	（万平方米）	202	325.08	741.1	968.1	1051.32	1161.35	1206.00
每人拥有	（平方米）		7.90	14.11	17.07	16.78	17.82	18.01
排水管道长度	（公里）	69	200.80	448	595	1259.22	1314.57	1379.9
建成区排水管道密度	（公里/平方公里）		5.28	6.79	7.58	15.26	15.29	15.50
污水排放量	（万立方米）	13930	15766	18108	15665	12295	12454	12998
污水处理厂处理量	（万立方米）	13186	12616	16465	13787	10752	10575	11308
城市绿化								
绿化覆盖面积	（公顷）	3548	4274	4617.7	5241	5457	5639	5787
#建成区		844	1570	2775.6	3354	3570	3752	3900
园林绿地面积	（公顷）	3519	4139	4485	4999	5193	5355	5498
#建成区			1443	2665.8	3158	3352	3514	3657
建成区绿地率	（%）		37.97	40.39	40.23	40.63	41	41.09
建成区绿化覆盖率	（%）	39.6	41.32	42.05	42.73	43.27	44	43.82
公园绿地面积	（公顷）	295	366	630.87	792	941	1032	1052.00
人均公园绿地面积	（平方米）	7.8	8.9	12.01	13.96	15.02	16	15.71
公园个数	（个）	10	10	11	11	12	14	15
公园面积	（公顷）	276	276	284.3	291	318	330	350
市容环境卫生								
生活垃圾清运量	（万吨）	7	7.48	11.2	17.9	16.95	17	19.78
生活垃圾无害化处理量	（万吨）	7	7.48	11.2	17.9	16.95	17	19.28
生活垃圾无害化处理率	（%）	100	100	100	100	100	100	100
公共厕所	（座）	122	125	128	122	100	90	87

10－3　各县城市建设情况(2013 年)

单位:平方公里

地　区	城市建设用地面积	居住用地	公共设施用　地	道路广场用　地	绿　地	征用土地面　积	城市人口密度(人/平方公里)
含 山 县	19.86	8.42	0.17	0.79	1.79	1.26	4336
和　县	16.24	4.03	0.68	2.22	2.15	0.36	4750
当 涂 县	28.24	8.40	2.26	3.60	3.00	4.25	4042

10－4　各县城市市政设施情况(2013 年)

地　区	年末实有道路长度(公里)	年末实有道路面积(万平方米)	人均城市道路面积(平方米)	城　市桥梁数(座)	城市道路照 明 灯(盏)	城市排水管　道(公里)	
							污水管道
含 山 县	87.61	224.60	18.50	7	3034	128.00	56.70
和　县	73.32	146.51	9.64	3	7622	316.80	57.60
当 涂 县	106.50	257.21	17.85	17	4468	88.60	34.40

10－5　各县城市设施水平(2013 年)

地　区	城市用水普及率(%)	城市燃气普及率(%)	人均城市道路面积(平方米)	人均公园绿地面积(平方米)
含 山 县	94.40	55.60	18.50	9.80
和　县	91.97	36.51	9.64	8.78
当 涂 县	99.24	100.00	17.85	7.63

10－6　各县城市公共交通情况(2013 年)

地　区	年末公共交通运营数(辆)	公共汽、电车	运营线路网长度(公里)	公共汽、电车	公共交通客运总量(万人次)	公共汽、电车	出租汽车(辆)
含山县	407	45	63	63	431	431	362
和　县	372	50	62	62	396	396	322
当涂县	310	28	50	50	237	237	282

10－7　各县城市绿地和园林(2013 年)

地　区	绿化覆盖面　积(公顷)	建成区	园林绿地面　积(公顷)	公园绿地面　积(公顷)	人均公园绿地面积(平方米)	公　园(个)	建成区绿地率(%)	绿化覆盖率(%)
含山县	752	645	718	119	9.80	8	33.58	43.14
和　县	509	426	341	133	7.78	5	18.15	22.68
当涂县	1005	917	797	110	7.63	3	19.52	27.79

10－8　各县城市燃气情况(2013 年)

地　区	管道长度(公里)		全年供气总量		用气人口(万人)	
	液化石油气	天然气	液化石油气(吨)	天然气(万立方米)	液化石油气	天然气
含山县		48.00	2680.45	1955.60	4.50	2.25
和　县		51.50	2030.00	14.86	5.30	0.25
当涂县	0.60	78.50	518.00	256.23	0.41	14.00

10－9 主要年份市区供水用水情况

年份	综合生产能力（万立方米/日）	供水总量（万立方米）	#生产运营用水	公共服务用水	居民家庭用水	消防及其他用水	人均日生活用水量（升）
1995	270.0	45500	39600		4300		274.00
2000	283.5	45637	36933		4453		292.89
2005	323.7	49281	40561	2754	4228	1738	364.15
2006	323.7	46902	39966	2107	3851	978	337.40
2007	323.7	67823	61011	2513	3894	404	353.91
2008	323.7	53270	49042	811	3152	265	202.57
2009	323.7	22536	18134	819	3422	161	206.78
2010	323.7	19668	14916	876	3678	200	219.92
2011	124.3	19623	12182	910	3509	786	193.19
2012	124.3	17765	10354	946	3702	461	195.38
2013	120.5	17033	9680	895	3807	419	192.36

10－10 各县供水用水情况（2013 年）

地区	综合生产能力（万立方米/日）	供水总量（万立方米）	#生产运营用水	公共服务用水	居民家庭用水	消防及其他用水	人均日生活用水量（升）
含山县	5	1026	316	298	305	5	144.11
和县	5	840	136	74	325	15	78.19
当涂县	6	976	269	115	395	90	97.63

10－11　各县城市污水排放和处理情况(2013年)

单位:万立方米

地　区	城市污水排放量	城市污水处理总量			城市污水处理率(%)	城市污水处理厂集中处理率(%)
			污水处理厂处理量	其他污水处理量		
含山县	821	702	702		85.51	85.51
和　县	705	640	640		90.78	90.78
当涂县	842	725	725		86.10	86.10

10－12　各县城市市容环境卫生情况(2013年)

地　区	清扫保洁面积(万平方米)	生活垃圾清运量(万吨)	生活垃圾无害化处理量(万吨)	生活垃圾无害化处理率(%)	粪便清运量(万吨)	市容环卫专用车辆设备总数(台)	公共厕所(座)
含山县	115	3.63	3.63	100.00		7	15
和　县	151	5.45	5.45	81.34	0.14	7	17
当涂县	240	7.34	7.34	100.00	0.09	19	18

主要统计指标解释

供水管道长度

指从送水泵至用户水表之间所有管道的长度。不包括新安装尚未使用、水厂内以及用户建筑物内的管道。

供水总量

指报告期供水企业(单位)供出的全部水量。包括有效供水量和漏损水量。

公共服务用水

指为城市社会公共生活服务的用水。包括行政事业单位、部队营区和公共设施服务、社会服务业、批发零售贸易业、旅馆饮食业以及社会服务业等单位的用水。

居民家庭用水

居民家庭用水指城市范围内所有居民家庭的日常生活用水。包括城市居民、农民家庭、公共供水站用水。

用水普及率

指报告期末城区内用水人口与总人口的比率。计算公式:

用水普及率=城区用水人口/(城区人口+城区暂住人口)×100%

供气总量

指报告期燃气企业(单位)向用户供应的燃气数量。包括销售量和损失量。

燃气普及率

指报告期末使用燃气的人口与总人口的比率。计算公式:

燃气普及率=城区用气人口/(城区人口+城区暂住人口)×100%

排水管道长度

指所有排水总管、干管、支管、检查井及连接井进出口等长度之和。

公园绿地

城市中向公众开放的、以游憩为主要功能,有一定的游憩设施和服务设施,同时兼有健全生态、美化景观、防灾减灾等综合作用的绿化用地。

公园面积

指报告期末综合公园、专类公园和带状公园的全部占地总面积。

十一、自然资源和环境保护

简要说明

一、自然状况包括地域、气象状况。自然资源包括土地、气候、林木、水资源。

1. 林木资料由市农委提供；

2. 水资源资料由市水利局提供；

3. 气象资料由市气象局提供。

二、环境保护统计资料由市环保局提供,由市统计局综合核算科整理。

11－1 自 然 资 源

项 目		2013
区 域		
行政区域土地总面积	（平方公里）	4049
市区		704
建成区面积		89
气 候		
年平均气温	（摄氏度）	17.1
降水量	（毫米）	967.6
土地资源		
耕地面积	（公顷）	124440
水 田		111174
旱 田		13266
林业用地面积	（公顷）	
造林面积		6456
#人工造林面积		6456
林木资源		
活立木总蓄积量	（万立方米）	333.96
森林面积	（公顷）	64383
森林覆盖率	（%）	15.9
水资源		
水资源总量	（亿立方米）	11.07
地表水资源量		9.16
地下水资源量		3.10
长江过境水量		
主要矿产基础储量		
铁 矿	（万吨）	152744
钒 矿	（万吨）	110
铜 矿	（吨）	18408
钴 矿	（吨）	7383
金 矿	（千克）	252
硫铁矿	（万吨）	22107
明矾石	（万吨）	310
玉 石（绿松石）	（吨）	1155
石 膏	（万吨）	231770

11－2　平均气温及降水量(2013 年)

	1 月	2 月	3 月	4 月	5 月	6 月	7 月	8 月	9 月	10 月	11 月	12 月	年平均
平均气温　（℃）	3.6	5.7	11.4	16.6	22.0	24.2	30.4	30.9	23.4	18.7	12.6	5.2	17.1
降水量　（毫米）	18.3	94.4	50.1	29.7	141.0	142.7	210.5	121.0	111.5	22.9	9.2	16.3	80.6

11－3　各县全年降水量(2013 年)

地　区	年降水量（毫米）	多年平均降水量（亿立方米）	与上年比较（±%）	与多年平均比较（±%）
全　市	**967.6**	**1113.9**	**-8.8**	**-13.1**
含 山 县	885.5	1069.7	-3.9	-17.2
和　县	920.0	1118.5	-9.2	-17.7
当 涂 县	877.9	1127.1	-13.3	-22.1

11－4　主要年份环境综合整治

指　　标		2005	2010	2011	2012	2013
环境质量						
可吸入颗粒物日均值	（毫克/立方米）	0.092	0.098	0.092	0.092	0.135
二氧化硫日平均值	（毫克/立方米）	0.022	0.028	0.027	0.024	0.031
二氧化氮日平均值	（毫克/立方米）	0.027	0.028	0.032	0.033	0.036
饮用水源水质达标率	（%）	100.0	100.0	100.0	100	100
城市地面水质达标率	（%）	100.0	100.0	100.0	100	100
区域环境噪声平均值	（分贝（A））	55.3	55.3	55.2	55.4	55.4
交通干线噪声平均值	（分贝（A））	66.4	67.9	67.7	67.3	67.5
污染控制						
工业固体废物综合利用率	（%）	61.2	65.2	68.4	69.2	70.2
危险废物处置率	（%）	100.0	100.0	100.0	100	100
环境建设						
城市污水厂集中处理率	（%）	90.93	88.01	87.45	84.91	87.04
城市燃气普及率	（%）	100	100	100	100	100
建成区绿化覆盖率	（%）	42.05	42.73	43.27	43.63	43.82
环境污染						
突发环境事件次数	（次）					
#水污染						
大气污染						
固体废物污染						
噪声与震动危害						
人员伤亡	（人）					
污染直接经济损失	（万元）					
突发环境事件赔款总额	（万元）					
污染损害罚款总额	（万元）					
COD 排放量	（万吨）	2.3	2.1	3.0	2.93	2.82

11－4　主要年份环境综合整治(续)

指　　标		2005	2010	2011	2012	2013
二氧化硫排放总量	(万吨)	5.3	6.2	6.9	7	6.66
#生　活		0.02	0.08	0.21	0.18	0.19
氨氮排放总量	(万吨)	0.20	0.25	0.39	0.38	0.37
城镇生活污水排放量	(亿吨)	0.39	0.53	0.80	0.88	0.94
#生活污水中化学需氧量排放量	(万吨)	1.62	1.07	1.77	1.65	1.63
#生活污水中氨氮排放量	(万吨)	0.2	0.2	0.3	0.27	0.27
环境污染治理						
空气质量达二级标准的天数	(天)	339	332	336	343	262
建设项目环评执行率	(%)		100	100	100	100
应执行“三同时”项目数	(个)		240	262	288	
实际执行“三同时”项目数	(个)		240	262	288	
“三同时”合格率	(%)		100	100	100	
环境污染治理投资总额	(万元)	50580.8	165981.4	208483.3	147781.7	168041.51
#城市环境基础设施投资		17974.0	99474.0	74157.0	31160	27142
工业污染治理投资		19926.5	26574.2	74001.3	107729.1	120439
污染治理项目本年完成投资额	(万元)	11865.4	26890.2	33049.0	91808.7	100824
环境污染治理投资占 GDP 比重	(%)	1.4	2.1	1.8	1.2	1.3
自然灾害						
发生地质灾害起数	(次)					
#滑　坡						
#崩　塌						
人员伤亡	(人)					
#死亡人数						
森林病虫害防治面积	(公顷)	5631	5408	5206	3730	3100

11－5 主要年份环保系统机构、人员数

年份	机构总数（个）	人员总数（人）	#科技人员	#监测人员	#监理人员
1995	5	170	7	61	40
2000	5	184	7	68	47
2001	5	185	7	69	47
2002	5	188	7	71	48
2003	5	190	8	71	49
2004	5	192	8	72	50
2005	5	195	8	74	51
2006	5	196	8	75	51
2007	5	197	8	75	51
2008	5	198	8	75	51
2009	5	199	9	76	52
2010	5	200	9	76	54
2011	7	295	9	104	82
2012	7	301	9	107	84
2013	7	291	9	100	81

11－6 主要年份生活污染物排放

年份	城镇生活污水排放量（亿吨）	生活污水中化学需氧量排放量（万吨）	生活污水中氨氮排放量（万吨）	生活及其他二氧化硫排放量（万吨）
2010	0.53	1.07	0.19	6.20
2011	0.80	1.77	0.28	6.85
2012	0.88	1.65	0.27	7.00
2013	0.94	1.63	0.27	6.66

11－7 主要年份工业企业“三废”排放及治理

指 标		2005	2010	2011	2012	2013
废 水						
工业废水排放总量	（万吨）	9546	10411	7391	6911	6745
#工业废水 COD 排放量		7162.63	5846.51	6524.29	7136	6622.1
废 气						
工业废气排放总量	（亿标立方米）	1554.4	4603.80	5594.50	8656	6876.78
工业二氧化硫排放量	（万吨）	5	6.12	6.65	7	6.47
烟尘排放量	（万吨）	1	2	3	3	3.36
工业粉尘排放量	（万吨）	2	2			
固体废物						
工业固体废物产生量	（万吨）	1096.83	1991.08	2137.36	2367	2380.9
工业固体废物综合利用量	（万吨）	670.78	1297.56	1462.03	1639	1671.5
工业固体废物综合利用率	（%）	61	65.17	68.40	69.2	70.2
工业固体废物贮存量	（万吨）	94	46	113	240	185.8
工业固体废物处置量	（万吨）	336	647	563	488	523.6
污染治理						
本年施工项目总数	（个）	23	15	17	4	14
污染治理项目本年完成投资额	（万元）	3480	5727	640	20875	36376.46
#治理废水		2779	738	57	1420	
治理废气		546	4673	560	19455	36336.46
治理固体废物		8				
治理噪声						
治理其他		148	316	23		40
排污收费及使用						
排污费交纳单位	（个）	669	212	539	415	388
排污费征收额	（万元）	2877	6039	7359	8652	8033
排污费支出额	（万元）					

11－8　各县区工业废水排放及处理(2013 年)

地　区	汇总工业企业个数(个)	工业废水排放总量(万吨)		工业废水中污染物排放量(吨)	
			#排入污水处理厂	#化学需氧量	#石油类
全　市	**568**	**6744.69**	**607.10**	**6622**	**71**
含山县	95	323.68		1205	
和　县	128	215.95	0.71	3016	57
当涂县	87	840.54		3	
花山区	38	1189.64	20.00	618	1
雨山区	40	2832.44		621	6
博望区	43	2.64		401	2
经开区	24	388.32	386.32	206	4
高新区	70	949.36	200.07	650	1
示范园区	43	2.14		1	

地　区		废水治理设施数(套)	废水治理设施处理能力(万吨/日)	废水治理设施运行费用(万元)
	#氨　氮			
全　市	**238**	**195**	**314.29**	**72605.20**
含山县	43	16	7.10	3809.20
和　县	76	77	285.64	59552.50
当涂县		2	0.03	9.00
花山区	16	17	6.12	1442.00
雨山区	60	12	0.75	78.00
博望区	17	30	5.95	848.40
经开区	12	10	1.72	648.50
高新区	13	24	6.86	6186.00
示范园区		7	0.14	31.60

11－9 各县区工业废气排放及处理(2013年)

地　　区	汇总工业企业个数（个）	工业废气治理设施数（套）	工业废气排放总量（亿标立方米）	工业二氧化硫排放量（吨）
全　　市	**568**	**673**	**6876**	**64723**
含山县	95	53	312	6282
和　县	128	166	3913	24945
当涂县	87	7	12	689
花山区	38	112	1570	16204
雨山区	40	115	225	3529
博望区	43	41	245	4818
经开区	24	10	11	
高新区	70	164	585	7693
示范园区	43	5	4	562

地　　区	工业二氧化硫去除量（吨）	工业烟(粉)尘排放量（吨）	工业烟(粉)尘去除量（吨）	废气治理设备运用运行费用（万元）
全　　市	**114516**	**32178**	**4551509**	**182599.60**
含山县	27973	2669	849419	12245.00
和　县	24362	12803	1777979	119257.60
当涂县		1183	26	36.00
花山区	31148	5196	894712	29853.10
雨山区		2371	56819	1120.20
博望区		4090	164113	1780.50
经开区		6	30	163.10
高新区	31032	2509	808346	18135.10
示范园区		1350	65	9.00

11－10　各县区一般工业固体废物产生及处理利用(2013年)

地　区	汇总工业企业个数(个)	工业固体废物产生量(万吨)	#危险废物(吨)	工业固体废物综合利用量(万吨)	#危险废物(吨)	工业固体废物综合利用率(%)	工业固体废物贮存量(万吨)	工业固体废物处置量(万吨)	工业固体废物处置率(%)
全　市	**568**	**2380.90**	**22.22**	**1671.50**	**21.91**	**70.20**	**185.80**	**523.60**	**22.00**
含山县									
和　县									
当涂县									
花山区									
雨山区									
博望区									

注：十二五环境统计报表制度中将危险废物从工业固体废物中分开统计，即一般工业固体废物不包括危险废物。

11－11　各县区城市空气质量指标(2013年)

单位：毫克/立方米

地　区	可吸入颗粒物(PM_{10})	二氧化硫 SO_2	二氧化氮(NO_2)	空气质量达到及好于二级的天数(天)
全市(市区)	**0.135**	**0.031**	**0.036**	**262**
含山县				
和　县				
当涂县				
花山区				
雨山区				
博望区				

注：空气质量数据为自动监测仪器收集，只在市区开展监测，区县无数据。

11－12　各县区城市道路交通噪声监测情况(2013 年)

地　区	监测总长度 （公里）	路段平均宽度 （米）	平均车流量 （辆/小时）	噪声均值 （分贝）
全市(市区)	**98.53**	**42.00**	**1021**	**67.9**
含山县				
和　县				
当涂县				
花山区				
雨山区				
博望区				

11－13　主要年份水资源情况

年　份	水资源总量 （亿立方米）				产水模数 （万立方米/平方公里）
		地表水资源量	地下水资源量	地表水与地下水资源重复量	
2010	23.09	22.10	4.86	3.87	57.10
2011	15.27	14.44	3.42	2.59	37.78
2012	17.17	15.13	3.60	1.56	42.48
2013	11.07	9.16	3.10	1.19	27.34

注:水资源总量＝地表水资源量＋地下水资源量－地表水与地下水资源重复量。

11－14　各县区水资源情况(2013 年)

地　区	水资源总量 （亿立方米）				产水模数 （万立方米/平方公里）
		地表水资源量	地下水资源量	地表水与地下水资源重复量	
全　市	**11.07**	**9.16**	**3.10**	**1.191**	**27.34**
市　区	1.83	1.64	0.38	0.192	26.01
含山县	2.43	2.26	0.43	0.259	23.44
和　县	3.67	2.87	1.12	0.321	27.86
当涂县	3.14	2.39	1.17	0.419	31.68

11－15　主要年份农村环境状况

年　份	农村自来水普及率（%）	农村卫生厕所普及率（%）	农村户用沼气		太阳能热水器面积（万平方米）
			用户数（万户）	总产气量（万立方米）	
2000			0.01	3	0.95
2005	15.3		0.57	188	3.77
2006	53.2	45.2	1.18	378	8.85
2007	63.0	51.5	1.28	507	13.04
2008	66.3	51.7	1.51	529	15.64
2009	69.8	53.3	1.78	621	19.80
2010	72.8	63.4	1.87	653	20.66
2011	78.4	47.2	2.00	699	21.06
2012	99.8	48.6	1.92	476	22.42
2013	89.4	50.4	1.98	536	23.37

11－16　各县区农村环境状况（2013年）

地　　区	农村自来水普及率（%）	农村卫生厕所普及率（%）	农村户用沼气		太阳能热水器面积（万平方米）
			用户数（万户）	总产气量（万立方米）	
全　　市	**89.42**	**50.43**	**1.98**	**536.00**	**23.37**
含 山 县	87.31	41.26	1.13	299.00	8.01
和　　县	76.14	24.25	0.57	167.00	7.35
当 涂 县	100.00	78.25	0.28	70.00	8.01
花 山 区	100.00	99.93			
雨 山 区	100.00	99.84			
博 望 区	100.00	49.57			

11－17 主要年份突发环境事件情况

年份	突发环境事件次数（次）					直接经济损失（万元）	突发环境事件罚款总额（万元）	污染损害赔款总额（万元）
		水污染	大气污染	固体废物污染	噪声与振动危害			
2005								
2010								
2011								
2012								
2013								

11－18 各县区突发环境事件情况（2013年）

地区	突发环境事件次数（次）					直接经济损失（万元）	突发环境事件罚款总额（万元）	污染损害赔款总额（万元）
		水污染	大气污染	固体废物污染	噪声与振动危害			
全市								
含山县								
和县								
当涂县								
花山区								
雨山区								
博望区								

11－19　主要年份土地利用情况

单位:公顷

年　份	土地调查面　积	农用地	#园　地	建设用地	居民点及工矿用地	交通用地	水利设施用　地
2000	168574	98097	808	67690	18014	1761	47918
2005	168574	123148	733	24130	20635	941	2554
2006	426823	219779	2768	55118	45349	2532	7238
2007	426823	324959	2857	53856	44399	2429	7028
2008	426823	324864	2853	54202	44699	2523	6980
2009	406452	276824	1311	118315	52006	5686	60623
2010	406452	253790	1180	124380	55423	8087	60869
2011	406452	240419	1172	161618	54590	7765	99263
2012	404913	302657	1144	65482	54839	3842	6801
2013	404913	301876	1136	66438	55434	4213	6791

注:2000 年、2005 年不含和县、含山县。

11－20　各县区土地利用情况(2013 年)

单位:公顷

地　区	土地调查面　积	农用地	#园　地	建设用地	居民点及工矿用地	交通用地	水利设施用　地
全　市	**404913**	**301876**	**1136**	**66438**	**55434**	**4213**	**6791**
含 山 县	102780	86931	551	13257	10354	999	1905
和　县	131859	101606	152	18407	14404	1266	2737
当 涂 县	96969	68912	258	13443	11357	816	1270
花 山 区	17876	8370	96	7509	6925	351	233
雨 山 区	17434	8096	41	8573	7957	505	111
博 望 区	37996	27960	39	5249	4438	276	535

11－21　主要年份地质灾害及防治情况

年　份	发生地质灾害起数（次）	#滑坡	#崩塌	人员伤亡（人）	#死亡人数	直接经济损失（万元）	地质灾害防治项目（个）	地质灾害防治投资（万元）
2005	1		1			30.0		
2006								
2007							3	1600
2008	1	1				70.0		
2009	1		1			5.0	1	120
2010	1		1			5.0	1	300
2011							2	600
2012							3	900
2013							4	529

11－22　各县区地质灾害及防治情况(2013 年)

地　　区	发生地质灾害起数（次）	#滑坡	#崩塌	人员伤亡（人）	#死亡人数	直接经济损失（万元）	地质灾害防治项目（个）	地质灾害防治投资（万元）
全　　市							**4**	**529**
含 山 县								
和　　县							1	33
当 涂 县							2	196
花 山 区								
雨 山 区								
博 望 区							1	300

11－23　主要年份森林资源情况

年　份	林业用地面积（公顷）	森林面积（公顷）	#人工林	森林覆盖率（%）	活立木总蓄积量（万立方米）	森林蓄积量（万立方米）
1995	54010	43780	43780	10.83	217.90	131.65
2000	54210	41980	41980	10.39	225.73	139.40
2005	60980	47080	45630	11.65	209.32	120.72
2007	63380	50020	49170	12.38	224.60	128.42
2008	62460	51540	49690	12.75	233.08	134.20
2009	63690	53690	52890	13.28	251.94	155.75
2010	58410	40890	40660	10.12	255.03	150.80
2011	58710	42160	41930	10.43	260.69	153.99
2012	71803	63103	49255	15.60	322.78	268.14
2013	77334.2	64383	51494	15.9	333.96	278.86

11－24　各县区森林资源情况(2013年)

地　区	林业面积（公顷）	森林面积（公顷）	#人工林	森林覆盖率（%）	活立木总蓄积量（万立方米）	森林蓄积量（万立方米）
全　市	**77334.2**	**64383**	**51494**	**15.9**	**333.96**	**278.86**
含山县	29774.5	24924	15460	24.3	90.68	70.44
和　县	22632.1	19886	17911	15.1	115.34	101.75
当涂县	9922	7237	7237	7.2	50.66	38.84
花山区	5161.3	4335	3806	28.7	27.92	25.91
雨山区	3473.6	2819	1900	12.0	13.75	11.85
博望区	6370.7	5183	5180	14.8	35.61	30.07

11－25　主要年份造林面积

单位:公顷

年　份	造林总面积	#人工造林	按林种用途分			
			用材林	经济林	防护林	特种用途林
1995	1479	1479	986	451	42	
2000	1448	1448	966	393	89	
2005	1703	1703	843	66	794	
2006	2306	2306	590	406	1310	
2007	1808	1808	255	3	1550	
2008	1201	1201	495	21	685	
2009	2266	2266	787	53	1425	
2010	1421	1421	460	84	877	
2011	1263	1263	584	95	584	
2012	1679	1679	957	234	471	18
2013	6456	6456	4893	515	757	291

11－26　各县区造林面积(2013 年)

单位:公顷

地　区	造林总面积	#人工造林	按林种用途分			
			用材林	经济林	防护林	特种用途林
全　市	**6456**	**6456**	**4893**	**515**	**757**	**291**
含山县	1034	1034	674	40	320	
和　县	1624	1624	1386	137	47	54
当涂县	2191	2191	1832	149	205	5
花山区	372	372	264	55	53	
雨山区	457	457	142	55	28	232
博望区	778	778	595	79	104	

11－27　主要年份退耕还林工程建设情况

单位:公顷

年　份	造　林总面积	退耕地造林面积	荒山荒地造林面积	按林种用途分：用材林	经济林	防护林	林业投资完成额（万元）
2005	560	560			33	527	2972
2006	1034	87	947	594		440	3058
2007	466	133	333	133		333	3081
2008	467		467			467	3403
2009	289		289	116	40	133	2272
2010	156		156	116	40		3129
2011	356	200	156	116	40	200	3524
2012	267		267			227	400
2013	333		333			333	3014

11－28　各县区退耕还林工程建设情况(2013年)

单位:公顷

地　区	造　林总面积	退耕地造林面积	荒山荒地造林面积	按林种用途分：用材林	经济林	防护林	林业投资完成额（万元）
全　市	**333**		**333**			**333**	**3014**
含山县	333		333			333	3014
和　县							
当涂县							
花山区							
雨山区							
博望区							

11－29　主要年份森林病虫害防治情况

年　份	合　计			森林病害			森林虫害		
	发生面积（公顷）	防治面积（公顷）	防治率（%）	发生面积（公顷）	防治面积（公顷）	防治率（%）	发生面积（公顷）	防治面积（公顷）	防治率（%）
1995	24108	23868	99.0	21599	21599	100.0	2509	2269	90.4
2000	20592	20307	98.6	16219	16188	99.8	4373	4119	94.2
2005	5879	5631	95.8	1576	1533	97.3	4303	4098	95.2
2006	5793	5599	96.7	1472	1443	98.0	4321	4156	96.2
2007	5588	5344	95.6	1329	1288	96.9	4259	4056	95.2
2008	5892	5518	93.7	1319	1201	91.1	4573	4317	94.4
2009	5730	5410	94.4	1434	1393	97.1	4296	4017	93.5
2010	5647	5408	95.8	1102	1069	97.0	4545	4339	95.5
2011	5405	5206	96.3	954	922	96.7	4451	4284	96.3
2012	6254	3730	59.6	2354	1400	59.5	3900	2330	59.7
2013	4588	3100	67.6	688	600	87.2	3900	2500	64.1

11－30　各县区森林病虫害防治情况(2013 年)

地　区	合　计			森林病害			森林虫害		
	发生面积（公顷）	防治面积（公顷）	防治率（%）	发生面积（公顷）	防治面积（公顷）	防治率（%）	发生面积（公顷）	防治面积（公顷）	防治率（%）
全　市	**4588**	**3100**	**67.6**	**688**	**600**	**87.2**	**3900**	**2500**	**64.1**
含山县	2120	1698	80.1	453	365	80.6	1667	1333	80.0
和　县	1093	800	73.2	133	133	100.0	960	667	69.4
当涂县	860	393	45.7	60	60	100.0	800	333	41.7
花山区	73					100.0	73		
雨山区	133					100.0	133		
博望区	309	209	67.7	42	42	100.0	267	167	62.5

主要统计指标解释

森林面积

指生长着乔木和竹林,郁闭度在0.3以上(不包括0.3)的林地面积,即有林地面积。它是反映森林资源总面积的重要指标。森林面积包括天然林面积和人工林面积。但不包括灌木林地和疏林地面积。

森林覆盖率

通常是指森林面积以及四旁树木的覆盖面积与土地总面积之比。森林覆盖率,是反映一个国家或地区森林资源和绿化水平的重要指标。计算公式:

森林覆盖率(%)=森林面积/土地总面积×100%

活立林总蓄积量

指全部土地上树木蓄积的总量。包括森林蓄积、疏林蓄积、散生木蓄积和四旁树蓄积。

森林蓄积量

指一定森林面积上生长着林木树干材积总量。它是反映一个国家或地区森林资源总规模和水平的重要指标。

降水量

指降水深度,即降水平辅在地域面积上的深度。

水资源总量

一定区域内的水资源总量指当地降水形成的地表和地下产水量,即地表径流量与降水入渗补给量之和,不包括过境水量。

地表水资源量

指河流、湖泊、冰川等地表水体中由当地降水形成的、可以逐年更新的动态水量,即天然河川径流量。

地下水资源量

指当地降水和地表水对饱水岩土层的补给量。

工业废水排放量

指经过企业厂区所有排放口排到企业外部的工业废水量。包括生产废水、外排的直接冷却水、超标排放的矿井地下水和与工业废水混排的厂区生活污水,不包括外排的间接冷却水(清污不分流的间接冷却水应计算在内)。

城镇生活污水排放量

指城镇居民每年排放的生活污水。用人均系数法测算。测算公式为:

城镇生活污水排放量=城镇生活污水排放系数×市镇非农业人口×365

城镇生活污水中化学需氧量(COD)产生量

指城镇居民每年排放的生活污水中的COD的产生量。用人均系数法测算。测算公式为:

城镇生活污水中COD产生量=城镇生活污水中COD产生系数×市镇非农业人口×365

化学需氧量(COD)

测量有机和无机物质化学所消耗氧的质量浓度的水污染指数。

工业废气排放量

指报告期内企业厂区内燃料燃烧和生产工艺过程中产生的各种排入大气的含有污染物的气体的总量,以标准状态(273 K,101325 Pa)计算。测算公式为:

工业废气排放量=燃料燃烧过程中废气排放量+生产工艺过程中废气排放量

生活及其他 SO_2 排放量

以生活及其他煤炭消费量和其含硫量为基础,根据以下公式计算:

生活及其他 SO_2 排放量=生活及其他煤炭消费量×含硫量×0.8×2

工业 SO_2 排放量

指报告期内企业在燃料燃烧和生产工艺过程中排入大气的 SO_2 总量,计算公式为:

工业 SO_2 排放量=燃料燃烧过程中 SO_2 排放量+生产工艺过程中 SO_2 排放量

工业烟(粉)尘排放量

指报告期内企业在燃料燃烧和生产工艺过程中排入大气的烟尘和工业粉尘的质量之和。

生活及其他烟尘排放量

指除工业生产活动以外的所有社会、经济活动及公共设施的经营活动中燃烧所排放的烟尘纯重量。以生活及其他煤炭消费量为基础进行测算。

工业固体废物产生量

指报告期内企业在生产过程中产生的固体状、半固体状和高浓度液体状废弃物的总量,包括危险废物、冶炼废渣、粉煤灰、炉渣、煤矸石、尾矿、放射性废物和其他废物等;不包括矿山开采的剥离废石和掘进废石(煤矸石和呈酸性或碱性的废石除外)。酸性或碱性废石指采掘的废石其流经水、雨淋水的pH值小于4或pH值大于10.5者。

危险废物

指列入国家危险废物名录或根据国家规定的危险废物鉴别标准和鉴别方法认定的,具有爆炸性、易燃性、易氧化性、毒性、腐蚀性、易传染疾病等危险特性之一的废物。

工业固体废物综合利用量

指报告期内企业通过回收、加工、循环、交换等方式,从固体废物中提取或者使其转化为可以利用的资源、能源和其他原材料的固体废物量(包括当年利用往年的工业固体废物贮存量),如用作农业肥料、生产建筑材料、筑路等。综合利用量由原产生固体废物的单位统计。

工业固体废物综合利用率

指工业固体废物综合利用量占工业固体废物产生量(包括综合利用往年贮存量)的百分率。计算公式为:

工业固体废物综合利用率=工业固体废物综合利用量/(工业固体废物产生量+综合利用往年贮存量)×100%

工业固体废物贮存量

指报告期内企业以综合利用或处置为目的，将固体废物暂时贮存或堆存在专设的贮存设施或专设的集中堆存场所内的数量。专设的固体废物贮存场所或贮存设施必须有防扩散、防流失、防渗漏、防止污染大气、水体的措施。

工业固体废物处置量

指报告期内企业将固体废物焚烧或者最终置于符合环境保护规定要求的场所，并不再回取的工业固体废物量(包括当年处置往年的工业固体废物贮存量)。处置方式有填埋(其中危险废物应安全填埋)、焚烧、专业贮存场(库)封场处理、深层灌注、回填矿井及海洋处置(经海洋管理部门同意投海处置)等。

工业固体废物排放量

指报告期内企业将所产生的固体废物排到固体废物污染防治设施、场所以外的数量，不包括矿山开采的剥离废石和掘进废石(煤矸石和呈酸性或碱性的废石除外)。

生活垃圾清运量

指报告期内收集和运送到垃圾处理厂(场)的生活垃圾数量。生活垃圾指城市日常生活或为城市日常生活提供服务的活动中产生的固体废物以及法律行政规定的视为城市生活垃圾的固体废物。包括：居民生活垃圾、商业垃圾、集市贸易市场垃圾、街道清扫垃圾、公共场所垃圾和机关、学校、厂矿等单位的生活垃圾。

生活垃圾无害化处理率

指报告期生活垃圾无害化处理量与生活垃圾产生量比率。在统计上，由于生活垃圾产生量不易取得，可用清运量代替。计算公式为：

生活垃圾无害化处理率 = 生活垃圾无害化处理量/生活垃圾产生量 × 100%

人工林面积

指由人工播种、植苗或扦插造林形成的生长稳定，(一般造林 3 - 5 年后或飞机播种 5 - 7 年后)每公顷保存株数大于或等于造林设计植树株数 80% 或郁闭度 0.20 以上(含 0.20)的林分面积。

造林总面积

指报告期内在荒山、荒地、沙丘、退耕地等一切可以造林的土地上，采用人工播种、飞机播种、植苗造林、分植造林等方法新植成片乔木林和灌木林，经过检查验收符合《造林技术规程》要求的单位面积株数，并按《中华人民共和国森林法实施条例》规定，成活率达 85% 以上(含 85%，年降雨量在 400 毫米以下且无浇灌条件的地区造林成活率达 70% 以上)的总面积。四旁植树如一侧在四行以上，连片面积 0.066 公顷(一亩)以上，应统计在造林面积内。造林面积，通常按所有制(国有、国有集体合作、集体和个人)、造林方式(人工、飞机播种)、主要林种用途(用材林、经济林、防护林、薪炭林、特种用途林)分组进行统计。

用材林

指以生产木材为主要目的的森林和林木，包括以生产竹材为主要目的的竹林。

经济林

指以生产果品，食用油料、饮料、调料，工业原料和药材为主要目的的林木。经济林是人们为了取得林木的果实、叶片、皮层、胶液等产品作为工业原料或者供食用所营造的林木，如油茶、油桐、核桃、樟树、花椒、茶、桑、果等。

防护林

指以防护为主要目的的森林、林木和灌木丛。包括水源涵养林，水土保持林，防风固沙林，农田、牧场防护林，护岸林，护路林等。

特种用途林

指以国防、环境保护、科学实验等为主要目的的森林和林木。包括国防林、实验林、母树林、环境保护林、风景林，名胜古迹和革命纪念地的林木，自然保护区的森林。

十二、农　　业

简要说明

一、本篇资料反映我市农业生产和农村经济的基本情况，内容主要包括乡村户数、人口与从业人员、耕地、农业机械拥有量、农林牧渔业产值、主要产品产量、水利设施与灌溉防涝、农村居民家庭拥有生产性固定资产等。

二、本篇资料来源：资料来源于农村统计调查报表制度。

农村统计调查报表制度的统计范围包括各县（区）辖区的各种经济类型的全部农林牧渔业以及各非农行业附属的农林牧渔业生产单位。但不包括农业科学试验机构进行的农业生产。

农村统计调查报表制度是由各县（区）统计局收集、汇总报送，采取抽样调查、典型调查、重点调查和其他调查所取得的。部分指标及林业生产情况、渔业生产情况等指标均取自同级业务部门的统计资料。

农田水利建设和灌溉防涝情况、农作物受灾情况、农业机械和农产品加工机械拥有量等资料由市农委、市水利局、市民政局提供。

三、本篇资料由市统计局农调队整理。

12－1　主要年份农村基本情况和农业生产条件

指　标		1995	2000	2005	2010	2011	2012	2013
乡镇数	（个）	61	62	41	35	35	35	33
#镇个数		29	33	30	29	29	29	29
村民委员会	（个）	901	895	526	401	400	399	382
自来水受益村数	（个）	162	235	314	309	392	397	382
通汽车村数	（个）	551	573	386	316	400	399	382
通电话村数	（个）	344	581	389	316	400	399	382
乡村户数	（户）	382000	395711	404951	408466	410120	405313	403221
乡村人口数	（人）	1464676	1465097	1446104	1438434	1445693	1443354	1426722
#男　性		761682	761851	751974	747986	760426	758160	752000
乡村劳动力资源数	（人）	874224	865783	865793	903065	905117	895359	884772
#男　性		445854	445012	445018	488558	490306	485526	483143
乡村从业人员数	（人）	794172	802095	791558	848328	834293	832925	815031
#男　性		365319	368964	364117	453875	454415	455149	443238
#农　业		357761	365484	302754	348130	347858	341923	342515
年末实有耕地面积	（公顷）	113833	112830	125082	124928	124630	124744	124440
农业机械总动力	（千瓦）	734518	900022	1111844	1301253	1285837	1291365	1378054
农用排灌机械总动力	（千瓦）	280828	376481	431943	438541	430537	435172	505597
农用大中型拖拉机	（台）	320	439	4782	2190	2407	2800	3071
小型拖拉机	（台）	16496	26743	39576	41665	47287	42269	42005
大中型拖拉机配套农具	（台）	298	538	1337	4188	5278	6098	6504
小型拖拉机配套农具	（台）	17021	40263	77847	107454	107200	108348	108282
农用排灌柴油机	（台）	2141	2127	1894	1664	1397	1601	1614
联合收获机	（台）	42	210	642	1190	1206	1376	1479
机耕面积	（公顷）	52990	65020	112280	123500	130550	123350	126350
机播面积	（公顷）	3790	6240	13810	43090	46650	53930	65430
机械植保作业面积	（公顷）	156800	39300	67840	83790	94970	95980	103760
机收面积	（公顷）	4210	54620	92930	149160	142120	148040	158860
农村用电量	（万千瓦时）	29018	20098	26604	33070	41140	44917	48152
农用化肥施用量	（吨）	67857	88808	88300	96121	93554	90144	86591
#氮　肥		28924	33092	28510	31993	29116	27853	26632
磷　肥		4495	6216	8082	8346	7595	7571	6839
农用塑料薄膜使用量	（吨）	1481	1526	2664	2755	2755	3252	2771
#地膜使用量		186	251	434	851	954	946	899
地膜覆盖面积	（公顷）	5314	9232	16969	17338	14930	14247	16655
农用柴油使用量	（吨）	4288	6558	11444	11838	13500	14237	13561
农药使用量	（吨）	1699	2381	3126	2813	4014	3663	3720
除涝面积	（公顷）			46050	47200	86310	86910	86910
有效灌溉面积	（公顷）	48470	48080	51870	52230	128970	129030	147850
#机电排灌面积				48250	48870	126460	126520	114220

12－2 主要年份农林牧渔业生产情况

指 标		1995	2000	2005	2010	2011	2012	2013
农产品产量	（吨）							
粮 食		848473	820441	865534	944585	963403	1016390	1017915
谷 物		825709	789645	841596	914887	934545	994337	993353
#稻 谷		737503	723704	793096	716352	734345	773887	760406
小 麦		83456	63633	42585	193244	195752	207583	213124
玉 米		1355	1160	4753	5164	4325	12835	19823
豆 类		8816	12406	8730	7699	6641	7715	8888
薯 类		13948	18390	16208	21999	22217	14338	15674
油 料		94633	143864	172484	106801	101195	102431	98435
#花 生		4977	7000	5720	6244	5617	5570	5723
油菜籽		88737	134444	165279	99057	94832	95248	90702
芝 麻		514	1110	1123	1213	1501	1613	2010
棉 花		8048	8737	12910	15951	16654	15768	12715
黄红麻		9	5					
烟 叶								
#烤 烟								
蚕 茧								
茶 叶		155	191	305	326	335	299	272
#绿 茶		155	191	305	326	335	299	272
园林水果		4570	6019	13550	20506	21558	29094	32401
农产品单位面积产量	（公斤/公顷）							
谷 物		6266	7177	7495	6574	6646	6761	6751
棉 花		703	1073	1266	1298	1305	1297	1358
花 生		1653	1688	2733	2735	2737	2668	2486
油菜籽		1386	1790	2249	2272	2253	2372	2458
芝 麻		1310	1410	975	1230	1452	1431	1586
黄红麻								
烤 烟								
造林面积	（公顷）	389	475	547	634	1125	1669	6456
茶园面积	（公顷）	408	378	473	479	625	664	566
果园面积	（公顷）	1092	1042	1349	1274	1397	1560	1718
大牲畜年末头数	（头）	40067	47338	27562	20967	20051	18611	19061
#牛		40067	47338	27562	20967	20051	18611	19061
马								
驴								
骡								
肉猪出栏头数	（头）	391297	410027	412110	397217	382143	350710	356982
猪年末头数	（头）	299355	353716	308521	177148	179170	170322	184315
羊年末头数	（只）	62795	70282	100685	63749	54699	56313	61960
山 羊		62795	70282	100685	63749	54699	56313	61960
绵 羊								
肉类产量	（吨）	47296	63534	84254	79235	78604	77364	80145
#猪牛羊肉		30399	31387	35693	33920	32814	30425	30534
猪 肉		24084	29981	33282	32108	31100	28679	28730
牛 肉		387	659	545	395	381	392	392
羊 肉		729	1177	1866	1417	1333	1354	1412
奶 类	（吨）	277	848	1952	39587	40418	40645	40767
#牛 奶		277	848	1952	39587	40418	40645	40767
绵羊毛	（吨）							
禽 蛋	（吨）	12281	16417	14944	14965	15958	17009	20417
淡水产品产量	（吨）	46795	95134	103127	104904	105574	106021	109307

12－3　主要年份农作物总播种面积及构成

单位：公顷

指　标	1995	2000	2005	2010	2011	2012	2013
农作物总播种面积	**222283**	**216270**	**231519**	**233874**	**238143**	**242868**	**235783**
粮　食	138411	117429	117270	144963	146094	153201	153540
谷　物	131780	110017	112294	139162	140618	147068	147136
#稻　谷	104021	91744	102175	96750	97458	102443	100477
小　麦	26552	17812	9323	41163	42066	42547	43546
玉　米	372	179	748	1249	1093	2071	3113
豆　类	4303	4806	3276	3567	3331	4092	4211
薯　类	2428	2606	1700	2234	2115	2041	2193
油　料	57904	69244	70962	45206	45180	43373	40551
棉　花	11446	8142	10197	12289	12764	12158	9362
麻　类	236	403	240	491	143	123	109
糖　料	183	402	100	229	354	363	352
烟　叶							
蔬　菜	10161	11936	24427	23288	23829	24402	24474

指　标	构成(%)						
	1995	2000	2005	2010	2011	2012	2013
农作物总播种面积	**100**	**100**	**100**	**100**	**100**	**100**	**100**
粮　食	62.3	54.3	50.7	62	62	63.1	65.1
谷　物	59.3	50.9	48.5	59.5	59.1	60.6	62.4
#稻　谷	46.8	42.4	44.1	41.4	40.9	42.2	42.6
小　麦	12.3	8.4	4.1	17.6	17.7	17.5	18.5
玉　米	0.2	0.1	0.3	0.5	0.5	0.9	1.3
豆　类	1.9	2.2	1.4	1.0	1.4	1.7	1.8
薯　类	1.1	1.2	0.8	1.0	1.0	0.8	0.9
油　料	26	32	30.7	19.3	19	17.9	17.2
棉　花	5.1	3.8	4.4	5.3	5.4	5.0	4.0
麻　类	0.1	0.2	0.1	0.2	0.1	0.1	
糖　料	0.1	0.2		0.1	0.1	0.1	0.1
烟　叶							
蔬　菜	4.6	5.5	10.6	10.0	10.0	10.0	10.4

12－4　主要年份农林牧渔业总产值及指数

本表按当年价格计算

年份	绝对数(万元)						指数(%)					
	农林牧渔业总产值	农　业	林　业	牧　业	渔　业	农林牧渔服务业	农林牧渔业总产值	农　业	林　业	牧　业	渔　业	农林牧渔服务业
1990	137830	94720	3634	27247	10050	2179						
1995	331307	227524	7445	48506	47832							
2000	413726	205060	11098	74346	123222							
2005	594910	309385	11641	105131	154596	14157						
2006	624629	324211	12610	93057	171680	23071						
2007	716109	360999	14473	123912	192119	24606						
2008	821322	422054	15019	148058	206833	29358						
2009	863362	442226	15556	146323	228767	30490						
2010	960658	493697	15104	152632	250425	48800						
2011	1119326	568898	15801	185444	283568	65615	103.4	104.0	94.6	101.9	107.7	112.3
2012	1217152	639258	18242	189041	293427	77184	105.1	106.0	113.0	102.2	101.7	116.6
2013	1315821	664752	19845	204047	330289	96888	103.6	101.4	102.1	104.1	106.3	111.9

12－5　主要年份农林牧渔业增加值及构成

本表按当年价格计算

年份	绝对数(万元)						构成(%)					
	农林牧渔业总产值	农　业	林　业	牧　业	渔　业	农林牧渔服务业	农林牧渔业总产值	农　业	林　业	牧　业	渔　业	农林牧渔服务业
1990	92179	63321	3198	13859	10291	1510	100.0	68.7	3.5	15.0	11.2	1.6
1995	221963	139792	5736	25742	50693		100.0	63.0	2.6	11.6	22.8	
2000	254086	126060	6596	37434	83996		100.0	49.6	2.6	14.7	33.1	
2005	354871	184547	6773	51067	105492	6992	100.0	52.0	1.9	14.4	29.7	2.0
2006	378434	199331	7423	46583	113739	11358	100.0	52.7	2.0	12.3	30.0	3.0
2007	430078	219172	8488	63423	126397	12598	100.0	51.0	2.0	14.7	29.4	2.9
2008	487519	247048	8671	75970	135776	20054	100.0	50.7	1.8	15.6	27.8	4.1
2009	523183	253980	10703	76362	151227	30911	100.0	48.5	2.1	14.6	28.9	5.9
2010	573302	288069	8914	78572	166347	31300	100.0	50.2	1.6	13.7	29.0	5.5
2011	670178	337612	9449	96797	187952	38368	100.0	50.4	1.4	14.4	28.0	5.8
2010	573302	288069	8914	78572	166347	31300	100.0	50.2	1.6	13.7	29.0	5.5
2011	670178	337612	9449	96797	187952	38368	100.0	50.4	1.4	14.4	28.1	5.7
2012	734565	385013	10973	98459	194417	45703	100.0	52.4	1.5	13.4	26.5	6.2
2013	794090	398963	11892	105208	220146	57881	100.0	50.2	1.5	13.3	27.7	7.3

12－6　主要年份耕地面积

单位:公顷

指　标	1995	2000	2005	2010	2011	2012	2013
年初实有耕地面积	114109	112426	124739	125815	124938	124630	124744
年内新增耕地面积		130	1027	65	218	865	256
年内减少耕地面积	276	530	684	942	526	751	560
#国家基建占地	101	181	300	296	204	218	291
其他基建占地	99	74	9	510	292	511	
退耕还林还草占地							
耕地改园地							
年末实有耕地面积	113833	112830	125082	124938	124630	124744	124440
水　田	97710	97783	110875	112393	112098	111728	111174
旱　地	16123	15047	14207	12545	12532	13016	13266

12－7　主要年份林业生产情况

指　标	1995	2000	2005	2010	2011	2012	2013
营林情况　（公顷）							
人工造林面积	1479	1448	1703	1421	1263	1679	6456
迹地更新面积	431	140	402	265	297	161	7
封山育林面积						6233	4932
新增育苗面积	65	97	124	101	244	542	484
幼林抚育面积	1150	4059	7404	6101	3814	4376	6372
成林抚育面积	2730	6654	10644	14832	6439	10135	7268
油桐籽　（吨）		21	33				
油茶籽　（吨）		19	29	35	40	46	88
板　栗　（吨）	55	102	113	58	121	190	217
竹材采伐量　（根）	160000	290000	50000	140000	235399	186482	90163
木材采伐量　（立方米）	20000	30000	60000	70000	21988	68877	31690

12－8　主要年份茶叶、水果及食用坚果生产情况

单位:吨、公顷

指　　标	1995	2000	2005	2010	2011	2012	2013
茶叶合计	182	168	266	335	335	299	272
#绿　茶	182	168	266	335	335	299	272
园林水果	4801	6023	13873	19991	21558	29094	32401
#苹　果	1	47	146	126	442	235	264
梨	562	737	1045	1940	2469	3308	3458
柑橘类	1	12	33	385	766	1262	1321
其他园林水果	3006	3223	4326	17540	17881	24289	27358
#桃	1257	1046	903	5578	8262	9446	10104
葡　萄	262	768	908	2812	4388	8680	10749
食用坚果	55	102	113	58	190	190	217
#核　桃							
板　栗	55	102	113	58	190	190	217
茶园面积	435	436	505	546	625	664	566
年末果园面积	1092	1042	1349	1428	1397	1560	1718
#苹　果	1	8	11	45	46	8	8
梨	281	294	224	99	132	114	148
葡　萄	54	105	151	658	284	418	448

12－9　主要年份牲畜饲养情况

单位:万头(万只)

年　份	大牲畜年末头数	牛	肉猪出栏头　　数	猪年末头　　数	羊年末只　数	山　羊	家禽存栏
1995	40067	40067	391297	299355	62795	62795	592
2000	47304	47304	410027	353716	70286	70286	1122
2005	27562	27562	412110	308521	100685	100685	609
2006	28162	28162	393678	182104	59634	59634	397
2007	24516	24516	368232	181750	66619	66619	481
2008	23500	23500	371433	180806	66721	66721	584
2009	23361	23361	391197	187057	67437	67437	622
2010	20967	20967	397217	178148	63749	63749	646
2011	20051	20051	382143	179170	56499	56499	669
2012	18611	18611	350710	170322	56313	56313	727
2013	19061	19061	356982	184315	61960	61960	793

12－10　主要年份畜产品产量

单位:吨

年　份	肉类总产量	#猪牛羊肉				牛　奶	禽　蛋	蜂　蜜	蚕　茧
			猪　肉	牛　肉	羊　肉				
1995	47296	30399	29283	387	729	277	12281	9	7
2000	63534	31817	29981	659	1177	848	16417	36	
2005	84254	35693	33282	545	1866	1952	14944	101	
2006	71544	32982	30515	684	1783	8939	13525	131	
2007	73385	31689	29554	664	1471	43127	15184	87	
2008	74416	32202	30208	452	1542	26318	13476	84	
2009	62669	26837	25390	225	1222	32850	9818	234	
2010	79235	33920	32108	395	1417	39587	15163	10	
2011	78604	32814	31100	381	1333	40418	15958	271	
2012	77364	30425	28679	392	1354	40645	17009	3161	
2013	80145	30534	28730	392	1412	40767	20417	3250	

12－11　各县区农村基层组织情况(2013年)

地　区	乡镇数（个）	#镇数	村　民委员会（个）	乡村户数（户）	乡　村人口数（人）	乡村从业人员数（人）	#男	自来水受益村（个）	通汽车村（个）	通电话村（个）
全　　市	**33**	**29**	**382**	**403221**	**1426722**	**815031**	**443238**	**382**	**382**	**382**
含山县	8	8	96	95985	354520	207965	111605	96	96	96
和　县	9	9	85	119408	428704	249295	134962	85	85	85
当涂县	10	7	130	110730	381687	214339	117490	130	130	130
花山区	1	1	10	11618	30781	19001	9245	10	10	10
雨山区	2	1	24	20595	60974	33380	18536	24	24	24
博望区	3	3	37	119408	170056	9051	51400	37	37	37

注:乡镇及村个数含霍里街道及下辖的行政村,不含慈湖乡、银塘镇。

12－12　农林牧渔业总产值(2013 年)

单位:万元

指　　标	按可比价格计算	按当年价格计算
农林牧渔业总产值	**1261236**	**1315821**
农业产值	**648381**	**664752**
谷物及其他作物	378318	379643
谷　物	255130	262115
#小　麦	43958	47218
稻　谷	206832	210499
玉　米	4340	4398
薯　类	2639	2785
油　料	50497	52768
#花　生	3995	3709
油菜籽	44406	46713
豆　类	4987	5167
棉　花	31199	32281
生　麻	185	193
糖　类	2377	2570
烟　叶		
其他农作物	31304	21764
#饲料作物	103	99
蔬菜、食用菌及花卉盆景园艺产品	209768	230651
#蔬菜(含菜用瓜)	201704	223349
水果、坚果、茶、饮料和香料	60055	54182
水果(含果用瓜)	58107	52207
#苹　果	82	82
坚　果	144	153
茶及饮料原料	1804	1822
#茶	1804	1822
香料作物		
中草药材	240	276
林业产值	**19433**	**19845**
林木的培育和种植	10690	10961
#造　林	3869	3900
竹木采运	5014	5130
#村及村以下	2036	2074
林产品	3729	3754
牧业产值	**196019**	**204047**
牲畜饲养	15714	16814
#牛的饲养	899	1082
羊的饲养	4620	5129
其他牲畜饲养		
奶产品	10192	10600
#牛　奶	10192	10600
毛绒产品	3	3
猪的饲养	79428	80514
家禽的饲养	92767	97955
狩猎和捕捉动物		
其他畜牧业	8110	8764
#蚕　茧		
渔业产值	**310852**	**330289**
淡水产品	310852	330289
#养　殖	279122	287118
#鱼　类	91137	98171
虾蟹类	202128	213995
农林牧渔服务业	**86551**	**96888**

12－13　农作物主要产品生产和结构情况(2013年)

指　标	播种面积(公顷)	结　构(%)	产　量(吨)
农作物总播种面积	**235783**	**100.0**	
粮食作物合计	153540	65.1	1017915
#夏收粮食	44574	18.9	219843
谷　物	147136	62.4	789091
稻　谷	100477	42.6	993353
早　稻	1259	0.5	760406
中稻和一季晚稻	97211	41.2	8981
双季晚稻	2007	0.9	736130
小　麦	43546	18.5	15295
#硬粒小麦	43546	18.5	213124
软粒小麦			213124
冬小麦	43546	18.5	213124
玉　米	3113	1.3	19823
谷　子			
高　粱			
其他谷物			
#大　麦			
豆类合计	4211	1.8	8888
#大　豆	3107	1.3	6271
绿　豆	260	0.1	672
红小豆	156	0.1	178
薯　类	2193	0.9	15674
#马铃薯	765	0.3	9343
油料合计	40551	17.2	98435
#花　生	2302	1.0	5723
油菜籽	36918	15.7	90702
芝　麻	1267	0.5	2010
向日葵籽			
棉　花	9362	4.0	12715
麻类合计	109		212
#黄红麻			
苎　麻	109		212
大　麻			
糖料合计	352	0.1	15464
#甘　蔗	352	0.1	15464
烟叶合计			
#烤　烟			
药材类合计	20		
蔬菜(含菜用瓜)	24474	10.5	677500
瓜果类(果用瓜)	6679	2.8	176644
#西　瓜	3333	1.4	97282
甜　瓜	3239	1.4	77626
草　莓	107		1736
其他作物	696	0.3	
#青饲料	384	0.2	

12－14　各县区农、林、牧、渔业总产值及指数(2013年)

本表绝对数按当年价格计算,指数按可比价格计算。

地　区	绝对数(万元)					
	农林牧渔业总产值	农　业	林　业	牧　业	渔　业	农林牧渔服务业
全　市	**1315821**	**664752**	**19845**	**204047**	**330289**	**96888**
含山县	336077	165855	9104	50163	53810	57145
和　县	411792	279062	3630	70717	44280	14103
当涂县	385320	135601	4157	39364	186798	19400
花山区	22233	12965	947	6558	1223	540
雨山区	41590	22052	793	16191	1854	700
博望区	118809	49217	1214	21054	42324	5000

地　区	指　数(上年=100)					
	农林牧渔业总产值	农　业	林　业	牧　业	渔　业	农林牧渔服务业
全　市	**103.6**	**101.4**	**102.1**	**104.1**	**106.3**	**111.9**
含山县	105.2	104.5	103.6	104.5	111.2	102.7
和　县	105.2	104.8	110.4	106.6	102.4	114.0
当涂县	104.2	98.2	138.8	102.7	106.4	137.4
花山区	74.8	69.7	37.9	98.6	76.1	128.6
雨山区	94.9	90.4	123.7	99.4	95.9	116.7
博望区	102.4	98.9	271.9	99.4	103.2	138.9

12－15　各县区农、林、牧、渔业增加值及构成(2013年)

本表按当年价格计算

地　区	绝对数(万元)					
	农林牧渔业总产值	农　业	林　业	牧　业	渔　业	农林牧渔服务业
全　市	**794090**	**398963**	**11892**	**105208**	**220146**	**57881**
含山县	197120	95859	5492	24227	40270	31272
和　县	220278	155465	1840	28867	26913	7193
当涂县	254414	89047	2700	23830	124093	14744
花山区	15148	9121	623	4277	822	305
雨山区	28636	15464	571	11171	1033	397
博望区	78494	34007	666	12836	27015	3970

地　区	构　成(%)					
	农林牧渔业总产值	农　业	林　业	牧　业	渔　业	农林牧渔服务业
全　市	**100.0**	**50.2**	**1.5**	**13.3**	**27.7**	**7.3**
含山县	100.0	48.6	2.8	12.3	20.4	15.9
和　县	100.0	70.6	0.8	13.1	12.2	3.3
当涂县	100.0	35.0	1.1	9.3	48.8	5.8
花山区	100.0	60.2	4.2	28.2	5.4	2.0
雨山区	100.0	54.0	2.0	39.0	3.6	1.4
博望区	100.0	43.3	0.9	16.3	34.4	5.1

12－16　各县区耕地面积(2013 年)

单位:公顷

地　区	年初实有耕地面积	年内新增耕地面积	年内减少耕地面积	#国　家基建占地	年末实有耕地面积	水　田	水浇地
全　　市	**124744**	**256**	**560**	**291**	**124440**	**111174**	**13266**
含 山 县	34769	170	142		34797	31518	3279
和　　县	41748		133	133	41615	37011	4604
当 涂 县	34655	86	173	46	34568	30304	4264
花 山 区	2010		2	2	2008	1740	268
雨 山 区	2165		110	110	2055	1844	211
博 望 区	9397			—	9397	8756	641

12－17　各县区主要农业机械年末拥有量(2013 年)

地　区	农业机械总动力（万千瓦）	大中型拖拉机		小型拖拉机		大中型拖拉机配套农具（部）	小型拖拉机配套农具（部）	农用运输车（辆）	节水灌溉面　积（千公顷）
		数　量（台）	动　力（万千瓦）	数　量（台）	动　力（万千瓦）				
全　　市	**1378054**	**3071**	**168867**	**42005**	**240394**	**6504**	**108282**	**4376**	**12079**
含 山 县	378243	858	47147	8844	53976	2012	17400	1593	
和　　县	481744	1019	45137	25138	111613	2879	75363	1934	12079
当 涂 县	390302	671	29257	6179	59407	1127	12212	486	
花 山 区	21221	34	1680	276	1887	16	894	167	
雨 山 区	33224	147	6216	692	5084	156	854	20	
博 望 区	73320	342	39430	876	8427	314	1559	176	

12－18　各县区有效灌溉面积、农用化肥施用、用电情况(2013年)

地　区	有效灌溉面积（公顷）	机电排灌面积（公顷）	化肥施用量（吨）	#氮　肥	磷　肥	钾　肥
全　市	**147850**	**114220**	**86591**	**26632**	**6839**	**4870**
含山县	34400	25300	24668	5724	3060	1148
和　县	60240	41790	34701	8742	706	2021
当涂县	35140	34190	18569	8635	2885	1430
花山区	2290	1190	925	302	4	8
雨山区	2700	2820	1367	650	30	37
博望区	13080	8930	6361	2579	154	226

地　区	农用排灌机械（台）	农村用电量（万千瓦时）	农用塑料薄膜使用量（吨）	#地膜使用量（吨）	地膜覆盖面积（公顷）	农用柴油使用量（吨）	农药使用量（吨）
全　市	**195661**	**48152**	**2771**	**899**	**16655**	**13561**	**3720**
含山县	45534	10412	166	115	1025	1703	567
和　县	68387	15213	2102	446	12204	5416	1083
当涂县	58140	13100	317	221	1375	4746	1569
花山区	2890	3441	48	25	1226	97	26
雨山区	4215	3093	108	64	397	375	62
博望区	16495	2893	30	28	428	1224	413

12－19 各县区农作物播种面积(2013年)

单位:公顷

地区	农作物总播种面积	粮食作物播种面积							油料			
			谷物				豆类	薯类		#花生	油菜籽	芝麻
				稻谷	小麦	玉米						
全市	**235783**	**153540**	**147136**	**100477**	**43546**	**3113**	**4211**	**2193**	**40551**	**2302**	**36918**	**1267**
含山县	57230	32294	29414	24671	4219	524	1539	1341	15673	1408	13379	886
和县	86103	52488	50510	33795	16394	321	1414	564	10209	860	9073	276
当涂县	66129	49722	48611	29966	16533	2112	1006	105	10130	22	10021	87
花山区	2633	1123	840	382	342	116	183	100	950		950	
雨山区	5290	2415	2376	1926	442	8	19	20	1620		1619	1
博望区	18398	15498	15385	9737	5616	32	50	63	1969	12	1876	17

地区	棉花	麻类	糖料	中药材	蔬菜	瓜果类				其他农作物
							西瓜	甜瓜	草莓	
全市	**9362**	**109**	**352**	**20**	**24474**	**6679**	**3333**	**3239**	**107**	**696**
含山县	6240	30	226		1906	366	300	14	52	495
和县	1291	9	108		16281	5517	2285	3208	24	200
当涂县	1756		11		3977	533	505	13	15	
花山区	2		1		537	20	10		10	
雨山区	8		3		1210	34	24	4	6	
博望区	65	70	3	20	563	209	209			1

12－20　各县区主要农产品单位面积产量(2013年)

单位:公斤/公顷

地　区	粮　食	谷　物	棉　花	花　生	油菜籽	芝　麻	蔬　菜	瓜果类
全　　市	**6630**	**6751**	**1684**	**2486**	**2457**	**1586**	**27737**	**37706**
含 山 县	7842	8122	1696	2559	2490	1676	47073	37112
和　　县	6203	6328	977	2388	2321	1268	25885	27827
当 涂 县	6388	6488	2149	1955	2661	1598	22145	120084
花 山 区	4971	5586	17000		1697		44430	13050
雨 山 区	6941	6911	1625		2306	2000	26802	62588
博 望 区	6395	6393	1631	1917	2304	2000	41430	87746

12－21　各县区主要农产品产量(2013年)

单位:吨

地　区	粮　食	谷　物				豆　类	薯　类	油　料			
			#稻　谷	小　麦	玉　米				#花　生	油菜籽	芝　麻
全　　市	**1017915**	**993353**	**760406**	**213124**	**19823**	**8888**	**15674**	**98435**	**5723**	**90702**	**2010**
含 山 县	253235	238891	209897	25634	3360	3470	10874	38402	3603	33314	1485
和　　县	325606	319613	239155	78788	1670	3298	2695	23458	2054	21054	350
当 涂 县	317618	315380	216734	84355	14291	1585	653	26848	43	26666	139
花 山 区	5582	4692	3076	1366	250	313	577	1612		1612	
雨 山 区	16762	16420	14629	1735	56	54	288	3735		3733	2
博 望 区	99112	98357	76915	21246	196	168	587	4380	23	4323	34

12－21　各县区主要农产品产量(2013 年)(续)

单位:吨

地　区	棉　花	麻　类	糖　类	蔬　菜	瓜果类			
						西　瓜	甜　瓜	草　莓
全　　市	**15768**	**271**	**15691**	**678842**	**251840**	**159621**	**91802**	**1137**
含 山 县	10581	174	11865	89722	13583	11830	1335	418
和　　县	1261	18	3454	421435	153524	63345	89747	432
当 涂 县	3773		26	88070	64005	64005		
花 山 区	34		20	23859	261	36		225
雨 山 区	13		321	32431	2128	2066		62
博 望 区	106	79	5	23325	18339	18339		

12－22　各县区茶叶、水果及食用坚果生产情况(2013 年)

单位:吨

地　区	茶　叶		园林水果				食用坚果		
		#绿　茶		#苹果	#梨	#葡萄		#核桃	#板栗
全　　市	**272**	**272**	**32401**	**264**	**3458**	**10749**	**217**		**217**
含 山 县	189	189	13730	238	2417	2417	50		50
和　　县	9	9	1421		280	720	60		60
当 涂 县	2	2	13694	26	600	5295			
花 山 区	50	50	1550			1150	100		100
雨 山 区	1	1	842		121	333	7		7
博 望 区	21	21	1164		40	834			

12－23　各县区主要林业生产情况(2013年)

地　区	营林情况(公顷)						油茶籽(吨)	竹材采伐量(根)	木材采伐量(立方米)
	人工造林面积	迹地更新面积	封山育林面积	新增育苗面积	幼林抚育面积	成林抚育面积			
全　市	**6456**	**7**	**4932**	**484**	**6372**	**7268**	**88**	**90163**	**31690**
含山县	1034		1000	10		2333	88	33000	4746
和　县	1624		2333	367	6372	1867		10000	21500
当涂县	2191		1599			318		30	3789
花山区	372			72		438		35322	540
雨山区	457	7		1		756		6811	515
博望区	778			34		1556		5000	600

12－24　各县区牲畜饲养情况(2013年)

单位:头(只)

地　区	大牲畜年末头数	牛	肉猪出栏头数	猪年末头数	羊年末只数	山羊	家禽存栏(万只)
全　市	**19061**	**19061**	**356982**	**184315**	**61960**	**61960**	**793.4**
含山县	4020	4020	81810	41100	11300	11300	153
和　县	5131	5131	87125	62437	6949	6949	258.4
当涂县	347	347	98941	41023	25063	25063	201
花山区	511	511	16204	18035	2245	2245	50
雨山区	303	303	50520	7630	10553	10553	40
博望区	8749	8749	22382	14090	5850	5850	91

12－25 各县区畜产品产量(2013 年)

单位:吨

地 区	肉 类 总产量	猪牛羊肉				牛 奶	禽 蛋	蜂 蜜
			猪 肉	牛 肉	羊 肉			
全 市	**80145**	**30534**	**28730**	**392**	**1412**	**40767**	**20417**	**3250**
含 山 县	16937	7537	7158	150	229		5960	
和 县	35636	7303	7100	83	120		6046	
当 涂 县	15734	8520	7813	95	612		4150	3100
花 山 区	1914	1321	1296	3	22	1295	1516	
雨 山 区	5653	4208	3807	55	346		1278	
博 望 区	4271	1645	1556	6	83	39472	1467	150

12－26 各县区水产品产量(2013 年)

单位:吨

地 区	水产品总产量						
		养殖产量	捕捞产量	鱼 类	甲壳类	贝 类	其它类
全 市	**109307**	**23998**	**16193**	**67380**	**31141**	**9531**	**1255**
含 山 县	20200	4133	5700	12600	6100	1200	300
和 县	19130	7176	1332	15422	3578	8	122
当 涂 县	56144	10025	5144	31163	17777	6599	605
花 山 区	530	270	75	445	85		
雨 山 区	1040	340	110	926	52	62	
博 望 区	12263	2054	3832	6824	3549	1662	228

12－27　各县区受灾面积(2013年)

单位:公顷

地　区	农作物受灾情况合计		洪涝灾	
	受灾面积	绝　收	受灾面积	绝　收
全　市	**73499**	**9034**	**6407**	**91**
含山县	22260	5550	2600	30
和　县	22384	2212	2646	
当涂县	21486	978	344	
花山区	2423	16	145	
雨山区	1836	98	415	61
博望区	3110	180	257	

12－28　各县区农田水利情况(2013年)

单位:千公顷

地　区	有效灌溉面积	节水灌溉面积	机电排灌面积	除涝面积
全　市	**147.85**	**20.31**	**114.22**	**86.91**
含山县	34.4	5.39	25.3	8.58
和　县	60.24	6.04	41.79	30.18
当涂县	35.14	5.58	34.19	32.68
花山区	2.29	0.91	1.19	1.27
雨山区	2.7	0.77	2.82	2.24
博望区	13.08	1.62	8.93	11.96

12－28　各县区农田水利情况(2013 年)(续)

单位:千公顷

地　区	已建成水库总　库　容(万立方米)	全部堤防保护人口(万人)	水土流失治理面积(千公顷)	农用排灌机　　械(台)	农 作 物受灾面积(公顷)	洪涝灾(公顷)
全　　市	**16891.14**	**158.97**	**57.35**	**195661**	**73499**	**6407**
含 山 县	8784.35	9.64	27.07	45534	22260	2600
和　　县	7033.46	54.30	13.56	68387	22384	2646
当 涂 县	86.30	45.90	5.59	58140	21486	344
花 山 区	487.83	22.93	2.74	2890	2423	145
雨 山 区		15.70	3.04	4215	1836	415
博 望 区	499.2	10.5	5.35	16495	3110	257

主要统计指标解释

农林牧渔业总产值

农林牧渔业总产值是以货币表现的农林牧渔业的全部产品总量和对农林牧渔业生产活动进行的各种支持性服务活动的价值。它反映一定时期内农林牧渔业生产总规模和总成果，是观察农林牧渔业生产水平和发展速度，研究农林牧渔业内部比例关系、农林牧渔业与工业、农林牧渔业与国家建设、人民生活比例关系的重要指标，同时也是计算农林牧渔业劳动生产率和农林牧渔业增加值的基础资料。1957年以前的农业总产值中包括了厩肥和农民自给性手工业（如农民自制衣服、鞋、袜，自己从事粮食初步加工等）。1958年及以后的农业总产值，林业中增加了村及村以下竹木采伐产值；牧业中取消了厩肥产值；副业中取消了农民自给性手工业产值，增加了村及村以下办的工业产值；渔业中增加了海洋捕捞水产品产值。1980年及以后的农业总产值，在副业中增加了农民家庭兼营工业商品部分的产值。从1984年起村及村以下工业产值划归工业。从1993年起取消副业，将野生动物的捕猎划人牧业，野生植物采集和农民家庭兼营商品性工业划归农业。2003年起，取消农业中的农民家庭兼营商品性工业，增加了农林牧渔服务业。

粮食产量

指全社会的产量。包括国有经济经营的、集体统一经营的和农民家庭经营的粮食产量，还包括工矿企业办的农场和其他生产单位的产量。粮食除包括稻谷、小麦、玉米、高粱、谷子及其他杂粮外，还包括薯类和豆类。其产量计算方法，豆类按去豆荚后的干豆计算；薯类（包括甘薯和马铃薯，不包括芋头和木薯）1963年以前按每4公斤鲜薯折1公斤粮食计算，从1964年开始改为按5公斤鲜薯折1公斤粮食计算。城市郊区作为蔬菜的薯类（如马铃薯等）按鲜品计算，并且不作粮食统计。其他粮食一律按脱粒后的原粮计算。

油料产量

指全部油料作物的生产量。包括花生、油菜籽、芝麻、向日葵籽、胡麻籽（亚麻籽）和其他油料。不包括大豆、木本油料和野生油料。花生以带壳干花生计算。

水产品产量

指人工养殖的水产品和天然生长的水产品的捕捞量。包括海水的鱼类、虾蟹类、贝类和藻类以及内陆水域的鱼类、虾蟹类和贝类，不包括淡水生植物。

猪、牛、羊肉产量

指当年出栏并已屠宰、除去头蹄下水后带骨肉（即胴体重）的重量。

期初（末）畜禽存栏头（只）数

指报告期初（末）农村各种合作经济组织和国营农场、农民个人、机关、团体、学校、工矿企业、部队等单位以及城镇居民饲养的大牲畜、猪、羊、家禽等畜禽的存栏数。

耕地面积

指可以用来种植农作物、经常进行耕锄的田地，包括熟地、当年新开荒地、连续撂荒未满三年的耕地和当年的休闲地（轮歇地），还包括以种植农作物为主并附带种植桑树、茶树、果树和其他林木的土地，以及沿海、沿湖地区已围垦利用的“海涂”“湖田”等面积。不包括属于专业性的桑园、茶园、果园、果木苗圃、林地、芦苇地、天然或人工草地面积。

农作物播种面积

指实际播种或移植有农作物的面积。凡是实际种植有农作物的面积，不论种植在耕地上还是种植在非耕地上，均包括在农作物播种面积中。在播种季节基本结束后，因遭灾而重新改种和补种的农作物面积，也包括在内。

有效灌溉面积

指具有一定的水源，地块比较平整，灌溉工程或设备已经配套，在一般年景下当年能够进行正常灌溉的耕地面积。

农用化肥施用量

指本年内实际用于农业生产的化肥数量，包括氮肥、磷肥、钾肥和复合肥。化肥施用量要求按折纯量计算数量。折纯量是指把氮肥、磷肥、钾肥分别按含氮、含五氧化二磷、含氧化钾的百分之一百成份进行折算后的数量。复合肥按其所含主要成分折算。

农业机械总动力

指主要用于农、林、牧、渔业的各种动力机械的动力总和。包括耕作机械、排灌机械、收获机械、农用运输机械、植物保护机械、牧业机械、林业机械、渔业机械和其他农业机械〔内燃机按引擎马力折成瓦（特）计算、电动机按功率折成瓦（特）计算〕。不包括专门用于乡、镇、村、组办工业、基本建设、非农业运输、科学试验和教学等非农业生产方面用的动力机械与作业机械。

农林牧渔业劳动力

指全社会直接参加农林牧渔业生产活动的劳动力。

十三、工　业

简要说明

一、本篇主要包括以下几部分汇总资料：

1．全部工业企业按登记注册类型、行业分组的企业单位数和工业总产值。

2．全部年主营业务收入在2000万元及以上的工业企业按地区和行业分组的主要经济指标和经济效益指标，主要包括工业总产值、工业增加值、资本金、流动资产、固定资产、流动负债、所有者权益、主营业务收入、主营业务税金及附加、利润总额、应交增值税、总资产贡献率、资产负债率、成本费用利润率、流动资产周转次数、产品销售率等指标。

3．大中型工业企业的主要经济指标。

4．主要工业产品产量。

二、1998年开始工业统计范围为全部国有企业及年主营业务收入在500万元及以上的工业法人单位，2011年开始工业统计范围为年主营业务收入在2000万元及以上的工业法人单位。与历史年份具有不可比性。

三、行业分类从2012年开始按照规定执行新的《国民经济行业分类》(GB/T4854—2011)。

四、本篇资料由市统计局工业及建设统计科整理。

13－1　主要年份规模以上工业企业单位数和总产值

指　标		1995	2000	2005	2010	2011	2012	2013
企业单位数	（个）	**105**	**120**	**341**	**1014**	**639**	**750**	**895**
在总计中：								
国有及国有控股企业		39	40	39	47	37	44	49
在总计中：								
集体企业		55	48	22	20	7	10	7
私营企业			10	198	806	475	557	755
港澳台商投资企业		1	3	14	26	17	19	20
外商投资企业		2	7	30	42	28	33	35
工业总产值	（万元）	**957700**	**1324101**	**5376539**	**14978617**	**17899170**	**20169517**	**23773898**
在总计中：								
国有及国有控股企业		199134	1160049	4385018	9173880	10028703	9870567	10678324
在总计中：								
集体企业		85693	88714	43175	47442	34429	44900	51428
私营企业			16800	534564	4145247	4753723	6537258	9913161
港澳台商投资企业		569	11089	91772	300861	355233	415773	519037
外商投资企业		4692	30935	224028	1726760	1377013	1400921	1649469

注:1. 本篇2010年及以后年份数据为新区划口径,其他年份为原区划口径;
2. 工业总产值按当年价格计算。

13－2　主要年份规模以上工业增加值

本表按当年价格计算　　单位:万元

年　份	工业增加值	内资企业	#国有及国有控股企业	#集体企业	私营企业	港澳台商投资企业	外商投资企业
1995	336571	334919	86469	20875		842	810
2000	493745	486748	458259	22139	2531	1897	5100
2002	676714	664144	616956	16223	10760	1299	11271
2003	988324	973209	917235	10144	33106	2444	12671
2004	1514762	1484828	1369306	14343	89104	7588	22346
2005	1962014	1872987	1679600	11309	133539	33576	55451
2006	2153917	1967443	1784029	14924	168903	56864	129610
2007	2966989	2670928	2450270	19695	275346	49677	246384
2008	3740745	3386982	2850317	21077	560774	66302	287461
2009	3575570	3232331	2480471	17363	642457	52201	291038
2010	4224205	3720119	2505926	17361	1077610	79330	424756
2011	4253986	3839362	2261276	12441	1213026	93508	321116
2012	4842822	4409048	2331076	15268	1579632	97815	335959
2013	5784870	5262875	2601744	18097	2387994	122339	399656

13－3　主要年份规模以上工业企业工业增加值

单位:万元

行　业	1995	2000	2005	2008	2010	2011	2012	2013
总　计	**336571**	**493745**	**1962014**	**3740745**	**4224205**	**4253986**	**4842822**	**5784870**
总计中:								
内资企业	334919	486748	1872987	3386982	3720119	3839362	4409048	5262875
国有企业	86469	119337	89251	90152	109168	183451	374175	128500
集体企业	20875	22139	11309	21077	17361	12441	15268	18097
股份合作企业	227386	3281	5465	6183	21285	18255	14073	2376
联营企业		675	676	208	465	352		
有限责任公司		49849	264582	396705	605071	603797	680274	1053607
股份有限公司		288936	1368166	2311883	1886506	1717013	1653430	1672301
私营企业		2531	133539	560774	1077610	1213026	1579632	2387994
其他企业	190				2653	91027	92196	
港澳台商投资企业	842	1897	33576	66302	79330	93508	97815	122339
外商投资企业	810	5100	55451	287461	424756	321116	335959	399656
总计中:								
独资企业	1077757	146327	136370	226171	406030	529314	751243	437441
合作合伙企业	228228	3956	8212	6962	30948	121706	195916	121634
股份有限公司		288936	1373699	2398367	2127718	1888811	1862623	2117033
有限责任公司	586	54616	443733	1149245	1659509	1714155	2033041	3108762
总计中:								
国有及国有控股企业	86469	458259	1679600	2850317	2505926	2261276	2331076	2601744
总计中:								
轻工业	17750	29715	96694	206924	406705	464443	590776	774395
重工业	318821	464030	1865320	3533821	3817500	3789543	4252046	5010475
总计中:								
大型企业	275122	438035	1429740	2537784	2033631	1955239	1870290	2084270
中型企业	37888	27350	343053	504546	853680	766699	918206	1227775
小型企业	23561	28360	189220	698414	1336895	1532048	2054326	2472825

13－4　主要年份各县区规模以上工业企业工业增加值

单位:万元

地　区	1995	2000	2005	2008	2010	2011	2012	2013
全　市	**336571**	**493745**	**1962014**	**3740745**	**4224205**	**4253986**	**4842822**	**5784870**
含山县	—	—	—	—	159773	244765	326107	410459
和　县	—	—	—	—	215133	287647	352582	472767
当涂县	14115	14163	123988	472275	826296	954791	1058809	1353988
花山区	43092	103691	104706	367467	646256	703464	830007	949757
雨山区	11327	19234	7056	129830	609969	645719	814431	1048267
博望区	—	—	—	—	—	—	254179	330297
马　钢	268036	356657	1460349	2288275	1766778	1417599	1206706	1219335

注:本篇花山区数据为新区划口径,下同。

13－5　分行业规模以上工业企业工业增加值(2013年)

单位:万元

行　业	2013
总　计	**5784870**
黑色金属矿采选业	468231
非金属矿采选业	28749
农副食品加工业	194849
食品制造业	155330
酒、饮料和精制茶制造业	32122
纺织业	18876
纺织服装、服饰业	60031
皮革、毛皮、羽毛及其制品和制鞋业	12740
木材加工和木、竹、藤、棕、草制品业	11537
家具制造业	12950
造纸和纸制品业	73580
印刷和记录媒介复制业	9634
文教、工美、体育和娱乐用品制造业	12181
石油加工、炼焦和核燃料加工业	49672
化学原料和化学制品制造业	228697
医药制造业	22575
橡胶和塑料制品业	42847
非金属矿物制品业	361171
黑色金属冶炼和压延加工业	1873758
有色金属冶炼和压延加工业	39129
金属制品业	289176
通用设备制造业	400969
专用设备制造业	127755
汽车制造业	233517
铁路、船舶、航空航天和其他运输设备制造业	95386
电气机械和器材制造业	125691
计算机、通信和其他电子设备制造业	46275
仪器仪表制造业	14749
其他制造业	18764
废弃资源综合利用业	263629
电力、热力生产和供应业	420763
金属制品、机械和设备修理业	1000
燃气生产和供应业	17527
水的生产和供应业	21009

13－6　规模以上工业企业

行　　业	企业单位数 （个）	工业总产值 （现价）	工业销售产值 （现价）	# 出口交货值
总　计	**895**	**23773898**	**23125718**	**740694**
总计中：				
内资企业	840	21605393	21104329	629151
国有企业	2	620630	612696	
集体企业	7	51428	51130	
股份合作企业	1	9945	9945	
联营企业				
有限责任公司	57	3530417	3495331	133574
股份有限公司	18	7479812	7317461	254574
私营企业	755	9913161	9617766	241003
其他企业				
港澳台商投资企业	20	519037	482444	4218
外商投资企业	35	1649469	1538945	107325
总计中：				
国有及国有控股企业	49	10678324	10514427	319651
总计中：				
轻工业	209	3484751	3291921	188005
重工业	686	20289147	19833797	552689
总计中：				
大型企业	14	8868402	8597957	346257
中型企业	77	4768582	4641636	165327
小型企业	804	10136915	9886126	229110
按行业分				
黑色金属矿采选业	23	1001993	941462	
非金属矿采选业	13	115597	100874	
农副食品加工业	55	1207386	1173323	4659
食品制造业	11	622533	529380	33264
酒、饮料和精制茶制造业	7	86021	80493	
纺织业	8	82858	80644	29341
纺织服装、服饰业	43	227225	224416	43806
皮革、毛皮、羽毛及其制品和制鞋业	5	44628	38776	15564
木材加工和木、竹、藤、棕、草制品业	8	55681	51675	
家具制造业	8	53352	52689	
造纸和纸制品业	6	334244	326385	
印刷和记录媒介复制业	4	33188	30881	
文教、工美、体育和娱乐用品制造业	8	50185	50426	18374
石油加工、炼焦和核燃料加工业	2	351786	351550	
化学原料和化学制品制造业	44	899493	838814	65983
医药制造业	7	79702	73963	824
橡胶和塑料制品业	19	178335	172333	14845
非金属矿物制品业	106	1276167	1240893	26802
黑色金属冶炼和压延加工业	99	8585138	8501488	212641
有色金属冶炼和压延加工业	15	237157	231620	4706
金属制品业	105	1079966	1051104	34796
通用设备制造业	129	1529534	1491646	81437
专用设备制造业	45	480704	458503	22456
汽车制造业	30	1113720	1058892	78955
铁路、船舶、航空航天和其他运输设备制造业	11	520381	509957	
电气机械和器材制造业	36	520878	494238	39809
计算机、通信和其他电子设备制造业	17	162671	140613	12432
仪器仪表制造业	6	44502	42887	
其他制造业	3	68333	66806	
废弃资源综合利用业	10	1021276	1020562	
金属制品、机械和设备修理业	1	4919	4919	
电力、热力生产和供应业	6	1585248	1585169	
燃气生产和供应业	3	73827	64313	
水的生产和供应业	2	45272	44025	

主要经济指标(2013 年)

单位:万元

资产合计	流动资产合计	# 存货	# 产成品	固定资产合计	固定资产原价	固定资产累计折旧
22705099	**9551849**	**2480153**	**827066**	**8757021**	**13574153**	**5973912**
21410982	8923535	2305055	776113	8316731	12917141	5742911
280611	8628	632	332	240946	420496	179550
47058	25653	2923	218	7587	12484	5654
925	653	121	52	273	342	69
4967991	1676292	322716	128026	1385544	2168634	869947
10795793	4221109	1242286	301739	5169149	8408402	4165572
5318605	2991200	736377	345746	1513232	1906784	522120
458368	153176	36662	9895	161663	204453	47302
835749	475139	138436	41058	278627	452559	183699
14149494	5216916	1454704	400504	6381926	10403084	5024305
2914799	1036082	279305	107686	861926	1201384	367554
19790301	8515767	2200847	719380	7895095	12372770	5606358
13588628	5039435	1366429	359594	5305479	8866872	4518507
4380408	1745458	429024	165812	2095588	2923723	918741
4736064	2766956	684700	301661	1355954	1783559	536664
2647017	679016	26673	10385	226792	479001	254740
80355	35160	10817	9449	22300	34370	12495
634376	282279	89044	32379	185587	238738	68627
195894	42177	22108	1701	110711	177940	66996
51651	23331	11508	3249	23943	39620	15900
50241	18715	8015	2909	14720	17570	4852
80055	40919	8726	4321	29569	38286	10532
5877	3071	536	307	2537	2620	547
26192	13733	5256	2198	6071	7278	1823
13472	7976	3883	1358	4335	5181	857
1185942	299888	32617	18462	246071	381923	136300
13062	9605	3104	2628	2579	3349	1261
22479	9227	2802	1834	12449	14163	2566
34847	22034	29119	28972	10367	9383	1134
1031974	503794	124835	44881	351583	501898	160149
55663	32455	5071	2584	18186	26086	8011
120781	65704	18858	13816	35048	41040	9245
1227920	598984	98337	33058	482623	661431	211772
8843269	3770759	1253335	287700	4548733	7719036	4017271
117253	76048	24165	6719	20977	26743	7050
846718	582920	131019	65579	155166	218673	73978
1251073	734026	232368	115776	340825	489229	170977
270753	155881	40515	9607	77622	104870	31495
1400997	720667	115895	63620	385385	316843	75436
103079	58256	18792	200	30918	30300	8193
383905	208564	59391	35255	106313	133588	30458
141388	90272	12001	6379	34403	44062	12825
16128	8923	3685	1899	6098	6673	1612
85190	46602	8778	275	13346	15305	1959
213504	195527	44521	19566	16819	19564	4478
7511	4780	840		2731		
1376661	139528	29222		1155115	1670541	545560
74804	23411	614		40355	52300	14313
95068	47618	3705		36748	46551	10501

13－6　规模以上工业企业

行　　业	负债合计	#流动负债	非流动负债	所有者权益	#实收资本
总　计	**13028616**	**9265004**	**2807922**	**9632033**	**4693767**
总计中：					
内资企业	12281826	8602992	2737638	9085810	4237607
国有企业	262899	262180	720	17711	2500
集体企业	20310	20310		26708	2054
股份合作企业	412			513	390
联营企业					
有限责任公司	2802746	2070589	648469	2155971	1541365
股份有限公司	6353656	4053126	1965917	4442137	1605689
私营企业	2841802	2196787	122532	2442771	1085610
其他企业					
港澳台商投资企业	225510	191774	27773	232755	131748
外商投资企业	521281	470238	42511	313468	324412
总计中：					
国有及国有控股企业	8638180	5940380	2321240	5502380	2574371
总计中：					
轻工业	1390527	994589	316562	1519744	764417
重工业	11638090	8270415	2491359	8112289	3929350
总计中：					
大型企业	7798396	5305917	2119909	5790231	2528443
中型企业	2637540	1770914	589774	1724735	919958
小型企业	2592680	2188172	98239	2117066	1245367
按行业分					
黑色金属矿采选业	1498826	1183906	302006	1147953	795850
非金属矿采选业	21991	18383	835	57748	8222
农副食品加工业	330104	276667	19141	302291	119767
食品制造业	74668	67185	5512	121227	58767
酒、饮料和精制茶制造业	32825	31523	1302	18713	23633
纺织业	21204	17284	3734	29037	19462
纺织服装、服饰业	41958	32743	267	37861	17106
皮革、毛皮、羽毛及其制品和制鞋业	1779	1429	350	4098	1158
木材加工和木、竹、藤、棕、草制品业	12837	9222	1179	12511	4830
家具制造业	6886	6513		6586	5696
造纸和纸制品业	493846	233379	260209	692097	392294
印刷和记录媒介复制业	5119	4309	100	7794	3010
文教、工美、体育和娱乐用品制造业	7926	7921	5	14553	3737
石油加工、炼焦和核燃料加工业	27046	27046		7801	11000
化学原料和化学制品制造业	402724	363753	29009	627057	279298
医药制造业	18330	17523	51	37033	23416
橡胶和塑料制品业	46513	33481	7035	73968	24076
非金属矿物制品业	662856	541316	57845	557701	303517
黑色金属冶炼和压延加工业	5753539	3985479	1516120	3086897	1185101
有色金属冶炼和压延加工业	78409	59234	695	38844	24146
金属制品业	415698	377436	12006	425977	240648
通用设备制造业	609499	416471	66837	624261	289783
专用设备制造业	149188	139047	5000	120254	56190
汽车制造业	626134	283981	39442	773853	152017
铁路、船舶、航空航天和其他运输设备制造业	56420	40752		46659	15412
电气机械和器材制造业	243542	157080	27878	138498	80581
计算机、通信和其他电子设备制造业	38612	33666	4325	102162	60958
仪器仪表制造业	9456	8372	249	6544	6288
其他制造业	33802	33802		51389	9470
废弃资源综合利用业	176314	176314		37190	123323
金属制品、机械和设备修理业	7511	3523			5000
电力、热力生产和供应业	1020908	593167	427741	355753	311411
燃气生产和供应业	38250	24791	13459	36554	13600
水的生产和供应业	63897	58307	5590	31171	25000

主要经济指标(2013年)(续)

单位:万元

主营业务收入	主营业务成本	主营业务税金及附加	利润总额	本年应付职工薪酬	本年应交增值税
25817115	**22735317**	**123983**	**1512031**	**924712**	**776958**
23709564	20963672	108423	1277753	865316	679487
610970	73730	2402	28660	17925	16025
45985	36350	1037	3186	5596	3755
2196	1818	36	157	100	14
3514440	3052561	21877	332014	174425	169465
9983755	9416540	30674	158261	378749	207212
9552217	8382673	52398	755476	288522	283016
473521	402588	2282	50434	16321	23432
1634030	1369058	13278	183844	43076	74039
13190657	11750767	53111	467232	519238	349896
3247341	2732316	33227	211361	154837	129575
22569774	20003001	90757	1300670	769876	647383
11424113	10605904	46029	258861	475927	273585
4693773	3510094	18625	546335	198654	166352
9699230	8619320	59329	706835	250131	337021
1037574	856205	8577	80437	90711	46890
97345	69598	4484	6508	7079	4506
1112547	987380	3870	65042	25638	35304
544869	399285	11976	52086	20653	25847
74757	57815	9274	2570	6811	2429
76670	67758	575	4204	3465	1516
221816	198025	1265	7082	31688	9733
37333	32604	389	2650	1163	2105
51846	46080	331	6087	1953	1519
52176	49336	146	2651	1541	2119
339889	307484	165	-3488	16483	26750
30473	22321	202	2885	1530	1179
52125	43519	415	5915	2297	2223
349029	325435	363	8003	1449	7160
844352	661449	2695	121868	39721	32521
75715	44849	2660	7522	3586	3390
165576	134948	2003	12620	7557	6578
1156867	975735	7292	103556	52709	46529
11272613	10641757	28182	398482	357232	251190
236569	222321	820	3342	4657	3461
997460	888446	4360	54391	36212	25373
1431732	1208856	6531	117351	74360	34470
451132	385157	2340	39682	18870	17809
1149987	1050958	6679	97536	26042	15178
517661	488453	964	38173	5087	28380
489805	421561	7054	42873	18751	18181
137248	111726	961	4477	9465	3209
41526	31836	570	6323	1587	2445
66532	60598	142	2344	2178	710
1020527	992727	2344	39022	5786	62535
4965	5397	209	-1012	3755	114
1571616	853884	3940	164878	35378	50833
64313	56388	503	9508	4037	4105
42471	35430	1702	6463	5280	669

13－7　规模以上工业企业主要

行　　　业	总资产贡献率(%)	资产负债率(%)
总　　计	**11.93**	**57.38**
总计中:		
内资企业	10.97	57.36
国有企业	16.77	93.69
集体企业	17.17	43.16
股份合作企业	22.39	44.56
联营企业		
有限责任公司	11.67	56.42
股份有限公司	5.11	58.85
私营企业	21.84	53.43
其他企业		
港澳台商投资企业	17.58	49.20
外商投资企业	33.56	62.37
总计中:		
国有及国有控股企业	7.46	61.05
总计中:		
轻工业	14.20	47.71
重工业	11.60	58.81
总计中:		
大型企业	5.42	57.39
中型企业	18.47	60.21
小型企业	24.58	54.74
按行业分		
黑色金属矿采选业	5.83	56.62
非金属矿采选业	19.90	27.37
农副食品加工业	18.28	52.04
食品制造业	46.00	38.12
酒、饮料和精制茶制造业	29.00	63.55
纺织业	13.94	42.20
纺织服装、服饰业	23.31	52.41
皮革、毛皮、羽毛及其制品和制鞋业	90.27	30.28
木材加工和木、竹、藤、棕、草制品业	31.22	49.01
家具制造业	37.83	51.11
造纸和纸制品业	3.61	41.64
印刷和记录媒介复制业	33.90	39.19
文教、工美、体育和娱乐用品制造业	40.37	35.26
石油加工、炼焦和核燃料加工业	47.60	77.61
化学原料和化学制品制造业	15.94	39.02
医药制造业	24.18	32.93
橡胶和塑料制品业	18.75	38.51
非金属矿物制品业	13.92	53.98
黑色金属冶炼和压延加工业	9.12	65.06
有色金属冶炼和压延加工业	8.72	66.87
金属制品业	10.96	49.10
通用设备制造业	13.83	48.72
专用设备制造业	23.11	55.10
汽车制造业	8.99	44.69
铁路、船舶、航空航天和其他运输设备制造业	66.77	54.73
电气机械和器材制造业	19.02	63.44
计算机、通信和其他电子设备制造业	6.16	27.31
仪器仪表制造业	58.97	58.63
其他制造业	3.87	39.68
废弃资源综合利用业	51.96	82.58
金属制品、机械和设备修理业	-9.17	100.00
电力、热力生产和供应业	19.03	74.16
燃气生产和供应业	19.11	51.13
水的生产和供应业	9.33	67.21

经济效益指标(2013年)

流动资产周转次数(次/年)	工业成本费用利润率(%)	产品销售率(%)
2.72	**6.21**	**97.27**
2.67	5.71	97.68
70.97	35.90	98.72
1.80	7.07	99.42
3.37	7.86	100.00
2.15	9.65	99.01
2.37	1.60	97.83
3.20	8.46	97.02
3.17	11.35	92.95
3.48	12.24	93.30
2.55	3.73	98.47
3.15	6.99	94.47
2.67	6.10	97.76
2.28	2.29	96.95
2.74	14.11	97.34
3.51	7.72	97.53
1.54	7.87	93.96
2.79	7.56	87.26
3.95	6.19	97.18
13.13	11.40	85.04
3.53	3.37	93.57
4.10	5.74	97.33
5.42	3.29	98.76
12.16	7.63	86.89
3.78	12.71	92.81
6.54	5.23	98.76
1.14	-0.99	97.65
3.17	10.11	93.05
5.65	12.90	100.48
15.84	2.41	99.93
1.70	16.40	93.25
2.33	11.51	92.80
2.52	8.49	96.63
2.02	9.21	97.24
2.99	3.60	99.03
3.11	1.43	97.67
1.73	5.65	97.33
1.96	8.89	97.52
2.90	9.50	95.38
1.65	8.54	95.08
8.89	7.60	98.00
2.35	9.46	94.89
1.54	3.52	86.44
4.65	18.13	96.37
1.43	3.70	97.77
5.22	3.81	99.93
1.04	-17.56	100.00
11.36	17.73	100.00
3.15	14.89	87.11
0.90	15.90	97.25

13－8　国有控股工业企业

行　　业	企业单位数（个）	工业总产值（现价）	工业销售产值（现价）	#出口交货值
总　　计	**49**	**10678324**	**10514427**	**319651**
总计中：				
内资企业	42	10569846	10408980	319457
国有企业	2	620630	612696	
集体企业				
股份合作企业				
联营企业				
有限责任公司	30	3167747	3146425	132702
股份有限公司	10	6781468	6649859	186755
私营企业				
其他企业				
港澳台商投资企业	2	7773	5473	194
外商投资企业	5	100705	99975	
总计中：				
轻工业	6	102669	102908	28032
重工业	43	10575656	10411520	291619
总计中：				
大型企业	8	7673175	7534432	261957
中型企业	20	1857886	1843846	37625
小型企业	21	1147263	1136149	20068
按行业分				
黑色金属矿采选业	2	657714	605936	
非金属矿采选业	1	19483	11549	
食品制造业	1	32275	32613	28032
酒、饮料和精制茶制造业	2	28038	27836	
纺织服装、服饰业	1	5141	5141	
造纸和纸制品业	1	24162	24265	
化学原料和化学制品制造业	1	15490	15678	
非金属矿物制品业	7	305872	310845	19874
黑色金属冶炼和压延加工业	4	6294643	6234945	184354
金属制品业	6	139412	136122	6998
通用设备制造业	6	174118	182343	
专用设备制造业	1	5946	5946	
汽车制造业	3	870385	828639	77797
电气机械和器材制造业	2	138167	130354	
计算机、通信和其他电子设备制造业	2	37136	33121	2595
废弃资源综合利用业	1	298641	298641	
金属制品、机械和设备修理业	1	4919	4919	
电力、热力生产和供应业	5	1581512	1581512	
水的生产和供应业	2	45272	44025	

主要经济指标(2013 年)

单位:万元

资产合计	流动资产合计	# 存货	# 产成品	固定资产合计	固定资产原价	固定资产累计折旧
14149494	**5216916**	**1454704**	**400504**	**6381926**	**10403084**	**5024305**
13995911	5103865	1438375	394786	6346974	10350822	5005003
280611	8628	632	332	240946	420496	179550
4575379	1504812	266092	113104	1231127	1989756	833741
9139921	3590425	1171652	281350	4874900	7940570	3991712
27464	7196	2463	350	17144	21988	5183
126120	105854	13866	5369	17808	30274	14119
129395	42669	14218	1914	72645	117491	44239
14020099	5174247	1440486	398589	6309281	10285592	4980066
11725798	4453159	1275482	337657	4881668	8199270	4274712
1964555	465219	109456	46824	1379747	1998565	662166
459141	298538	69767	16022	120511	205248	87427
2469116	576464	15623	5164	178243	414941	236507
20464	7670	620	332	12336	21703	9367
19025	1849	1549	1277	15719	30021	13505
27543	11583	7464	271	13351	27902	14741
7019	3242	1		3684	4552	868
21550	7725	2833	367	10923	16245	5322
34016	25694	6073	328	1783	3015	1232
306287	143795	12872	2624	149934	238322	88727
7917098	3153387	1132290	256804	4349259	7437195	3921006
200405	163380	47138	35598	34730	63415	28686
240831	155253	72721	27784	72183	132960	73055
4897	4713	1021	964	46	107	61
1225719	633623	78638	56758	326396	265904	64205
57169	36151	12834	9392	10920	16866	5947
66600	45180	5192	2842	10592	16658	6067
55875	55309	24068		566	608	42
7511	4780	840		2731		
1373304	139502	29222		1151784	1666119	544469
95068	47618	3705		36748	46551	10501

13－8 国有控股工业企业

行　业	负债合计	#流动负债	非流动负债	所有者权益	#实收资本
总　计	**8638180**	**5940380**	**2321240**	**5502380**	**2574371**
总计中：					
内资企业	8537079	5840279	2320240	5449898	2535368
国有企业	262899	262180	720	17711	2500
集体企业					
股份合作企业					
联营企业					
有限责任公司	2536792	1836699	622182	2029653	1468343
股份有限公司	5737388	3741400	1697339	3402533	1064525
私营企业					
其他企业					
港澳台商投资企业	14666	14666		12798	21705
外商投资企业	86435	85435	1000	39685	17298
总计中：					
轻工业	76195	70575	5620	53200	43917
重工业	8561985	5869805	2315621	5449180	2530454
总计中：					
大型企业	7059533	4849738	1837225	4666265	1842270
中型企业	1283339	808021	471329	674433	540177
小型企业	295308	282621	12687	161682	191924
按行业分					
黑色金属矿采选业	1385364	1090550	294814	1083752	766628
非金属矿采选业	2752	2752		17711	2500
食品制造业	5247	5247		13778	3500
酒、饮料和精制茶制造业	21002	21002		6540	19317
纺织服装、服饰业	1550	1510	40	5469	100
造纸和纸制品业	12553	12553		8997	6000
化学原料和化学制品制造业	15004	14254	750	19012	4455
非金属矿物制品业	167433	147191	20241	138854	84400
黑色金属冶炼和压延加工业	5097774	3593528	1504246	2819324	914023
金属制品业	84062	83062	1000	116343	101770
通用设备制造业	131127	35784	21420	102636	102980
专用设备制造业	3765	3765		1132	600
汽车制造业	518156	181343	38165	707563	109574
电气机械和器材制造业	41067	36506	4561	14237	7644
计算机、通信和其他电子设备制造业	15974	13300	2672	50626	10469
废弃资源综合利用业	44402	44402		11473	100000
金属制品、机械和设备修理业	7511	3523			5000
电力、热力生产和供应业	1019541	591800	427741	353763	310411
水的生产和供应业	63897	58307	5590	31171	25000

主要经济指标(2013 年)(续)

单位:万元

主营业务收入	主营业务成本	主营业务税金及附加	利润总额	本年应付职工薪酬	本年应交增值税
13190657	**11750767**	**53111**	**467232**	**519238**	**349896**
13084562	11654974	52653	463296	512131	344472
610970	73730	2402	28660	17925	16025
3154400	2756293	20372	299012	148687	159021
9319192	8824951	29879	135625	345520	169427
5627	6022	6	-2469	778	589
100468	89771	452	6405	6329	4835
91641	75579	3743	515	14430	4743
13099016	11675189	49368	466717	504808	345154
10296282	9695713	33851	190308	425002	204884
1772958	1005689	10105	180663	73795	65804
1121417	1049365	9155	96261	20440	79209
704040	570503	4273	53187	79892	37593
10386	4875	304	245	3401	1209
29879	27957	189	-2023	3352	1389
22317	17773	3254	-2676	4293	2036
5141	1245	83	1300	394	687
24265	21394	83	495	2061	95
14268	9756	30	2468	737	325
275128	226817	2502	32359	12335	12565
8798937	8414591	23526	103290	318930	169460
124841	112839	586	4128	9650	4948
177384	162166	637	7912	16947	3461
5946	5032	15	307	389	142
921852	845458	5654	80076	13911	6545
130344	118122	5183	11316	3213	6513
31850	26631	119	3044	3555	690
298641	293855	858	1812	1837	50778
4965	5397	209	-1012	3755	114
1568003	850930	3905	164542	35305	50675
42471	35430	1702	6463	5280	669

13－9 国有控股工业企业主要

行　　业	总资产贡献率(%)	资产负债率(%)
总　计	**7.46**	**61.05**
总计中:		
内资企业	7.47	61.00
国有企业	16.77	93.69
集体企业		
股份合作企业		
联营企业		
有限责任公司	11.59	55.44
股份有限公司	5.12	62.77
私营企业		
其他企业		
港澳台商投资企业	-6.20	53.40
外商投资企业	9.85	68.53
总计中:		
轻工业	7.31	58.89
重工业	7.47	61.07
总计中:		
大型企业	4.80	60.21
中型企业	15.40	65.32
小型企业	41.48	64.32
按行业分		
黑色金属矿采选业	4.53	56.11
非金属矿采选业	8.47	13.45
食品制造业	-1.83	27.58
酒、饮料和精制茶制造业	10.21	76.25
纺织服装、服饰业	28.41	22.09
造纸和纸制品业	3.06	58.25
化学原料和化学制品制造业	8.79	44.11
非金属矿物制品业	16.40	54.67
黑色金属冶炼和压延加工业	5.16	64.39
金属制品业	5.12	41.95
通用设备制造业	5.32	54.45
专用设备制造业	9.47	76.88
汽车制造业	7.98	42.27
电气机械和器材制造业	44.13	71.83
计算机、通信和其他电子设备制造业	5.59	23.98
废弃资源综合利用业	100.12	79.47
金属制品、机械和设备修理业	-9.17	100.00
电力、热力生产和供应业	19.03	74.24
水的生产和供应业	9.33	67.21

经济效益指标(2013年)

流动资产周转次数(次/年)	工业成本费用利润率(%)	产品销售率(%)
2.55	**3.73**	**98.47**
2.59	3.73	98.48
70.97	35.90	98.72
2.15	9.64	99.33
2.60	1.47	98.06
0.83	-33.17	70.41
0.98	6.33	99.27
2.35	0.52	100.23
2.55	3.76	98.45
2.32	1.85	98.19
3.95	15.37	99.24
3.76	8.82	99.03
1.23	7.44	92.13
1.46	2.25	59.28
16.19	-6.77	101.05
2.58	-8.59	99.28
1.59	33.86	100.00
3.23	2.02	100.43
0.56	20.20	101.21
2.18	11.18	101.63
2.79	1.18	99.05
0.79	3.22	97.64
1.14	4.72	104.72
1.26	5.60	100.00
1.51	8.66	95.20
3.61	9.04	94.35
0.71	9.49	89.19
5.40	0.61	100.00
1.04	-17.56	100.00
11.34	17.76	100.00
0.90	15.90	97.25

13－10　外商投资和港澳台投资

行　业	企业单位数（个）	工业总产值（现价）	工业销售产值（现价）	#出口交货值
总　计	**55**	**2168505**	**2021389**	**111544**
总计中：				
港澳台商投资企业	20	519037	482444	4218
外商投资企业	35	1649469	1538945	107325
总计中：				
轻工业	16	836703	730913	40847
重工业	39	1331802	1290476	70696
总计中：				
大型企业	3	653197	551460	21077
中型企业	8	824301	802591	16905
小型企业	44	691007	667339	73562
按行业分				
农副食品加工业	2	153942	144068	
食品制造业	1	445905	353657	
纺织业	1	14569	13987	13987
纺织服装、服饰业	2	14688	14688	3743
皮革、毛皮、羽毛及其制品和制鞋业	2	17943	17943	15564
文教、工美、体育和娱乐用品制造业	2	7086	7086	
化学原料和化学制品制造业	7	249073	247941	1495
医药制造业	1	25320	23295	
橡胶和塑料制品业	1	4091	4020	4020
非金属矿物制品业	5	49237	48827	
黑色金属冶炼和压延加工业	5	641793	628923	28078
金属制品业	7	87824	86499	6395
通用设备制造业	4	84261	83513	30283
专用设备制造业	2	5999	5794	2080
汽车制造业	2	6061	6061	1157
电气机械和器材制造业	2	42254	41359	
计算机、通信和其他电子设备制造业	5	74981	59766	4743
废弃资源综合利用业	1	169651	169651	
燃气生产和供应业	3	73827	64313	

工业企业主要经济指标(2013年)

单位:万元

资产合计	流动资产合计	# 存货	# 产成品	固定资产合计	固定资产原价	固定资产累计折旧
1294117	**628314**	**175098**	**50953**	**440290**	**657012**	**231001**
458368	153176	36662	9895	161663	204453	47302
835749	475139	138436	41058	278627	452559	183699
441242	120792	43877	7648	160111	221112	64621
852875	507522	131221	43305	280178	435900	166381
388181	112628	34817	6375	126866	203328	76466
376277	221586	77271	8968	122430	157122	39269
529659	294101	63010	35610	190993	296562	115267
205956	45673	14665	1281	52114	61698	9590
109254	17998	9513		56168	98964	42796
13214	7611	3643	1172	5165	5134	1660
10454	3370	2512	1721	6186	7582	1944
2257	1004	123	61	985	1098	113
3780	2143	145	90	1637	1796	159
215924	104158	25306	6763	93910	159000	68714
17004	12490	1430	1155	1431	3286	1855
5734	2090	460		3644	3646	185
55005	29950	3516	2631	20944	30033	9474
261228	181649	66266	6327	66952	117142	50677
128132	97843	12963	4151	18625	28442	9828
39742	16645	6077	2209	20452	26619	6167
15789	9935	2525	641	5583	8180	3474
7814	4793	944	552	2955	2266	985
74787	29345	6769	5753	31627	36421	4794
28017	14335	2102	952	10208	11602	3820
25221	23872	15525	15494	1349	1804	455
74804	23411	614		40355	52300	14313

13－10 外商投资和港澳台投资工业

行　　业	负债合计	#流动负债	非流动负债	所有者权益	#实收资本
总　　计	**746790**	**662012**	**70284**	**546223**	**456160**
总计中:					
港澳台商投资企业	225510	191774	27773	232755	131748
外商投资企业	521281	470238	42511	313468	324412
总计中:					
轻工业	198059	176843	16056	243180	117979
重工业	548731	485169	54229	303043	338181
总计中:					
大型企业	216765	201059	15706	171416	173593
中型企业	262423	223973	32515	113851	50803
小型企业	267602	236979	22064	260956	231764
按行业分					
农副食品加工业	110363	99863	10500	95593	49848
食品制造业	44269	39064	5206	64985	35500
纺织业	5001	5001		8213	3573
纺织服装、服饰业	5489	5489		4965	6802
皮革、毛皮、羽毛及其制品和制鞋业	672	322	350	1585	438
文教、工美、体育和娱乐用品制造业	496	496		3284	367
化学原料和化学制品制造业	76838	75814	1025	139083	85806
医药制造业	5695	5695		11310	2000
橡胶和塑料制品业	5161			573	1950
非金属矿物制品业	40131	32739	7392	14874	14645
黑色金属冶炼和压延加工业	229787	221853	2000	31441	134307
金属制品业	85101	80703	1000	42031	23177
通用设备制造业	23177	16503	6675	16564	13078
专用设备制造业	8949	6379	2570	6840	7527
汽车制造业	1619	1619		6194	5674
电气机械和器材制造业	36459	17403	19056	38328	28633
计算机、通信和其他电子设备制造业	11386	10333	1053	16531	18992
废弃资源综合利用业	17946	17946		7275	10243
燃气生产和供应业	38250	24791	13459	36554	13600

企业主要经济指标(2013年)(续)

单位:万元

主营业务收入	主营业务成本	主营业务税金及附加	利润总额	本年应付职工薪酬	本年应交增值税
2107552	**1771646**	**15560**	**234278**	**59396**	**97471**
473521	402588	2282	50434	16321	23432
1634030	1369058	13278	183844	43076	74039
749143	566927	12538	80507	22969	38230
1358409	1204719	3022	153771	36428	59241
607544	458876	11617	57915	20921	29595
829046	741431	1313	98380	15788	45581
670962	571339	2630	77983	22687	22295
141134	133103	222	10092	2771	10811
372256	250398	11083	41947	9608	19025
13987	11200		1248	1425	
14683	13751	54	-969	2727	450
17940	15292	242	1437	368	1494
8876	7752	78	880	486	265
248590	194096	1107	45341	5231	9486
23295	8139	235	4508	665	2346
4060	4102	1	-415	445	
52477	47502	292	1168	4019	2577
702985	640719	655	67663	13404	40409
79707	70839	267	3954	4501	2975
83729	71511	10	8548	2482	1863
5716	5481	13	-1267	1563	42
5246	3814	16	588	485	1
41497	33214	187	4591	2300	203
57530	44400	577	-368	2700	1255
169533	159945	20	35826	181	166
64313	56388	503	9508	4037	4105

13-11 外商投资和港澳台工业

行　　业	总资产贡献率(%)	资产负债率(%)
总　计	**27.90**	**57.71**
总计中:		
港澳台商投资企业	17.58	49.20
外商投资企业	33.56	62.37
总计中:		
轻工业	30.62	44.89
重工业	26.49	64.34
总计中:		
大型企业	26.52	55.84
中型企业	40.30	69.74
小型企业	20.09	50.52
按行业分		
农副食品加工业	11.98	53.59
食品制造业	65.92	40.52
纺织业	10.92	37.85
纺织服装、服饰业	-4.44	52.50
皮革、毛皮、羽毛及其制品和制鞋业	143.71	29.77
文教、工美、体育和娱乐用品制造业	32.76	13.12
化学原料和化学制品制造业	26.30	35.59
医药制造业	41.40	33.49
橡胶和塑料制品业	-7.21	90.01
非金属矿物制品业	8.89	72.96
黑色金属冶炼和压延加工业	43.71	87.96
金属制品业	6.21	66.42
通用设备制造业	27.54	58.32
专用设备制造业	-7.16	56.68
汽车制造业	7.52	20.72
电气机械和器材制造业	7.49	48.75
计算机、通信和其他电子设备制造业	5.80	40.64
废弃资源综合利用业	144.67	71.16
燃气生产和供应业	19.11	51.13

企业主要经济效益指标(2013 年)

流动资产周转次数(次/年)	工业成本费用利润率(%)	产品销售率(%)
3.41	**12.03**	**93.22**
3.17	11.35	92.95
3.48	12.24	93.30
6.29	12.47	87.36
2.72	11.82	96.90
5.53	10.84	84.42
3.79	12.73	97.37
2.30	12.18	96.57
3.14	7.00	93.59
21.15	14.23	79.31
1.84	9.78	96.00
4.38	-5.83	100.00
17.88	8.84	100.00
4.14	11.03	100.00
2.41	21.45	99.55
1.87	24.62	92.00
1.94	-9.27	98.25
1.75	2.21	99.17
3.91	10.05	97.99
0.85	4.84	98.49
5.03	11.22	99.11
0.58	-18.15	96.59
1.09	12.50	100.00
1.41	12.51	97.88
4.02	-0.77	79.71
7.10	20.39	100.00
3.15	14.89	87.11

13－12 私营工业企业

行 业	企业单位数（个）	工业总产值（现价）	工业销售产值（现价）	# 出口交货值
总 计	**755**	**9913161**	**9617766**	**241003**
总计中：				
私营独资	50	488275	483255	
私营合伙	5	18881	18762	
私营有限责任公司	661	7602731	7349379	188924
私营股份有限公司	39	1803274	1766370	52079
总计中：				
轻工业	176	2090278	2010877	119126
重工业	579	7822884	7606889	121878
总计中：				
大型企业	1	109978	110020	
中型企业	41	1835177	1753541	109425
小型企业	713	7968006	7754205	131578
按行业分				
黑色金属矿采选业	18	289771	281240	
非金属矿采选业	11	92110	85397	
农副食品加工业	50	997407	973634	4659
食品制造业	8	142124	141088	5232
酒、饮料和精制茶制造业	5	57983	52657	
纺织业	7	68289	66658	15355
纺织服装、服饰业	40	207395	204586	40063
皮革、毛皮、羽毛及其制品和制鞋业	3	26685	20833	
木材加工和木、竹、藤、棕、草制品业	8	55681	51675	
家具制造业	8	53352	52689	
造纸和纸制品业	4	37663	32257	
印刷和记录媒介复制业	3	31743	29647	
文教、工美、体育和娱乐用品制造业	5	39941	40215	18374
石油加工、炼焦和核燃料加工业	2	351786	351550	
化学原料和化学制品制造业	30	322163	294827	393
医药制造业	4	43436	39437	824
橡胶和塑料制品业	17	164183	159482	10825
非金属矿物制品业	93	895679	856355	6928
黑色金属冶炼和压延加工业	90	1651869	1638788	403
有色金属冶炼和压延加工业	15	237157	231620	4706
金属制品业	87	803077	778625	18179
通用设备制造业	115	1162459	1117178	51154
专用设备制造业	40	425305	404080	19004
汽车制造业	24	184235	176529	
铁路、船舶、航空航天和其他运输设备制造业	10	517987	507531	
电气机械和器材制造业	31	338747	321016	39809
计算机、通信和其他电子设备制造业	10	50555	47725	5094
仪器仪表制造业	6	44502	42887	
其他制造业	3	68333	66806	
废弃资源综合利用业	7	547809	547095	
电力、热力生产和供应业	1	3736	3657	

主要经济指标(2013 年)

单位:万元

资产合计	流动资产合计	# 存货	# 产成品	固定资产合计	固定资产原价	固定资产累计折旧
5318605	**2991200**	**736377**	**345746**	**1513232**	**1906784**	**522120**
111789	55059	14814	8547	44533	61985	19095
8278	4357	1749	1274	3070	4097	1027
3959903	2163435	588644	267726	1227182	1534483	415666
1238634	768349	131170	68200	238448	306220	86332
999867	526683	170475	72931	309736	394986	110087
4318739	2464517	565902	272816	1203496	1511798	412033
43860	11457	8256		28855	37615	8760
1745207	955738	197835	100677	472724	625544	187182
3529538	2024005	530285	245070	1011653	1243625	326178
99977	61706	10941	5220	17463	24588	9100
58893	27044	10051	9074	9412	12052	3065
400606	220789	70252	30313	126340	164731	53616
67148	22078	10882	376	38628	48676	10611
24108	11749	4044	2978	10592	11719	1160
37027	11105	4373	1737	9555	12437	3192
62582	34307	6214	2599	19700	26152	7721
3620	2068	412	246	1552	1522	434
26192	13733	5256	2198	6071	7278	1823
13472	7976	3883	1358	4335	5181	857
26594	12028	6476	2533	10418	14736	4766
12566	9173	3085	2628	2515	3215	1189
15914	5398	2089	1324	9713	11204	2343
34847	22034	29119	28972	10367	9383	1134
316544	142428	45665	29452	130520	167152	42842
13649	7746	2327	740	5033	6604	1683
101535	56449	15913	12445	26121	31492	8125
852070	417340	82280	28637	306333	387804	110693
687125	439813	56640	24906	147490	184751	50594
117253	76048	24165	6719	20977	26743	7050
490974	310199	71072	28251	101828	127361	35993
905838	517278	152892	85459	242326	323666	91623
195880	110328	24317	3563	62406	83408	24343
128087	57175	14223	5299	50116	49291	10443
99852	56570	18308		30611	29498	7698
249354	141118	39424	19889	63353	79645	19475
46771	30756	4707	2585	13604	15801	2938
16128	8923	3685	1899	6098	6673	1612
85190	46602	8778	275	13346	15305	1959
125455	111214	4906	4071	13083	14298	2949
3357	26			3331	4422	1091

13－12 私营工业企业主要

行　　业	负债合计	#流动负债	非流动负债	所有者权益	#实收资本
总　　计	**2841802**	**2196787**	**122532**	**2442771**	**1085610**
总计中：					
私营独资	53853	47986	1379	57481	20956
私营合伙	4163	2847	100	4115	4378
私营有限责任公司	2131101	1808504	69968	1805309	867222
私营股份有限公司	652685	337450	51085	575865	193055
总计中：					
轻工业	518557	426989	18802	477084	190187
重工业	2323245	1769798	103730	1965686	895422
总计中：					
大型企业	17215	17215		26645	16000
中型企业	903798	574402	62469	830362	278525
小型企业	1920789	1605170	60064	1585763	791085
按行业分					
黑色金属矿采选业	53063	39956	194	46675	23573
非金属矿采选业	18862	15254	835	39415	5713
农副食品加工业	207843	167626	7369	190782	68493
食品制造业	25067	22789	306	42081	19659
酒、饮料和精制茶制造业	11823	10521	1302	12173	4316
纺织业	16203	12283	3734	20824	15890
纺织服装、服饰业	34919	25743	227	27427	10205
皮革、毛皮、羽毛及其制品和制鞋业	1107	1107		2512	720
木材加工和木、竹、藤、棕、草制品业	12837	9222	1179	12511	4830
家具制造业	6886	6513		6586	5696
造纸和纸制品业	11066	10809		15527	9600
印刷和记录媒介复制业	4986	4176	100	7430	2810
文教、工美、体育和娱乐用品制造业	5776	5771	5	10138	3320
石油加工、炼焦和核燃料加工业	27046	27046		7801	11000
化学原料和化学制品制造业	157916	142392	5562	156438	40898
医药制造业	8367	7560	51	5282	6513
橡胶和塑料制品业	31614	23787	6992	69621	19126
非金属矿物制品业	445599	351696	30212	399149	205444
黑色金属冶炼和压延加工业	434196	180025	8166	250095	157726
有色金属冶炼和压延加工业	78409	59234	695	38844	24146
金属制品业	264540	237549	8872	222392	95901
通用设备制造业	416230	361183	38742	479403	161855
专用设备制造业	109760	102517	2102	84810	40875
汽车制造业	70510	65670	777	56569	27969
铁路、船舶、航空航天和其他运输设备制造业	55426	39759		44425	15100
电气机械和器材制造业	165144	102299	4261	84209	43304
计算机、通信和其他电子设备制造业	11252	10032	600	35005	31496
仪器仪表制造业	9456	8372	249	6544	6288
其他制造业	33802	33802		51389	9470
废弃资源综合利用业	110729	110729		14726	12673
电力、热力生产和供应业	1367	1367		1990	1000

经济指标(2013年)(续)

单位:万元

主营业务收入	主营业务成本	主营业务税金及附加	利润总额	本年应付职工薪酬	本年应交增值税
9552217	**8382673**	**52398**	**755476**	**288522**	**283016**
459985	401123	3437	43329	13676	17503
20173	17887	867	238	1050	373
7182974	6235460	42135	549178	234822	226247
1889086	1728203	5960	162731	38974	38893
1944023	1694378	16564	114580	89073	55599
7608194	6688295	35834	640896	199449	227417
109645	92836	471	8950	5457	4711
1845149	1567944	5558	237727	82095	46013
7597423	6721893	46369	508799	200970	232292
278625	241535	3192	24362	4931	5166
83017	61385	4087	5918	3536	3125
915471	805239	3521	51066	18572	23347
140711	119096	701	12142	7228	5427
52441	40042	6020	5246	2518	393
62683	56557	575	2956	2041	1516
201992	183030	1129	6751	28567	8595
19393	17312	147	1213	795	612
51846	46080	331	6087	1953	1519
52176	49336	146	2651	1541	2119
32594	29315	79	6691	2002	513
28432	21095	184	2180	1128	1000
40163	32940	322	4911	1625	1802
349029	325435	363	8003	1449	7160
304844	241565	1133	39097	11661	10766
40963	29885	2374	312	1000	312
149400	121353	1984	12500	6378	6420
804025	680560	4611	67259	37178	32419
1771842	1588100	3999	225156	25389	41824
236569	222321	820	3342	4657	3461
755461	672151	3143	37376	23691	18653
1074422	880889	5784	100283	54482	28893
396787	338796	2140	35596	13074	15483
171564	152353	798	16690	7473	6753
515143	486528	947	38085	4544	28220
315910	268837	1674	26670	13005	11350
47868	40695	266	1801	3209	1264
41526	31836	570	6323	1587	2445
66532	60598	142	2344	2178	710
547178	534858	1182	2128	1058	11590
3613	2954	35	336	74	159

13－13 私营工业企业主要

行　　业	总资产贡献率(%)	资产负债率(%)
总　计	**21.84**	**53.43**
总计中:		
私营独资	60.43	48.17
私营合伙	18.97	50.29
私营有限责任公司	21.92	53.82
私营股份有限公司	18.11	52.69
总计中:		
轻工业	20.01	51.86
重工业	22.27	53.79
总计中:		
大型企业	32.18	39.25
中型企业	17.82	51.79
小型企业	23.70	54.42
按行业分		
黑色金属矿采选业	33.79	53.08
非金属矿采选业	23.15	32.03
农副食品加工业	21.45	51.88
食品制造业	27.42	37.33
酒、饮料和精制茶制造业	50.47	49.04
纺织业	15.02	43.76
纺织服装、服饰业	27.38	55.80
皮革、毛皮、羽毛及其制品和制鞋业	56.95	30.59
木材加工和木、竹、藤、棕、草制品业	31.22	49.01
家具制造业	37.83	51.11
造纸和纸制品业	28.17	41.61
印刷和记录媒介复制业	28.07	39.68
文教、工美、体育和娱乐用品制造业	47.30	36.30
石油加工、炼焦和核燃料加工业	47.60	77.61
化学原料和化学制品制造业	16.91	49.89
医药制造业	22.06	61.30
橡胶和塑料制品业	21.82	31.14
非金属矿物制品业	13.34	52.30
黑色金属冶炼和压延加工业	41.02	63.19
有色金属冶炼和压延加工业	8.72	66.87
金属制品业	13.32	53.88
通用设备制造业	16.39	45.95
专用设备制造业	28.08	56.03
汽车制造业	19.67	55.05
铁路、船舶、航空航天和其他运输设备制造业	68.66	55.51
电气机械和器材制造业	16.75	66.23
计算机、通信和其他电子设备制造业	7.18	24.06
仪器仪表制造业	58.97	58.63
其他制造业	3.87	39.68
废弃资源综合利用业	15.12	88.26
电力、热力生产和供应业	19.71	40.72

经济效益指标(2013 年)

流动资产周转次数(次/年)	工业成本费用利润率(%)	产品销售率(%)
3.20	**8.46**	**97.02**
8.36	10.32	98.97
4.63	1.25	99.37
3.33	8.21	96.67
2.46	9.01	97.95
3.69	6.28	96.20
3.10	9.02	97.24
9.60	8.81	100.04
1.95	13.98	95.55
3.76	7.14	97.32
4.52	9.66	97.06
3.07	8.25	92.71
4.15	5.97	97.62
6.39	9.32	99.27
4.46	11.62	90.81
5.66	4.89	97.61
5.89	3.46	98.65
9.38	6.57	78.07
3.78	12.71	92.81
6.54	5.23	98.76
2.71	21.44	85.64
3.10	8.05	93.40
7.44	14.06	100.69
15.84	2.41	99.93
2.19	14.45	91.51
5.29	0.82	90.79
2.65	9.42	97.14
1.95	8.87	95.61
4.03	13.74	99.21
3.11	1.43	97.67
2.45	5.19	96.96
2.08	10.23	96.10
3.60	9.77	95.01
3.00	10.46	95.82
9.11	7.62	97.98
2.24	9.21	94.77
1.61	3.81	94.40
4.65	18.13	96.37
1.43	3.70	97.77
4.92	0.39	99.87
141.11	10.35	97.89

13－14　大中型工业企业

行　　业	企业单位数（个）	工业总产值（现价）	工业销售产值（现价）	# 出口交货值
总　计	**91**	**13636983**	**13239593**	**511584**
总计中：				
内资企业	80	12159485	11885542	473603
国有企业	2	620630	612696	
集体企业	1	18487	18487	
股份合作企业				
联营企业				
有限责任公司	24	2366801	2344431	112827
股份有限公司	11	7208410	7046367	251350
私营企业	42	1945156	1863561	109425
其他企业				
港澳台商投资企业	4	325605	307411	
外商投资企业	7	1151893	1046640	37982
总计中：				
轻工业	32	1744793	1612076	91560
重工业	59	11892190	11627517	420024
总计中：				
大型企业	14	8868402	8597957	346257
中型企业	77	4768582	4641636	165327
按行业分				
黑色金属矿采选业	5	717292	665513	
非金属矿采选业	1	19483	11549	
农副食品加工业	4	337929	323687	
食品制造业	3	588159	496289	28032
酒、饮料和精制茶制造业	2	28038	27836	
纺织业	2	22847	22268	17713
纺织服装、服饰业	9	73234	73234	11416
造纸和纸制品业	2	296581	294128	
印刷和记录媒介复制业	1	18871	16818	
化学原料和化学制品制造业	5	540260	497679	63223
医药制造业	1	9701	9891	
橡胶和塑料制品业	1	10825	10825	10825
非金属矿物制品业	9	493420	467626	685
黑色金属冶炼和压延加工业	6	7102186	7031650	205237
有色金属冶炼和压延加工业	2	59325	57602	4706
金属制品业	6	199968	192348	21081
通用设备制造业	11	422183	415898	30270
专用设备制造业	2	91399	92966	1372
汽车制造业	5	948003	897675	77797
电气机械和器材制造业	4	117539	107317	33714
计算机、通信和其他电子设备制造业	2	37703	34271	5513
废弃资源综合利用业	1	5175	5175	
金属制品、机械和设备修理业	1	4919	4919	
电力、热力生产和供应业	4	1423567	1423567	
燃气生产和供应业	1	55324	45810	
水的生产和供应业	1	13053	13053	

主要经济指标(2013年)

单位:万元

资产合计	流动资产合计	#存货		固定资产合计	固定资产原价	固定资产累计折旧
			#产成品			
17969035	**6784893**	**1795453**	**525405**	**7401067**	**11790594**	**5437248**
17204577	6450680	1683365	510063	7151770	11430144	5321513
280611	8628	632	332	240946	420496	179550
18436	13485	89		4316	8972	4736
4574225	1436645	256068	109901	1268070	1982281	797318
10542238	4024727	1220485	299154	5136859	8355235	4143967
1789067	967195	206091	100677	501579	663159	195942
310054	76095	23340	2681	108509	133401	27782
454405	258119	88748	12662	140788	227049	87953
2085580	602173	139566	48756	586639	869928	290168
15883455	6182720	1655887	476649	6814428	10920666	5147080
13588628	5039435	1366429	359594	5305479	8866872	4518507
4380408	1745458	429024	165812	2095588	2923723	918741
2559646	630036	15966	5165	209335	455860	246413
20464	7670	620	332	12336	21703	9367
317879	106150	22147	6807	73605	94860	25532
172139	31304	19318	1277	100742	166600	65061
27543	11583	7464	271	13351	27902	14741
21357	10160	4896	1615	6921	8979	3760
28627	10929	3091	1974	11980	13278	2610
1159349	287860	26142	15929	235653	367187	131534
10285	7926	2584	2500	1576	2355	779
695951	323852	82159	30737	228261	313255	84995
23929	11220	1165	624	11676	16042	4366
6302	2450	341	320	502	535	33
575823	245812	46705	14700	263704	359104	115467
8396559	3506666	1186453	265642	4410849	7525470	3954089
35276	23634	7090	3464	7451	10200	3150
268998	214585	61514	34526	44300	72115	28526
638143	358525	137337	66594	169551	273339	117825
57578	24369	9397	2771	17065	24237	7172
1309518	680353	105019	59336	344255	279145	65927
124572	66999	19835	9030	37914	52693	14976
62258	42556	3209	1793	9095	14692	5597
6953	5132	22		1821	2854	1033
7511	4780	840		2731		
1330268	139502	29222		1120464	1601760	511430
57851	12572	545		36963	47658	13062
54259	18271	2372		28969	38772	9803

13－14　大中型工业企业主要

行　业	负债合计	#流动负债	非流动负债	所有者权益	#实收资本
总　计	**10435936**	**7076831**	**2709683**	**7514966**	**3448400**
总计中：					
内资企业	9956748	6651799	2661462	7229699	3224005
国有企业	262899	262180	720	17711	2500
集体企业	10693	10693		7744	449
股份合作企业					
联营企业					
有限责任公司	2540261	1827935	634416	2026881	1382746
股份有限公司	6221882	3959375	1963858	4320356	1543784
私营企业	921013	591617	62469	857008	294525
其他企业					
港澳台商投资企业	150538	126579	23959	159512	61783
外商投资企业	328650	298453	24262	125755	162613
总计中：					
轻工业	989890	655178	303272	1095151	581295
重工业	9446046	6421653	2406410	6419816	2867106
总计中：					
大型企业	7798396	5305917	2119909	5790231	2528443
中型企业	2637540	1770914	589774	1724735	919958
按行业分					
黑色金属矿采选业	1445764	1143952	301812	1113882	772714
非金属矿采选业	2752	2752		17711	2500
农副食品加工业	183958	156039	11772	133922	58409
食品制造业	66731	61525	5206	105408	55000
酒、饮料和精制茶制造业	21002	21002		6540	19317
纺织业	11941	8325	3616	9416	4573
纺织服装、服饰业	14162	8811	58	14229	7060
造纸和纸制品业	482779	222570	260209	676569	382694
印刷和记录媒介复制业	4016	4016		6270	2000
化学原料和化学制品制造业	250949	227397	22941	444999	159356
医药制造业	3430	3430		20199	14550
橡胶和塑料制品业	4015		4015	1987	1000
非金属矿物制品业	255504	220814	29091	317076	153854
黑色金属冶炼和压延加工业	5498237	3762107	1504246	2898322	1052047
有色金属冶炼和压延加工业	28816	28816		6460	4000
金属制品业	97923	93741	856	169898	93283
通用设备制造业	295510	163237	58351	329761	161052
专用设备制造业	23977	23889	88	33601	5600
汽车制造业	587844	250280	38915	721674	128374
电气机械和器材制造业	78112	49056	19056	46460	20160
计算机、通信和其他电子设备制造业	9939	7266	2672	52319	11289
废弃资源综合利用业	3237	3237		3716	407
金属制品、机械和设备修理业	7511	3523			5000
电力、热力生产和供应业	989902	562161	427741	340366	308411
燃气生产和供应业	32083	18624	13459	25767	10750
水的生产和供应业	35843	30263	5580	18416	15000

主要经济指标(2013 年)(续)

单位:万元

主营业务收入	主营业务成本	主营业务税金及附加	利润总额	本年应付职工薪酬	本年应交增值税
16117886	**14115998**	**64654**	**805196**	**674582**	**439937**
14681296	12915691	51724	648901	637873	364761
610970	73730	2402	28660	17925	16025
18400	12460	597	1521	3876	2290
2372720	1989840	14573	235903	154103	91774
9724412	9178881	28124	136141	374418	203949
1954794	1660780	6029	246677	87552	50724
299202	259254	1153	38528	10383	14510
1137388	941053	11777	117767	26326	60666
1616797	1296228	17438	121472	90316	81932
14501089	12819770	47216	683724	584265	358006
11424113	10605904	46029	258861	475927	273585
4693773	3510094	18625	546335	198654	166352
763530	619477	5264	56603	86307	41686
10386	4875	304	245	3401	1209
311247	267109	619	20076	10347	12670
511780	371191	11743	48874	18417	25125
22317	17773	3254	-2676	4293	2036
20378	16657	15	1316	2176	177
72124	66999	245	1900	11395	4254
307296	278169	86	-10179	14480	26236
15614	9012	85	1885	978	870
493940	372459	1189	87473	28673	18668
10117	5561	50	2677	1861	725
4630	3845	160	775	512	467
408060	340781	2917	54157	23370	19313
9824096	9352266	24095	213774	330824	200501
63699	60088	125	573	2252	529
174825	155173	653	8695	11690	3937
396994	320198	1977	35011	38650	10454
92695	76249	326	12500	4371	5405
993285	912642	5995	81351	19553	9602
110543	84250	460	14324	8829	1584
34284	29516	96	3232	3794	1616
5175	4070	285	-743	2710	
4965	5397	209	-1012	3755	114
1410058	694864	3905	163044	34120	50675
45810	40166	461	7904	3494	1552
10039	7210	134	3419	4329	535

13－15 大中型工业企业主要经济效益指标(2013年)

行　业	总资产贡献率(%)	资产负债率(%)	流动资产周转次数(次/年)	工业成本费用利润率(%)	产品销售率(%)
总　计	**8.60**	**58.08**	**2.40**	**5.30**	**97.09**
总计中:					
内资企业	7.50	57.87	2.30	4.68	97.75
国有企业	16.77	93.69	70.97	35.90	98.72
集体企业	23.87	58.00	1.37	7.68	100.00
股份合作企业					
联营企业					
有限责任公司	8.57	55.53	1.71	10.12	99.05
股份有限公司	4.96	59.02	2.42	1.41	97.75
私营企业	18.17	51.48	2.04	13.69	95.81
其他企业					
港澳台商投资企业	18.67	48.55	4.09	13.63	94.41
外商投资企业	43.29	72.33	4.47	11.50	90.86
总计中:					
轻工业	12.01	47.46	2.72	8.20	92.39
重工业	8.15	59.47	2.37	4.99	97.77
总计中:					
大型企业	5.42	57.39	2.28	2.29	96.95
中型企业	18.47	60.21	2.74	14.11	97.34
按行业分					
黑色金属矿采选业	4.72	56.48	1.22	7.31	92.78
非金属矿采选业	8.47	13.45	1.46	2.25	59.28
农副食品加工业	12.43	57.87	2.95	6.84	95.79
食品制造业	49.84	38.77	16.63	11.47	84.38
酒、饮料和精制茶制造业	10.21	76.25	2.58	-8.59	99.28
纺织业	8.79	55.91	2.02	6.84	97.47
纺织服装、服饰业	22.94	49.47	6.60	2.67	100.00
造纸和纸制品业	3.04	41.64	1.07	-3.17	99.17
印刷和记录媒介复制业	28.37	39.04	1.97	12.87	89.12
化学原料和化学制品制造业	16.23	36.06	1.55	20.96	92.12
医药制造业	14.11	14.33	0.91	35.72	101.96
橡胶和塑料制品业	22.25	63.71	1.89	19.01	100.00
非金属矿物制品业	14.20	44.37	1.84	13.06	94.77
黑色金属冶炼和压延加工业	6.68	65.48	2.81	2.20	99.01
有色金属冶炼和压延加工业	6.43	81.69	2.70	0.91	97.10
金属制品业	5.34	36.40	0.84	5.02	96.19
通用设备制造业	8.53	46.31	1.11	9.65	98.51
专用设备制造业	33.28	41.64	3.80	15.59	101.71
汽车制造业	7.83	44.89	1.51	8.16	94.69
电气机械和器材制造业	13.78	62.70	1.66	14.91	91.30
计算机、通信和其他电子设备制造业	7.82	15.96	0.81	9.29	90.90
废弃资源综合利用业	-6.61	46.55	1.17	-13.17	100.00
金属制品、机械和设备修理业	-9.17	100.00	1.04	-17.56	100.00
电力、热力生产和供应业	19.53	74.41	10.20	21.16	100.00
燃气生产和供应业	17.46	55.46	4.40	16.82	82.80
水的生产和供应业	8.00	66.06	0.57	33.15	100.00

13－16　工业分行业职工人数(2013年)

单位:人

行　　业	2013
总　计	**176520**
按登记注册类型分	
国　有	1162
集　体	999
其　他	174359
按行业分	
采掘业	**20218**
黑色金属矿采选业	18874
非金属矿采选业	1344
制造业	**152579**
农副食品加工业	6611
食品制造业	4303
酒、饮料和精制茶制造业	1059
纺织业	1366
纺织服装、服饰业	9638
皮革、毛皮、羽毛及其制品和制鞋业	450
木材加工和木、竹、藤、棕、草制品业	619
家具制造业	508
造纸和纸制品业	3231
印刷和记录媒介复制业	443
文教、工美、体育和娱乐用品制造业	678
石油加工、炼焦和核燃料加工业	219
化学原料和化学制品制造业	7006
医药制造业	861
橡胶和塑料制品业	2041
非金属矿物制品业	11657
黑色金属冶炼和压延加工业	52347
有色金属冶炼和压延加工业	1305
金属制品业	9275
通用设备制造业	16656
专用设备制造业	4069
汽车制造业	6403
铁路、船舶、航空航天和其他运输设备制造业	1267
电气机械和器材制造业	3941
计算机、通信和其他电子设备制造业	2145
仪器仪表制造业	477
其他制造业	309
废弃资源综合利用业	1271
金属制品、机械和设备修理业	2424
电力燃气及水生产和供应业	**3723**
电力、热力生产和供应业	2868
燃气生产和供应业	280
水的生产和供应业	575

13－17　各县区全部规模以上工业企业单位数和总产值(2013 年)

单位:万元

地　区	企　业 单位数 (个)	# 国有及国有控股企业	工　业 总产值 (现价)	# 国有及国有控股企业	工　业 增加值 (现价)	# 国有及国有控股企业	工业销售 产　值 (当年价)	# 国有及国有控股企业
全　市	**895**	**49**	**23773898**	**10678324**	**5784870**	**2601744**	**23125718**	**10514427**
含 山 县	153	7	1635015	172641	410459	55421	1586052	164730
和　县	128	1	2208191	56439	472767	13703	2123013	59233
当 涂 县	238	4	5603661	1490201	1353988	347845	5403662	1430071
花 山 区	100	10	3756353	1734738	949757	450817	3737811	1733347
雨 山 区	138	24	4036260	1906350	1048267	514012	3776098	1808196
博 望 区	136	1	1218663	2200	330297	611	1182432	2200
马　钢	2	2	5315755	5315755	1219335	1219335	5316651	5316651

13－18　各县区全部规模以上工业总产值(2013 年)

本表按当年价格计算　　　　单位:万元

地　区	工业总产值 合　计 (当年价)	国有及国有控股企业	集体企业	股　份 有限公司	港澳台商	外　商 投资企业	轻工业	重工业
全　市	**23773898**	**10678324**	**51428**	**7479812**	**519037**	**1649469**	**3484751**	**20289147**
含 山 县	1635015	172641	6595	56558	4518	39748	504397	1130619
和　县	2208191	56439		159632	19412	33032	732694	1475497
当 涂 县	5603661	1490201	7429	1072020	74708	604115	705116	4898544
花 山 区	3756353	1734738		716093	156154	376571	642913	3113440
雨 山 区	4036260	1906350	24953	488453	264245	596003	877302	3158958
博 望 区	1218663	2200	12451				22329	1196334
马　钢	5315755	5315755		4987056				5315755

13－19　各县区全部规模以上工业企业主要经济指标(2013年)

单位:万元

地　区	企　业 单位数 (个)	工　业 总产值 (现价)	工业销售 产　值 (当年价)	资产合计	流动资产 合　计	固定资产 原　价	负债合计
全　市	**895**	**23773898**	**23125718**	**22705099**	**9551849**	**13574153**	**13028616**
含山县	153	1635015	1586052	862016	345249	533013	398672
和　县	128	2208191	2123013	1230584	654144	523522	505781
当涂县	238	5603661	5403662	2956087	1352597	1630169	1923308
花山区	100	3756353	3737811	3763916	1387308	2204831	2148745
雨山区	138	4036260	3776098	4306960	2206568	1481571	2279019
博望区	136	1218663	1182432	522720	313316	183347	243660
马　钢	2	5315755	5316651	9062817	3292668	7017702	5529432

地　区	#流动负债	所有者 权　益	#实收资本	主营业务 收　入	主营业务 成　本	主营业务 税金及附加	利润总额	本年应交 增值税
全　市	**9265004**	**9632033**	**4693767**	**25817115**	**22735317**	**123983**	**1512031**	**776958**
含山县	296390	456317	204682	1522099	1304442	19233	138116	62550
和　县	389265	712335	290358	2094310	1823782	9555	147692	60566
当涂县	1562431	1027094	530424	5382342	4914111	16597	308280	222045
花山区	1347776	1613746	1139156	3817928	2864687	9965	414906	107088
雨山区	1620984	2019444	978190	3897206	3318182	39942	317658	186667
博望区	219066	269713	114262	1096924	898664	6048	129417	18058
马　钢	3829092	3533385	1436696	8006307	7611450	22643	55963	119984

13－20　各县区国有控股工业企业主要经济指标(2013年)

单位:万元

地　区	企　业 单位数 (个)	工　业 总产值 (现价)	工业销售 产　值 (当年价)	资产合计	流动资产 合　计	固定资产 原　价	负债合计
全　市	**49**	**10678324**	**10514427**	**14149494**	**5216916**	**10403084**	**8638180**
含山县	7	172641	164730	278619	96351	236343	144215
和　县	1	56439	59233	20133	9252	11684	13160
当涂县	4	1490201	1430071	1131494	280651	998452	816289
花山区	10	1734738	1733347	1238864	273680	1358753	836920
雨山区	24	1906350	1808196	2416402	1263378	779884	1297713
博望区	1	2200	2200	1166	937	267	452
马　钢	2	5315755	5316651	9062817	3292668	7017702	5529432

地　区	#流动负债	所有者 权　益	#实收资本	主营业务 收　入	主营业务 成　本	主营业务 税金及附加	利润总额	本年应交 增值税
全　市	**5940380**	**5502380**	**2574371**	**13190657**	**11750767**	**53111**	**467232**	**349896**
含山县	107821	134403	92972	160656	131103	3035	13115	8028
和　县	8756	6847	6114	59223	52310	78	3938	4146
当涂县	615006	315205	185845	1389832	1288650	865	50459	61632
花山区	594315	401944	345566	1662086	955486	5393	206853	51841
雨山区	784938	1110167	506998	1910353	1710020	20999	136685	104153
博望区	452	429	180	2200	1749	99	219	113
马　钢	3829092	3533385	1436696	8006307	7611450	22643	55963	119984

13－21　各县区外商投资和港澳台工业企业主要经济指标(2013年)

单位:万元

地　区	企　业 单位数 (个)	工　业 总产值 (现价)	工业销售 产　值 (当年价)	资产合计	流动资产 合　计	固定资产 原　价	负债合计
全　市	**55**	**2168505**	**2021389**	**1294117**	**628314**	**657012**	**746790**
含山县	7	44266	43833	35221	10157	16922	22424
和　县	5	52445	50729	48460	18538	30482	23152
当涂县	7	678822	648342	196836	149155	56154	175867
花山区	14	532725	531698	371881	201352	239560	178453
雨山区	22	860247	746787	641720	249112	313894	346894
博望区							

地　区	#流动负债	所有者 权　益	实收资本	主营业务 收　入	主营业务 成　本	主营业务 税金及附加	利润总额	本年应交 增值税
全　市	**662012**	**546223**	**456160**	**2107552**	**1771646**	**15560**	**234278**	**97471**
含山县	12542	11797	10558	40674	34845	341	1604	1833
和　县	11317	25307	22602	51808	45707	190	992	209
当涂县	169932	20868	23783	679672	617830	977	70443	42516
花山区	174627	193425	218099	576712	480041	1630	87401	13907
雨山区	293594	294825	181118	758686	593222	12423	73838	39007
博望区								

13－22 各县区私营工业企业主要经济指标(2013 年)

单位:万元

地 区	企 业 单位数 (个)	工 业 总产值 (现价)	工业销售 产 值 (当年价)	资产合计	流动资产 合 计	固定资产 原 价	负债合计
全 市	**755**	**9913161**	**9617766**	**5318605**	**2991200**	**1906784**	**2841802**
含 山 县	131	1363752	1323569	512634	222940	273210	222990
和 县	120	1933604	1874793	867439	442976	404311	433946
当 涂 县	222	3373673	3264751	1594762	903136	563754	916033
花 山 区	62	874341	866754	666639	443957	128775	446498
雨 山 区	89	1189289	1145580	1167790	672933	359970	582798
博 望 区	131	1178502	1142319	509342	305258	176764	239537

地 区	#流动负债	所有者 权 益	#实收资本	主营业务 收 入	主营业务 成 本	主营业务 税金及附加	利润总额	本年应交 增 值 税
全 市	**2196787**	**2442771**	**1085610**	**9552217**	**8382673**	**52398**	**755476**	**283016**
含 山 县	169172	283617	97287	1266857	1091297	15518	117952	50036
和 县	340441	421191	141046	1845708	1614972	9184	130652	47759
当 涂 县	767974	673143	317850	3251441	2953660	14606	183350	116531
花 山 区	206622	218721	130570	966708	887304	1927	97556	11537
雨 山 区	497222	585318	287416	1149178	955628	5384	97264	40538
博 望 区	215356	260781	111442	1072325	879812	5780	128702	16615

13－23　各县区大中型工业企业主要经济指标(2013年)

单位:万元

地　区	企　业 单位数 (个)	工　业 总产值 (现价)	工业销售 产　值 (当年价)	资产合计	流动资产 合　计	固定资产 原　价	负债合计
全　市	**91**	**13636983**	**13239593**	**17969035**	**6784893**	**11790594**	**10435936**
含山县	11	310105	294108	320913	115049	248592	160579
和　县	8	639023	576852	606957	328487	262334	184418
当涂县	24	2382251	2287058	1755926	692980	1161229	1235786
花山区	14	2392831	2383854	2907712	835933	1872631	1667357
雨山区	28	2488390	2281634	3243547	1477029	1202331	1626120
博望区	4	108627	99436	71164	42747	25775	32245
马　钢	2	5315755	5316651	9062817	3292668	7017702	5529432

地　区	#流动负债	所有者 权　益	#实收资本	主营业务 收　入	主营业务 成　本	主营业务 税金及附加	利润总额	本年应交 增值税
全　市	**7076831**	**7514966**	**3448400**	**16117886**	**14115998**	**64654**	**805196**	**439937**
含山县	115986	156791	94802	279825	231284	3371	31695	16018
和　县	134459	416449	145157	543601	428120	1581	63865	21981
当涂县	1013417	519651	251537	2265461	2053752	3082	155155	113580
花山区	928990	1240352	884497	2531259	1720112	6227	260079	74082
雨山区	1022843	1610344	626732	2397152	2004363	27372	215936	92905
博望区	32045	37994	8980	94282	66918	379	22503	1388
马　钢	3829092	3533385	1436696	8006307	7611450	22643	55963	119984

13－24 主要年份工业产品产量

指　　标	单　位	1995	2000	2005	2010	2012	2013
铁矿石原矿	吨	7554114	7755774	8545145	11626356	14475079	16908981
大　米	吨	19169	19579	58456	215555	457146	554874
饲　料	吨	18804	24746	33438	139725	296433	342077
配合饲料	吨	18058	24746	33438	139725	293433	339457
精制食用植物油	吨	5266	12234	2003	113617	173976	200223
糕　点	吨	610		2413	4173		
速冻米面食品	吨			1194	1702		
乳制品	吨				292502	295410	391256
液体乳	吨				233816	295410	391256
冷冻饮品	吨	3078		13600	58686	58791	64803
饮料酒	千升			64103	147169	164418	152487
白　酒(折65度,商品量)	千升			207	3712	8289	19775
啤　酒	千升			63896	143273	156129	132712
纱	吨	7895	9075	9982	20821	15390	8482
棉纱	吨	4762	9075	9982	20742	15390	8482
布	万米	3895.43	5533.87	3834.00	1238.75	586.60	301
棉布	万米	2661.43	2863.59	3834.00	1238.75	586.60	301
服装	万件	185.93	551.21	966.00	2870.66	4053.63	4144
1. 针织服装	万件	74.00	92.15	33.57	551.20	849.96	903
2. 梭织服装	万件	111.93	459.06	932.43	2319.46	3203.67	3242
西服套装	万件				18.00	74.00	74.00
衬　衫	万件	0.10	27.83	31.17	121.20	324.00	79.00
人造板	立方米			13557	111826	160504	163276
胶合板	立方米			13557	44738	56412	26163
纸浆(原生浆及废纸浆)	吨		120486	448933	1039668		
机制纸及纸板(外购原纸加工除外)	吨	61207	136533	482531	960116	1011600	1039638
未涂布印刷书写用纸	吨				199646	182357	186999
新闻纸	吨				139351	172657	185332
箱纸板	吨	61207			760470	829242	852639
纸制品	吨	919200	7701	43168	5928		
瓦楞纸箱	吨		7701	43168	5928		
单色印刷品	令	17723			87308	99180	50033
多色印刷品	对开色令	17860			59540	94510	187451

13－24　主要年份工业产品产量(续1)

指　标	单　位	1995	2000	2005	2010	2012	2013
焦炭	吨	1949788	1965498	2520543	4663394	4670562	4675300
机焦	吨	1949788	1965498	2520543	4663394	4670562	4675300
硫　酸(折100%)	吨	191930	158688	246140	126725	204241	206885
纯　苯	吨	20290	15695	23701	29715	34578	45415
涂　料	吨			5175	8516	5388	6591
建筑涂料	吨			231	1069		
颜　料	吨	2399	4409	7323	22077		
染　料	吨			236	49		
化学试剂	吨	3681	17393	62772	82316	56692	50465
合成洗涤剂	吨				150746	113472	128401
合成洗衣粉	吨				73495	85688	90117
水泥熟料	吨	102701			6263460	6650355	6807100
水泥	吨	160100		936084	9633046	12431185	13641887
强度等级42.5水泥(含R型)	吨				5667315	7138749	7253607
强度等级52.5水泥(含R型)	吨				785093	2005670	3298524
商品混凝土	立方米			1373960	2114046	3101577	4672425
耐火材料制品	吨	80334	69989	177961	209659	148499	135884
生　铁	吨	3238748	3971088	8963898	14697152	16171693	16915460
粗　钢	吨	2595741	3953976	10210858	15451346	15918492	17337548
钢　材	吨	1989019	3601186	9519063	15780951	16484308	19435646
1. 铁道用钢材	吨	150417	90189	147674	119079	187527	149892
2. 大型型钢	吨	13967	383812	1971482	2345257	2290792	2318797
3. 中小型型钢	吨	599115	562615	345213	615590	528725	1521051
5. 钢筋	吨			2490740	3644691	4809134	5764633
6. 线材(盘条)	吨	774422	739029	1357227	1583860	1615584	1731496
8. 厚钢板	吨			302065	392509	444155	443842
9. 中板	吨			650882	832790	830270	801300
11. 冷轧薄板	吨			134849	143747	120428	195062
12. 中厚宽钢带	吨			626969	2480106	2327818	2295623
13. 热轧薄宽钢带	吨			123579	91246	166118	347890
14. 冷轧薄宽钢带	吨			920239	1541330	1580382	1625228
16. 冷轧窄钢带	吨			78245	20360	22483	17954
17. 镀层板(带)	吨			195120	1239036	1094447	1363628
18. 涂层板(带)	吨			132741	77205	109799	82616
19. 电工钢板(带)	吨				433448	145958	429262
21. 焊接钢管	吨			5253	164063	151833	265060
22. 其它钢材	吨			36785	56634	41234	41173
用外购国产钢材再加工生产的钢材	吨				3270	964	2523546

13－24 主要年份工业产品产量(续2)

指标	单位	1995	2000	2005	2010	2012	2013
铜 材	吨	505			10162	5543	2655
铝 材	吨			1369	1555	1793	1703
铝型材	吨						
金属切削工具	万件	1.68	584.50	650.00	543.29	4846.15	478.29
钢 丝	吨	20775	35955	48583	45548	42377	29606
钢绞线	吨	9101	25700	7718	225506	416889	269678
金属切削机床	台	910	480	915	735	497	252
数控金属切削机床	台	7	35	181	354	208	131
金属成形机床	台		3844	6033	17886	16178	19972
泵	台	—	—	—	34909	45499	55815
阀 门	吨	—	—	—	10218	32890	20444
气体压缩机	台	13480	2676	901	475		
液压元件	件	1585			1670	26993	22775
滚动轴承	万套	0.40		2.03	7.84	9.30	8.84
减速机	台	1144	401	372	362	120	17
金属紧固件	吨				2711		5940
弹 簧	吨				466		
铸铁件	吨	43966		6227	271060	494377	609269
铸钢件	吨	14582			27539	65640	148366
锻 件	吨	4540	6737	3259	47158	66439	61647
粉末冶金零件	吨	283		11124	15602	65402	14860
采矿专用设备	吨	10		1280	1830		
金属冶炼设备	吨	201		303	300	558	4434
模 具	套	3845	13400	58376	122651	274984	63349
汽 车	辆				29315	12596	21032
载货汽车	辆				29315	12596	21032
改装汽车	辆	216	915	3286	10878	4379	6700
铅酸蓄电池	千伏安时	944	384	255	633164	792141	607364
电子元件	万只	334	1141		10121	9918	19083
片式元件	万只	334	1141		8899		
发电量	万千瓦小时	102185	410012	756480	1758487	2580843	2950279
火力发电量	万千瓦小时	102185	410012	756480	1758487	2580843	2950279
煤气生产量	万立方米	647227	770186	1441154	2375568	2409216	2452670
自来水生产量	万立方米	6717	5542	4713	7681	9412	9669

13－25　主要年份工业产品生产能力

指　　标	单　位	2010	2011	2012	2013
原　煤	吨	80000	150000		
棉纺锭	锭	124868	115936	37000	62000
气流纺锭	头	9536	12444	10300	
棉布织机	台	800	436	280	120
焦　炭	吨	5100000	5100000	5100000	5100000
硅酸盐水泥熟料	吨	7445000	9440000	9440000	9090000
#窑外分解窑水泥熟料	吨	7445000	9440000	9440000	9090000
水　泥	吨	14498000	14110500	14732743	15406321
生　铁	吨	17387000	17071736	17134405	18360000
粗　钢	吨	19847000	20168000	22858848	24537785
钢　材	吨	20757500	20640500	22648748	23673800
金属切削机床	台	1000	1000	1000	40341
汽　车	辆	30000	50000	50000	30000
发电设备容量总计	万千瓦	327	357	487	500
#火电设备容量	万千瓦	327	332	487	500

主要统计指标解释

工业

指从事自然资源的开采，对采掘品和农产品进行加工和再加工的物质生产部门。具体包括：(1) 对自然资源的开采，如采矿、晒盐等(但不包括禽兽捕猎和水产捕捞)；(2) 对农副产品的加工、再加工，如粮油加工、食品加工、缫丝、纺织、制革等；(3) 对采掘品的加工、再加工，如炼铁、炼钢、化工生产、石油加工、机器制造、木材加工等，以及电力、自来水、煤气的生产和供应等；(4) 对工业品的修理、翻新，如机器设备的修理、交通运输工具(如汽车)的修理等。

工业统计调查单位为独立核算法人工业企业。

独立核算法人工业企业指从事工业生产经营活动的单位。独立核算法人工业企业应同时具备以下条件：①依法成立，有自己的名称、组织机构和场所，能够承担民事责任；②独立拥有和使用资产，承担负债，有权与其他单位签订合同；③独立核算盈亏，并能够编制资产负债表。

国有及国有控股企业

指国有企业加上国有控股企业。国有企业(即原全民所有制工业或国营工业)指企业全部资产归国家所有，并按《中华人民共和国企业法人登记管理条例》规定登记注册的非公司制的经济组织。包括国有企业、国有独资公司和国有联营企业。1957 年以前的公私合营和私营工业，后均改造为国营工业，1992 年改为国有工业，这部分工业的资料不单独分列时，均包括在国有企业内。国有控股企业是对混合所有制经济的企业进行的“国有控股”分类。它是指这些企业的全部资产中国有资产(股份)相对其他所有者中的任何一个所有者占资(股)最多的企业。该分组反映了国有经济控股情况。

本篇涉及的其他企业登记注册类型的解释详见综合篇。

轻工业

指主要提供生活消费品和制作手工工具的工业。按其所使用的原料不同，可分为两大类：(1) 以农产品为原料的轻工业，是指直接或间接以农产品为基本原料的轻工业。主要包括食品制造、饮料制造、烟草加工、纺织、缝纫、皮革和毛皮制作、造纸以及印刷等工业；(2) 以非农产品为原料的轻工业，是指以工业品为原料的轻工业。主要包括文教体育用品、化学药品制造、合成纤维制造、日用化学制品、日用玻璃制品、日用金属制品、手工工具制造、医疗器械制造、文化和办公用机械制造等工业。

重工业

指为国民经济各部门提供物质技术基础的主要生产资料的工业。按其生产性质和产品用途，可以分为下列三类：(1) 采掘(伐)工业，是指对自然资源的开采，包括石油开采、煤炭开采、金属矿开采、非金属矿开采等工业；(2) 原材料工业，指向国民经济各部门提供基本材料、动力和燃料的工业。包括金属冶炼及加工、炼焦及焦炭、化学、化工原料、水泥、人造板以及电力、石油和煤炭加工等工业；(3) 加工工业，是指对工业原材料进行再加工制造的工业。包括装备国民经济各部门的机械设备制造工业、金属结构、水泥制品等工业，以及为农业提供的生产资料如化肥、农药等工业。

根据上述划分原则，修理业中以重工业产品为修理作业对象的划为重工业，反之划为轻工业。

工业总产值

(1) 定义：

工业总产值是工业企业在一定时期内生产的以货币形式表现的工业最终产品或提供工业性劳务活动的总价值量。它反映一定时间内工业生产的总规模和总水平。

(2) 计算原则：

工业生产的原则，即凡是企业在报告期生产的经检验合格的产品，不管是否在报告期销售，均包括在内。

最终产品的原则，即凡是计入工业总产值的产品，必须是本企业生产的经检验合格的，不需要再进行任何加工的最终产品。如果企业有中间产品(半成品)对外销售，则对外销售的中间产品应视为企业的最终产品。

工厂法原则，即工业总产值是以工业企业作为基本计算(核算)单位，即按企业的最终产品计算工业总产值。按这种方法计算的工业总产值，不允许同一产品价值在企业内部重复计算，不能把企业内部各个车间(分厂)生产的成果相加，但允许企业间的重复计算。

(3) 内容及计算方法：

1995 年全国工业普查对工业总产值(原规定)的内容及计算原则和方法做了某些修订，修订后的工业总产值(新规定)包括三项内容：即本期生产成品价值、对外加工费收入、在制品半成品期末期初差额价值三部分。

本期生产成品价值：指企业本期生产，并在报告期内不再进行加工，经检验、包装入库的全部工业成品(半成品)价值合计，包括企业生产的自制设备及提供给本企业在建工程、其他非工业部门和福利部门等单位使用的成品价值。本期生产成品价值为按自备原材料生产的产品的数量乘以本期不含增值税(销项税额)的产品实际销售平均单价计算；会计核算中按成本价格转帐的自制设备和自产自用的成品，按成本价格计算生产成品价值。生产成品价值中不包括用定货者来料加工的成品(半成品)价值。

对外加工费收入：指企业在报告期内完成的对外承接的工业品加工(包括用定货者来料加工产品)的加工费收入和对外工业修理作业所取得的加工费收入。对外加工费收入按不含增值税(销项税额)的价格计算，可根据会计“产品销售收入”科目的有关资料取得。

对于本企业对内非工业部门提供的加工修理、设备安装的劳务收入，如果企业会计核算基础较好，能取得这部分资料，而且这部分价值所占比重较大，应包括在对外加工费收入中。

自制半成品在制品期末期初差额价值：指企业报告期在制品期末减期初的差额价值，本指标一般可以从会计核算资料中取得。如果会计产品成本核算中不计算半成品、在制品的成本，则总产值中也不包括这部分价值，反之则包括。

（4）工业总产值统计范围变化和计算方法修订情况：

1984年以前工业总产值不包括村办工业，村办工业总产值划归农业。1984年以后工业总产值包括村办工业。

1995年工业普查对工业总产值计算方法做了修订，即从1995年始按新修订（新规定）方法计算工业总产值。新规定与原规定的区别如下：

全价与加工费的计算原则不同：新规定为凡自备原材料，不论其生产繁简程度如何，一律按全价计算工业总产值；凡来料加工，允许按加工费计算工业总产值。原规定则视生产加工的繁简程度不同，规定哪些行业按全价，哪些行业按加工费计算工业总产值。

自制半成品、在产品期末期初差额价值的计算原则不同：新规定要求，凡会计产品成本核算时计算了成本的差额价值，总产值中就应包括，否则可不包括；原规定则按生产周期六个月的界限区分，凡生产周期六个月以上的企业，总产值计算中应包括这部分差额价值，否则可不包括。

计算价格不同：新规定按不含增值税（销项税额）的价格计算；原规定则按含增值税（销项税额）的价格计算。

工业增加值

指工业企业在报告期内以货币表现的工业生产活动的最终成果。

工业增加值有两种计算方法：一是生产法，即工业总产出减去工业中间投入加上应交增值税；二是收入法，即从收入的角度出发，根据生产要素在生产过程中应得到的收入份额计算，具体构成项目有固定资产折旧、劳动者报酬、生产税净额、营业盈余，这种方法也称要素分配法。

资产总计

指企业拥有或控制的能以货币计量的经济资源，包括各种财产、债权和其他权利。资产按流动性分为流动资产、长期投资、固定资产、无形资产、递延资产和其他资产。该指标根据企业会计“资产负债表”中“资产总计”项目的期末数增列。

流动资产

指企业可以在一年内或者超过一年的一个生产周期内变现或者耗用的资产，包括现金及各种存款、短期投资，应收及预付款项、存货等。

固定资产原价

指企业在建造、购置、安装、改建、扩建、技术改造某项固定资产时所支出的全部货币总额。它一般包括买价、包装费、运杂费和安装费等。

固定资产净值

指固定资产原价减去历年已提折旧额后的净额。计算公式为：

固定资产净值＝固定资产原价－累计折旧

负债合计

指企业所承担的能以货币计量，将以资产或劳务偿付的债务，偿还形式包括货币、资产或提供劳务。负债一般按偿还期长短分为流动负债和长期负债。根据会计“资产负债表”中“负债合计”的年末数填列。

所有者权益合计

指企业投资人对企业净资产的所有权。企业净资产为企业全部资产与企业全部负债的差额，包括实收资本、资本公积、盈余公积、未分配利润等。根据会计“资产负债表”中“所有者权益”项的期末数填列。

主营业务收入

指会计“利润表”中对应指标的本年累计数。未执行2001年《企业会计制度》的企业，用“产品销售收入”的本期累计数代替。

主营业务成本

指会计“利润表”中对应指标的本年累计数。未执行2001年《企业会计制度》的企业，用“产品销售成本”的本期累计数代替。

主营业务税金及附加

指会计“利润表”中对应指标的本年累计数。未执行2001年《企业会计制度》的企业，用“产品销售税金及附加”的本期累计数代替。

利润总额

指企业在生产经营过程中各种收入扣除各种耗费后的盈余，反映企业在报告期内实现的盈亏总额，包括营业利润、补贴收入、投资净收益和营业外收支净额。根据会计“利润表”中的对应指标的本期累计数填列。

本年应交增值税指企业按税法规定，从事货物销售或提供加工、修理修配劳务等增加货物价值的活动本期应交纳的税金。指企业在报告期应交增值税额。计算公式为：

本年应交增值税＝销项税额－（进项税额－进项税额转出）－出口抵减内销产品应纳税额－减免税款＋出口退税

本年进项税额指工业企业在报告期内购入货物或接受应税劳务而支付的、准予从销项税额中抵扣的增值税额。

本年销项税额指工业企业在报告期内销售货物或提供应税劳务应收取的增值税额。

从业人员平均人数是指报告期内每天拥有的从业人员人数。其计算公式为：

月平均人数＝报告月内每天实有人数之和/报告月日历日数

季平均人数＝季内各月平均人数之和/3

年平均人数＝年内各月平均人数之和/12

总资产贡献率

反映企业全部资产的获利能力，是企业经营业绩和管理水平的集中体现，是评价和考核企业盈利能力的核心指标。计算公式为：

总资产贡献率（%）＝（利润总额＋税金总额＋利息支出）/平均资金总额×100%

公式中：税金总额为产品销售税金及附加与应交增值税之和；平均资产总额为期初期末资产之和的算术平均值。

资产负债率

该指标既反映企业经营风险的大小，也反映企业利用债权人提供的资金从事经营活动的能力。计算公式为：

资产负债率(%)=负债总额/资产总额×100%

资产与负债均为报告期期末数。

流动资产周转次数

指一定时期内流动资产完成的周转次数,反映投入工业企业流动资金的周转速度。计算公式为:

流动资产周转次数产品销售收入/全部流动资产平均余额

公式中:全部流动资产平均余额为期初和期末的流动资产之和的算术平均值。

成本费用利润率

反映企业投入的生产成本及费用的经济效益,同时也反映企业降低成本所取得的经济效益。计算公式为:

成本费用利润率(%)=利润总额/成本费用总额×100%

公式中:成本费用总额为产品销售成本、销售费用、管理费用、财务费用之和。

产品销售率

该指标反映工业产品已实现销售的程度,是分析工业产销衔接情况,研究工业产品满足社会需求的指标。计算公式为:

产品销售率(%)=工业销售产值/工业总产值(现价)×100%

十四、建 筑 业

简要说明

一、本篇资料反映我市建筑业概况和发展情况。主要包括建筑业企业生产经营情况，指标有企业个数、从业人员数、建筑业总产值、房屋建筑面积、机械设备、资产负债、利润税金、技术装备率等。

二、本篇资料由市统计局工业及建设统计科整理，资料来源依据国家统计局制定的“建筑业统计报表制度”收集的有关年报资料。

14-1 主要年份建筑业企业概况

年 份	总 计	内 资			港澳台商投资企业	外 商投资企业	国有及国有控股企业
			#国有经济	#集体经济			
企业单位数(个)							
1995	31	31	4	26			4
2000	77	77	7	45			10
2002	89	89	8	20			14
2003	82	82	9	19			16
2004	100	109	7	8		1	17
2005	105	104	6	9		1	19
2006	105	104	4	7		1	18
2007	126	125	5	6	1		13
2008	112	109	5	6	2	1	16
2009	139	136	5	5	2	1	14
2010	137	136	5	5	1		15
2011	158	157	8	8	1		18
2012	153	152	7	8	1		15
2013	147	146	6	6	1		11
从业人员(万人)							
1995	3.09	3.09	2.29	0.80			2.29
2000	4.23	4.23	1.47	1.58			1.55
2002	4.85	4.85	1.18	0.82			2.86
2003	6.88	6.88	2.50	0.92			2.97
2004	4.57	4.56	0.40	0.65			1.18
2005	4.87	4.87	0.49	0.77			1.26
2006	5.12	5.09	0.09	0.34		0.02	1.29
2007	6.03	5.93	0.12	0.29	0.06	0.04	0.17
2008	5.80	5.79	0.10	0.26	0.01		1.50
2009	6.06	6.00	0.10	0.18	0.02	0.05	1.78
2010	7.85	7.84	0.11	0.05	0.01		2.79
2011	8.08	8.08	0.24	0.75			1.30
2012	8.41	8.41	0.13	0.68			1.12
2013	8.65	8.65	0.11	0.57			0.76
总产值(万元)							
1995	130165	130165	112388	17668			112388
2000	178392	178392	89130	48157			92086
2002	324362	324362	119461	38455			148974
2003	517153	517153	253710	37709			336646
2004	585224	585098	125991	59701		126	318590
2005	730525	730366	143079	98649		158	380391
2006	827578	825713	9491	44745		1865	409667
2007	864373	847854	16794	41594	8635	7885	387316
2008	901235	900767	13687	36050	468		385785
2009	1082327	1067004	14114	26123	5371	9952	493005
2010	1605957	1603956	17966	7554	2001		718138
2011	2408807	2408610	48547	67520	197		1161536
2012	2643890	2643766	30124	70364	124		1051636
2013	2719377	2718560	35443	66113	817		742443

14－2　建筑业企业主要经济指标

指　　标		2012	2013
企业单位数	（个）	153	147
从业人数	（万人）	8.43	8.65
自有固定资产原价	（万元）	224006	246204
自有固定资产净值	（万元）	142616	179992
自有机械设备净值	（万元）	85861	107608
自有机械设备总台数	（台）	23727	19838
自有机械设备总功率	（万千瓦）	66	48.95
建筑业总产值	（万元）	2643890	2719377
建筑工程		2270886	2230528
安装工程		173502	267901
其　他		199502	220948
固定资产本年折旧	（万元）	11713	16073
应付职工薪酬	（万元）	260257	379715
主营业务税金及附加	（万元）	71526	84371
管理费用中的税金	（万元）	2805	2353
营业利润	（万元）	78787	94330
利润总额	（万元）	80083	93397
利税总额	（万元）	154414	180121
劳动生产率	（元/人）		
按总产值计算		313815	337698
房屋建筑施工面积	（万平方米）	1959.84	2058.86
房屋建筑竣工面积	（万平方米）	780.11	881.34
技术装备率	（元/人）	10191.26	12442
动力装备率	（千瓦/人）	7.89	5.66
房屋建筑面积竣工率	（%）	39.80	42.81
产值利润率	（%）	3.03	3.43
产值利税率	（%）	5.84	6.62

14－3　国有经济建筑业企业主要经济指标

指　　标		2012	2013
企业单位数	（个）	8	6
从业人数	（万人）	0.13	0.11
自有固定资产原价	（万元）	5956	6531
自有固定资产净值	（万元）	3482	4280
自有机械设备净值	（万元）	2403	1455
自有机械设备总台数	（台）	434	379
自有机械设备总功率	（万千瓦）	1	0.95
建筑业总产值	（万元）	35491	35443
建筑工程		26086	32343
安装工程		180	1700
其　他		9225	1400
固定资产本年折旧	（万元）	232	264
应付职工薪酬	（万元）	6708	5301
主营业务税金及附加	（万元）	762	1179
管理费用中的税金	（万元）	13	29
营业利润	（万元）	344	2544
利润总额	（万元）	337	2544
利税总额	（万元）	1112	3752
劳动生产率	（元/人）		
按总产值计算		272173	298841
房屋建筑施工面积	（万平方米）		
房屋建筑竣工面积	（万平方米）		
技术装备率	（元/人）	18429	13144
动力装备率	（千瓦/人）	10	8.58
房屋建筑面积竣工率	（%）		
产值利润率	（%）	0.95	7.18
产值利税率	（%）	3.13	10.59

14－4 建筑业企业主要

指　　标		合　计	总承包	专业承包	内资企业	#集体	#私营
企业单位个数	（个）	147	94	53	146	6	119
签订的合同额	（万元）	5212732	5075404	137328	5211915	113239	2213331
直接从建设单位承揽工程完成的产值	（万元）	2661190	2535636	125555	2660374	66113	1515486
自行完成施工产值		2650154	2528257	121898	2649338	66113	1513512
分包出去工程产值		11036	7379	3657	11036		1974
从建设单位以外承揽工程完成的产值	（万元）	69223	67798	1425	69223		67592
建筑业总产值		2719377	2596054	123323	2718560	66113	1581104
装饰装修产值		84601	62585	22017	84601		70641
在外省完成产值		474937	464548	10389	474937		104525
#建筑工程		2230528	2164291	66237	2230528	64313	1246174
安装工程		267901	230199	37702	267084		130538
其　他		220948	201565	19383	220948	1800	204392
竣工产值	（万元）	1726369	1660604	65766	1725553	61085	963460
房屋建筑施工面积	（万平方米）	2058.86	2041.62	17.24	2058.86	86.61	1131.25
#本年新开工		1039.19	1024.33	14.86	1039.19	44.76	681.60
#投标承包的面积		1840.78	1823.94	16.85	1840.78	80.53	976.44
#本年新开工		932.58	918.08	14.50	932.58	44.76	617.21
房屋建筑竣工面积	（万平方米）	881.34	869.37	11.97	881.34	38.35	583.27
房屋竣工价值	（万元）	1200183	1188743	11440	1200183	45583	673922
自有机械设备净值	（万元）	107608	96498	11110	107603	4724	65952
自有机械设备总台数	（台）	19838	18684	1154	19834	1437	13738
自有机械设备总功率	（万千瓦）	48.95	47.83	1.12	48.95	0.99	28.71
主要建筑材料消耗量							
#水　泥	（万吨）	276.75	272.98	3.77	276.75	9.19	192.51
平板玻璃	（万重量箱）	46.10	43.44	2.66	46.10	0.29	38.12
铝　材	（万吨）	1.96	1.90	0.06	1.96	0.02	1.64
计算劳动生产率的平均人数	（万人）	8.05	7.63	0.42	8.05	0.51	5.64
从业人员	（万人）	8.65	8.16	0.48	8.65	0.57	6.18
#工程技术人员		1.29	1.20	0.10	1.29	0.05	0.91
#一级建造师		0.06	0.06		0.06		0.03
全员劳动生产率	（元/人）	337697.53	340202.91	292371.98	337742.91	129785.04	280402.26
技术装备率	（元/人）	12441.92	11818.65	22958.46	12446.38	8243.24	10667.01
动力装备率	（千瓦/人）	5.66	5.86	2.31	5.66	1.73	4.64
房屋建筑面积竣工率	（%）	42.81	42.58	69.40	42.81	44.28	51.56

生产指标(2013 年)

港澳台商	外商投资	国有及国有控股企业	房屋工程建筑业	土木工程建筑业	建筑安装	建筑装饰其他建筑业
1		11	67	31	16	33
817		2435793	4489220	612172	26174	85167
817		742443	2083454	477059	26338	74340
817		742443	2083254	466608	26053	74240
			200	10451	285	100
			56787	11011	285	1140
817		742443	2140040	477619	26338	75380
			48287	14422		21892
		318158	424894	47034	320	2689
		654657	1800840	360605	18240	50843
817		86386	216293	35927	7586	8094
		1400	122907	81087	512	16442
817		425800	1320378	356203	3925	45863
		705.97	1934.68	93.30	2.63	28.24
		244.87	974.12	38.55	2.23	24.29
		701.57	1726.57	90.20	2.63	21.37
		244.87	872.37	38.55	2.23	19.43
		198.88	814.16	46.07	2.32	18.79
		377031	1095185	83020	546	21432
5		29449	78013	18297	88	11210
4		3108	16638	2199	79	922
		13.79	40.68	7.48	0.04	0.73
		20.18	245.70	25.80	0.02	5.24
		1.49	24.60	18.79	0.58	2.13
		0.04	1.88	0.02		0.06
		0.80	6.59	1.07	0.12	0.27
		0.76	7.05	1.16	0.15	0.28
		0.20	0.93	0.29	0.03	0.05
		0.02	0.04	0.02		
233342.86		930030.06	324627.28	448342.25	213262.35	277539.03
1428.57		38505.36	11059.36	15774.98	579.99	39609.54
0.09		18.02	5.77	6.45	0.29	2.60
		28.17	42.08	49.38	87.95	66.53

14－5　建筑业企业主要

指　　标	单位数（个）	流动资产本　期	存货本期	固定资产合计本期	固定资产原价本期
总　　计	**147**	**1624990**	**334663**	**179992**	**246204**
#国有及国有控股企业	11	792249	238054	40877	65321
按登记注册类型分					
内资企业	146	1623998	334663	179873	246204
国有企业	5	18026	1767	4256	6531
集体企业	6	13907	5359	5555	8535
有限责任公司	15	971781	273656	64250	97603
股份有限公司	1				
私营企业	119	620285	53881	105812	133535
港、澳、台商投资企业	1	991		119	
按国民经济行业分					
房屋建筑业	67	1208829	274310	111711	157432
土木工程建筑业	31	363980	47472	56106	72812
铁路、道路、隧道和桥梁工程建筑	15	169857	6113	30083	36708
建筑安装业	16	15232	3174	2597	2869
建筑装饰和其他建筑业	33	36949	9707	9579	13090
建筑装饰业	27	23628	5092	7228	7893
按资质等级分					
施工总承包	94	1542697	320746	162551	226240
一　级	11	1055207	277765	75536	124059
二　级	37	367341	20626	57087	71792
三级及以下	46	120149	22356	29929	30389
专业承包	53	82292	13917	17440	19964
一　级	2	7031	549	801	1323
二　级	17	29953	7307	6745	8850
三级及以下	34	45308	6062	9895	9791

财务指标（2013 年）

单位：万元

固定资产累计折旧本期	本年折旧本　　期	资产本期	负债本期	流动负债本　　期	所有者权益本　　期	实收资本本　　期
89960	**16073**	**1969123**	**1350583**	**1259448**	**618540**	**420090**
26764	4574	930559	729915	677475	200644	137981
89960	16073	1968012	1350329	1259195	617684	419590
3076	264	24230	8138	7338	16093	5247
2980	225	19465	8042	7626	11423	9445
38551	8243	1159246	909466	848064	249781	175192
45353	7341	765071	424683	396167	340388	229706
		1110	254	254	856	500
56370	11211	1444200	1004051	932274	440149	305295
27985	3870	455215	321160	305895	134056	82539
13238	1984	215487	138139	137121	77348	49455
1391	164	20531	7327	5153	13204	9918
4214	828	49177	18045	16125	31131	22338
1360	458	32057	9543	8423	22514	15969
82865	15050	1857175	1293281	1206805	563894	385078
51706	11051	1244788	960302	905504	284486	191803
23952	2939	448652	245407	230011	203245	129343
7206	1061	163735	87572	71290	76164	63932
7096	1023	111948	57302	52643	54646	35012
650	16	8718	5209	5207	3509	2724
2740	606	38448	17230	15665	21218	13860
3705	401	64782	34863	31772	29919	18427

14－5 建筑业企业主要

指标	国家资本本期	主营业务收入本期	主营业务成本本期	主营业务税金及附加本期	其他业务利润本期	销售费用本期
总计	**16257**	**2777849**	**2474099**	**84371**	**2754**	**20589**
#国有及国有控股企业	6898	986166	876953	26227	2	2309
按登记注册类型分						
内资企业	16257	2777778	2474099	84371	2754	20589
国有企业	5247	34387	17490	1022		23
集体企业		56566	51390	3265		394
有限责任公司	7451	1310098	1183327	32974	1185	6656
股份有限公司						
私营企业	3560	1376727	1221892	47110	1569	13516
港、澳、台商投资企业		71				
按国民经济行业分						
房屋建筑业	3455	2248092	2021084	71848	136	14707
土木工程建筑业	11867	444057	377517	9736	2054	4964
铁路、道路、隧道和桥梁工程建筑	701	164967	140174	5681	762	790
建筑安装业	5	17020	14821	517	447	216
建筑装饰和其他建筑业	931	68681	60676	2269	117	703
建筑装饰业		45447	39465	1557	3	638
按资质等级分						
施工总承包	13817	2666350	2392794	81433	1693	15795
一级	5250	1578348	1421998	42946	1143	13160
二级	5905	860406	771099	29893	437	1039
三级及以下	2662	227596	199697	8595	113	1596
专业承包	2441	111499	81305	2937	1061	4794
一级	1505	20980	7948	677		0
二级	818	45483	39949	1408		301
三级及以下	118	45036	33407	852	1061	4493

财务指标(2013 年)(续)

单位:万元

管理费用本　期	管理费用中的税金本期	财务费用本　期	营业利润本　期	利润总额本　期	应交所得税本　期	本年应付职工薪酬本期
80989	**2353**	**11809**	**94330**	**93397**	**18083**	**379715**
22719	565	2059	38425	37462	5052	59946
80989	2353	11809	94258	93325	18075	379580
594	29	31	2532	2529	626	4857
1041	31	53	424	424	108	19765
38378	1007	3372	42326	41446	5806	107453
40977	1286	8353	48976	48927	11535	247505
			72	72	9	135
55308	1430	6652	65990	65004	13412	313469
21903	767	4648	25457	25751	3788	51192
9020	257	3095	17480	17640	1934	22602
1277	42	94	446	445	325	4465
2502	115	415	2436	2197	558	10588
1788	63	321	1767	1525	408	6671
74586	1921	11280	89376	88662	16983	362365
49445	1120	5306	52887	52027	5898	172536
17553	503	4904	27562	27573	8599	141890
7589	298	1070	8927	9062	2487	47938
6403	433	529	4953	4735	1100	17350
128	12	0	210	230	54	1892
1977	93	297	1494	1511	531	6531
4298	328	232	3249	2994	515	8927

14－6　主要年份建筑业企业技术装备情况

年　份	自有机械设备净值（万元）	自有机械设备总台数（台）	自有机械设备总功率（万千瓦）	技术装备率（元/人）	动力装备率（千瓦/人）
2000	23275	15293	27.55	5500.93	6.51
2001	33237	17521	23.49	6694.13	4.73
2002	40728	14621	19.24	8403.94	3.97
2003	38157	13438	26.55	5543.90	3.86
2004	69175	13511	24.00	15139.08	5.25
2005	37974	14082	21.58	7797.70	4.43
2006	47949	14841	25.63	9372.54	5.01
2007	51332	14940	27.99	8516.72	4.64
2008	58734	16292	28.84	10131.97	4.98
2009	78172	17737	29.65	12899.46	4.89
2010	73511	21283	40.89	9361.84	5.21
2011	116419	43066	43.56		
2012	85861	23727	66.43	10209.39	7.90
2013	107608	19838	48.95	12441.92	5.66

14－7　主要年份国有经济建筑业企业技术装备情况

年　份	自有机械设备净值（万元）	自有机械设备总台数（台）	自有机械设备总功率（万千瓦）	技术装备率（元/人）	动力装备率（千瓦/人）
2000	11849	4422	14.66	7011.24	8.67
2001	16374	4275	12.41	10429.30	7.90
2002	12331	3682	4.64	10190.91	3.83
2003	12454	2870	9.6	4981.60	3.84
2004	42158	2676	6.95	39771.70	6.56
2005	16583	2716	7.09	16418.81	7.02
2006	2038	453	0.65	22644.44	7.22
2007	9495	951	3.83	15825.00	6.38
2008	9012	892	3.56	14535.48	5.74
2009	4368	587	2.47	8564.71	4.84
2010	6073	57493	4.76	11246.30	8.81
2011	26783	533	2.2	86396.77	7.10
2012	2403	51818	1.36	17164.29	9.71
2013	1455	379	0.95	13143.63	8.58

14－8 劳务分包建筑业企业生产经营情况(2013 年)

指 标		合 计
生产情况		
企业单位数	(个)	28
建筑业总产值	(万元)	152362
#装饰装修产值		62016
年末从业人数	(万人)	2.96
#现场施工工人		1.48
财务状况		
资产负债		
固定资产原价	(万元)	1852
本年折旧	(万元)	154
资产总计	(万元)	18559
负债合计	(万元)	9741
实收资本	(万元)	4915
损益及分配		
营业收入合计	(万元)	145178
#主营业务收入		145109
营业成本		121884
主营业务成本	(万元)	96509
营业税金及附加		17882
主营业务税金及附加	(万元)	16628
销售费用	(万元)	9630
管理费用	(万元)	2929
税金		168
财务费用	(万元)	421
营业利润	(万元)	2322
利润总额	(万元)	2647
从业人员工资总额	(万元)	117503
全部从业人员年平均人数	(万人)	2.77

14－9　建筑业企业房屋建筑完成情况(2013 年)

指　　标	竣工面积(万平方米)	国有及国有控股企业	竣工房屋价值(万元)	国有及国有控股企业
合　　计	**881.34**	**198.88**	**1200183**	**377031.3**
住宅房屋	669.65	184.50	862518	313403.5
商业及服务用房屋	5.81		7178	
商厦房屋(批发和零售用房)	0.92		882	
宾馆用房屋(住宿用房)	1.29		1887	
餐饮用房屋(餐饮用房)	1.21		1678	
商务会展用房屋	0.02		15	
其他商业及服务用房屋(居民服务业用房)	2.37		2716	
办公用房屋	48.94		65191	
科研、教育、医疗用房屋	25.74		33808	
科学研究用房屋	1.60		2097	
教育用房屋	18.26		24942	
医疗用房屋(卫生医疗用房)	5.88		6769	
文化、体育、娱乐用房屋	0.05		45	
厂房及建筑物	106.31	14.39	207566	63627.8
厂房	18.97		32074	
仓库	0.28		405	
其他未列明的房屋建筑物＊	24.55		23473	

14－10　各县区建筑业企业房屋建筑完成情况(2013 年)

地　区	房屋建筑竣工面积(万平方米)	住　宅	竣工房屋价值(万元)	住　宅
全　　市	**881.34**	**669.65**	**1200183**	**862518**
含 山 县	120.00	102.35	135883	114238
和　　县	82.37	71.65	84322	72501
当 涂 县	118.52	91.98	125297	87440
花 山 区	495.28	368.70	780647	543425
雨 山 区	62.96	32.76	72435	43314
博 望 区	2.20	2.20	1600	1600

14－11 各县区按登记注册类型和行业分的建筑业企业单位数(2013年)

单位:个

地 区	合 计	内资企业	港澳台商投资企业	外商投资企业	国有及国有控股企业	房屋工程建筑业	土木工程建筑业	建筑安装业	建筑装饰业其他建筑业
全 市	**147**	**146**	**1**		**11**	**67**	**31**	**16**	**33**
含山县	9	9				6	2		1
和 县	14	14			2	9	4		1
当涂县	25	25			1	14	7	2	2
花山区	53	53			6	18	12	8	15
雨山区	45	44	1		2	19	6	6	14
博望区	1	1				1			

14－12 各县区按经济类型和行业分的建筑业总产值(2013年)

单位:万元

地 区	合 计	内资企业	港澳台商投资企业	外商投资企业	国有及国有控股企业	房屋工程建筑业	土木工程建筑业	建筑安装业	建筑装饰业其他建筑业
全 市	**2719377**	**2718560**	**817**		**742443**	**2140040**	**477619**	**26338**	**75380**
含山县	185175	185175				152862	32207		106
和 县	135375	135375			12409	106676	27659		1040
当涂县	376191	376191			8120	320633	43632	528	11398
花山区	1653655	1653655			712760	1279266	301987	22119	50282
雨山区	368351	367534	817		9154	279973	72134	3691	12554
博望区	630	630				630			

14－13　各县区建筑业企业生产情况(2013 年)

地　区	企业单位个数（个）	总产值（万元）				竣工产值（万元）
			建筑工程	安装工程	其它产值	
全　　市	**147**	**2719377**	**2230528**	**267901**	**220948**	**1726369**
含 山 县	9	185175	147838	17839	19499	139320
和　　县	14	135375	131039	2432	1904	116906
当 涂 县	25	376191	314094	18400	43697	196997
花 山 区	53	1653655	1397793	160171	95690	1047508
雨 山 区	45	368351	239134	69059	60158	225009
博 望 区	1	630	630			630

地　区	房屋建筑施工面积（万平方米）	房屋建筑竣工面积（万平方米）	自有施工机械设备			期末从业人数（万人）
			净　值（万元）	总台数（台）	总功率（万千瓦）	
全　　市	**2058.86**	**881.34**	**107608**	**19838**	**48.95**	**8.65**
含 山 县	176.20	120.00	5876	3189	4.58	0.89
和　　县	183.16	82.37	7924	2888	2.63	1.00
当 涂 县	185.09	118.52	19270	2649	8.62	1.45
花 山 区	1316.78	495.28	60871	8247	28.98	3.86
雨 山 区	195.43	62.96	13666	2865	4.14	1.43
博 望 区	2.20	2.20				0.02

14－14 各县区建筑业企业主要财务指标(2013 年)

单位:万元

地 区	流动资产合 计	固定资产合 计	固定资产原 价	累 计折 旧	#本年	资产合计	负债合计	所有者权 益	#实收资本	主营收入
全 市	**1624990**	**179992**	**246204**	**89960**	**16073**	**1969123**	**1350583**	**618540**	**420090**	**2777849**
含山县	61089	10305	13977	4129	357	76327	31968	44359	28545	182727
和 县	53532	16015	22192	6914	598	70091	24506	45585	34018	124175
当涂县	152258	28141	28426	6770	958	184469	99905	84564	47360	371909
花山区	1130672	99933	145583	59153	10884	1362997	1013011	349985	238387	1792044
雨山区	227191	25091	35459	12933	3270	274465	181127	93338	71070	306754
博望区	248	508	568	60	6	774	65	709	709	240

地 区	主营成本	主营税金及 附 加	销售费用	管理费用	#税 金	财务费用	营业利润	利润总额	本年应付职工薪酬
全 市	**2474099**	**84371**	**20589**	**80989**	**2353**	**11809**	**94330**	**93397**	**379715**
含山县	166353	7001	663	3194	19	1401	5115	5115	29011
和 县	100205	5715	1262	3462	134	104	3421	3421	35405
当涂县	334785	11943	705	6665	454	1453	15447	15379	56075
花山区	1592573	48894	17318	57744	1421	6599	55829	54790	199802
雨山区	279952	10809	641	9924	326	2252	14517	14692	58942
博望区	230	9		1			480		

主要统计指标解释

建筑业统计单位

指从事房屋、构筑物建造和设备安装活动的法人企业。建筑业法人企业应同时具备的条件是:①依法成立,有自己的名称、组织机构和场所,能够承担民事责任;②独立拥有和使用资产,承担负债,有权与其他单位签订合同;③独立核算盈亏,能够编制资产负债表。

建筑业总产值

是以货币表现的建筑业企业在一定时期内生产的建筑业产品和服务的总和。建筑业总产值包括:

(1) 建筑工程产值:指列入建筑工程预算内的各种工程价值。

(2) 设备安装工程产值:指设备安装工程价值,不包括被安装设备本身价值。

(3) 房屋、构筑物修理产值:指房屋、构筑物修理所完成的价值,但不包括被修理房屋、构筑物本身的价值和生产设备的修理价值。

(4) 非标准设备制造产值:指加工制造没有定型的、非标准的生产设备的加工费和原材料价值,以及附属加工厂为本企业承建工程制作的非标准设备的价值。

自有机械设备年末总台数

指归本企业所有,属于本企业固定资产的生产性机械设备年末总台数。包括施工机械、生产设备、运输设备以及其他设备。

自有机械设备年末总功率

指本企业自有施工机械、生产设备、运输设备以及其他设备等列为在册固定资产的生产性机械设备年末总功率,按设定能力或查定能力计算。包括机械本身的动力和为该机械服务的单独动力设备,如电动机等。计算单位用千瓦,动力换算可按 1 马力 = 0.735 千瓦折合成千瓦数。电焊机、变压器、锅炉不计算动力。

工程结算收入

指企业承包工程实现的工程价款结算收入,以及向发包单位收取的除工程价款以外的按规定列作营业收入的各种款项,如临时设施费、劳动保险费、施工机械调迁费等以及向发包单位收取的各种索赔款。

工程结算利润

指已结算工程实现的利润,如亏损以“ - ”号表示。计算公式为:

工程结算利润 = 工程结算收入 - 工程结算成本 - 工程结算税金及附加

十五、运输与邮电

简要说明

一、交通运输业资料主要包括:铁路、公路、水路等运输方式的线路里程、运输设备拥有量,各种运输方式完成的货物运输量等。邮电通信业资料主要包括:全市邮电局(所)及邮路情况,邮电通信主要电路及设备拥有量,主要邮电业务完成情况,邮电通信发展水平等资料。

二、有关交通运输资料分别来源于马鞍山火车站、市公安局、市交运局等。邮电通信业资料来源于市邮政局、市各个电信运营商。

三、本篇资料由市统计局服务业科整理。

15－1　主要年份交通运输业基本情况

指　　标		1995	2000	2005	2010	2011	2012	2013
运输线路长度	（公里）							
铁路营业里程		36	36	36	36	36	36	36
公　路				1124	2223	4492	5008	6989
内　河					106	106	264	262
客运量	（万人）							
铁　路		136	178	211	218	210	193	219
公　路					2120	2826	6959	8246
旅客周转量	（万人公里）							
公　路					151163	186080	668884	777365
货运量	（万吨）							
铁　路		775	941	1452	1785	1733	1659	1579
公　路					9458	11528	14850	16747
水　运					1441	1542	3015	2993
货物周转量	（万吨公里）							
公　路					1411706	1729321	2231675	2478800
水　运					672932	498658	934650	1388881
民用汽车拥有量	（辆）				90016	107309	123571	138925
载客汽车辆数					66511	82121	100775	119489
载货汽车辆数					18167	20280	19202	17319
私人汽车拥有量					61962	75487	90707	105949
民用运输船舶拥有量	（艘）				1368	1366	1917	1890
#机动船					1368	1366	1905	1882
驳　船							12	8
私人运输船舶拥有量	（艘）				756	571		393
机动船					756	571		393
驳　船								

15－2 主要年份运输路线长度

单位:公里

指　　标	2005	2010	2011	2012	2013
铁　路					
营业里程	36	36	36	36	36
公　路					
公路里程	1124.00	2223.21	4491.71	5008	6989
国道、省道	1124.00	2223.21	4491.71	5008	6989
县　道	289.31	300.76	552.42	765	877
乡　道	709.19	771.49	1174.66	1194	1349
专用公路					
高速公路	41.00	41.00	87.00	87	160
一级公路			3.70	90	223
二级公路	134.00	173.00	41.58	389	585
三级公路	135.00	153.00	486.46	560	668
四级公路	596.00	1813.00	3711.77	3721	5117
等外公路	218.00	43.00	248.21	248	237
在公路里程中:					
晴雨通车里程	1079.00	2155.00	4491.71	5008	6829
绿化里程	764.00	2012.00	4432.45	5001	6190
水　运					
内河航道通航里程		106.02	106.02	264	262

15－3　主要年份运输线路质量

指　　标		2005	2010	2011	2012	2013
铁路营业里程	**（公里）**	**36**	**36**	**36**	**36**	**36**
#复线里程	（公里）		3	3	3	3
复线里程比重	（%）		8.3	8.3	8.3	8.3
公路线路里程	**（公里）**	**1124.00**	**2223.21**	**4491.71**	**5008**	**6989**
#等级公路里程	（公里）	906	2180	4244	4759	6753
等级公路里程比重	（%）	80.6	98.1	94.5	95.0	96.6
内河航道里程	**（公里）**		**106**	**106**	**264**	**262**
#等级航道里程	（公里）		79	79	240	238
等级航道里程比重	（%）		74.5	74.5	90.9	90.8

15－4　主要年份内河港口码头吞吐量

年　　份	货物吞吐量（万吨）	
		#集装箱（标准箱）
2005	2011	37069
2006	2393	48209
2007	3685	34062
2008	4697	51148
2009	4191	69945
2010	4826	41339
2011	5306	80234
2012	6809	89189
2013	7489	70707

15－5　全社会公路分货类运输量

指　　标	货运量(万吨)			货物周转量(万吨公里)		
	2011	2012	2013	2011	2012	2013
合　计	**11528**	**14850**	**16747**	**1,729,321**	**2231675**	**2478800**
煤炭及制品	949	1225	1456	35,091	45528	57328
石油天然气及制品	53	69	93	688	892	1089
#原　油						
金属矿石	1376	1778	2131	122,476	542274	707386
钢　铁	2945	3806	4135	417,999	542274	626928
矿建材料	2274	2938	3185	29,415	38050	41256
水　泥	148	190	256	52,121	67619	78634
木　材	55	70	93	1,204	1562	1768
非金属矿石	316	406	468	112,154	145482	157843
#磷　矿						
化肥及农药	100	71	89	2,924	3771	4087
盐	1	1	2	16	14	17
粮　食	171	221	242	15,481	20062	20582
机械、设备、电器	128	164	187	39,219	50884	64338
化工原料及制品	261	337	421	101,145	131200	182943
有色金属	33	41	47	9,117	11805	12584
轻工、医药产品	856	1106	1502	230,157	298575	31893
#日用工业品						
农林牧渔业产品	52	66	73	7,224	9371	10124
#棉 花						
其　他	1810	2361	2367	552,890	322312	480000

15－6　主要年份公路线路年底到达数(按技术等级分)

单位:公里

年　份	公路里程总　计	等级路	高　速	一　级	二　级	三、四级公路	等外公路
2005	1124	906	41		134	731	218
2010	2223	2180	41		173	1966	43
2011	4492	4244	87	4	42	4198	248
2012	5008	4759	87	90	389	4281	248
2013	6989	6753	160	223	585	5785	237

15－7 公路线路年底到达数(按技术等级分)(2013 年)

单位:公里

项 目	公路里程总 计	等级公路						等外公路
		合 计	高 速	一 级	二 级	三 级	四 级	
上年年底到达数	6989	6753	160	223	585	668	5117	237
国 道	42							
省 道	237							
县 道	877							
乡 道	1349							
专用公路								
村 道	4484							
本年新建数								
国 道								
省 道								
县 道								
乡 道								
专用公路								
村 道								
本年改建变更数								
国 道								
省 道								
县 道								
乡 道								
专用公路								
村 道								
本年年底到达数	6989	6753	160	223	585	668	5117	237
国 道	42							
省 道	237							
县 道	877							
乡 道	1349							
专用公路								
村 道	4484							

15－8　各县公路线路年底到达数(按技术等级分)(2013年)

单位:公里

地　区	公路里程总　计	等级公路					等外公路
		合　计	#一　级	二　级	三　级	四　级	
全　市	**6989**	**6753**	**223**	**585**	**668**	**5117**	**237**
含山县	1731	1592	30	128	200	1234	142
和　县	1943	1870	54	149	224	1444	75
当涂县	2107	2090	115	136	182	1659	17

15－9　公路密度及通达情况

指　标		2005	2010	2011	2012	2013
公路密度						
以国土面积计算	(公里/百平方公里)	66.66	131.86	113.28	125.83	168.6
以人口数量计算	(公里/万人)	9.03	17.29	20.33	22.31	29.7
公路通达						
乡镇数量	(个)	19	18	35	35	35
#不通公路						
不通公路乡镇所占比重	(%)					
行政村数量	(个)	355	241	473	397	473
#不通公路						
不通公路行政村所占比重	(%)					

15－10　主要年份民用车辆拥有量

单位:辆

指　　　标	2010	2011	2012	2013
总　计	**187031**	**285611**	**308263**	**306379**
载客汽车	52444	81375	100775	119489
大　型	1280	1693	1777	1813
中　型	1067	1759	1573	1410
小　型	48921	76095	95529	115000
微　型	1176	1828	1896	1266
载货汽车	13947	20039	19202	17319
重　型	4562	6426	6704	7230
中　型	3311	4337	2496	1450
轻　型	6037	9244	9990	8635
微　型	37	32	12	4
其他汽车	2042	4322	3594	2117
摩托车	116822	177873	182767	120650
拖拉机		11	11	45076
#大中型				
挂　车	1590	1808	1731	1667
其他类型车	177	183	183	61
机动车驾驶员（人）	196786	303197	332766	350688
#汽车驾驶员				277220

15－11　主要年份私人车辆拥有量

单位:辆

指　　　标	2010	2011	2012	2013
总　计	**158162**	**249273**	**272757**	**273403**
载客汽车	38534	63060	82040	99818
大　型	33	45	45	25
中　型	275	565	490	351
小　型	37241	60844	79801	98250
微　型	985	1606	1704	1192
载货汽车	2442	6120	6381	5218
重　型	152	475	549	465
中　型	309	1238	689	352
轻　型	1968	4391	5133	4397
微　型	13	16	10	4
其他汽车	1030	2989	2286	913
摩托车	116100	177032	181972	120650
拖拉机				45076
#大中型				
挂　车	14	27	32	1667
其他类型车	42	45	46	61

15－12　民用车辆拥有量营运情况(2013 年)

单位:辆

指　标	总　计			总计中			报　废
		营　运	非营运	进　口	个　人	新注册	
总　计	**306379**	**21898**	**284481**	**5014**	**224777**	**31521**	**1574**
汽　车	138925	19711	119214	5003	106539	25843	912
载客汽车	119489	6072	113417	4988	100388	23105	602
#大　型	1813	1218	595	11	25	187	86
中　型	1410	608	802	38	342	14	67
小　型	115000	4243	110757	4901	98825	22820	424
微　型	1266	3	1263	38	1196	84	25
#轿　车	87769	4083	83686	2187	76339	17012	328
载货汽车	17319	12996	4323	6	5224	2525	281
#重　型	7230	6841	389	6	457	1179	117
中　型	1450	1309	141		339	65	46
轻　型	8635	4846	3789		4424	1281	118
微　型	4		4		4		
#普通载货	8020	4882	3138		3601	1124	143
其他汽车	2117	643	1474	9	927	213	29
#三轮汽车	400	239	161		399	23	1
低速货车	140	120	20		133	8	4
摩托车	120650	552	120098	11	118190	5479	648
普　通	120120	552	119568	11	117662	5463	638
轻　便	530		530		528	16	10
拖拉机	45076		45076		45076		12
大中型							
小型方向盘式	45076		45076		45076		12
挂　车	1667	1633	34		19	196	13
其他类型车	61	2	59		29	3	1
机动车驾驶员（人）	350688						
#汽车驾驶员	277220						

15－13　各县区民用车辆拥有量(2013年)

单位:辆

地　区	汽　车				摩托车	拖拉机	挂　车	其　他 类型车	机动车 驾驶员 (人)
		载客汽车	载货汽车	其他汽车					
全　　市	**138925**	**119489**	**17319**	**2117**	**120650**	**45076**	**1667**	**61**	**350688**
含 山 县	13214	11091	1691	432	17287	9917	16		55515
和　　县	13767	11191	2271	305	15039	8564	24		54445
当 涂 县	31799	26386	5185	228	48932	26595	396	3	83680
花 山 区	49053	43020	5262	771	23805		847	46	94659
雨 山 区	29394	26153	2860	381	15407		384	12	62142
博 望 区	1698	1648	50		180				247

15－14　各县区私人车辆拥有量(2013年)

单位:辆

地　区	汽车总计	载客汽车				载货汽车			其他汽车
			大　型	中　型	小　型		中　型	轻　型	
全　　市	**105949**	**99818**	**25**	**351**	**98250**	**5218**	**352**	**4397**	**913**
含 山 县	10046	8655		37	8490	1022	112	798	369
和　　县	10711	9231	2	140	8968	1268	108	1023	212
当 涂 县	24192	22710	18	65	22346	1409	80	1274	73
花 山 区	36505	35515	4	64	35066	866	26	707	124
雨 山 区	23455	22717	1	42	22398	606	13	551	132
博 望 区	1040	990		3	982	47	13	44	3

15－15　主要年份公路营运汽车拥有量

年　份	汽车总计 (辆)	载客汽车		载　货　汽　车			
		辆　数 (辆)	客　位 (客位)	辆　数 (辆)	#普通载货汽车	吨　位 (吨)	#普通载货汽车
2011	22385	5409	83162	14581	6195	119727	
2012	15599	1323	30084	14276	13365	107348	96468
2013	18164	1349	31606	16815	13440	132956	86876

15－16　国、省道公路交通量(2013 年)

指　　标	国　　道	省　　道
观测里程　（公里）	18	195
年平均日交通混合当量合计　（辆/日）	30469	9037
机动车(当量数)	30469	9037
汽　车(当量数)	22588	7543
小型货车(自然数)	1107	728
中型货车(自然数)	1155	413
大型货车(自然数)	1455	423
小型客车(自然数)	8553	3263
大型客车(自然数)	830	335
拖拉机(当量数)	762	315
非机动车(当量数)		
行驶量　（万车公里/日）	127	249
适应交通量　（辆/日）	15000	17787
交通拥挤度	2.03	0.51

15－17　主要年份民用运输船舶拥有量

年　份	总艘数（艘）	机动船				驳　船	
		艘　数（艘）	净载重量（吨）	载客量（客位）	功　率（千瓦）	艘　数（艘）	净载重量（吨）
2011	1366	1366	1003258	1150			
2012	1917	1905	1910000	703	657893	12	3410
2013	1890	1882	2322226		646371	8	2210

15－18 主要年份邮电业务基本情况

指　　标		2005	2010	2011	2012	2013
函　件	（万件）	480.31	1117.00	1176.59	1188.64	734.21
包　件	（万件）	1.72	4.00	4.29	7.74	3.16
快　递	（万件）	19.35	45.00	48.40	49.84	43.30
报刊期发数	（万份）	157.46	366.20	385.32	337.00	22.36
纪特邮票	（万枚）	15.39	35.80	37.60	37.27	32.84
固定长途电话通话时长	（亿分钟）	0.88	0.84	0.77	1.23	1.16
移动短信业务量	（万条）	2158	24603	31304	1271945	126483
互联网宽带接入用户	（万户）		16.60	24.86	29.67	34.31
互联网上网人数	（万人）	4.5	38.16	59.89	66.83	80.01
移动电话年末用户	（万户）	24.1	104.12	153.09	165.26	167.88
#3G 移动电话用户			3.02	26.36	42.92	64.21
固定电话年末用户	（万户）	43.64	47.38	65.03	59.22	56.56
城　市				32.22	30.63	45.77
农　村				25.34	28.59	10.79
营业网点	（处）				278	591
邮路及农村投递路线总长度	（公里）	1798	1991	3110	3171	3492
#汽车邮路		451	843	1616	1616	1446
长途光缆纤芯长度	（芯公里）		10549	10549	10549	12324
长途电话交换机容量	（路端）	17305	31610	31610	28818	28818
本地固定电话局用交换机容量	（万门）	23.37	33.22	49.34	76.93	55.05

15－19 各县区邮电业务量（2013年）

地　区	邮政业务总　量（万元）	函　件（万件）	快　递（万件）	报刊期发　数（万份）	纪特邮票（万枚）	包　裹（万件）	互联网宽带接入用户（万户）	移动电话年末用户（万户）	固定电话年末用户（万户）
全　市	**14157.12**	**734.21**	**43.30**	**22.36**	**32.84**	**3.16**	**34.31**	**167.88**	**56.56**
含山县	571.04	84.00	1.81	3.13	3.28	0.40	2.93	21.68	5.38
和　县	530.13	175.00	2.33	4.26	1.97	0.20	4.01	25.18	8.04
当涂县	863.68	5.00	7.45	3.81	2.62	0.30	8.31	42.71	10.64
市辖区	12192.27	470.21	31.71	11.16	24.97	2.26	19.06	78.31	32.50

15－20　主要年份邮电局所数及邮递线路

单位:处

年　份	邮电局所	邮政信筒信箱	邮路总长度（公里）	汽车邮路	农村投递线路（公里）
2000	39	210	451	451	1347
2005	39	220	451	451	1347
2006	39	215	843	843	1321
2007	39	190	843	843	1321
2008	45	190	843	843	1205
2009	45	185	843	843	1148
2010	45	187	843	843	1148
2011	71	164	1616	1616	1555
2012	71	164	1616	1616	1555
2013	65	87	1446	1446	2046

15－21　各县区邮政局所数及邮递线路(2013 年)

单位:处

地　　区	邮电局所	邮政信筒信箱	邮路总长度（公里）	汽车邮路	农村投递线路（公里）
全　　市	**65**	**87**	**1446**	**1446**	**2046**
含 山 县	15		235	235	559
和　　县	16		239	239	549
当 涂 县	19				644
市　　区	15		972	972	295

主要统计指标解释

铁路营业里程

又称营业长度(包括正式营业和临时营业里程),指办理客货运输业务的铁路正线总长度。凡是全线或部分建成双线及以上的线路,以第一线的实际长度计算;复线、站线、段管线、岔线和特殊用途线以及不计算运费的联络线都不计算营业里程。铁路营业里程是反映铁路运输业基础设施发展水平的重要指标,也是计算客货周转量、运输密度和机车车辆运用效率等指标的基础资料。

公路里程

是指凡达到交通部《公路工程技术标准》规定的技术等级公路,并经公路主管部门正式验收交付使用的里程。包括大中城市的郊区公路以及通过城镇街道的里程和桥梁、隧道、渡口的长度,不包括大中城市的街道、厂矿、林区生产用道和农业生产用道的里程。两条或多条公路共同经由同一路段,只计算一次,不得重复计算里程长度。按公路技术等级分:等级公路里程和等外公路里程,等级公路里程可分为高速公路、一级公路、二级公路、三级公路、四级公路里程。

内河航道里程

是指凡能通航机动船、木帆船以及运输排筏(指利用排筏经营运输),其枯水期水深在0.3米及以上的天然河流、人工河渠、湖泊、水库航道里程。不包括仅供放流木材的河道。湖泊、水库航道里程(库区航道)按固定航线计算。两省以河为界的航道里程,双方均按一半计算,以免重复。货(客)运量指在一定时期内,各种运输工具实际运送的货物(旅客)数量。它是反映运输业为国民经济和人民生活服务的数量指标,也是制定和检查运输生产计划、研究运输发展规模和速度的重要指标。货运按吨计算,客运按人计算。货物不论运输距离长短、货物类别,均按实际重量统计。旅客不论行程远近或票价多少,均按一人一次客运量统计;半价票、小孩票也按一人统计。

货物(旅客)周转量

指在一定时期内,由各种运输工具运送的货物(旅客)数量与其相应运输距离的乘积之总和。它是反映运输业生产总成果的重要指标,也是编制和检查运输生产计划,计算运输效率、劳动生产率以及核算运输单位成本的主要基础资料。计算货物周转量通常按发出站与到达站之间的最短距离,也就是计费距离计算。计算公式为:

货物(旅客)周转量 = Σ货物(旅客)运输量 × 运输距离。

民用汽车拥有量

指报告期末,在公安交通管理部门按照《机动车注册登记工作规范》,已注册登记领有民用车辆牌照的全部汽车数量。汽车拥有量统计的主要分类:根据汽车结构分为载客汽车、载货汽车及其他汽车;根据汽车所有者不同分为个人(私人)汽车、单位汽车;根据汽车的使用性质分为营运汽车、非营运汽车;根据汽车大小规格不同载客汽车分为大型、中型、小型和微型,载货汽车分为重型、中型、轻型和微型。

十六、国内贸易

简要说明

一、本篇资料反映我市国内市场发展情况和批发零售业、住宿餐饮业经营情况。主要内容有批发零售业商品流通，限额以上批发零售企业、住宿餐饮企业财务状况，社会消费品零售总额等。

二、本篇资料根据国家统计局的批发零售业、住宿餐饮业统计报表制度进行搜集和加工整理。本资料的调查范围：批发零售业、住宿餐饮业法人企业、产业活动单位和个体经营户。对限额以上企业（单位）采取全面调查方法，对限额以下企业（单位）采取抽样调查方法。

三、本篇资料由市统计局商贸外经科整理。

16－1 主要年份国内贸易基本情况

指　　标		1995	2000	2005	2010	2011	2012	2013
法人机构	**（个）**							
批发零售业		756	32	56	110	139	181	206
住宿餐饮业		58	5	22	47	64	68	67
从业人员	**（人）**							
批发零售业		67269	5501	7336	11559	13997	15468	16852
住宿餐饮业		10878	619	2922	6181	8219	8350	7077
批发零售贸易业	**（万元）**							
商品购进总额		624818	316518	1433475	2974983	4875493	2870632	4867555
商品销售总额		645405	326765	1461035	3181486	5018072	3111403	5170711
商品库存总额		109496	17948	50131	135204	224396	217326	246374
社会消费品零售总额	**（万元）**	**339093**	**536345**	**846234**	**1921529**	**2260928**	**2629362**	**3013382**
按销售单位所在地分								
城　镇		182403	294956	498606	1765296	2077874	2416472	2787571
#城　区		72705	116306	166770	1081789	1289820	1505065	1746150
乡　村		83985	125083	180858	156233	183054	212890	225811
按行业分								
批发零售业		229686	353621	712673	1667265	1962480	2289522	2627732
住宿餐饮业		25390	60358	114543	254264	298448	339840	385650
其　他		14655	11366	19018	—	—	—	—

注:1. 法人机构、从业人员、批发和零售业商品购、销、存 1995 年为批发和零售业口径,2000 年及以后为限额以上口径;
2. 2003 年及以前住宿和餐饮业中不含住宿业;
3. 2003 年及以后社会消费品零售总额按行业分组取消了“制造业”和“农业生产者”,将其从事的批发零售业经营活动统计在批发和零售业中;
4. 1995—2004 年、2005—2008 年社会消费品零售总额分别是根据第一次和第二次经济普查结果重新调整后的数据;
5. 根据统计制度变化,本表 2009 年及以后从业人员、商品购、销、存总额指标均含其他行业法人单位附营的限额以上产业活动单位和限额以上个体户数据;
6. 根据统计制度变化,2010 年及以后社会消费品零售总额为扣除“其他”的新口径数据;行业分组中取消“其他”;
7. 2005 年及以前“按销售单位所在地分”对应与“市,县,县以下”;
8. 本表中数据均含含山县、和县数据。

16－2 限额以上批发和零售业基本情况(2013 年,按登记注册类型分)

指　　标	限额以上单位数(个)	从业人数(人)
总　计	**253**	**16852**
批发业合计	**47**	**3107**
国有控股	6	810
内资企业	**47**	**3107**
国有企业	1	31
集体企业	1	5
股份合作企业	1	33
有限责任公司	6	689
国有独资公司	2	485
其他有限责任公司	4	204
股份有限公司	3	620
私营企业	35	1729
私营有限责任公司	35	1729
零售业合计	**206**	**13745**
国有控股	11	1784
内资企业	**153**	**10765**
国有企业	4	59
集体企业	3	14
有限责任公司	15	2357
其他有限责任公司	15	2357
股份有限公司	1	28
私营企业	130	8307
私营独资企业	2	17
私营合伙企业	2	19
私营有限责任公司	124	7964
私营股份有限公司	2	307
港、澳、台商投资企业	**1**	**46**
港澳台商独资经营企业	1	46
外商投资企业	**8**	**2030**
中外合资经营企业	1	226
外资企业	6	1759
外商投资股份有限公司	1	45
个体经营	**44**	**904**
个体户	44	904

注:本表中数据含限额以上法人企业、其他行业法人单位附营的限额以上批发零售业产业活动单位和限额以上个体户数据。

16－3　限额以上批发和零售业基本情况(2013年,按行业分)

指　　标	限额以上单位数(个)	从业人数(人)
总　计	**253**	**16852**
批发业合计	**47**	**3107**
食品、饮料及烟草制品批发	4	854
米、面制品及食用油批发	1	25
果品、蔬菜批发	1	365
酒、饮料及茶叶批发	1	32
烟草制品批发	1	432
纺织、服装及家庭用品批发	1	8
家用电器批发	1	8
文化、体育用品及器材批发	1	87
其他文化用品批发	1	87
矿产品、建材及化工产品批发	30	1617
煤炭及制品批发	1	15
石油及制品批发	4	671
非金属矿及制品批发	1	34
金属及金属矿批发	23	880
化肥批发	1	17
机械设备、五金产品及电子产品批发	5	424
农业机械批发	1	15
汽车批发	2	26
汽车零配件批发	1	338
其他机械设备及电子产品批发	1	45
其他批发业	6	117
再生物资回收与批发	6	117
零售业合计	**206**	**13745**
综合零售	36	7508
百货零售	6	1377
超级市场零售	29	6019
其他综合零售	1	112

注:本表中数据含限额以上法人企业、其他行业法人单位附营的限额以上批发零售业产业活动单位和限额以上个体户数据。

16-3 限额以上批发和零售业基本情况(2013 年,按行业分)(续)

指　　标	限额以上单位数(个)	从业人数(人)
食品、饮料及烟草制品专门零售	19	415
肉、禽、蛋、奶及水产品零售	3	27
营养和保健品零售	1	13
酒、饮料及茶叶零售	13	273
烟草制品零售	1	30
其他食品零售	1	72
纺织、服装及日用品专门零售	7	311
服装零售	3	257
化妆品及卫生用品零售	2	30
自行车零售	1	9
其他日用品零售	1	15
文化、体育用品及器材专门零售	12	362
文具用品零售	1	39
图书、报刊零售	7	220
珠宝首饰零售	2	74
乐器零售	1	8
照相器材零售	1	21
医药及医疗器材专门零售	14	1799
药品零售	14	1799
汽车、摩托车、燃料及零配件专门零售	57	1752
汽车零售	43	1624
汽车零配件零售	2	14
摩托车及零配件零售	1	10
机动车燃料零售	11	104
家用电器及电子产品专门零售	50	1002
家用视听设备零售	28	658
日用家电设备零售	13	157
计算机、软件及辅助设备零售	8	184
通信设备零售	1	3
五金、家具及室内装饰材料专门零售	8	491
家具零售	5	365
其他室内装饰材料零售	3	126
货摊、无店铺及其他零售业	3	105
生活用燃料零售	3	105

16－4 限额以上住宿和餐饮业基本情况(2013年,按登记注册类型和行业分)

指　　标	限额以上单位数(个)	从业人数(人)
总　计	**102**	**7077**
住宿业合计	**30**	**2327**
按登记注册类型分		
国有控股	4	371
内资企业	**25**	**2205**
国有企业	1	40
有限责任公司	3	331
国有独资公司	1	205
其他有限责任公司	2	126
私营企业	21	1834
私营独资企业	1	16
私营有限责任公司	20	1818
个体经营	**5**	**122**
个体户	5	122
按住宿行业小类分		
旅游饭店	20	2014
一般旅馆	9	283
其他住宿业	1	30
餐饮业合计	**72**	**4750**
按登记注册类型分		
国有控股	30	1155
内资企业	**42**	**3735**
集体企业	1	42
有限责任公司	1	140
其他有限责任公司	1	140
私营企业	40	3553
私营独资企业	3	246
私营有限责任公司	37	3307
外商投资企业	**1**	**60**
外商投资股份有限公司	1	60
个体经营	**29**	**955**
个体户	29	955
按餐饮行业小类分		
正餐服务	68	4332
快餐服务	1	45
咖啡馆服务	2	173
其他未列明餐饮业	1	200

注:本表中数据含限额以上法人企业、其他行业法人单位附营的限额以上住宿餐饮业产业活动单位和限额以上个体户数据。

16－5　限额以上批发和零售业商品购进、销售和库存情况(2013 年,按注册登记类型分)

单位:万元

指　　标	购进总额	#进口	销售总额	批　发	零　售	年末库存总　　额
总　计	**4867555**	**401916**	**5170711**	**3889635**	**1281077**	**246374**
批发业合计	**3713923**	**382845**	**3969048**	**3767731**	**201317**	**123042**
国有控股	1708165	243218	1775444	1592586	182858	33170
内资企业	**3713923**	**382845**	**3969048**	**3767731**	**201317**	**123042**
国有企业	5566		5950	1601	4349	113
集体企业	7652		8947	8947		5
股份合作企业	1091572	243218	1141380	1141380		4479
有限责任公司	660422		735643	732585	3058	42689
国有独资公司	225823		304603	304603		15746
其他有限责任公司	434599		431040	427982	3058	26942
股份有限公司	293884		297209	114351	182858	4993
私营企业	1654829	139627	1779919	1768868	11051	70764
私营有限责任公司	1654829	139627	1779919	1768868	11051	70764
零售业合计	**1153632**	**19072**	**1201664**	**121904**	**1079760**	**123332**
国有控股	163742		159281	34653	124629	11756
内资企业	**945305**	**19072**	**1004296**	**121904**	**882392**	**93720**
国有企业	19998		21237	62	21175	126
集体企业	1642		1632		1632	91
有限责任公司	201609		195883	41626	154257	18013
其他有限责任公司	201609		195883	41626	154257	18013
股份有限公司	3305		3080		3080	225
私营企业	718751	19072	782464	80216	702248	75265
私营独资企业	4426		4419	148	4271	9
私营合伙企业	3470		3658		3658	111
私营有限责任公司	675280	19072	737539	80067	657472	74210
私营股份有限公司	35575		36848		36848	936
港、澳、台商投资企业	**3240**		**3524**		**3524**	**2**
港澳台商独资经营企业	3240		3524		3524	2
外商投资企业	**127390**		**124480**		**124480**	**18040**
中外合资经营企业	20343		18027		18027	2316
外资企业	97487		96892		96892	15715
外商投资股份有限公司	9560		9560		9560	9
个体经营	**77698**		**69364**		**69364**	**11571**
个体户	77698		69364		69364	11571

注:本表中数据含限额以上法人企业、其他行业法人单位附营的限额以上批发零售业产业活动单位和限额以上个体户数据。

16－6 限额以上批发和零售业商品购进、销售和库存情况(2013年,按行业分)

单位:万元

指标	购进总额	#进口	销售总额	批发	零售	年末库存总额
总计	**4867555**	**401916**	**5170711**	**3889635**	**1281077**	**246374**
批发业合计	**3713923**	**382845**	**3969048**	**3767731**	**201317**	**123042**
食品、饮料及烟草制品批发	219635		282837	282412	425	11915
米、面制品及食用油批发	6601		6487	6487		165
果品、蔬菜批发	24451		24417	24417		34
酒、饮料及茶叶批发	1195		1491	1066	425	269
烟草制品批发	187388		250442	250442		11447
纺织、服装及家庭用品批发	3742		3832	3012	820	631
家用电器批发	3742		3832	3012	820	631
文化、体育用品及器材批发	3961		3904	2593	1312	994
其他文化用品批发	3961		3904	2593	1312	994
矿产品、建材及化工产品批发	3323615	382845	3513761	3317263	196498	90862
煤炭及制品批发	39637		41127	41127		
石油及制品批发	354299		352497	165290	187207	11680
非金属矿及制品批发	5218		5159	5159		773
金属及金属矿批发	2923179	382845	3113308	3104142	9166	78388
化肥批发	1282		1669	1545	125	21
机械设备、五金产品及电子产品批发	57735		51190	48927	2263	17361
农业机械批发	2180		1951	1900	51	258
汽车批发	14473		14774	12774	2000	644
汽车零配件批发	23434		24700	24488	212	6030
其他机械设备及电子产品批发	17647		9765	9765		10429
其他批发业	105236		113524	113524		1279
再生物资回收与批发	105236		113524	113524		1279
零售业合计	**1153632**	**19072**	**1201664**	**121904**	**1079760**	**123332**
综合零售	374117		380790	8217	372573	55839
百货零售	68225		87058	79	86979	4845
超级市场零售	285267		274957	3404	271552	49143
其他综合零售	20626		18776	4734	14042	1850

注:本表中数据含限额以上法人企业、其他行业法人单位附营的限额以上批发零售业产业活动单位和限额以上个体户数据。

16－6 限额以上批发和零售业商品购进、销售和库存情况(2013 年,按行业分)(续)

单位:万元

指　　标	购进总额	#进口	销售总额	批　发	零　售	年末库存总　额
食品、饮料及烟草制品专门零售	61364		61303	3020	58283	3935
肉、禽、蛋、奶及水产品零售	4049		4539		4539	346
营养和保健品零售	2606		3242		3242	222
酒、饮料及茶叶零售	15341		13684	3020	10664	2614
烟草制品零售	3149		3581		3581	315
其他食品零售	36219		36258		36258	438
纺织、服装及日用品专门零售	6828		7215	730	6485	1157
服装零售	1875		2333		2333	450
化妆品及卫生用品零售	1145		1123		1123	651
自行车零售	2919		2869		2869	50
其他日用品零售	890		890	730	160	7
文化、体育用品及器材专门零售	20708		21104	111	20993	3939
文具用品零售	1344		1755		1755	591
图书、报刊零售	16049		15781	111	15670	2747
珠宝首饰零售	1555		1348		1348	413
乐器零售	105		191		191	90
照相器材零售	1655		2030		2030	98
医药及医疗器材专门零售	140116		155856	64238	91618	10579
药品零售	140116		155856	64238	91618	10579
汽车、摩托车、燃料及零配件专门零售	340414	19072	366848	10289	356559	32149
汽车零售	307911	19072	333863	9196	324667	30859
汽车零配件零售	946		1133		1133	332
摩托车及零配件零售	388		319		319	425
机动车燃料零售	31169		31533	1094	30439	533
家用电器及电子产品专门零售	131063		131928	8005	123923	9441
家用视听设备零售	87888		89600	3999	85601	4158
日用家电设备零售	26124		23912	191	23722	4044
计算机、软件及辅助设备零售	16117		17347	3816	13531	1219
通信设备零售	934		1070		1070	20
五金、家具及室内装饰材料专门零售	40367		36917		36917	6277
家具零售	28906		29099		29099	940
其他室内装饰材料零售	11461		7817		7817	5338
货摊、无店铺及其他零售业	38655		39702	27293	12410	18
生活用燃料零售	38655		39702	27293	12410	18

16－7 限额以上批发和零售业主要商品分类销售额(2013年)

单位:万元

指 标	合 计	批 发	零 售
总 计	**3206024**	**1934143**	**1271881**
粮油、食品、饮料、烟酒类	522306	284716	237590
粮油、食品类	199803	31497	168306
#粮油类	45313	5837	39476
肉禽蛋类	18208		18207
水产品类	4891		4891
蔬菜类	30900	24417	6484
干鲜果品类	10202		10202
饮料类	15368	192	15176
烟酒类	307136	253028	54108
服装鞋帽、针、纺织品类	73861	3707	70154
服装类	50430	3582	46847
鞋帽类	13094	125	12969
针、纺织品类	10338		10338
化妆品类	13602	51	13551
金银珠宝类	35003		35003
日用品类	54679	1660	53019
#洗涤用品类	14844	1025	13819
儿童玩具类	2424	117	2308
五金、电料类	1952		1952
体育、娱乐用品类	4712	2601	2110
书报杂志类	16938	62	16876
电子出版物及音像制品类	996		996
家用电器和音像器材类	126085	5448	120637
中西药品类	149476	58185	91291
#西 药	83400	16340	67060
中草药及中成药	66038	42105	23932
文化、办公用品类	26982	4089	22893
家具类	23675		23675
通讯器材类	8687		8687
煤炭及制品类	47125	40477	6648
石油及制品类	333916	89207	244709
化工材料类	25779	25779	
#化肥类	4719	4719	
金属材料类	1256831	1256831	
建筑及装潢材料类	17976	4690	13286
机电产品及设备类	11058	8761	2297
#农机类	261	261	
汽车类	346069	42370	303699
其他类	108316	105508	2809

注:本表为月报累计数

16－8　限额以上批发和零售业企业

指　　标	法人企业数（个）	流动资产合　计	#存　货	固定资产合　计	固定资产原　价
总　计	**206**	**1198604**	**198613**	**184183**	**235329**
批发业合计	**46**	**899235**	**107776**	**75662**	**90357**
国有控股	6	403807	28488	18884	30991
内资企业	**46**	**899235**	**107776**	**75662**	**90357**
集体企业	1	410	5	320	325
股份合作企业	1	97760	3917	230	780
有限责任公司	6	217606	35159	17107	26789
国有独资公司	2	107158	13480	11332	19504
其他有限责任公司	4	110448	21679	5775	7285
股份有限公司	3	236866	5666	17554	27202
私营企业	35	346594	63029	40451	35262
私营有限责任公司	35	346594	63029	40451	35262
零售业合计	**160**	**299369**	**90837**	**108521**	**144971**
国有控股	11	62470	10138	9850	15847
内资企业	**151**	**273174**	**84994**	**84223**	**111700**
国有企业	3	16506	253	696	1734
集体企业	3	117	70	74	111
有限责任公司	15	54211	14224	11315	18190
其他有限责任公司	15	54211	14224	11315	18190
股份有限公司	1	1610	299	493	262
私营企业	129	200731	70148	71645	91403
私营独资企业	2	337	40	276	309
私营合伙企业	2	225	111	26	45
私营有限责任公司	123	198688	69312	68274	86675
私营股份有限公司	2	1481	686	3069	4375
港、澳、台商投资企业	**1**	**1426**	**18**	**778**	**836**
港澳台商独资经营企业	1	1426	18	778	836
外商投资企业	**8**	**24769**	**5825**	**23521**	**32436**
中外合资经营企业	1	3377	2195	2360	4501
外资企业	6	18415	2655	21133	27856
外商投资股份有限公司	1	2976	976	28	79

主要财务指标情况（2013 年，按登记注册类型分）

单位：万元

累计折旧	#本年折旧	资产总计	流动负债合计	负债合计	所有者权益	#实收资本	#国家资本	主营业务收入
64431	**13102**	**1565621**	**1156874**	**1188604**	**377017**	**193286**	**21531**	**4355006**
26833	**3615**	**1107201**	**773953**	**798563**	**308638**	**119989**	**16946**	**3403512**
12107	1150	478880	385031	409107	69773	18014	16946	1528332
26833	**3615**	**1107201**	**773953**	**798563**	**308638**	**119989**	**16946**	**3403512**
5	5	730	456	456	274	30		7647
550	19	99776	89261	92761	7015	5000	5000	975538
9682	1483	260782	150804	151231	109551	7470	3950	636416
8172	1085	123456	18552	18552	104904	4215	3850	260345
1510	398	137326	132253	132679	4647	3254	100	376071
9648	1061	291922	207061	227211	64711	14040	7996	257223
6949	1048	453991	326371	326905	127087	93450		1526689
6949	1048	453991	326371	326905	127087	93450		1526689
37598	**9487**	**458420**	**382921**	**390042**	**68378**	**73297**	**4585**	**951493**
6390	929	75853	70896	71347	4507	5072	4481	136143
28468	**7187**	**402158**	**319627**	**325986**	**76172**	**71277**	**4585**	**838460**
1038	113	17305	16315	16315	990			16595
37	28	192	81	81	112	90		1487
7015	1635	70057	71849	72407	-2350	7355	4301	169908
7015	1635	70057	71849	72407	-2350	7355	4301	169908
162	33	2418	723	723	1695	350	280	2579
20216	5378	312187	230660	236461	75726	63482	4	647891
34	20	629	85	85	545	110		3777
19	5	375	154	154	221	193		3126
18857	5158	306074	228523	234324	71750	62544	4	609312
1305	195	5109	1898	1898	3211	635		31676
215	**53**	**2495**	**343**	**343**	**2152**	**1152**		**3119**
215	53	2495	343	343	2152	1152		3119
8915	**2247**	**53767**	**62951**	**63713**	**-9946**	**867**		**109915**
2142	148	6121	4980	4980	1141	758		15676
6723	2099	44636	55271	56033	-11397	50		87358
51		3010	2699	2699	311	59		6881

16－8 限额以上批发和零售业企业

指　　标	主营业务成　本	主营业务税金及附加	其他业务利　润	销售费用	管理费用
总　计	**4067878**	**19695**	**14746**	**112225**	**59594**
批发业合计	**3237084**	**15245**	**3500**	**41061**	**31562**
国有控股	1492082	1418	126	8035	5768
内资企业	**3237084**	**15245**	**3500**	**41061**	**31562**
集体企业	6882	162		70	6
股份合作企业	968307	79			1621
有限责任公司	561715	14013	69	5276	13061
国有独资公司	202324	13014		2701	11578
其他有限责任公司	359391	998	69	2575	1482
股份有限公司	242627	256	126	6763	3775
私营企业	1457554	735	3304	28952	13100
私营有限责任公司	1457554	735	3304	28952	13100
零售业合计	**830794**	**4450**	**11247**	**71164**	**28032**
国有控股	122450	357	2953	12176	2806
内资企业	**737408**	**3936**	**8439**	**55889**	**23962**
国有企业	15671	19	573	328	140
集体企业	1338	4		53	30
有限责任公司	150982	604	5543	17197	3973
其他有限责任公司	150982	604	5543	17197	3973
股份有限公司	2067	8	54	205	162
私营企业	567352	3301	2269	38107	19658
私营独资企业	3371	10		19	102
私营合伙企业	2784	65		75	23
私营有限责任公司	533396	3162	1970	35054	19264
私营股份有限公司	27801	65	299	2959	270
港、澳、台商投资企业	**2867**	**8**	**4**		**9**
港澳台商独资经营企业	2867	8	4		9
外商投资企业	**90519**	**506**	**2804**	**15275**	**4061**
中外合资经营企业	9981	81	1018	1584	1171
外资企业	74848	401	1786	12887	2785
外商投资股份有限公司	5689	24		804	105

主要财务指标情况(2013 年,按登记注册类型分)(续)

单位:万元

	财务费用		营业利润	利润总额	应交所得税	应付职工薪酬	应交增值税
#税　金		#利息支出					
7812	**13138**	**14775**	**94208**	**81484**	**14131**	**65403**	**61245**
5498	**6916**	**9728**	**74949**	**70144**	**11187**	**19360**	**39667**
1854	3156	3615	18157	13238	4	6647	10820
5498	**6916**	**9728**	**74949**	**70144**	**11187**	**19360**	**39667**
5			527	527		21	1300
744	33		5656	2335		550	
423	142	3735	42442	41177	8600	6863	17229
261	-2728	230	33621	33679	8526	5866	9213
162	2869	3505	8820	7498	73	997	8016
1054	10	36	3917	3738	64	5285	2309
3272	6731	5957	22407	22367	2522	6640	18829
3272	6731	5957	22407	22367	2522	6640	18829
2314	**6221**	**5047**	**19259**	**11340**	**2944**	**46043**	**21578**
168	1326	1371	-599	-245	36	6771	1555
1000	**6100**	**5043**	**17583**	**13690**	**2185**	**38350**	**18539**
23	7		476	492		265	83
			63	16		47	12
185	1492	1462	-1425	-1102	68	8477	2371
185	1492	1462	-1425	-1102	68	8477	2371
7	27		164	163		156	65
786	4574	3581	18305	14120	2117	29405	16009
1	8		269	269	88	61	55
2	4		176	171	2	77	9
782	4492	3581	17063	13158	1855	27711	15528
1	71		797	522	173	1555	417
3	**-18**	**4**	**257**	**257**	**61**	**166**	**63**
3	-18	4	257	257	61	166	63
1310	**139**		**1419**	**-2607**	**698**	**7527**	**2976**
3			1695	-45	100	1549	810
1308	160		-555	-2779	536	5615	2003
	-21		279	216	62	362	163

16-9 限额以上批发和零售业企业

指　　标	法人企业数（个）	流动资产合计	#存货	固定资产合计	固定资产原价
总　计	**206**	**1198604**	**198613**	**184183**	**235329**
批发业合计	**46**	**899235**	**107776**	**75662**	**90357**
食品、饮料及烟草制品批发	4	97303	10786	12349	19165
米、面制品及食用油批发	1	1172	145	45	83
果品、蔬菜批发	1	3881	643	250	300
酒、饮料及茶叶批发	1	264	193	1382	1390
烟草制品批发	1	91986	9806	10673	17393
纺织、服装及家庭用品批发	1	846	631	1	1
家用电器批发	1	846	631	1	1
文化、体育用品及器材批发	1	1895	1744	19	61
其他文化用品批发	1	1895	1744	19	61
矿产品、建材及化工产品批发	29	746354	83860	61287	68171
煤炭及制品批发	1	43114		115	155
石油及制品批发	3	204884	11286	22364	32751
非金属矿及制品批发	1	3339	661	62	104
金属及金属矿批发	23	494511	71707	37742	33796
化肥批发	1	505	206	1004	1365
机械设备、五金产品及电子产品批发	5	32454	7345	1018	1661
农业机械批发	1	587	180	28	33
汽车批发	2	10809	618	23	63
汽车零配件批发	1	14855	6030	358	859
其他机械设备及电子产品批发	1	6203	516	608	706
其他批发业	6	20383	3410	988	1299
再生物资回收与批发	6	20383	3410	988	1299
零售业合计	**160**	**299369**	**90837**	**108521**	**144971**
综合零售	30	82960	33668	59213	80379
百货零售	5	15963	3743	16483	20962
超级市场零售	24	64860	28074	41441	57950
其他综合零售	1	2138	1850	1290	1467
食品、饮料及烟草制品专门零售	13	6534	2437	1305	1736
肉、禽、蛋、奶及水产品零售	3	1104	346	122	341
营养和保健品零售	1	434	190	51	125
酒、饮料及茶叶零售	8	3797	1586	1125	1238
烟草制品零售	1	1200	315	8	31
纺织、服装及日用品专门零售	5	1222	679	4152	4807
服装零售	2	958	600	4112	4759
化妆品及卫生用品零售	2	175	67	9	17
其他日用品零售	1	90	12	31	31
文化、体育用品及器材专门零售	11	7736	3252	3643	4945
文具用品零售	1	618	593	13	60
图书、报刊零售	6	6286	2072	3600	4841
珠宝首饰零售	2	438	413	18	21
乐器零售	1	95	77	3	9
照相器材零售	1	300	98	10	14
医药及医疗器材专门零售	10	74206	11219	8016	11350
药品零售	10	74206	11219	8016	11350
汽车、摩托车、燃料及零配件专门零售	56	91668	31097	23688	31086
汽车零售	43	74305	30274	22903	29137
汽车零配件零售	2	474	290	14	38
摩托车及零配件零售	1	40	40	3	3
机动车燃料零售	10	16849	493	769	1908
家用电器及电子产品专门零售	28	21183	7542	5250	6871
家用视听设备零售	12	11813	4160	4868	6228
日用家电设备零售	7	6509	2028	204	355
计算机、软件及辅助设备零售	8	2857	1350	174	285
通信设备零售	1	5	4	4	4
五金、家具及室内装饰材料专门零售	4	2796	875	2354	2550
家具零售	2	1921	452	2246	2418
其他室内装饰材料零售	2	875	424	108	132
货摊、无店铺及其他零售业	3	11064	69	900	1248
生活用燃料零售	3	11064	69	900	1248

主要财务指标情况(2013年,按行业分)

单位:万元

累计折旧	#本年折旧	资产总计	流动负债合计	负债合计	所有者权益	#实收资本	#国家资本	主营业务收入
64431	**13102**	**1565621**	**1156874**	**1188604**	**377017**	**193286**	**21531**	**4355006**
26833	**3615**	**1107201**	**773953**	**798563**	**308638**	**119989**	**16946**	**3403512**
6902	1081	112566	8066	8066	104500	1565		245480
38		1217	757	757	460	500		5736
50	39	4131	2960	2960	1171	500		24417
94	6	1645	1438	1438	207	200		1274
6720	1036	105573	2910	2910	102662	365		214053
		848	626	626	222	200		3275
		848	626	626	222	200		3275
42	3	1914	1581	1581	333	500		3337
42	3	1914	1581	1581	333	500		3337
18936	2243	911391	690461	715071	196320	111954	16946	3002488
40	30	48213	42915	42915	5298	5000		35151
10387	1354	260826	177982	198132	62694	12040	7996	299392
42	13	3452	2328	2328	1123	1200		4410
8106	768	596235	465846	470209	126026	93348	8950	2661865
361	77	2664	1390	1486	1178	366		1669
643	214	33699	29816	29816	3883	3966		42836
4		756	648	648	108	100		1951
40	16	10835	8530	8530	2305	2366		13604
501	99	15297	14667	14667	630	500		18935
98	98	6811	5971	5971	840	1000		8346
311	74	46783	43403	43403	3379	1804		106097
311	74	46783	43403	43403	3379	1804		106097
37598	**9487**	**458420**	**382921**	**390042**	**68378**	**73297**	**4585**	**951493**
21553	5430	163820	151827	152812	11009	27496	900	327087
4724	1059	43208	25860	25860	17348	17230		72862
16652	4268	117185	124141	125126	-7941	9786	900	235450
177	103	3427	1825	1825	1602	480		18776
433	85	8440	3919	4834	3606	1036		17053
220	38	1225	218	668	557	350		3949
74	29	510	460	460	50	50		2771
117	16	5497	2085	2550	2948	586		7273
23	3	1208	1157	1157	51	50		3060
783	221	5402	544	544	4858	580		3468
760	213	5070	454	454	4616	350		1686
8	5	211	81	81	130	130		1021
15	3	121	9	9	112	100		761
1694	316	13719	5869	6077	7641	3272	1201	16410
47		680	540	580	100	100		1500
1633	310	11373	4883	4883	6490	1942	1201	11775
3	3	1259	411	411	847	1100		1237
7	3	98	17	17	81	10		163
4		310	19	187	123	120		1735
3335	718	84384	80978	82059	2326	4366	504	129053
3335	718	84384	80978	82059	2326	4366	504	129053
7460	2213	129481	103034	106840	22641	21575		317804
6295	2085	111190	86234	89733	21457	20822		291487
25	24	488	240	240	248	280		969
1	1	43	35	35	8	30		273
1139	104	17760	16525	16833	927	443		25075
1621	342	35218	27784	27820	7398	9390		86560
1360	249	24253	21556	21593	2659	4538		61596
150	42	6932	4247	4247	2685	2930		8926
111	51	3965	1980	1980	1985	1854		15103
		68			68	68		934
214	57	5676	1203	1293	4383	2200		19951
190	43	4311	683	772	3539	1200		17645
24	15	1365	521	521	844	1000		2305
505	104	12280	7764	7764	4517	3382	1980	34108
505	104	12280	7764	7764	4517	3382	1980	34108

16－9 限额以上批发和零售业企业

指　　标	主营业务成　本	主营业务税金及附加	其他业务利　润	销售费用	管理费用
总　计	**4067878**	**19695**	**14746**	**112225**	**59594**
批发业合计	**3237084**	**15245**	**3500**	**41061**	**31562**
食品、饮料及烟草制品批发	187759	12903	63	2829	11545
米、面制品及食用油批发	5619	1	63	109	70
果品、蔬菜批发	23453			578	289
酒、饮料及茶叶批发	909	14		164	133
烟草制品批发	157778	12888		1978	11054
纺织、服装及家庭用品批发	3112			135	
家用电器批发	3112			135	
文化、体育用品及器材批发	2858	5	14	417	10
其他文化用品批发	2858	5	14	417	10
矿产品、建材及化工产品批发	2911867	1059	2354	33806	17446
煤炭及制品批发	33878	16		582	702
石油及制品批发	283815	262	136	7387	3710
非金属矿及制品批发	3533	15	862	472	329
金属及金属矿批发	2589119	766	1003	25314	12556
化肥批发	1523		353	51	149
机械设备、五金产品及电子产品批发	37619	169	1070	3566	2027
农业机械批发	1837		40	62	70
汽车批发	13115	6	48	77	178
汽车零配件批发	14715	160	981	3359	1551
其他机械设备及电子产品批发	7952	4		68	228
其他批发业	93870	1108		308	533
再生物资回收与批发	93870	1108		308	533
零售业合计	**830794**	**4450**	**11247**	**71164**	**28032**
综合零售	275558	2698	8663	36705	12557
百货零售	61600	1312	40	2328	4120
超级市场零售	198008	1166	6067	33114	7466
其他综合零售	15950	220	2555	1264	971
食品、饮料及烟草制品专门零售	14717	34	39	915	294
肉、禽、蛋、奶及水产品零售	3747	1		92	34
营养和保健品零售	2181	13	33	372	10
酒、饮料及茶叶零售	6035	20	6	371	245
烟草制品零售	2755	1		81	4
纺织、服装及日用品专门零售	2687	125		194	117
服装零售	1396	22		68	52
化妆品及卫生用品零售	620	103		73	42
其他日用品零售	672			53	23
文化、体育用品及器材专门零售	13653	90	195	1577	1331
文具用品零售	1320	25		130	54
图书、报刊零售	9429	41	192	1109	1119
珠宝首饰零售	1117	20		226	127
乐器零售	132	4		61	4
照相器材零售	1655	1	3	52	27
医药及医疗器材专门零售	104462	341	130	16848	3838
药品零售	104462	341	130	16848	3838
汽车、摩托车、燃料及零配件专门零售	293562	407	1823	9531	6554
汽车零售	268837	308	1335	9144	6300
汽车零配件零售	900	2		24	50
摩托车及零配件零售	269			1	5
机动车燃料零售	23556	97	488	362	200
家用电器及电子产品专门零售	76692	147	387	4866	1988
家用视听设备零售	53481	117	334	4027	1304
日用家电设备零售	8151	9	5	207	363
计算机、软件及辅助设备零售	14173	18	49	629	319
通信设备零售	887	3		3	3
五金、家具及室内装饰材料专门零售	16462	578		267	1110
家具零售	14946	575		80	690
其他室内装饰材料零售	1516	4		187	420
货摊、无店铺及其他零售业	33000	29	11	260	244
生活用燃料零售	33000	29	11	260	244

主要财务指标情况(2013 年,按行业分)(续)

单位:万元

	财务费用		营业利润	利润总额	应交所得税	应付职工薪酬	应交增值税
#税　金		#利息支出					
7812	**13138**	**14775**	**94208**	**81484**	**14131**	**65403**	**61245**
5498	**6916**	**9728**	**74949**	**70144**	**11187**	**19360**	**39667**
231	-2914	55	33587	33687	8554	6865	8328
	-11	2	10	10		100	14
	1		95	196	28	1098	
	53	53	2	1		75	4
230	-2957		33480	33481	8526	5592	8311
	-1		29	29	7	25	
	-1		29	29	7	25	
2	18	14	43	42		251	39
2	18	14	43	42		251	39
5214	7980	8200	32323	25293	2619	9749	20911
	-167		141	243	60	72	155
1187	331	192	4020	3789	78	5433	2371
4	48	47	12	14	4	100	148
4015	7654	7961	27964	21062	2438	4087	18235
8	114		185	185	39	57	2
40	170	1	353	347	1	2057	1450
1			21	22		58	
	42		234	238	1	89	28
39	-22	1	153	142		1728	1419
	150		-55	-56		182	4
12	1664	1457	8614	10746	6	413	8939
12	1664	1457	8614	10746	6	413	8939
2314	**6221**	**5047**	**19259**	**11340**	**2944**	**46043**	**21578**
1654	1496	675	4454	410	1784	24526	7016
303	349	62	4368	4342	1041	5608	1604
1320	1012	578	-100	-4118	717	18582	4848
31	135	35	186	186	26	336	563
4	94	67	1035	1040	89	826	162
	3	3	73	81	5	79	5
3	12		216	215	81	87	105
1	61	46	546	544	2	555	39
	18	18	201	201	1	105	13
1	30	1	316	316	37	666	12
1	19	1	130	130	35	532	9
	10		173	173	2	84	1
	1		12	12		50	2
66	76	59	-152	12	1	1328	221
	1		-31	-31		117	18
65	73	57	167	333	1	955	172
	2	2	-253	-253		138	15
			-38	-38		34	6
			3			84	10
169	1449	1587	2234	2251	168	6502	3318
169	1449	1587	2234	2251	168	6502	3318
361	2470	2174	6596	3060	429	6903	9451
358	2452	2168	5764	2277	339	6436	9276
	1		-8	-8		63	6
			-3	-3		22	
3	18	6	843	794	90	382	168
32	300	156	2949	2426	333	3791	1172
29	202	138	2799	2466	322	2739	920
0	92	17	109	-91	2	415	111
3	6		3	12	9	629	122
			38	38		8	19
16	116	116	1417	1417		1071	40
9	90	90	1265	1264		796	7
7	26	26	153	153		275	33
12	191	214	410	409	103	431	186
12	191	214	410	409	103	431	186

16－10　限额以上住宿业和餐饮业企业

指　　标	法人企业数（个）	流动资产合　　计	#存　货	固定资产合　　计	固定资产原　　价
总　计	**67**	**74203**	**5100**	**56818**	**74742**
住宿业合计	**25**	**41658**	**1804**	**34100**	**46449**
按登记注册类型分					
国有控股	4	3576	148	4973	10660
内资企业	**25**	**41658**	**1804**	**34100**	**46449**
国有企业	1	58	6	330	584
有限责任公司	3	3518	141	4643	10076
国有独资公司	1	3043	95	4643	10076
其他有限责任公司	2	474	46		
私营企业	21	38082	1657	29127	35788
私营独资企业	1	726	653	3252	3426
私营有限责任公司	20	37357	1004	25875	32362
按住宿行业小类分					
旅游饭店	18	38134	1124	28664	39838
一般旅馆	6	3519	675	5421	6591
其他住宿业	1	5	5	15	20
餐饮业合计	**42**	**32545**	**3296**	**22719**	**28293**
按登记注册类型分					
国有控股					
内资企业	**41**	**30160**	**2324**	**21702**	**26780**
集体企业	1	117	30	5	16
有限责任公司	1	719		2991	937
其他有限责任公司	1	719		2991	937
私营企业	39	29324	2294	18706	25827
私营独资企业	2	45	3	515	1146
私营有限责任公司	37	29279	2291	18191	24681
外商投资企业	**1**	**2386**	**972**	**1017**	**1513**
外商投资股份有限公司	1	2386	972	1017	1513
按餐饮行业小类分					
正餐服务	39	32298	3255	21812	27377
快餐服务	1	106	5	750	781
咖啡馆服务	2	141	36	156	135

主要财务指标情况(2013 年)

单位:万元

累计折旧	#本年折旧	资产总计	流动负债合计	负债合计	所有者权益	#实收资本	#国家资本	主营业务收入
22965	**6832**	**212384**	**142584**	**152961**	**59422**	**61277**	**1102**	**63880**
14345	**4660**	**89777**	**57256**	**65077**	**24701**	**19434**	**1102**	**25558**
5687	73	9600	1213	1213	8387	1102	1102	4010
14345	**4660**	**89777**	**57256**	**65077**	**24701**	**19434**	**1102**	**25558**
254	6	414	434	434	−21	280	280	321
5433	67	9186	778	778	8408	823	823	3689
5433	67	8712	379	379	8333	748	748	2633
		474	399	399	75	75	75	1055
8658	4586	80177	56043	63864	16313	18332		21548
175	175	4152	326	979	3172	500		650
8484	4412	76026	55717	62884	13141	17832		20898
13170	4359	79343	51311	58478	20865	17341	1102	22704
1171	299	10414	5944	6599	3815	2074		2640
5	2	20			20	20		213
8620	**2172**	**122607**	**85329**	**87885**	**34722**	**41843**		**38322**
8123	**1919**	**87368**	**68203**	**70759**	**16609**	**21843**		**37367**
11	1	122	370	370	−249	32		247
579	296	5747	2664	2664	3083	3000		1573
579	296	5747	2664	2664	3083	3000		1573
7534	1622	81500	65170	67726	13775	18811		35547
630	5	560	354	354	207	850		469
6904	1617	80940	64816	67372	13568	17961		35078
497	254	35239	17126	17126	18113	20000		955
497	254	35239	17126	17126	18113	20000		955
8557	2144	121372	85157	87713	33659	40863		36967
31	18	858	94	94	764	700		247
33	10	376	77	77	299	280		1108

16－10　限额以上住宿业和餐饮业企业

指　　标	主营业务成　本	主营业务税金及附加	其他业务利　润	销售费用	管理费用
总　计	**29125**	**3567**	**2614**	**17063**	**13640**
住宿业合计	**8523**	**1379**	**1115**	**7734**	**6454**
按登记注册类型分					
国有控股	1532	223		1022	1504
内资企业	**8523**	**1379**	**1115**	**7734**	**6454**
国有企业	161	9		140	10
有限责任公司	1371	213		882	1493
国有独资公司	722	148		882	1155
其他有限责任公司	649	66			338
私营企业	6991	1156	1115	6712	4951
私营独资企业	392	23			1
私营有限责任公司	6599	1133	1115	6712	4950
按住宿行业小类分					
旅游饭店	7275	1227	1097	6796	6073
一般旅馆	1111	136	19	938	327
其他住宿业	137	16			54
餐饮业合计	**20602**	**2188**	**1499**	**9329**	**7186**
按登记注册类型分					
国有控股					
内资企业	**20077**	**2136**	**1499**	**9313**	**6927**
集体企业	140	14		179	2
有限责任公司	754	122	604	416	770
其他有限责任公司	754	122	604	416	770
私营企业	19183	2000	895	8718	6155
私营独资企业	305	23		58	31
私营有限责任公司	18878	1977	895	8660	6125
外商投资企业	**525**	**52**		**17**	**259**
外商投资股份有限公司	525	52		17	259
按餐饮行业小类分					
正餐服务	19777	2130	1499	9147	7026
快餐服务	147	7		41	43
咖啡馆服务	679	51		142	118

主要财务指标情况(2013 年)(续)

单位:万元

#税　金	财务费用	#利息支出	营业利润	利润总额	应交所得税	应付职工薪酬
787	**1858**	**1602**	**355**	**-473**	**342**	**18499**
439	**455**	**517**	**2112**	**1066**	**50**	**7626**
18	-96		-174	-213		1366
439	**455**	**517**	**2112**	**1066**	**50**	**7626**
1	1					177
18	-96		-175	-213		1189
18	-98		-175	-213		628
	2					561
420	551	517	2286	1279	50	6260
			234	234	0	68
420	551	517	2052	1045	50	6192
414	465	495	1966	907	35	6917
25	-12	22	142	155	11	632
	2		4	4	4	77
349	**1403**	**1085**	**-1757**	**-1539**	**291**	**10873**
349	**1280**	**961**	**-1736**	**-1520**	**291**	**10597**
			-88	-88		170
200	57		58	59		463
200	57		58	59		463
148	1223	961	-1706	-1491	291	9963
3	1		52	47	9	131
146	1222	961	-1758	-1537	282	9832
	123	**123**	**-20**	**-20**		**276**
	123	123	-20	-20		276
346	1400	1083	-1882	-1550	281	10213
2			10			98
2	3	2	116	11	11	562

16－11　限额以上批发和零售业连锁经营情况(2013 年)

指　　标		合　计	直营店	加盟店
门店总数	(个)	200	193	7
年末从业人员数	(人)	1937	1831	106
年末零售营业面积	(平方米)	161180	157867	3313
连锁门店商品购进额	(万元)	293025	290193	2832
其中:统一配送商品购进额	(万元)	280571	278589	1982
其中:自有配送中心配送商品购进额	(万元)	277716	277021	695
连锁门店商品销售额	(万元)	285198	280696	4502
其中:零售额	(万元)	193092	188590	4502

16－12　限额以上住宿和餐饮业连锁经营情况(2013 年)

指　　标		合　计	直营店
门店总数	(个)	13	13
年末从业人员数	(人)	1046	1046
年末餐饮营业面积	(平方米)	26560	26560
餐位数	(位)	8300	8300
连锁门店商品购进(采购)额	(万元)	5690	5690
其中:统一配送商品购进(采购)额	(万元)	4997	4997
其中:自有配送中心配送商品购进(采购)额	(万元)	4997	4997
连锁门店营业额	(万元)	10333	10333
其中:餐费收入	(万元)	9790	9790
商品销售额	(万元)	543	543

16－13　各县区限额以上批发和零售业连锁经营情况（2013 年）

地　区	门店总数（个）	从业人员（人）	零售营业面积（平方米）	商品购进总额（万元）	#统一配送商品购进额	#自有配送中心配送	商品销售额（万元）	零售额
全　市	**200**	**1937**	**161180**	**293026**	**280572**	**277716**	**285198**	**193093**
含山县								
和　县								
当涂县	21	112	2990	20626	10313	10313	18776	14042
花山区	123	1364	40568	56509	54368	51512	63967	59181
雨山区	56	461	117622	215891	215891	215891	202455	119870
博望区								

注：本表分县区数据为按法人经营地汇总数据。

16－14　各县区限额以上住宿和餐饮业连锁经营情况（2013 年）

地　区	门店总数（个）	从业人员（人）	餐饮营业面积（平方米）	餐位数（位）	商品购进额（万元）	营业额（万元）	餐费收入	商品销售额
全　市	**13**	**1046**	**26560**	**8300**	**5690**	**10333**	**9790**	**543**
含山县								
和　县								
当涂县								
花山区	13	1046	26560	8300	5690	10333	9790	543
雨山区								
博望区								

注：本表分县区数据为按法人经营地汇总数据。

16－15　各县区限额以上批发和零售业

地　区	法人企业数（个）	流动资产合　计	#存　货	固定资产合　计	固定资产原　价
全　　市	**206**	**1198604**	**198613**	**184183**	**235329**
含 山 县	23	21832	6109	9456	11681
和　　县	20	39871	9198	8731	11443
当 涂 县	34	226146	41472	18679	23290
花 山 区	65	279011	65178	93984	110055
雨 山 区	57	626592	75473	51829	77269
博 望 区	7	5151	1184	1505	1590

注:本表分县区数据为按法人经营地汇总数据。

16－16　各县区限额以上住宿和餐饮业

地　区	法人企业数（个）	流动资产合　计	#存　货	固定资产合　计	固定资产原　价
全　　市	**67**	**74203**	**5100**	**56818**	**74742**
含 山 县	2	476	45	1620	1624
和　　县	7	9120	1773	11194	13876
当 涂 县	7	11233	429	24837	27857
花 山 区	33	48622	2145	15079	23869
雨 山 区	15	4552	630	1738	4290
博 望 区	3	200	78	2350	3227

注:本表分县区数据为按法人经营地汇总数据。

企业主要财务指标情况(2013年)

单位:万元

累计折旧	#本年折旧	资产总计	流动负债合计	负债合计	所有者权益	#实收资本	#国家资本	主营业务收入
64431	**13102**	**1565621**	**1156874**	**1188604**	**377017**	**193286**	**21531**	**4355006**
2348	458	33428	20175	20720	12708	6488	2122	88578
2712	593	51508	41547	41619	9889	6470		91589
5005	2503	256078	230056	231189	24888	18843	384	601604
28803	5212	497339	351035	372597	124742	114992	13525	1466397
25479	4257	720469	509859	518278	202191	44849	5500	2074133
85	80	6800	4202	4202	2598	1643		32705

企业主要财务指标情况(2013年)

单位:万元

累计折旧	#本年折旧	资产总计	流动负债合计	负债合计	所有者权益	#实收资本	#国家资本	主营业务收入
22965	**6832**	**212384**	**142584**	**152961**	**59422**	**61277**	**1102**	**63880**
903	165	2305	2048	2122	183	1200		1872
2911	882	58603	28807	30749	27854	26480		7237
3759	2455	42452	32480	39573	2879	6728		4924
11953	2709	94889	64516	65697	29193	22310	1027	35613
2563	365	10421	11811	11899	-1478	3118	75	13082
877	256	3714	2922	2922	792	1442		1151

16－15 各县区限额以上批发和零售业

地　区	主营业务成　本	主营业务税金及附加	其他业务利　润	销售费用	管理费用
全　市	**4067878**	**19695**	**14746**	**112225**	**59594**
含山县	79002	875	64	2172	1980
和　县	82246	376	734	4242	1487
当涂县	557856	772	3269	25361	7920
花山区	1366590	3642	7549	52144	19048
雨山区	1952464	13807	3131	27692	28951
博望区	29722	223		616	208

注:本表分县区数据为按法人经营地汇总数据。

16－16 各县区限额以上住宿和餐饮业

地　区	主营业务成　本	主营业务税金及附加	其他业务利　润	销售费用	管理费用
全　市	**29125**	**3567**	**2614**	**17063**	**13640**
含山县	733	107	993	726	428
和　县	4119	420		331	1919
当涂县	1765	289	5	1130	1751
花山区	15512	1992	1241	10250	7045
雨山区	6374	689	45	4564	2353
博望区	622	71	329	62	144

注:本表分县区数据为按法人经营地汇总数据。

企业主要财务指标情况(2013 年)(续)

单位:万元

#税　金	财务费用	#利息支出	营业利润	利润总额	应交所得税	应付职工薪酬	应交增值税
7812	**13138**	**14775**	**94208**	**81484**	**14131**	**65403**	**61245**
26	758	452	3845	3593	159	3134	527
34	166	88	3265	3343	59	3874	729
363	2831	3464	8904	3808	522	8406	5311
4253	5605	4143	26177	25570	3868	28460	30149
3124	3733	6583	50127	43279	9492	21216	23122
11	45	44	1891	1891	30	313	1407

企业主要财务指标情况(2013 年)(续)

单位:万元

#税　金	财务费用	#利息支出	营业利润	利润总额	应交所得税	应付职工薪酬
787	**1858**	**1602**	**355**	**-473**	**342**	**18499**
105	3	1	868	-238		608
75	193	203	256	202	2	1437
207	305	283	-311	-76	6	1899
342	983	912	508	444	254	9919
22	262	204	-1116	-1076	64	4181
36	112		150	271	15	456

16－17 各县区限额以上批发零售业、住宿餐饮业从业人数(2013年)

单位:人

地 区	合 计	批发和零售业	零售业	住宿和餐饮业	餐饮业
全 市	**23929**	**16852**	**13745**	**7077**	**4750**
含山县	1408	1067	1005	341	133
和 县	1862	1410	1045	452	363
当涂县	3715	2819	2602	896	345
花山区	10876	7335	6608	3541	2438
雨山区	5657	4049	2358	1608	1269
博望区	411	172	127	239	202

注:1. 本表分县区数据为按法人经营地汇总数据;
2. 本表中从业人员含法人企业、其他行业法人单位附营的限额以上批发零售业、住宿餐饮业产业活动单位和限额以上个体户数据。

16－18 各县区限额以上批发和零售业商品购进、销售和库存情况(2013年)

单位:万元

地 区	购进总额	#进 口	销售总额	批 发	零 售	年末库存总 额
全 市	**4867555**	**401916**	**5170711**	**3889635**	**1281077**	**246374**
含山县	101178		100175	43458	56718	5933
和 县	132864		131625	24417	107208	14290
当涂县	749430		743376	550932	192444	52724
花山区	1575075	139627	1719270	1244606	474664	70847
雨山区	2273033	262289	2434415	1993214	441201	100522
博望区	35975		41851	33009	8842	2059

注:1. 本表分县区数据为按法人经营地汇总数据;
2. 本表中数据含法人企业、其他行业法人单位附营的限额以上批发零售业产业活动单位和限额以上个体户数据。

16－19　亿元以上商品交易市场情况(2013年)

指　标	市场个数(个)	年末摊位数(个)	总成交额(万元)
总　计	**7**	**2029**	**825401**
综合市场	**3**	**1074**	**305129**
#农业品综合市场	3	1074	305129
专业市场	**4**	**865**	**520272**
#机动车市场	1	133	10061
金属材料市场	1	80	487356
肉食禽蛋市场	1	122	10122
蔬菜市场	1	530	12733

16－20　亿元以上商品交易市场摊位分类情况(2013年)

指　标	年末摊位数(个)	总成交额(万元)
总　计	**2029**	**825401**
食品、饮料、烟酒类	1760	326450
粮油、食品类	1754	326445
其中:粮油类	4	410
肉禽蛋类	238	45349
水产品类	157	47654
蔬菜类	965	147649
干鲜果品类	390	85383
饮料类	3	1
烟酒类	3	4
服装、鞋帽、针纺织品类	56	1534
服装类	34	848
鞋帽类	13	358
针纺织品类	9	328
金属材料类	80	487356
汽车类	133	10061

16－21　各县区亿元以上商品交易市场情况(2013 年)

地　区	市场个数（个）	年末摊位数（个）	营业面积（平方米）	总成交额（万元）
全　　市	**7**	**2029**	**207600**	**825401**
含 山 县				
和　　县	2	808	144000	24782
当 涂 县				
花 山 区	2	388	8100	21502
雨 山 区	3	833	55500	779117
博 望 区				

16－22　各县区社会消费品零售总额(2013 年)

单位:万元

地　区	社会消费品零售总额	城　镇		乡　村	批发和零售业	住宿和餐饮业
			城　区			
全　　市	**3013382**	**2787571**	**1746150**	**225811**	**2627732**	**385650**
含 山 县	267649	212611		55038	226729	40920
和　　县	413516	353618		59898	349078	64438
当 涂 县	427276	360095		67181	378932	48344
花 山 区	1268985	1263244	1205539	5741	1147115	121870
雨 山 区	521886	508674	495792	13212	422898	98988
博 望 区	114070	89329	44819	24741	102980	11090

主要统计指标解释

社会消费品零售总额

指售给城乡居民用于生活消费和社会集团用于公共消费的商品金额。

商品零售包括:(1) 售给城乡居民的各种生活消费品,售给入境旅游的外国人、华侨、港澳台同胞的各类商品;(2) 售给行政事业单位、社会团体、军队和武警等机构的商品,以及以零售方式售给各类企业的商品。具体包括:用于非生产和社会交往的办公用品,如通讯设备、计算器具和设备、电讯网络设备、文印设备、音像视听器材和设备、纸张、本册、文具及装订文印材料、家具、日用电器、针纺织品、清洁卫生用品、文体用品、奖品、纪念品、礼品等;供内部人员乘坐的交通工具和燃料;用于办公设施修缮的各类配件、材料、工具等;用于取暖和防暑降温的设备、燃料、材料及食品等;专用于教学的用品和设备;非营利医疗机构的中、西药品、中药材和医疗设备器材;非专用的劳动保护用品;不对外营业的内部食堂用的餐具、炊具、设备、清洁卫生工具和食品、燃料等;军队、武警用于其人员生活的衣着品和个人用品;其他各类非生产性设备和用品。

商品零售不包括:(1) 售给城乡居民已确知是用于生产、经营的商品;(2) 售给各类农业生产者的生产资料类商品,如农机、农药化肥、农膜、种子饲料等商品;(3) 售给企业单位生产用具及生产上专用的劳动保护用品。

商品购进总额

指从本企业以外的单位和个人购进(包括从国外直接进口)作为转卖或加工后转卖的商品金额(含增值税)。本指标反映批发和零售业从国内外市场上购进商品的总价。

商品购进包括:(1) 从工农业生产者、批发和零售业企业、住宿和餐饮业企业、出版社或报社的出版发行部门和其他服务业企业购进的商品;(2) 从机关团体、事业单位购进的商品;(3) 从海关、市场管理部门购进的缉私和没收的商品;(4) 从居民收购的废旧商品等。

不包括:(1) 企业为本单位自身经营用,不是作为转卖而购进的商品,如材料物资、包装物、低值易耗品、办公用品等;(2) 未通过买卖行为而收入的商品,如接受其他部门移交的商品、借入的商品、收入代其他单位保管的商品、其他单位赠送的样品、加工回收的成品等;(3) 经本单位介绍,由买卖双方直接结算,本单位只收取手续费的业务;(4) 销售退回和买方拒付货款的商品;(5) 商品溢余。

购进的各种商品,不论是否进入本单位仓库,凡是通过本企业结算货款的,都包括在内。从国内购进的商品,以进货全价计算商品购进,包括原始进价(或农副产品收购价)和购入环节缴纳的各项税金(包括增值税),企业购进商品发生的购进折扣、退回和折让,及购进商品发生的经确认的索赔收入,冲减商品购进金额。进口商品的国外进价按到岸价格(CIF)、折合成人民币计算,如果对外合同以离岸价格(FOB)成交,商品离开对方口岸后,应由我方企业负担的各项费用也包括在商品购进的金额内,但不包括到达我国口岸后发生的各项费用,收入的进口佣金冲减购进金额,不包括不易按商品认定的佣金金额。企业委托其他单位代理进口的商品,其购进金额为实际支付给代理单位的全部价款。

进口:指直接从国外进口或委托外贸企业代理进口的商品金额,不包括从国内有关单位购进的进口商品。对外贸易企业只统计自主经营进口的商品,不统计受托代理进口的商品。

商品销售总额

指对本单位以外的单位和个人出售的商品金额(包括售给本单位消费用的商品,含增值税),本指标反映批发和零售业在国内市场上销售商品以及出口商品的总量。

商品销售包括:(1) 售给城乡居民和社会集团消费用的商品;(2) 售给农业、工业、建筑业、运输邮电业、服务业、公用事业等国民经济各行业用于生产、经营用的商品,包括售予批发和零售业作为转卖或加工后转卖的商品;(3) 对国(境)外直接出口的商品。

商品销售不包括:(1) 未通过买卖行为付出的商品,如随机构变动移交给其他企业单位的商品、借出的商品、归还受其他单位委托代保管的商品、付出的加工原料和赠送给其他单位的样品等;(2) 经本单位介绍,由买卖双方直接结算,本单位只收取手续费的业务;(3) 购货退回的商品;(4) 商品损耗和损失;(5) 出售本单位自用的废旧物资。

商品销售是指商品已经售出、商品所有权已经转移给买方后,以收到货款或取得收取货款的证据时作为商品销售。(1) 采取直接收款方式的,在实际收到货款或取得收款的凭证时作为商品销售;采取托收承付和委托银行收款结算方式的,在发出商品并办妥托收手续时作为商品销售;采用分期收款方式的,按合同约定的收款日期作为商品销售;采用预收货款方式的,在商品发出时作为商品销售;(2) 委托其他单位代销商品,以收到代销单位的销售清单时作为商品销售。在交款提货的情况下,如货款已经收到,只要账单和提货单已经交给买方,不论商品是否发出,都应作为商品销售;(3) 出口商品销售,陆路以取得承运货物收据或铁路联运运单、海运以取得出口装船提单、空运以取得运单并在银行办理了交单作业作为商品销售。预收货款不通过银行交单的,取得以上提单、运单后作为商品销售。出口商品一律以离岸价(FOB)计算商品销售,如按到岸价(CIF)对外成交的,应扣除商品离境后发生的由我方负担的国外运费、保险费、佣金(不包括不易按商品认定的累计佣金)、银行财务费和对外理赔款等作为商品销售;(4) 自营进口商品销售,企业与境内用户签订合同实行货到结算的,在商品到达我国境内港口取得船舶到港通知,企业向订货单位开出结算凭证时作为商品销售;合同规定对境内实行单向结算的,企业凭境外账单向订货单位开出结算凭证时作为商品销售;已先期到达并存放在相应的仓储企业单位库存的进口商品,企业凭出库单向用户开出结算凭证后作为商品销售。

期末商品库存额

对于批发和零售业法人企业和个体经营户，是指取得所有权的全部商品金额（含增值税）；对于批发和零售业产业活动单位，是指期末实际在库且归属法人具有所有权的全部商品金额（含增值税）。这个指标反映批发和零售业的商品库存情况，以及对市场商品供应的保证程度。

库存商品包括：（1）存放在本单位（如门市部、批发站、采购站、经营处）的仓库、货场、货柜和货架中的商品；（2）挑选、整理、包装中的商品；（3）已记入购进而尚未运到本单位的商品，即发货单或银行承兑凭证已到而货未到的商品；（4）寄放他处的商品，如因购货方拒绝付款而暂时存在购货方的商品；（5）委托其他单位代销（未作销售或调出）尚未售出的商品；（6）代其他单位购进尚未交付的商品。

库存商品不包括：（1）所有权不属于本单位的商品，如商品已作销售但买方尚未取走的商品，代替他人保管、运输、加工的商品，代其他单位销售（未做购进或调入）而未售出的商品；（2）委托外单位加工的商品（包括本单位所属加工厂和其他生产单位加工生产尚未收回成品的商品）；（3）外贸企业代理其他单位从国外进口，尚未付给订货单位的商品；（4）代国家储备部门保管的商品。

库存商品金额可以采用进价或售价进行核算。采用进价核算的商品，应按商品进货原则（或实际采购成本）计算期末库存；采用售价核算的商品，应按商品的售价计算期末库存。购入的商品，在商品到达验收入库后计算期末库存（对已记入购进尚未运到的商品，也可计算期末库存）；对于月终尚未开出承兑商业汇票的入库商品，按应付给供货单位的价款暂估计算期末库存；年度终了，凡已转入库存和已作销售的进口商品，属于国外以离岸价格成交、有应付未付国外运保费的，应先估计期末库存，委托其他单位代销的商品包括在期末库存中；委托外单位加工的商品，在发出商品时作减少期末库存，当加工商品收回时增加期末库存（包括商品进货原价、加工费用、加工税金等）。

批发和零售业、住宿和餐饮业法人机构

指除个体经济以外的各种经济类型独立核算法人批发和零售业、住宿和餐饮业企业的单位个数。法人机构应同时具备以下条件：1、依法成立，有自己的名称、组织机构和场所，能够独立承担民事责任；2、独立拥有和使用资产，承担债务，有权与其他单位签订合同；3、独立核算盈亏，并能够编制资产负债表。

批发和零售业、住宿和餐饮业从业人员

指从事批发和零售业、住宿和餐饮业劳动并取得劳动报酬或经营收人的人员。包括职工（包括长期职工、合同制职工、临时职工）和其他从业人员（包括再就业的离退休人员，三资企业中的外方人员和港澳台方人员）。

限额标准

限额以上批发业企业（活动单位）的标准：年主营业务收入在2000 万元及以上；限额以上零售业企业（活动单位）的标准：年主营业务收入在500 万元及以上；限额以上住宿和餐饮业企业（活动单位）的标准：年主营业务收入在200 万元及以上。从2009 年年报开始，批发零售业和住宿餐饮业个体户限额标准参照上述标准执行。

十七、对外经济贸易

简要说明

一、本篇资料反映我市进出口贸易、利用外资、对外承包工程和劳务合作等情况。
二、资料来源于市商务局、招商局、工商局。
三、本篇资料由市统计局商贸外经科整理。

17－1 主要年份对外经济贸易基本情况

指　　标		1995	2000	2005	2010	2012	2013
进出口总额	**（万美元）**	**16457**	**25082**	**128810**	**307302**	**365213**	**362512**
出口总额		10983	11350	35874	68760	120047	138632
进口总额		5474	13732	92936	238542	245166	223880
进出口差额		5509	－2382	－57062	－169782	－125119	－85248
对外签订利用外资（合同）项目	**（个）**	**25**	**6**	**31**	**24**	**21**	**14**
＃外商直接投资		25	6	31	24	21	14
对外签订利用外资（合同）金额	**（万美元）**	**1660**	**1549**	**18549**	**16975**	**14203**	**9462**
＃外商直接投资		1660	1549	18549	16975	14203	9462
实际利用外资金额	**（万美元）**	**612**	**1889**	**14630**	**81478**	**133942**	**174655**
对外借款				2390		4964	3888
外商直接投资		612	1889	4798	79852	127912	147895
外商其他投资				7442	1626	1066	22872
外商投资企业基本情况							
年底登记户数	（户）	144	72	117	142	175	167
投资总额	（万美元）	90784	91697	168631	283386	367103	348813
注册资本	（万美元）	86684	85777	127128	209702	244489	219038
#外　方		27155	28233	59409	105800	134231	125867
对外承包工程和劳务合作							
合同金额	（万美元）	—	—	2716	10587	71499	7311
完成营业额	（万美元）	—	—	1384	26093	33487	34124

17－2　主要年份海关出口商品分类金额

单位:万美元

指　　标	2000	2005	2010	2011	2012	2013
总　额	**11350**	**35874**	**68760**	**79366**	**120047**	**138632**
初级产品		**4202**	**4237**	**2070**	**2852**	**1545**
食品及主要供食用的活动物		10	1838	954	1175	893
非食品原料		4192	2399	1116	1677	499
矿物燃料、润滑油及有关原料						94
动植物油、脂及蜡						59
工业制成品	**11350**	**31672**	**64523**	**77296**	**117195**	**137087**
化学品及有关产品	168	2607	7634	7422	8800	9636
轻纺产品、橡胶制品、矿冶产品及其制品	8363	22828	33391	34624	60410	59895
机械及运输设备	899	4237	14142	26594	28544	28413
杂项制品	1920	2000	9330	8616	19441	39143
未分类的商品			26	40		

17－3　主要年份海关进口商品分类金额

单位:万美元

指　　标	2000	2005	2010	2011	2012	2013
总　额	**13732**	**92936**	**238542**	**340295**	**245166**	**223880**
初级产品	**9705**	**65108**	**51927**	**102295**	**222364**	**205087**
食品及主要供食用的活动物			6161	6617	9498	4514
饮料及烟类				8	3	10
非食品原料	9703	59985	16012	52250	197174	192564
矿物燃料、润滑油及有关原料	2	5123	29754	43420	15689	7918
动植物油、脂及蜡						81
工业制成品	**4027**	**27828**	**186615**	**238000**	**22802**	**18793**
化学品及有关产品	44	221	1547	2166	1449	1006
轻纺产品、橡胶制品、矿冶产品及其制品	631	3801	3464	6522	1522	998
机械及运输设备	3232	23315	181133	228450	16759	11980
杂项制品	120	491	471	862	3072	4809

17－4　主要年份海关进出口商品分类金额

单位:万美元

指　　标	2012		2013	
	出　口	进　口	出　口	进　口
总　值	**120047**	**245166**	**138632**	**223880**
初级产品	**2852**	**222364**	**1544**	**205087**
食品及活动物	1175	9498	893	4514
活动物		7479		
鱼、甲壳及软体类动物及其制品	32		24	
谷物及其制品			3	
蔬菜及水果	54	240	31	197
糖、糖制品及蜂蜜	1089	5	830	4
咖啡、茶、可可、调味料			3	
饲料(不包括未碾磨谷物)		1544		4176
杂项食品		230	2	137
饮料及烟类		3	1	10
饮　料		3	1	10
非食用原料(燃料除外)	1677	197174	497	192564
生皮及生毛皮				
油籽及含油果实				79
生橡胶(包括合成橡胶及再生橡胶)	15		18	
纸浆及废纸		14872	14	12446
纺织纤维(羊毛条除外)及其原料	4	331	56	
天然肥料及矿物(煤、石油及宝石除外)	20		82	
金属矿砂及金属废料	1638	181971	326	180039
其他动、植物原料			1	
矿物燃料、润滑油及有关原料		15689	94	7918
煤、焦炭及煤砖		14666	93	6656
石油、石油产品及有关原料		681		1155
天然气及人造气		342	1	107
动植物油、脂及蜡			59	81
动物油、脂				81
植物油、脂			59	
工业制品	**117195**	**22802**	**137088**	**18793**
化学成品及有关产品	8800	1449	9635	1006
有机化学品	5125	1155	4357	732
无机化学品	919		939	17

17－4　主要年份海关进出口商品分类金额(续)

单位:万美元

指　　标	2012		2013	
	出　口	进　口	出　口	进　口
染料、鞣料及着色料	651	3	133	16
医药品	62		276	
精油、香料及盥洗、光洁制品	1066		1678	15
初级形状的塑料		38	20	98
非初级形状的塑料	146	8	722	35
其他化学原料及产品	831	245	1510	93
轻纺产品、橡胶制品、矿冶产品及其制品	60410	1522	59895	998
皮革、皮革制品及已鞣毛皮			85	
橡胶制品	165	35	887	57
软木及木制品(家具除外)	37	12	141	9
纸及纸板、纸浆、纸及纸板制品	442	440	1976	50
纺纱、织物、制成品及有关产品	3929	581	5007	535
非金属矿物制品	2177	18	7591	108
钢　铁	45732	190	23600	110
有色金属	1325	9	1999	2
金属制品	6603	237	18609	127
机械及运输设备	28544	16759	28414	11980
动力机械及设备	833	573	1527	1822
特种工业专用机械	2449	972	3370	1041
金工机械	3694	5979	3234	3958
通用工业机械设备及零件	5583	4418	4776	3035
办公用机械及自动数据处理设备	1693	164	1330	156
电信和声音的录制及重放装置设备	1179	46	3216	2
电力机械、器具及其电气零件	4415	4438	2784	1675
陆路车辆(包括气垫式)	4379	151	3079	245
其他运输设备	4319	18	5098	46
杂项制品	19441	3072	39144	4809
活动房屋、卫生水道、供热及照明装置	937	3	5018	3
家具及其零件、褥垫及类似填充制品	2208	120	5825	113
旅行用品、手提包及类似品	1013		3404	
服装及衣着附件	3168		5862	110
鞋　靴	1314		2807	
专业、科学及控制用仪器装置	6262	2852	6400	4487
摄影器材、光学物品及钟表	179	6	503	22
杂项制品	4360	91	9325	74

17－5 主要年份马鞍山同各国(地区)进出口总额

单位:万美元

国别(地区)	2012			2013		
	进出口总额	出口总额	进口总额	进出口总额	出口总额	进口总额
合　计	**365213**	**120047**	**245166**	**362512**	**138632**	**223880**
亚　洲	**85143**	**66071**	**19072**	**104159**	**79965**	**24194**
巴　林	1370	1367	3	386	386	
孟加拉国	636	636		1628	1628	
文　莱	600	600		197	197	
缅　甸	181	181		85	85	
柬埔寨	141	141		177	177	
塞浦路斯	67	54	13	107	107	
朝　鲜	960	149	811	1059	391	668
香　港	6238	6220	18	8435	8175	260
印　度	6069	6068	1	4516	4263	253
印度尼西亚	2089	1828	261	6339	5764	575
伊　朗	3150	396	2754	4384	390	3994
伊拉克	138	138		355	355	
以色列	623	562	61	540	480	60
日　本	20831	9899	10932	20342	11618	8724
约　旦	87	87		177	177	
科威特	240	240		561	561	
老　挝	2	2		1	1	
黎巴嫩	36	36		268	268	
澳　门	442	442		651	651	
马来西亚	4725	4619	106	7418	7050	368
马尔代夫	5	5		22	22	
蒙　古	119	119				
阿　曼	293	293		316	316	
巴基斯坦	841	841		1225	1225	
巴勒斯坦				39	39	
菲律宾	4160	4160		5105	4717	388

17－5　主要年份马鞍山同各国(地区)进出口总额(续 1)

单位:万美元

国别(地区)	2012			2013		
	进出口总额	出口总额	进口总额	进出口总额	出口总额	进口总额
卡塔尔	84	84		362	362	
沙特阿拉伯	1136	793	343	1835	1739	96
新加坡	5059	5051	8	7689	7689	
韩　国	9636	8147	1489	9013	7305	1708
斯里兰卡	79	79		264	264	
叙利亚	10	10		137	137	
泰　国	1842	1842		2838	2653	185
土耳其	909	713	196	767	760	7
阿联酋	1215	1215		7235	2311	4924
也门共和国	62	62		69	69	
越　南	7998	7702	296	5555	5304	251
台　湾	2677	924	1753	3642	1996	1646
东帝汶	21	21		26	26	
哈萨克斯坦	74	74		148	148	
乌兹别克斯坦	248	248		157	157	
亚洲其他	50	23	27	89	2	87
非　洲	**17487**	**6992**	**10495**	**8963**	**8247**	**716**
阿尔及利亚	1721	1721		1094	1094	
安哥拉	138	138		418	418	
贝　宁	357	357		72	72	
博茨瓦纳	10	10				
喀麦隆	30	30		333	333	
刚　果	79	79		56	56	
吉布提	46	46		75	75	
埃　及	914	914		395	395	
埃塞俄比亚	56	55	1	160	138	22
加　蓬	101	101		115	115	
加　纳	135	135		174	174	
几内亚	142	142		651	19	632
科特迪瓦				29	29	
肯尼亚	413	413		588	588	
利比亚	340	340		521	521	

17－5　主要年份马鞍山同各国(地区)进出口总额(续2)

单位:万美元

国别(地区)	2012			2013		
	进出口总额	出口总额	进口总额	进出口总额	出口总额	进口总额
马达加斯加	10	10		61	61	
马拉维	35	35		54	54	
马　里				51	51	
毛里塔尼亚	48	48		34	34	
毛里求斯	21	21		66	66	
摩洛哥	185	185		312	312	
莫桑比克	479	479		197	164	33
纳米比亚	35	35		35	35	
尼日利亚	360	360		707	707	
留尼汪	59	47	12	8	8	
塞内加尔	36	36		149	149	
南　非	11217	735	10482	1075	1071	4
塞拉利昂	5	5		0		
苏　丹	89	89		394	394	
坦桑尼亚	137	137		262	239	23
多　哥	5	5		612	612	
突尼斯	74	74		28	28	
乌干达	38	38		42	42	
布基纳法索	10	10		38	38	
扎伊尔	58	58		31	31	
赞比亚	59	59		19	19	
津巴布韦	17	17		32	32	
厄立特里亚	5	5				
非洲其他	23	23		75	73	2
欧　洲	**38805**	**22673**	**16132**	**30991**	**22362**	**8629**
比利时	1672	612	1060	1183	578	605
丹　麦	391	344	47	566	300	266
英　国	7884	6904	980	6222	5785	437
德　国	7063	2472	4591	7009	2926	4083
法　国	2666	1148	1518	1769	1553	216
爱尔兰	172	172		184	179	5
意大利	1520	808	712	3094	1100	1994
卢森堡	17	16	1			
荷　兰	2087	1768	319	2503	2280	223
希　腊	407	278	129	540	453	87
葡萄牙	120	112	8	166	157	9
西班牙	1953	1784	169	1748	1746	2

17－5 主要年份马鞍山同各国(地区)进出口总额(续3)

单位:万美元

国别(地区)	2012			2013		
	进出口总额	出口总额	进口总额	进出口总额	出口总额	进口总额
阿尔巴尼亚	7	7		15	15	
奥地利	1855	106	1749	325	148	177
保加利亚	21	5	16	58	57	1
芬　兰	562	148	414	237	113	124
匈牙利	33	33		17	17	
马耳他	12	12		350	350	
挪　威	84	84		231	229	2
波　兰	1552	1547	5	524	518	6
罗马尼亚	345	322	23	95	95	
瑞　典	599	167	432	592	334	258
瑞　士	90	79	11	263	183	80
爱沙尼亚	88	88		51	51	
拉脱维亚	93	93		19	19	
立陶宛	140	140		129	129	
格鲁吉亚	28	28		123	123	
亚美尼亚				3	3	
白俄罗斯	8	8		79	79	
俄罗斯	2230	2128	102	1926	1926	
乌克兰	4038	353	3685	266	266	
斯洛文尼亚	415	415		71	71	
克罗地亚	55	55		70	70	
捷克共和国	338	177	161	330	276	54
斯洛伐克	128	128		108	108	
黑　山	128	128		97	97	
前南马其顿	3	3				
波黑	1	1				
安道尔				1	1	
摩尔多瓦				11	11	
塞尔维亚				14	14	
欧洲其他				2	2	
拉丁美洲	**66620**	**11271**	**55349**	**45514**	**9046**	**36468**
阿根廷	476	476		704	704	
玻利维亚	2	2		4	4	
巴　西	47030	3489	43541	36802	1805	34997
智　利	3425	1708	1717	1817	1348	469
哥伦比亚	729	729		642	642	

17－5 主要年份马鞍山同各国(地区)进出口总额(续4)

单位:万美元

国别(地区)	2012			2013		
	进出口总额	出口总额	进口总额	进出口总额	出口总额	进口总额
哥斯达黎加	116	116		28	28	
多米尼加	151	151		65	65	
厄瓜多尔	236	236		240	240	
危地马拉	51	51		318	318	
海　地	52	52		141	141	
洪都拉斯	94	94		62	52	10
牙买加	83	83		304	304	
墨西哥	1201	912	289	1526	904	622
尼加拉瓜	85	85		94	94	
巴拿马	652	652		797	797	
巴拉圭	139	139		58	58	
秘　鲁	7739	1642	6097	1283	913	370
波多黎各	58	58		34	34	
圣文格林纳	10	10		5	5	
萨尔瓦多	2	2		29	29	
苏里南				63	63	
特立尼达和多巴哥	18	18		15	15	
乌拉圭	3916	211	3705	204	204	
委内瑞拉	245	245		246	246	
拉丁美洲其他	110	110		33	33	
北美洲	**22961**	**10937**	**12024**	**32936**	**15742**	**17194**
加拿大	1867	1652	215	4666	1948	2718
美　国	21094	9285	11809	28270	13794	14476
大洋洲	**134197**	**2103**	**132094**	**139949**	**3270**	**136679**
澳大利亚	132134	1805	130329	139551	2872	136679
斐　济	12	12		4	4	
新喀里多尼	2	2		10	10	
新西兰	2005	240	1765	311	311	
巴布亚新几内亚	10	10		34	34	
大洋洲其他	34	34		39	39	

17－6　进出口商品贸易方式总值(2013 年)

单位:万美元

指　　标	进出口		出　口		进　口	
	金　额	比　重(%)	金　额	比　重(%)	金　额	比　重(%)
总　计	**362512**	**100.0**	**138632**	**100.0**	**223880**	**100.0**
一般贸易	350206	96.6	130541	94.2	219665	98.0
国家间、国际组织无偿援助和赠送的物资						
其他境外捐赠物资						
补偿贸易						
来料加工装配贸易	1174	0.3	816	0.6	358	0.2
进料加工贸易	8846	2.4	5848	4.2	2998	1.3
加工贸易进口设备						
寄售代销贸易						
边境小额贸易						
对外承包工程出口货物	446	0.1	446	0.3		
租赁贸易						
外商投资企业作为投资进口的设备、物品	594	0.2			594	0.3
出料加工						
易货贸易						
免税外汇商品						
保税仓库进出境货物	315	0.1	172	0.1	143	0.1
保税区仓储转口货物						
出口加工区进口设备						
其　他	931	0.3	809	0.6	122	0.1

17－7　主要年份对外承包工程和劳务合作

年　份	合同金额（万美元）	完成营业额（万美元）
总　计		
2008	20587	10616
2009	25471	18537
2010	10587	26093
2011	65656	30278
2012	71499	33487
2013	7311	34124
对外承包工程		
2008	19304	5270
2009	23128	12866
2010	8691	13799
2011	60540	19631
2012	71239	27333
2013	7210	28988
对外劳务合作		
2008	286	50
2009	366	455
2010	244	2437
2011	1061	2538
2012	260	6154
2013	101	5136

17－8　外商投资企业年末企业数、投资总额及注册资本(2013 年)

指　　标	企业数（个）	投资总额（万美元）	注册资本（万美元）	#外方
总　计	**167**	**348813**	**219038**	**125867**
按投资方式分				
中外合资	63	99720	54254	30200
中外合作	1	774	387	310
外资企业	101	158547	74624	74624
外商投资股份制	2	89773	89773	20732
按国民经济行业分				
农林牧渔业	3	852	681	562
采矿业	2	2687	1104	1104
制造业	99	261038	165293	80195
电力、热力、燃气及水生产和供应业	11	25545	9737	8558
建筑业	2	1657	844	844
批发和零售业	4	3891	2078	2078
交通运输、仓储及邮政业	1	6000	3500	3500
住宿和餐饮业	2	2861	2727	2714
信息传输、软件和信息技术服务业	8	971	536	536
金融业	1	2000	2000	945
房地产业	10	19162	15896	14971
租赁和商务服务业	4	6737	7597	4290
科学研究和技术服务业	17	14555	6591	5196
水利、环境和公共设施管理业	1	774	387	310
居民服务、修理和其他服务业	2	84	66	64

17－9 外国和港澳台地区直接投资(按投资方式和行业)(2013年)

指　标	新签协议		实际投资合　计(万美元)	期末实有企业数(个)	
	合同数(个)	投资额(万美元)			#本期新增企业
总　计	**14**	**9462**	**147895**	**167**	**14**
按投资方式分					
中外合资		3548	59755	63	
中外合作	5			1	
外资企业	9	5914	87190	101	
外商投资股份制			950	2	
按国民经济行业分					
农林牧渔业			17095	3	
采矿业				2	
制造业	9	5090	71675	99	8
电力、热力、燃气及水生产和供应业			6192	11	
建筑业	1	50	418	2	1
批发和零售业	1	－422	326	4	1
交通运输、仓储及邮政业			8319	1	
住宿和餐饮业				2	
信息传输、软件和信息技术服务业	1	951		8	
金融业				1	
房地产业			40403	10	
租赁和商务服务业	1	3789	3220	4	
科学研究和技术服务业	1	4	247	17	4
水利、环境和公共设施管理业				1	
居民服务、修理和其他服务业				2	

17-10 外国和港澳台地区直接投资(按国别和地区)(2013年)

国别(地区)	新签协议 合同数(个)	新签协议 投资额(万美元)	实际投资合计(万美元)	期末实有企业数(个)	#本期新增企业
合计	**14**	**9462**	**147895**	**167**	**14**
亚洲	**10**	**7111**	**81049**	**103**	**8**
香港	5	4565	53112	56	3
印度			1164	1	
印度尼西亚				1	
日本		35	3101	10	
马来西亚	1	26		1	1
新加坡		1825	14086	6	
韩国		-49		9	
台湾	4	709	9586	19	4
非洲		**-2020**	**8273**	**3**	**1**
毛里求斯		-1980	8273	2	1
塞舌尔		-40		1	
欧洲	**1**	**500**	**31272**	**25**	**1**
比利时				1	
丹麦			2909	1	
英国	1	500	4327	6	1
德国			1577	5	
法国			3041	2	
爱尔兰			16000	1	
意大利			1757	3	
荷兰			723	1	
西班牙			600	2	
芬兰			98	1	
挪威				1	
俄罗斯				1	
克罗地亚			240		
拉丁美洲	**3**	**4012**	**15346**	**18**	**4**
阿根廷			979	1	
开曼群岛			7142	2	1
英属维尔京群岛	3	4012	7225	15	3
北美洲		**-141**	**10485**	**13**	
加拿大				2	
美国		-141	10485	11	
大洋洲			**1470**	**5**	
澳大利亚			1256	1	
萨摩亚			214	4	

17－11　各县区外国和港澳台地区直接投资(2013 年)

地　　区	新签协议		实际投资合　计(万美元)	期末实有企业数(个)	
	合同数(个)	投资额(万美元)			#本期新增企业
全　　市	**14**	**9462**	**147895**	**167**	**14**
含 山 县	1	61	8631	10	1
和　　县	3	1145	11407	24	3
当 涂 县	3	1026	15220	20	4
花 山 区		－155	45792	37	
雨 山 区	6	7296	64024	69	5
博 望 区	1	89	2821	7	1

17－12　各县区商品进出口总额

单位:万美元

地　　区	2012			2013			比上年增长(%)
	进出口总　额	出口总额	进口总额	进出口总　额	出口总额	进口总额	
全　　市	**365213**	**120047**	**245166**	**362512**	**138632**	**223880**	**－0.7**
含 山 县	5131	5129	2	7099	7016	83	38.4
和　　县	19705	16233	3472	25686	22302	3384	30.4
当 涂 县	13490	12845	645	17763	17343	420	31.7
花 山 区	36355	17040	19314	51071	22049	29022	40.5
雨 山 区	284063	63172	220892	250931	60506	190425	－11.7
博 望 区	6469	5628	841	9962	9416	546	54.0

17－13　各县区外商直接投资

地　区	项目（个）			合同外资额(万美元)		实际利用外资额(万美元)		
	2012	2013	比上年增长(%)	2012	2013	2012	2013	比上年增长(%)
全　　市	**21**	**14**	**－33.3**	**14203**	**9462**	**127912**	**147895**	**15.6**
含 山 县	1	1		15	61	6813	8631	26.7
和　　县	4	3	－25.0	－3299	1145	4171	11407	173.5
当 涂 县	2	3	50.0	784	1026	13338	15220	14.1
花 山 区	3		－100.0	15659	－155	47818	45792	－4.2
雨 山 区	10	6	－40.0	484	7296	54772	64024	16.9
博 望 区	1	1		560	89	1000	2821	182.1

主要统计指标解释

进出口总额

指实际进出我国国境的货物总金额。包括对外贸易实际进出口货物,来料加工装配进出口货物,国家间、联合国及国际组织无偿援助物资和赠送品,华侨、港澳台同胞和外籍华人捐赠品,租赁期满归承租人所有的租赁货物,进料加工进出口货物,边境地方贸易及边境地区小额贸易进出口货物(边民互市贸易除外),中外合资企业、中外合作经营企业、外商独资经营企业进出口货物和公用物品,到、离岸价格在规定限额以上的进出口货样和广告品(无商业价值、无使用价值和免费提供出口的除外),从保税仓库提取在中国境内销售的进口货物,以及其他进出口货物。进出口总额用以观察一个国家在对外贸易方面的总规模。我国规定出口货物按离岸价格统计,进口货物按到岸价格统计。

利用外资

指我国各级政府、部门、企业和其他经济组织通过对外借款、吸收外商直接投资以及用其他方式筹措的境外现汇、设备、技术等。

对外借款

指通过对外正式签订借款协议,从境外筹措的资金,包括外国政府贷款、国际金融组织贷款、外国银行商业贷款、出口信贷以及对外发行债券等。1996 年及以前还包括对外发行股票。

外商直接投资

指外国企业和经济组织或个人(包括港澳台胞以及我国在境外注册的企业)按我国有关政策、法规,用现汇、实物、技术等在我国境内开办外商独资企业、与我国境内的企业或经济组织共同举办中外合资经营企业、合作经营企业或合作开发资源的投资(包括外商投资收益的再投资),以及经政府有关部门批准的项目投资总额内直接投资者对企业的贷款,即外方股东贷款。

外商其他投资

指除对外借款和外商直接投资以外的各种利用外资的形式。包括企业在境内外股票市场公开发行的以外币计价的股票(目前主要是在香港证券市场发行的 H 股和在境内证券市场发行的 B 股)发行价总额,国际租赁进口设备的应付款,补偿贸易中外商提供的进口设备、技术、物料的价款,加工装配贸易中外商提供的进口设备、物料的价款。

对外承包工程

指各对外承包公司以招标议标承包方式承揽的下列业务:(1) 承包国外工程建设项目(2) 承包我国对外经援项目(3) 承包我国驻外机构的工程建设项目(4) 承包我国境内利用外资进行建设的工程项目(5) 与外国承包公司合营或联合承包工程项目时我国公司分包部分,邮对外承包兼营的房屋开发业务。对外承包工程的营业额是以货币表现的本期内完成的对外承包工程的工作量,包括以前年度签订的合同和本年度新签订的合同在报告期内完成的工作量。

对外劳务合作

指以收取工资的形式向业主或承包商提供技术和劳动服务的活动。我国对外承包公司在境外开办的合营企业,中国公司同时又提供劳务的,其劳务部分也纳入劳务合作统计。劳务合作营业额按报告期内向雇主提交的结算数(包括工资、加班费和奖金等)统计。

十八、旅　游

简要说明

一、本篇资料反映我市旅游业发展情况。

二、本篇资料来源于市旅游局,由市统计局商贸外经科整理。

18－1　主要年份旅游事业发展

指　　标		1995	2000	2005	2010	2011	2012	2013
旅行社总数	（个）	1	18	19	38	51	52	57
组团社					1	1	3	3
国内旅行社		1	18	19	37	50	49	54
旅行社职工人数	（人）	5	158	165	324	401	423	392
国际旅行社					60	62	92	109
国内旅行社		5	158	165	264	339	331	283
入境旅游人数	（人次）	1028	4340	12452	43567	59825	82678	104156
国内居民出境总人数	（人次）	—	125	216	751	1232	6182	9363
国内旅游人数	（万人次）	—	124.66	216.09	750.89	1232.16	1552.17	1810.77
旅游收入								
国际旅游外汇收入	（万美元）	45.00	261.41	1077.60	5135.42	8204.23	13461.49	6818.78
国内旅游收入	（亿元）	—	6.50	11.24	37.11	76.66	102.32	120.00
旅游部门基本情况								
旅游管理机构	（个）	1	2	2	2	2	2	2
职工人数	（人）	3	6	11	13	13	12	11
旅游星级宾馆	（个）	3	8	18	20	22	21	19
#五星级							2	2
四星级		—	1	1	5	6	6	5
三星级		—	1	2	9	8	8	8
二星级		—	5	14	6	8	5	4
一星级		—	1	1				
旅游星级宾馆								
客　房	（间）	—	1142	1128	1661	1996	2408	2233
床　位	（张）	—	2454	2113	2917	3532	4170	3844
客房出租率	（%）	—	45.7	66.1	70.6	53.2	52.1	48.9

注：2010 年及以前均不含含山县、和县数据。

18－2 主要年份国内旅游主要经济指标

年份	人数（万人次）	总收入（亿元）	一日游		过夜旅游	
			人数（万人次）	收入（亿元）	人数（万人次）	收入（亿元）
2000	124.66	6.50	40.49	0.23	84.17	6.27
2002	175.37	7.02	61.56	0.72	113.81	6.30
2003	138.8	7.19	23.50	0.50	115.30	6.69
2004	187.77	10.26	58.92	0.73	128.85	9.53
2005	216.09	11.24	103.80	2.69	112.29	8.55
2006	269.41	13.60	114.15	1.78	155.26	11.82
2007	339.39	17.54	150.63	2.55	188.76	14.99
2008	430.00	22.07	248.11	4.91	181.89	17.16
2009	535.61	26.03	310.34	5.65	225.27	20.38
2010	750.89	37.11	382.95	10.39	367.94	26.72
2011	1232.16	76.66	756.62	34.47	475.54	42.19
2012	1552.17	102.32	625.80	29.01	926.37	73.31
2013	1810.77	120.00	757.46	34.84	1053.31	85.16

18－3 各县区旅游星级饭店（宾馆）情况（2013年）

地区	饭店（宾馆）（个）	五星级	四星级	三星级	二星级	一星级
全　市	**19**	**2**	**5**	**8**	**4**	
含山县	2			2		
和　县	2		1	1		
当涂县	3	1		2		
花山区	7	1	2	2	2	
雨山区	5		2	1	2	
博望区						

主要统计指标解释

入境旅游人数

指来中国(大陆)观光、度假、探亲访友、就医疗养、购物、参加会议或从事经济、文化、体育、宗教等活动的外国人、港澳台同胞的人数。不包括外国在我国的常驻机构,如使领馆、通讯社、企业办事处的工作人员,来我国常住的外国专家、留学生。

国内旅游人数

指在中国(大陆)观光游览、度假、探亲访友、就医疗养、购物、参加会议或从事经济、文化、体育、宗教等活动的中国(大陆)居民,其出游目的不是通过所从事的活动谋取报酬。包括在中国(大陆)境内常住一年以上的外国人、港澳台同胞。但不包括到各地巡视工作的部以上领导、驻外地办事机构的临时工作人员、调遣的武装人员、到外地学习的学生、到基层锻炼的干部、到境内其他地区定居的人员和无固定居住地的无业游民。

旅游(外汇)收入

指入境游客在中国(大陆)境内旅行、游览过程中用于交通、参观游览、住宿、餐饮、购物、娱乐等全部花费。

国内旅游收入

指国内游客在国内旅行、游览过程中用于交通、参观游览、住宿、餐饮、购物、娱乐等全部花费。

十九、教育和科技

简要说明

一、教育统计资料包括公办教育和民办教育、学历教育和非学历教育。具体有高等教育（研究生教育、普通高等教育和成人高等教育）中等教育（高中阶段教育和初中阶段教育）、初等教育（小学）、学前教育、特殊教育（盲聋哑和弱智儿童学校等）以及教育经费等资料。主要指标包括学校数、在校学生数、招生数、毕业生数、教职工数和专任教师数、教育经费等。

教育事业统计资料由市教育局及各高等院校提供；技工学校的资料由市人力资源和社会保障局提供。

二、科技统计资料主要内容包括：全社会以及规上工业企业、政府部门属研究机构研究与试验发展（R&D）活动情况；国内外专利申请和授权情况；技术市场交易情况；开发区高新技术企业主要经济指标；科协系统科技活动情况；气象、质量监督检验检疫等综合技术服务部门业务活动情况；大中型工业企业研究与试验发展（R&D）活动情况等。资料来源：全市综合资料、企业及有关行业企事业单位的研究与试验发展（R&D）活动情况由市统计局人口社会科技科提供；政府部门属研究机构资料、科学研究和研究与试验发展（R&D）活动情况资料由市科技局提供；科协系统科技活动资料由市科协提供；技术市场资料、产品质量监督抽查、专利等资料，分别由市质量监督局、市知识产权局等部门提供。

三、本篇资料由市统计局人口社会科技科整理。

19－1　主要年份教育事业基本情况

指　　标		1995	2000	2005	2010	2011	2012	2013
学校数	(所)	**484**	**454**	**451**	**386**	**667**	**659**	**659**
普通高等学校		2	2	3	6	6	6	6
中等学校		93	82	81	70	119	119	116
#普通中等专业学校		8	6	16	10	6	7	5
中等技术学校		8	6	16	10	5	6	4
中等师范学校						1	1	1
普通中学		69	65	64	57	103	102	102
高　中			18	19	19	29	28	26
初　中			47	45	38	74	74	76
职业中学		16	11	1	3	10	10	9
小　学		363	272	236	142	343	312	293
幼儿园		23	95	127	166	196	219	241
特殊教育		3	3	4	2	3	3	3
专任教师	(人)	**9652**	**10403**	**11919**	**14067**	**21372**	**21988**	**22142**
普通高等学校		567	641	1286	2408	2621	2750	2959
中等学校		3649	4030	4974	5597	8939	9242	9200
#普通中等专业学校		405	361	597	747	648	676	566
中等技术学校		405	361	597	747	557	555	446
中等师范学校						91	121	120
普通中学		3026	3395	4343	4757	7969	8278	8395
高　中			767	1440	1678	2714	2902	2965
初　中			2628	2903	3079	5255	5376	5430
职业中学		218	274	34	93	322	288	239
小　学		4457	4816	4902	4665	8059	8083	7900
幼儿园		932	851	700	1340	1689	1848	2020
特殊教育		47	65	57	57	64	65	63
招生数	(人)	**253633**	**46680**	**71324**	**71789**	**111472**	**106256**	**103827**
普通高等学校		1450	3373	6149	13474	14848	14360	15542
中等学校		22198	25200	38500	31400	54577	48134	42429
#普通中等专业学校		2382	2182	9152	5880	6195	3576	2699
中等技术学校		2382	2182	9152	5880	4521	2904	2070
中等师范学校						1674	672	629
普通中学		17898	22263	29194	23246	41330	39740	36594
高　中			4008	8179	9351	17013	15860	14650
初　中			18255	21015	13895	24317	23880	21944
职业中学		1918	755	154	2274	7052	4818	3136
小　学		18790	1.98	11760	12101	20904	17894	20367
幼儿园		211115	18067	14866	14776	21110	25764	25421
特殊教育		80	38	49	38	33	104	68
在校学生	(人)	**193932**	**104910**	**242156**	**243173**	**383796**	**374291**	**363871**
普通高等学校		4550	8681	21532	43582	47346	49864	52521
中等学校		66000	67900	107400	100900	157607	148983	137315
#普通中等专业学校		6179	5520	20498	12139	15420	10831	10395
中等技术学校		6179	5520	20498	12139	13109	8752	8323
中等师范学校						2311	2079	2072
普通中学		55000	59703	86092	78671	129138	123203	116399
高　中			11409	22955	29751	45810	47825	48100
初　中			48294	63137	48920	83328	75378	68299
职业中学		4821	2677	810	10090	13049	14949	10521
小　学		88792	11.40	91442	71028	135798	127281	123496
幼儿园		34351	28047	21377	27277	42751	47777	50170
特殊教育		239	271	405	386	294	386	369
毕业生数	(人)	**46208**	**56735**	**65709**	**66709**	**109803**	**107391**	**104284**
普通高等学校		1084	1496	4327	10899	10870	11584	12537
中等学校		19100	17500	29400	32600	59865	53601	49740
#普通中等专业学校		1640	1486	3246	3431	4992	4503	3580
中等技术学校		1640	1486	3246	3431	4377	4283	2957
中等师范学校						615	220	623
普通中学		16300	14548	25937	24905	48100	44812	41616
高　中			3164	5523	9320	16468	14017	14569
初　中			11384	20414	15585	31632	30795	27047
职业中学		1160	1466	217	4264	6773	4286	4544
小　学		15367	18963	20751	13523	24205	24593	22436
幼儿园		10637	18759	11184	9671	14833	17601	19551
特殊教育		20	17	47	16	30	12	20

注:表中普通高等学校数据含研究生(包括独立学院)。

19－2　主要年份研究生数

单位:人

年　份	研究生数					
	在学人数	#硕　士	招生数	#硕　士	毕业生数	#硕　士
1995	11	11	11	11		
2000	69	69	37	37	11	11
2005	545	545	223	223	117	117
2010	1178	1178	458	458	341	341
2011	1337	1337	513	408	346	346
2012	1529	1529	580	580	415	415
2013	1632	1632	610	610	483	483

19－3　主要年份普通高等学校分科在校学生数

单位:人

项　目	2012			2013		
	合　计	本　科	专　科	合　计	本　科	专　科
合　计	**48335**	**34812**	**13523**	**50867**	**36351**	**14516**
经济学	4523	2728	1795	4656	2527	2129
法　学	240	240		235	235	
教育学	3390		3390	4068		4068
文　学	2590	1052	1538	673	673	
理　学	2963	1308	1655	978	978	
工　学	24886	22175	2711	30352	23065	7287
管理学	8887	7309	1578	849		849
其　他	856		856	9056	8873	183

19－4　主要年份普通高等学校分科招生数

单位:人

项　目	2012			2013		
	合　计	本　科	专　科	合　计	本　科	专　科
合　计	**13780**	**9364**	**4416**	**14926**	**9288**	**5638**
经济学	1220	627	593	1506	672	834
法　学	59	59		61	61	
教育学	947		947	1282		1282
文　学	799	263	536	165	165	
理　学	977	357	620	221	221	
工　学	7117	6282	835	8989	5905	3084
管理学	2340	1776	564	304		304
其　他	321		321	2398	2264	134

19－5 主要年份普通高等学校分科毕业生数

单位:人

项 目	2012			2013		
	合 计	本 科	专 科	合 计	本 科	专 科
合 计	**11169**	**7880**	**3289**	**12048**	**7472**	**4576**
经济学	1200	773	427	1490	842	648
法 学	55	55		64	64	
教育学	1270	183	1087	1847		1847
文 学	729	243	486	200	200	
理 学	632	270	362	247	247	
工 学	5347	5025	322	6255	4506	1749
管理学	1656	1331	325	332		332
其 他	280		280	1613	1613	

19－6 普通高等学校分科专任教师数(2013年)

单位:人

项 目	合 计	正高级	副高级	中 级	初 级	无职称
合 计	**2959**	**259**	**790**	**1143**	**710**	**57**
哲 学	64	6	22	20	16	
经济学	190	20	46	69	48	7
法 学	62	2	14	21	24	1
教育学	268	13	75	96	77	7
文 学	473	8	84	197	184	
历史学	8		2	5	1	
理 学	324	15	76	146	79	8
工 学	1219	160	394	431	205	29
农 学	7		1	3	3	
医 学	9		2	3	4	
管理学	252	33	65	120	32	2
艺术学	83	2	9	32	37	3

19－7　普通中等专业学校分科学生数(2013 年)

单位:人

项　　目	毕业生数	招 生 数	在校学生数
合　计	**3580**	**2699**	**10395**
农林牧渔类			
资源环境类			
能源与新能源类			
土木水利类			
加工制造类	664	579	2323
石油化工类			
轻纺食品类			
交通运输类	509	394	1332
信息技术类	815	350	2089
医药卫生类	190	68	311
休闲保健类			
财经商贸类	254	128	587
旅游服务类	169	102	290
文化艺术类			
体育与健身	19	57	168
教育类	710	750	2494
司法服务类			
公共管理与服务类	40		40
其　他	210	271	761

注:以上数据为普通中等专业,不含成人中专。

19－8　普通中等专业学校分科专任教师数(2013 年)

单位:人

项　目	合　计	正高级	副高级	中　级	初　级	无职称
合　计	**566**		**164**	**215**	**177**	**10**
文化基础课	218		63	87	64	4
专业课:小　计	344		99	126	113	6
农林牧渔类						
资源环境类						
能源与新能源类						
土木水利类						
加工制造类	154		53	66	32	3
石油化工类						
轻纺食品类	2			2		
交通运输类	28		10	11	7	
信息技术类	30		11	7	12	
医药卫生类	8		1	2	4	1
休闲保健类						
财经商贸类	13		3	6	4	
旅游服务类	10		6	2	2	
文化艺术类	8		6		2	
体育与健身	34		2	13	19	
教育类	57		7	17	31	2
司法服务类						
公共管理与服务类						
其　他						
实习指导课	4		2	2		

注:以上数据为普通中等专业,不含成人中专。

19－9 主要年份技工学校数和学生数

年份	学校数（所）	在校学生数（人）	毕业生数（人）	招生数（人）	教职工数（人）
1995	7	2245	1022	766	366
2000	7	3559	1129	830	248
2005	4	7010	1662	3345	267
2006	4	7486	1702	2954	274
2007	4	7467	2062	2974	438
2008	4	7992	2405	3284	429
2009	4	6826	2035	1577	620
2010	4	5672	2184	1580	616
2011	4	4707	2434	1513	624
2012	4	3735	1522	1230	768
2013	4	3522	968	1108	768

19－10 主要年份初中毕业生和小学毕业生升学率及小学学龄儿童入学率

年份	初中毕业生升学率			小学毕业生升学率			小学学龄儿童入学率		
	初中毕业生数（人）	高级中等学校招生数（人）	升学率（%）	小学毕业生数（人）	初级中等学校招生数（人）	升学率（%）	学龄儿童数（人）	已入学学龄儿童数（人）	入学率（%）
2000	11384	6863	60.29	18963	18255	96.27	114148	114022	99.89
2005	20631	13982	67.77	20751	21169	102.01	88083	88052	99.96
2008	19428	9940	51.16	19823	20006	100.92	72300	72300	100.00
2009	15710	9824	62.53	15657	15866	101.33	68800	68800	100.00
2010	15600	17600	112.81	13500	13900	102.75	68000	68020	99.99
2011	31632	33883	107.12	24171	24317	100.5	131213	131210	100.00
2012	30795	31300	101.64	24591	23879	97.10	124133	124133	100
2013	27047	24743	91.48	22436	21944	97.81	120859	120859	100

19－11　主要年份平均每万人口在校学生数和大中小学学生构成

年　份	各级学校在校学生数占全市人口(%)	平均每万人口中(人)			大中小学学生占学生总数(%)		
		大学生	中学生	小学生	大学生	中学生	小学生
2000	15.24	73	500	952	4.77	32.80	62.43
2005	16.19	172	689	731	10.80	43.27	45.93
2008	14.95	275	623	598	18.39	41.64	39.97
2009	15.43	361	624	557	23.42	40.45	36.13
2010	14.15	310	576	520	22.56	40.71	36.73
2011	13.60	159	447	470	14.80	41.53	43.67
2012	13.79	218	604	557	15.81	43.82	40.37
2013	12.80	230	510	541	17.96	39.81	42.23

注:中学生数中不包括中等专业学校在校学生数。

19－12　主要年份各级学校教师负担学生数

单位:人

年　份	普通高等学校		中等学校		小　学	
	教师数	平均每个教师负担学生数	教师数	平均每个教师负担学生数	教师数	平均每个教师负担学生数
1995	567	8.11	3469	18.09	4457	19.92
2000	641	13.57	4030	16.85	4816	23.67
2005	1286	16.72	4974	21.59	4902	18.65
2008	1983	17.76	5337	19.15	4676	16.37
2009	2169	21.48	5448	18.81	4660	15.43
2010	2408	17.61	5597	21.63	4665	15.22
2011	2621	18.06	10635	15.55	8072	16.82
2012	2750	18.12	9242	16.12	8083	15.75
2013	2959	17.75	9200	14.93	7900	15.63

19－13 主要年份各级学校女学生和女教师数

指　　标		2005	2010	2011	2012	2013
女学生数	（人）					
普通高等学校		—	16065	17564	19592	20289
普通中等专业学校		6251	9000	7348	5599	5456
普通中学		39118	35700	57409	55506	53040
职业中学				5091	5585	4094
小　学		41657	32700	61323	57319	55619
女学生占学生总数的百分比	（%）					
普通高等学校		—	36.86	37.10	39.29	38.63
普通中等专业学校		29.35	40.54	47.65	51.69	52.49
普通中学		45.43	45.36	44.46	45.05	45.57
职业中学				39.01	37.36	38.91
小　学		45.58	46.06	45.16	45.03	45.04
女教师数	（人）					
普通高等学校		—	992	1084	1131	1208
普通中等专业学校		126	530	292	306	264
普通中学		1568	2100	2838	3004	3073
职业中学				98	91	66
小　学		2711	2700	3977	4068	3991
女教师占教师总数的百分比	（%）					
普通高等学校		—	41.20	41.36	41.13	40.82
普通中等专业学校		19.97	63.10	45.01	45.27	46.64
普通中学		36.10	44.15	36.01	36.29	36.61
职业中学				30.43	31.60	27.62
小　学		55.30	57.88	49.12	50.33	50.52

19－14　各县区普通高等学校和中等专业学校情况(2013 年)

单位:人

地　区	学校数(所)		毕业生数		招生数		在校学生数	
	高　等	中　等	高　等	中　等	高　等	中　等	高　等	中　等
全　　市	**6**	**5**	**12537**	**3580**	**15542**	**2699**	**52521**	**10395**
含 山 县								
和　　县		1		623		629		2072
当 涂 县								
花 山 区	2	2	6174	209	6998	125	26951	479
雨 山 区	4	2	6363	2748	8544	1945	25570	7844
博 望 区								

19－15　各县区特殊教育情况(2013 年)

单位:人

地　区	学校数(所)	毕业生数	招生数	在校学生数	教职工数	#专任教师
全　　市	**3**	**20**	**68**	**369**	**69**	**63**
含 山 县	1			5	4	4
和　　县						
当 涂 县	1				8	7
花 山 区	1	20	68	364	57	52
雨 山 区						
博 望 区						

19－16　各县区普通中学分城乡学校数和在校学生数(2013年)

地区	学校数（所）							
	合计	#高中	城市	#高中	县镇	#高中	农村	#高中
全　市	**102**	**26**	**27**	**8**	**46**	**16**	**29**	**2**
含山县	23	5			13	5	10	
和　县	26	5			16	5	10	
当涂县	21	5			16	5	5	
花山区	15	5	14	5			1	
雨山区	10	3	8	1	1	1	1	1
博望区	7	3	5	2			2	1

地区	在校学生数(人)							
	合计	#高中	城市	#高中	县镇	#高中	农村	#高中
全　市	**116399**	**48100**	**34711**	**13510**	**62190**	**29388**	**19498**	**5202**
含山县	23789	8875			19531	8875	4258	
和　县	24680	8395			21664	8395	3016	
当涂县	23108	11605			20250	11605	2858	
花山区	22237	9942	22119	9942			118	
雨山区	15817	7765	7549	2813	745	513	7523	4439
博望区	6768	1518	5043	755			1725	763

19－17 各县区普通中学分城乡招生数和毕业生数(2013年)

地 区	招 生 数(人)							
	合 计	#高 中	城 市	#高 中	县 镇	#高 中	农 村	#高 中
全　市	**36594**	**14650**	**11327**	**4479**	**19453**	**8733**	**5814**	**1438**
含山县	7261	2609			6023	2609	1238	
和　县	8033	2660			7062	2660	971	
当涂县	7117	3269			6097	3269	1020	
花山区	7240	3288	7198	3288			42	
雨山区	4769	2353	2476	936	271	195	2022	1222
博望区	2174	471	1653	255			521	216

地 区	毕 业 生 数(人)							
	合 计	#高 中	城 市	#高 中	县 镇	#高 中	农 村	#高 中
全　市	**41616**	**14569**	**12198**	**4187**	**22266**	**8899**	**7152**	**1483**
含山县	8839	2594			6729	2594	2110	
和　县	9682	2473			8371	2473	1311	
当涂县	7854	3690			6881	3690	973	
花山区	7827	3202	7757	3202			70	
雨山区	4682	2042	2636	927	285	142	1761	973
博望区	2732	568	1805	58			927	510

19-18 各县区小学分城乡学校数和在校学生数(2013年)

地 区	学校数（所）	城 市	县 镇	农 村	在校学生数（人）	城 市	县 镇	农 村
全 市	**293**	**44**	**75**	**174**	**123496**	**41101**	**47000**	**35395**
含山县	87		23	64	24277		14216	10061
和 县	85		24	61	31058		17706	13352
当涂县	60		25	35	21924		13114	8810
花山区	24	23		1	23425	23163		262
雨山区	14	12	2		12012	10580	1432	
博望区	23	9	1	13	10800	7358	532	2910

地 区	毕业生数（人）	城 市	县 镇	农 村	招生数（人）	城 市	县 镇	农 村
全 市	**22436**	**6784**	**8444**	**7208**	**20367**	**6889**	**8133**	**5345**
含山县	4652		2579	2073	3992		2397	1595
和 县	6211		3206	3005	4995		3100	1895
当涂县	3838		2278	1560	3661		2323	1338
花山区	3905	3842		63	3940	3893		47
雨山区	2097	1815	282		1959	1719	240	
博望区	1733	1127	99	507	1820	1277	73	470

19－19　各县区职业中学基本情况(2013年)

单位:人

地　区	学校数（所）	毕业生数	招生数	在校学生数	教职工数	#专任教师
全　市	**9**	**4544**	**3136**	**10521**	**260**	**239**
含山县	2	1296	1510	1205	78	75
和　县	6	1913	180	3585	93	80
当涂县	1	470	422	1815	89	84
花山区		307	183	724		
雨山区		558	841	3192		
博望区						

19－20　各县区幼儿园基本情况(2013年)

单位:人

地　区	园　数（所）	毕业生数	招生数	幼儿数	教职工数	#教　师
全　市	**241**	**19551**	**25421**	**50170**	**3959**	**2020**
含山县	50	3619	6046	9487	509	304
和　县	20	4976	5464	9681	163	130
当涂县	62	3372	4745	9780	831	381
花山区	59	3513	3756	10602	1420	713
雨山区	30	1946	2796	5480	738	364
博望区	20	2125	2614	5140	298	128

19－21 各级各类学校教育经费收入情况(2013年)

单位:万元

指标	合计	国家财政性教育经费	#预算内教育经费	民办学校中举办者投入	社会捐赠经费	事业收入	其他收入
总计	**460247**	**398588**	**319063**	**175**	**216**	**56065**	**5203**
高等学校	26315	12871	7223		3	11067	2375
普通高等学校	26315	12871	7223		3	11067	2375
本科学校	10827	1667	488			6885	2275
专科学校							
职业学校	15487	11203	6735		3	4182	100
成人高等学校							
中等职业学校	58909	52675	38398	12	5	4734	1483
中等专业学校	12160	10394	8444			1265	501
职业高中	40068	38029	26264	12	5	1352	670
#农村	866	689	604	12	5	104	56
技工学校	6166	3780	3380			2075	311
成人中等专业学校	516	473	310			43	
中学	199569	174212	127568		68	24868	420
普通中学	199569	174212	127568		68	24868	420
普通高中	109506	90663	54296		38	18714	90
#农村	7860	4889	3898		1	2958	12
普通初中	90063	83549	73272		30	6154	330
#农村	54718	54455	46109		19	104	140
成人中学							
小学	137442	135929	127063		140	759	614
普通小学	137442	135929	127063		140	759	614
#农村	75280	74790	68366		138	41	311
成人小学							
特殊教育	1007	974	870			1	32
特殊教育学校	1007	974	870			1	32
工读学校							
幼儿园	23139	10621	7889	163	1	12317	38
教育行政单位	2421	2390	2119				31
教育事业单位	6117	5112	4178			800	205
其他	5329	3804	3755			1519	7

19－22　主要年份科技活动基本情况

指　　标		1995	2000	2005	2010	2011	2012	2013
科技活动								
科技机构数	（个）	13	14	21	30	98	144	156
科技活动人员	（万人）	2579	5517	4859	6186	11286	14997	15551
# 高中级技术职称		479	2463	2592	2924	3901	5155	5468
# 大学本科及以上学历		－	－	－	－		3431	3862
科技经费筹集额	（亿元）	0.75	3.03	20.49				
# 政府资金			0.04	0.1				
企业资金			2.74	12.14				
科技经费内部支出	（亿元）	0.45	2.95	20.41	37.14	39.83	51.25	51.95
# 劳务费		－	0.04	2.16	4.29	6.21	7.59	8.97
固定资产购建费		－	1.19	9.01	6.24	9.98	11.5	8.1
研究与试验发展经费支出		0.44	0.3	1.35	10.98	16.29	19.95	23.64
# 基础研究		－						
应用研究		－	0.07	0.29	0.05	0.07	0.12	0.64
试验发展		－	0.21	1.06	10.93	16.22	19.83	23
# 政府资金		－	－	0.01	0.08	0.51	1.69	2.11
企业资金		－	－	1.33	10.9	15.76	18.17	21.39
# 相当于 GDP 比例	（%）	0.47	0.23	0.36	1.16	1.42	1.62	1.83
技术市场成交额	**（万元）**				**13510.19**	**32867.5**	**62039**	**80656**
专　利								
专利申请受理量	（件）	80	98	324	1356	2449	4412	6404
发　明		11	15	113	336	493	1092	2221
实用新型		67	80	168	719	1441	2774	3941
外观设计		2	3	43	301	515	546	242
专利申请授权量	（件）	50	63	105	874	1379	2293	4127
发　明		2	5	5	92	102	160	280
实用新型		47	56	97	554	911	1980	3398
外观设计		1	2	3	228	366	153	449

注：科技活动指标统计口径为，2000 年是全社会 R&D 资源清查数据，2005 年是大中型工业企业数据，2010 年是大中型工业企业数据（包括含山和县），2011 年是工业企业（不定范围）数据（包括含山、和县）。2012 年、2013 年为规上工业企业数据。

19－23　县以上政府部门属研究与开发机构及科技信息与文献机构数、人员数

年份	合计		自然科学技术领域			社会、人文科学技术领域			科技信息和文献机构		
	机构（个）	从业人员（人）	机构（个）	从业人员（人）	科技活动人员	机构（个）	从业人员（人）	科技活动人员	机构（个）	从业人员（人）	科技活动人员
2010	8	2195	7	2188	888				1	7	7
2011	8	2107	7	2100	986				1	7	7
2012	10	2473	8	2442	1421				2	31	27
2013	12	2245	10	2175	1535				2	70	30

19－24　县级以上政府部门属研究与开发机构及科技信息与文献机构科技经费筹集和支出总额

单位：万元

年份	合计		自然科学技术领域			社会、人文科学技术领域			科技信息和文献机构		
	科技经费筹集总额	科技经费支出总额	科技经费筹集总额	政府科技拨款	科技经费支出总额	科技经费筹集总额	政府科技拨款	科技经费科技经费	科技经费筹集总额	政府科技拨款	科技经费科技经费
2008	8165	7196									
2009	9547	7800									
2010	14466	8337	14403	3361	8274				63	55	63
2011	24135	18214	24051	4315	18214				84	75	89
2012	59113	29872	58793	5439	29786				320	320	86
2013	43669	26631	43356	5675	26562				313	313	69

19－25 自然科学和技术领域经费收入(2013 年)

单位:万元

指　　标	科技活动收　入	#政府资金	#非政府资金	生产经营活动收入	其他收入
总　计	**43356**	**5675**	**37681**	**158598**	**5532**
按隶属关系分					
省级部门属	9070	981	8089	17892	1294
地市级部门属	2597	2481	116		10
县　属	191	182	9		83
中央部门属	31498	2031	29467	140706	4145
中国科学院					
按学科领域分					
自然科学	43356	5675	37681	158598	5532
农业科学					
医学科学					
工程科学与技术					
社会、人文科学					

19－26 自然科学和技术领域经费支出(2013 年)

单位:万元

指　　标	科技经费内部支出	人员劳务费	其　他	设　备	生产经营支　出	其他支出
总　计	**26562**	**12522**	**11846**	**2194**	**144348**	**7536**
按隶属关系分						
省级部门属	4036	2818	1035	183	17930	1294
地市级部门属	1209	558	297	354		13
县　属	245	203	42			
中央部门属	21072	8943	10472	1657	126418	6229
中国科学院						
按学科领域分						
自然科学	26562	12522	11846	2194	144348	7536
农业科学						
医学科学						
工程科学与技术						
社会、人文科学						

19－27　科协系统科技活动情况(2013年)

指　　标		科协合计	市科协	市级学会
机构数	(个)	**7**	**1**	**44**
直属单位		1	1	
人员数	(人)	**718**	**16**	**16000**
机　关		39	14	
直属单位		1	1	
学会理事		675		675
学术活动		**3**	**1**	**150**
国内学术会议				
次　数	(次)	2	1	120
参加人数	(人次)		200	11000
交流论文数	(篇)		200	500
国际学术会议				
次　数	(次)			
参加人数	(人次)			
交流论文数	(篇)			
国际民间科技交流				
接待来访科技团组	(个)			
接待总人数	(人次)			
外派科技团组	(个)			
外派总人数	(人次)			
科技培训				
院校培训人数	(人次)	2	2	250
科普活动				
讲座次数	(次)	298	70	700
听讲座人数	(人次)	95920	5000	70000
展览次数	(次)	65	13	
参观展览人数	(人次)	35000	2000	
青少年科技竞赛次数	(次)	2	2	
咨询活动				
完成合同	(项)	5	5	
合同实现金额	(万元)	77.0	77.0	
出　版				
科技期刊种数	(种)	1		
论文集种数	(种)			
论文集发行量	(册)			
科技报纸种数	(种)			

19－28　研究与试验发展(R&D)研究机构情况(2013年)

指　　标	机构数(个)	R&D人员(人)	博士毕业	硕士毕业	R&D经费支出(万元)	科研用仪器设备原价(万元)	进　口
总　计	**156**	**2796**	**66**	**217**	**75092.7**	**145631**	**45134.8**
按隶属关系分组							
中　央	1	47		13	402	2300	55
地　方	155	2749	66	204	74690.7	143331	45079.8
按国民经济行业大类分组							
煤炭开采和洗选业							
石油和天然气开采业							
黑色金属矿采选业	1	35		2	271.4	19	
有色金属矿采选业							
非金属矿采选业	1					5	
其他采矿业							
农副食品加工业	10	128	8	18	388	3720.3	1945.7
食品制造业							
饮料制造业							
烟草制品业							
纺织业	2	31	1	2	63	535	
纺织服装、鞋、帽制造业							
皮革、毛皮、羽毛(绒)及其制品业	1	3			22	15	
木材加工及木、竹、藤、棕、草制品业							
家具制造业							
造纸及纸制品业	1	86		2	3425.2	2856.2	
印刷业和记录媒介的复制	1	49	10		614	210	
文教体育用品制造业	1					23	
石油加工、炼焦及核燃料加工业							
化学原料及化学制品制造业	19	469	7	30	4119.3	17800.2	32.4
医药制造业	2	39	1	3	150.8	1161.7	214
化学纤维制造业							
橡胶制品业	5	31		3	867.2	1171	
塑料制品业	7	159	7	24	1762.9	1496.9	
非金属矿物制品业	15	373	10	37	37969.7	51448.5	23187.7
黑色金属冶炼及压延加工业	2	103		1	539.1	727.7	
有色金属冶炼及压延加工业	14	118	5	3	1022.1	2272.4	
金属制品业	39	453	10	31	8353.1	12521.5	478.7
通用设备制造业	11	107	4	5	1089.6	11731.4	2012.7
专用设备制造业	7	369	1	26	9278.4	14693	230
交通运输设备制造业							
电气机械及器材制造业	5	130		16	1712.6	3157.1	55
通信设备、计算机及其他电子设备制造业							
仪器仪表及文化、办公用机械制造业							
工艺品及其他制造业	1	23		1	654.7	1055	
废弃资源和废旧材料回收加工业							
电力、热力的生产和供应业							
燃气生产和供应业							
水的生产和供应业	3	57		8	1964.2	647.2	

19－29　研究与试验发展（R&D）经费支出情况（2013 年）

单位：万元

指　　标	R&D 经费支　　出	经费支出按活动类型分			#人员劳务费
		基础研究支出	应用研究支出	试验发展支出	
总　计	236391		6356.5	230034.5	37415.8
按隶属关系分组					
中　央	1196.2			1196.2	188.2
地　方	235194.8		6356.5	228838.3	37227.6
按国民经济行业大类分组					
采矿业	3191.3			3191.3	1212
黑色金属矿采选业	3191.3			3191.3	1212
非金属矿采选业					
制造业	231120.3		6356.5	224763.8	35740.9
农副食品加工业	10552.6			10552.6	1333.3
食品制造业					
酒、饮料和精制茶制造业	278.1			278.1	52.2
纺织业	2648.8		233	2415.8	164.4
纺织服装、服饰业					
皮革、毛皮、羽毛及其制品和制鞋业	40			40	9
木材加工和木、竹、藤、棕、草制品业					
家具制造业					
造纸和纸制品业	7537.2			7537.2	1272.2
印刷和记录媒介复制业	1162.5			1162.5	550
文教、工美、体育和娱乐用品制造业					
石油加工、炼焦和核燃料加工业	87			87	18.8
化学原料和化学制品制造业	13614.7		1203.7	12411	3808.3
医药制造业	1562			1562	493.4
橡胶和塑料制品业	1050.7			1050.7	289.8
非金属矿物制品业	6617		473.8	6143.2	1410.7
黑色金属冶炼和压延加工业	66228.1		3288.6	62939.5	9608.4
有色金属冶炼和压延加工业	2851			2851	737.7
金属制品业	13189.3			13189.3	2493.9
通用设备制造业	27665.1			27665.1	5350.7
专用设备制造业	6944.4			6944.4	1237.1
汽车制造业	43809.2			43809.2	4306.7
铁路、船舶、航空航天和其他运输设备制造业	117.6			117.6	31
电气机械和器材制造业	15464.2		1157.4	14306.8	1351.1
计算机、通信和其他电子设备制造业	3428			3428	583.1
仪器仪表制造业	340			340	50
其他制造业	633.2			633.2	169.5
废弃资源综合利用业	5299.6			5299.6	419.6
金属制品、机械和设备修理业					
电力、热力、燃气及水生产和供应业	2079.4			2079.4	462.9
电力、热力生产和供应业	115.2			115.2	50.1
燃气生产和供应业					
水的生产和供应业	1964.2			1964.2	412.8

19－30　研究与试验发展

指　　标	R&D人员合计（人）	#女性	#研究人员	#全时人员	非全时人员
总　计	**8158**	**1133**	**2588**	**3924**	**4234**
按隶属关系分组					
中　央	226	12	141	79	147
地　方	7932	1121	2447	3845	4087
按国民经济行业大类分组					
采矿业	280	62	262	187	93
黑色金属矿采选业	280	62	262	187	93
非金属矿采选业					
制造业	7622	1040	2169	3683	3939
农副食品加工业	358	52	67	131	227
食品制造业					
酒、饮料和精制茶制造业	34	5	12	12	22
纺织业	61	15	15	28	33
纺织服装、服饰业					
皮革、毛皮、羽毛及其制品和制鞋业	3	1	1		3
木材加工和木、竹、藤、棕、草制品业					
家具制造业					
造纸和纸制品业	185	7	50	131	54
印刷和记录媒介复制业	51	20	18	34	17
文教、工美、体育和娱乐用品制造业					
石油加工、炼焦和核燃料加工业	5	1	5	3	2
化学原料和化学制品制造业	1016	163	164	627	389
医药制造业	190	101	29	53	137
橡胶和塑料制品业	94	39	15	43	51
非金属矿物制品业	426	65	95	206	220
黑色金属冶炼和压延加工业	1458	156	942	590	868
有色金属冶炼和压延加工业	239	23	42	154	85
金属制品业	513	85	113	276	237
通用设备制造业	1363	145	344	658	705
专用设备制造业	267	42	63	171	96
汽车制造业	777	17	69	285	492
铁路、船舶、航空航天和其他运输设备制造业	58	18	15	58	
电气机械和器材制造业	203	29	33	61	142
计算机、通信和其他电子设备制造业	198	21	64	117	81
仪器仪表制造业	5	1	1	3	2
其他制造业	62	13	2	42	20
废弃资源综合利用业	56	21	10		56
金属制品、机械和设备修理业					
电力、热力、燃气及水生产和供应业	256	31	157	54	202
电力、热力生产和供应业	199	15	136	16	183
燃气生产和供应业					
水的生产和供应业	57	16	21	38	19

(R&D)人员(2013年)

R&D人员折合全时当量(人年)				
	#研究人员	基础研究	应用研究	试验发展
5406.6	**1670.4**		**189.4**	**5217.1**
149.1	88.6			149.1
5257.4	1581.9		189.4	5068
132.4	124.4			132.4
132.4	124.4			132.4
5167	1475		189.4	4977.6
214.3	48.6			214.3
2.7	1.9			2.7
41.1	13.8		9.3	31.8
0.8	0.3			0.8
175.4	49.4			175.4
47.2	17			47.2
1.7	1.7			1.7
811.9	122.2		116.9	695.1
78.2	11.8			78.2
54.2	6.8			54.2
266.7	73.9		17.3	249.4
969.8	648.6		44.1	925.7
177.1	27.4			177.1
333.4	74.3			333.4
781.7	209.4			781.7
179.4	39.7			179.4
739.6	66			739.6
0.6	0.1			0.6
67.3	9.9		1.9	65.4
125.7	44			125.7
4.5	1.1			4.5
62.1	1.5			62.1
31.6	5.7			31.6
107.1	71			107.1
89.9	64.8			89.9
17.3	6.3			17.3

19－31 研究与试验发展

指　　标	专利申请数（件）	发明专利	有效发明专利数（件）	境外授权
总　计	**1735**	**675**	**999**	**9**
按隶属关系分组				
中　央	24	2	17	
地　方	1711	673	982	9
按国民经济行业大类分组				
采矿业	81	16	3	
黑色金属矿采选业	78	14	2	
非金属矿采选业	3	2	1	
制造业	1618	652	996	9
农副食品加工业	74	52	38	
食品制造业	8	8	9	
酒、饮料和精制茶制造业	32		22	
纺织业	24	15	10	
纺织服装、服饰业				
皮革、毛皮、羽毛及其制品和制鞋业				
木材加工和木、竹、藤、棕、草制品业				
家具制造业				
造纸和纸制品业	7	6	10	
印刷和记录媒介复制业			6	
文教、工美、体育和娱乐用品制造业	15	8	4	3
石油加工、炼焦和核燃料加工业	9	2		
化学原料和化学制品制造业	170	91	111	
医药制造业	28	24	68	
橡胶和塑料制品业	26	6	19	
非金属矿物制品业	77	31	41	6
黑色金属冶炼和压延加工业	309	161	170	
有色金属冶炼和压延加工业	35	3	1	
金属制品业	125	53	86	
通用设备制造业	371	86	195	
专用设备制造业	84	24	47	
汽车制造业	94	32	105	
铁路、船舶、航空航天和其他运输设备制造业				
电气机械和器材制造业	95	41	36	
计算机、通信和其他电子设备制造业	26	5	11	
仪器仪表制造业				
其他制造业	9	4	7	
废弃资源综合利用业				
金属制品、机械和设备修理业				
电力、热力、燃气及水生产和供应业	36	7		
电力、热力生产和供应业	30	4		
燃气生产和供应业				
水的生产和供应业	6	3		

(R&D)产出情况(2013 年)

专利所有权转让及许可数(项)	专利所有权转让及许可收入(万元)	发表科技论文(篇)	拥有注册商标数(件)	境外注册	形成国家或行业标准数(项)
50	**878.8**	**580**	**398**	**25**	**47**
1	360	31	2	1	
49	518.8	549	396	24	47
		99	1		
		99			
			1		
50	878.8	426	397	25	47
		14	41		2
			27		
		2	26		
		1	3		
			3		
			1		
		2	5	4	
			3		
		10	36		3
			6		
2			2		
4		1	21		
21	75	334	42	3	12
			3		
6	0.5	10	29	3	1
8		14	65	4	11
		11	20	1	4
	443.3	20	37	7	4
			1		
5			12		
1	360	7	11	3	10
3			3		
		55			
		54			
		1			

19－32　各县区研究与试验发展(R&D)研究机构情况(2013 年)

地　区	机构数(个)	R&D 人员(人)			R&D 经费支出(万元)	科研用仪器设备原价(万元)	
			博士毕业	硕士毕业			进　口
全　市	**156**	**2796**	**66**	**217**	**75092.7**	**145631**	**45134.8**
含山县	9	45	4	2	211.2	360.3	142
和　县	15	125		7	905.8	4788.6	78.8
当涂县	32	469	14	32	5342	44486.4	17135.5
花山区	28	462	2	18	9652.8	8496.2	32.4
雨山区	47	1462	37	142	53008.8	80522.2	26917.6
博望区	25	233	9	16	5972.1	6977.3	828.5

19－33　各县区研究与试验发展(R&D)人员(2013 年)

地　区	R&D 人员合计(人)	#女性	#研究人员	#全时人员	非全时人员
全　市	**8158**	**1133**	**2588**	**3924**	**4234**
含山县	174	22	42	71	103
和　县	833	139	138	511	322
当涂县	1291	164	318	607	684
花山区	930	147	243	440	490
雨山区	4171	562	1717	1926	2245
博望区	759	99	130	369	390

地　区	R&D 人员折合全时当量合计(人年)	#研究人员	基础研究	应用研究	试验发展
全　市	**5406.6**	**1670.4**		**189.4**	**5217.1**
含山县	59.5	15.7			59.5
和　县	475.4	66.6		101.2	374.2
当涂县	803.2	192.3		26.9	776.4
花山区	627.6	175.7		8.5	619.1
雨山区	3008	1146.5		52.9	2955.1
博望区	432.9	73.7			432.9

19－34　各县区研究与试验发展（R&D）产出情况（2013年）

地　区	专利申请数（件）	发明专利	有效发明专利数（件）	境外授权	专利所有权转让及许可数（项）
全　市	**1735**	**675**	**999**	**9**	**50**
含山县	103	46	30		
和　县	268	83	81	3	
当涂县	354	179	244		3
花山区	127	54	74		10
雨山区	672	281	475	6	16
博望区	211	32	95		21

地　区	专利所有权转让及许可收入（万元）	发表科技论文（篇）	拥有注册商标数（件）	境外注册	形成国家或行业标准数（项）
全　市	**878.8**	**580**	**398**	**25**	**47**
含山县		2	77		
和　县		11	77	4	2
当涂县	443.3	34	42	3	13
花山区		32	20	2	
雨山区	435	498	126	12	23
博望区	0.5	3	56	4	9

19－35　各县区研究与试验发展(R&D)经费支出情况(2013年)

单位:万元

地　区	R&D经费	按活动类型分			支出用途分	
		基础研究支出	应用研究支出	试验发展支出	#人员劳务费	仪器设备
全　　市	**236391**		**6356.5**	**230034.5**	**37415.8**	**34675.3**
含山县	8782.3			8782.3	419.3	721.3
和　县	19966.8		1998.7	17968.1	4227.1	3716
当涂县	28641.2		595.4	28045.8	3881.1	4741.3
花山区	26356.1		455.7	25900.4	4461.1	3138.6
雨山区	133901		3306.7	130594.3	19638.4	21193.5
博望区	18743.6			18743.6	4788.8	1164.6

19－36　各县区科协系统科技活动情况(2013年)

地　区	国内学术会议		科普活动			
	次　数(次)	人　数(人)	讲　座(次)	人　数(人次)	展　览(次数)	参观展览(人次)
全　　市	**3**	**200**	**298**	**95920**	**65**	**35000**
含山县			23	1600	3	4000
和　县			21	5000	10	7000
当涂县	2	150	26	4100	9	9000
花山区			149	6000	30	3500
雨山区			52	3520	8	8000
博望区						

19－37　大中型工业企业科技活动基本情况

指　　标		1995	2000	2005	2010	2011	2012	2013
有研究与试验发展活动的企业	（个）		10	12	22	23	35	44
有研究与试验发展活动的企业占								
全部企业的比重	（%）		31.25	38.71	36.07	31.08	42.7	48.35
科技机构数	（个）	25	14	21	30	45	52	46
科技活动人员	（人）	3549	5221	4859	6186	8122	10479	11286
#高中级技术职称		1418	2501	2529	2924	3194	4109	4572
研究与试验发展折合全时人员	（人年）			749.09	1585.80	2440.1	3410.4	3797.1
#高中级技术职称								
科技机构科技活动人员数	（人）	531	1129	1859	2898	3053	3821	3087
#高中级技术职称		394	507					
科技经费筹集额	（亿元）	0.7	2.93	20.49				
#政府资金			0.04	0.01				
企业资金			2.73	12.14				
金融机构贷款			0.20	8.21				
科技经费内部支出	（亿元）	0.62	2.77	20.41	37.14	34.92	38.36	40.61
#开发新产品经费支出		0.09		31.34	30.52	30.22	26.09	28.78
研究与试验发展经费支出	（亿元）	0.44	0.29	1.35	10.98	14.46	12.35	15.82
#政府资金				0.01	0.08	0.47	1.05	1.39
企业资金				13.32	10.90	13.97	11.26	14.33
研究与试验发展经费支出占								
主营业务收入的比重	（%）	0.49	0.26	0.29	0.97	1.04	0.87	0.98
技术引进经费支出	（亿元）		0.07	2.6	0.27	0.54	0.42	0.54
消化吸收经费支出	（亿元）		0.002	0.46	0.12	0.28	0.3	0.83
购买国内技术支出	（亿元）		0.03	0.02	0.18	0.16	0.19	0.15
专利申请数	（件）		14	54	353	717	736	789
#发明专利数			4	20	103	149	239	322
拥有发明专利数	（件）		17	18	148	160	361	519

19－38　各县区大中型工业企业 R&D 基本情况(2013 年)

地　区	企业数（个）	#有 R&D 活动	#有科技机构	新产品销售收入（万元）	R&D 人员合计（人）	#参加项目人员
全　市	**91**	**44**	**27**	**2533014.6**	**5450**	**5164**
含山县	11	2	1	2123.1	15	15
和　县	8	5	3	45875.9	473	453
当涂县	24	10	6	196190.3	755	717
花山区	14	7	3	274804.9	631	568
雨山区	30	16	11	1976749.7	3281	3133
博望区	4	4	3	37270.7	295	278

地　区	#女性	#研究人员	#全时人员	R&D 人员折合全时当量合计（人年）	#研究人员	应用研究	试验发展
全　市	**641**	**1917**	**2500**	**3797.1**	**1258.1**	**168.1**	**3629**
含山县	3	5	5	13.1	4.5		13.1
和　县	63	44	299	316.6	28.2	101.2	215.4
当涂县	61	192	355	511.9	119.7	17.6	494.3
花山区	73	198	291	478.2	151.1	8.5	469.7
雨山区	392	1459	1418	2355.3	949.5	40.8	2314.4
博望区	49	19	132	122	5.1		122

19－39　各县区大中型工业企业 R&D 经费情况(2013 年)

单位:万元

地　区	R&D 经费内部支出合　计	按活动类型分组			按支出用途分组				
		基础研究支　出	应用研究支　出	试验发展支　出	经常费支　出	#人员劳务　费	资产性支　出	#土建工程	仪器设备
全　　市	**158211.1**		**6021.5**	**152189.6**	**134535.6**	**26304.1**	**23675.5**	**794.4**	**22881.1**
含 山 县	475			475	475	45			
和　　县	8540.7		1998.7	6542	7328.5	3066.8	1212.2	16.3	1195.9
当 涂 县	9034.1		362.4	8671.7	7406	1571.2	1628.1	21.7	1606.4
花 山 区	17219.5		455.7	16763.8	15685.8	3160.4	1533.7	295.1	1238.6
雨 山 区	117696.1		3204.7	114491.4	98747.9	16818.1	18948.2	461.3	18486.9
博 望 区	5245.7			5245.7	4892.4	1642.6	353.3		353.3

地　区	按资金来源分组				R&D 经费外部支出	对境内研究机构支出	对境内高等学校支出	对境外支出
	政府资金	企业资金	境外资金	其他资金				
全　　市	**13945.6**	**143354.2**	**35**	**876.3**	**2484.4**	**347**	**1015.1**	**654.1**
含 山 县	150	172.5		152.5				
和　　县	528	8012.7			20.7	15.8	4.8	
当 涂 县	909.7	8124.4			26.9		26.9	
花 山 区	77.3	17107.2	35		147.5	10	13.2	
雨 山 区	11838	105216.9		641.2	2285.6	321.2	966.5	654.1
博 望 区	442.6	4720.5		82.6	3.7		3.7	

19－40　各县区大中型工业企业全部 R&D 项目和政策情况(2013 年)

地　区	项目数 (项)	项目人员折合全时当量 (人年)	研究人员	全部项目经费内部支出 (万元)
全　市	**399**	**3604.2**	**1172**	**146825.3**
含山县	2	13.1	4.5	340
和　县	30	304	27.1	7797.1
当涂县	35	488.7	111.6	7556.2
花山区	36	428.5	122.3	16693.2
雨山区	275	2256.5	901.8	109890.2
博望区	21	113.4	4.7	4548.6

地　区	来自政府部门的科技活动资金 (万元)	研究开发费用加计扣除减免税 (万元)	高新技术企业减免税 (万元)
全　市	**26981.8**	**5933.6**	**7700.3**
含山县	150		
和　县	678	150.8	490
当涂县	1099.7	231.9	3085.7
花山区	627.3	56.8	354.1
雨山区	23984.2	5452.3	3612.7
博望区	442.6	41.8	157.8

19－41　各县区大中型工业企业自主知识产权和技术情况(2013年)

地　区	专利申请数（件）	发明专利	有效发明专利数（件）	境外授权	专利所有权转让及许可数（项）	专利所有权转让及许可收入（万元）	发表科技论文（篇）
全　市	**789**	**322**	**519**	**6**	**18**	**878.8**	**543**
含山县	15	3	1				
和　县	99	33	28				7
当涂县	106	44	82			443.3	32
花山区	35	13	19				30
雨山区	504	223	350	6	12	435	473
博望区	30	6	39		6	0.5	1

地　区	拥有注册商标数（件）	境外注册	形成国家或行业标准数（项）	引进及时经费支出（万元）	消化吸收经费支出（万元）	购买国内技术经费支出（万元）	技术改造经费支出（万元）
全　市	**190**	**15**	**24**	**5469**	**8306.3**	**1472.5**	**383142.1**
含山县	10						
和　县	54		1	1869.1	1214	308.1	1441.1
当涂县	7		2		52.3	45.2	13921.3
花山区	2			3567.4	2015.7	645	76572
雨山区	97	12	17	32.5	5024.3	474.2	291146.5
博望区	20	3	4				61.2

19－42　省级以上开发区主要经济指标

指　　标		2012	2013
全区经营(销售)收入	**(万元)**	**12413130**	**16106259**
其中:规模以上工业销售收入	(万元)	8683821	11134110
资质以内建筑业经营收入	(万元)	220572	419751
限额以上贸易企业销售(经营)收入	(万元)	1257125	1571042
房地产业经营收入	(万元)	93791	125611
限额以上服务业企业销售(经营)收入	(万元)	875079	873514
其中:主导产业经营(销售)收入	(万元)	5347532	7287220
工业总产值	**(万元)**	**9923900**	**12565744**
其中:规模以上工业总产值	(万元)	9017514	11465414
其中:高新技术产业产值	(万元)	3158303	4625292
第二产业增加值	**(万元)**	**2646878**	**3358424**
其中:工业增加值	(万元)	2575231	3231508
其中:规模以上工业增加值	(万元)	2364386	2940999
第三产业增加值	**(万元)**	**406383**	**523469**
其中:现代服务业增加值	(万元)	102812	223403
进出口总额	**(万美元)**	**64987**	**86881**
其中:出口额	(万美元)	45705	72440
进口额	(万美元)	19282	14441
税收财政收入情况			
税收总额	(万元)	426522	502875
其中:国税收入	(万元)	297888	302076
地税收入	(万元)	128634	200799
财政收入	(万元)	611943	826182
其中:土地收入	(万元)	117986	212038
固定资产投资总额	**(万元)**	**4512009**	**6426348**
其中:工业投资	(万元)	3064278	4248039
基础设施投资	(万元)	571687	943039
其中:财政投入	(万元)	308721	400316
银行贷款	(万元)	235060	523272
利用外商直接投资情况			
当年新批进区外商投资企业	(个)	15	14
当年建成投产企业	(个)	13	7
新批外商投资项目投资总额	(万美元)	21301	54291
其中:合同外资金额	(万美元)	6776	24845
当年实际利用外商直接投资额	(万美元)	79857	105560
利用内资情况			
当年新批进区省外境内项目	(个)	280	376
当年建成投产项目	(个)	210	239
在建省外境内投资项目个数	(个)	303	334
其中:亿元以上省外境内投资项目个数	(个)	186	214
在建省外境内投资项目总投资额	(万元)	10107069	15591475
其中:亿元以上省外投资项目投资总额	(万元)	9089640	14016653
当年实际利用省外境内资金额	(万元)	3272147	6075149
其中:亿元以上项目到位省外资金额	(万元)	1663148	4732529
专利申请授权情况			
专利申请量	(件)	2578	4239
专利授权量	(件)	1293	2612

19－43 部分开发区主要经济指标(2013 年)

指 标		市开发区	慈湖高新区	含山工业园	和县开发区	当涂开发区
全区经营(销售)收入	**(万元)**	**4020880**	**3150542**	**779380**	**415855**	**4332571**
其中:规模以上工业销售收入	(万元)	2525855	2190383	579715	393843	3276321
资质以内建筑业经营收入	(万元)	131164	120468			68280
限额以上贸易企业销售(经营)收入	(万元)	452549	501779	43865		442987
房地产业经营收入	(万元)	13422				36939
限额以上服务业企业销售(经营)收入	(万元)	491920	107912		1882	65217
其中:主导产业经营(销售)收入	(万元)	1810647	1468088	594700	257623	1523815
工业总产值	**(万元)**	**2830735**	**2348561**	**717850**	**432730**	**3566874**
其中:规模以上工业总产值	(万元)	2638640	2205138	585920	411270	3366859
其中:高新技术产业产值	(万元)	1427838	735482	127531	190225	1415256
第二产业增加值	**(万元)**	**743097**	**681382**	**196500**	**99836**	**906116**
其中:工业增加值	(万元)	707683	648856	196500	99836	895912
其中:规模以上工业增加值	(万元)	685277	567999	161100	93791	873651
第三产业增加值	**(万元)**	**207792**	**80317**	**15230**	**850**	**26445**
其中:现代服务业增加值	(万元)	66520			540	8022
进出口总额	**(万美元)**	**37815**	**13635**	**442**	**8043**	**7810**
其中:出口额	(万美元)	28695	10012	442	6855	7810
进口额	(万美元)	9120	3623		1188	
税收财政收入情况						
税收总额	(万元)	140990	74259	11562	11685	104270
其中:国税收入	(万元)	85527	52100	8808	8054	74701
地税收入	(万元)	55463	22159	2754	3631	29569
财政收入	(万元)	231912	118352	13062	20555	155979
其中:土地收入	(万元)	33195	20944	1500	6583	44883
固定资产投资总额	**(万元)**	**1392880**	**1696133**	**133800**	**172360**	**649712**
其中:工业投资	(万元)	954670	1292487	123800	161140	383855
基础设施投资	(万元)	112465	70850	10000	11220	161877
其中:财政投入	(万元)	112465	21255	7000	7220	111877
银行贷款	(万元)		35425	3000	4000	50000
利用外商直接投资情况						
当年新批进区外商投资企业	(个)	7				1
当年建成投产企业	(个)	3	1			1
新批外商投资项目投资总额	(万美元)	32333				500
其中:合同外资金额	(万美元)	8837				500
当年实际利用外商直接投资额	(万美元)	42287	22056	3325	2224	12206
利用内资情况						
当年新批进区省外境内项目	(个)	50	77	15	11	29
当年建成投产项目	(个)	18	60	11	10	28
在建省外境内投资项目个数	(个)	29	67	4	18	51
其中:亿元以上省外境内投资项目个数	(个)	28	56	4	13	34
在建省外境内投资项目总投资额	(万元)	2520353	3634304	68000	264500	2892200
其中:亿元以上省外投资项目投资总额	(万元)	2514053	2850900	68000	228500	2361600
当年实际利用省外境内资金额	(万元)	1100510	1116892	123800	171464	769060
其中:亿元以上项目到位省外资金额	(万元)	1098230	945207	82500	149994	611240
专利申请授权情况						
专利申请量	(件)	469	533	78	173	2162
专利授权量	(件)	388	272	58	121	1328

19－44　主要年份市级监督抽查产品质量情况

年　份	抽查企业 （个）	无不合格品 企　业　数 （个）	抽　查　产　品 （类）	（种）	合格产品 （批次）	样品合格率 （%）
1995	234				197	73.51
2000	121				125	79.11
2005	268	216	6	22	289	82.80
2006	272	257	6	30	257	94.14
2007	265	258	6	42	281	96.56
2008	259	250	6	32	353	97.51
2009	572	564	7	61	777	97.98
2010	391	366	6	19	831	96.97
2011	479	426	8	21	655	93.97
2012	704	612	9	29	947	90.27
2013	703	644	9	25	926	92.97

19－45　技术市场成交情况

指　标	成交项目（项）		成交金额（万元）	
	2012	2013	2012	2013
总　计	**333**	**345**	**62038.7**	**80655.55**
按卖方分				
企业法人	173	187	57395.92	73674.17
事业法人	160	156	4642.78	6931.39
社团法人				
自然人				
机关法人				
其　他		2		50
按买方分				
企业法人	276	300	61203.36	76309.89
事业法人	18	18	281.97	3533.96
社团法人	1		1	
自然人				
机关法人	35	27	531.87	811.7
其　他	3		20.5	

19－46 产品质量监督检查情况(2013年)

指　　标	产品质量		
	监督检验企业数(个)	有不合格产品企业所占比例(%)	批次合格率(%)
总　计	**703**	**8.30**	**92.97**
农用产品	**10**	**50.00**	**64.29**
农用化肥	10	50	64
化学农药			
饲　料			
农用薄膜			
种　子			
加工食品和饮料	**117**	**7.69**	**99.15**
食用植物油	78	8	93
糕点糖果	25	12	94.54
乳制品	2		100
罐　头	4		100
白　酒	6		100
啤　酒	1		100
冷冻饮料	1		100
家用电器	**2**		**100.00**
电风扇	2		100.00
电热器具			
厨房电器具			
轻工产品	**85**	**3.40**	**96.80**
纸			
纸制品			
家　具	6		100
铝制品压力锅			
眼镜(架、片)	78	3.8	96.25
灯泡灯管	1		100.00
燃气灶具			
纺织、鞋类产品	**7**	**14.20**	**90.00**
布(印染、色织、坯布)			
丝麻织品			
针织品	7	14.20	90.00
鞋			
化工产品	**25**		**100.00**
涂料、油漆	25		100.00
化学试剂			
建材产品	**204**	**14**	**86**
水　泥	38		100
水泥预制构件	21	19	82
砖　瓦	127	18.1	81.93
水暖管件	18	11	90
机械、电器产品	**28**	**5**	**97**
轴　承	4		100
阀门、泵			
电线、电缆	4		100
低压电器元件	20	5.00	95
电动工具			
电动机柴油机			
冶金产品及金属制品	**68**	**17.6**	**84.12**
线　材	47	19	83.56
型　材	21	14	86
其他产品	**110**	**7.20**	**97.41**
其他产品(服装)	**21**		**100.00**

19－47　三种专利申请受理、授权量、技术成果和国家奖励

指　标	2006	2007	2008	2009	2010	2011	2012	2013
申请受理量合计	**301**	**350**	**547**	**729**	**1356**	**2449**	**4412**	**6404**
发　明	127	109	175	157	336	493	1092	2221
实用新型	132	183	246	412	719	1441	2774	3941
外观设计	42	58	126	160	301	515	546	242
申请授权量合计	**155**	**188**	**260**	**405**	**874**	**1379**	**2293**	**4127**
发　明	8	30	48	66	92	102	160	280
实用新型	119	124	175	254	554	911	1980	3398
外观设计	28	33	37	85	228	366	153	449
技术成果和国家奖励								
重大科学技术成果								
国家发明奖								
国家科学技术进步奖	1	1	1					
获国家自然科学奖								

19－48　各县区三种专利申请受理、授权量、技术成果和国家奖励(2013 年)

指　标	全　市	含山县	和　县	当涂县	花山区	雨山区	博望区
申请受理量合计	**6404**	**539**	**404**	**2003**	**734**	**1107**	**456**
发　明	2221	211	132	920	240	282	71
实用新型	3941	303	190	1025	487	812	362
外观设计	242	25	82	58	7	13	23
申请授权量合计	**4127**	**109**	**272**	**1309**	**551**	**976**	**231**
发　明	280	4	18	22	81	77	12
实用新型	3398	90	182	975	467	885	211
外观设计	449	15	72	312	3	14	8
技术成果和国家奖励							
重大科学技术成果							
国家发明奖							
国家科学技术进步奖							
获国家自然科学奖							

注:全市合计中包括市经济技术开发区、慈湖高新区、示范园区。

主要统计指标解释

普通高等学校

指按照国家规定的设置标准和审批程序批准举办，通过国家统一招生考试，招收高中毕业生为主要培养对象，实施高等教育的全日制大学、独立设置的学院和高等专科学校、短期职业大学。

成人高等学校

指按照国家有关规定审批，招收通过全国成人高教统一招生考试的具有高中毕业或同等学历的在职从业人员，利用脱产、半脱产、业余或函授等多种形式对其实施高等学历教育，培养高等教育专科或本科毕业水平的专门人才，修业年限、课程设置和总学时数均按高等学历教育要求付诸实施的学校。包括广播电视大学、职工高等学校、农民高等学校、管理干部学院、教育学院、独立设置的函授学院等。

小学学龄儿童入学率

指调查范围内已入小学学习的学龄儿童占校内外学龄儿童总数（包括弱智儿童，不包括盲聋哑儿童）的比重。计算公式为：

小学学龄儿童入学率＝已入学的小学学龄儿童数/校内外小学学龄儿童总数×100%

独立研究与开发机构

指有明确的任务和研究方向，有一定学术水平的业务骨干和一定数量的研究人员，具有研究、开发、开展学术工作的基本条件，主要进行科学研究与技术开发活动，并且在行政上有独立的组织形式，财务上独立核算盈亏，有权与其他单位签订合同，在银行有单独户头的单位。包括国务院各部门、中国科学院、中国社会科学院和各省、自治区、直辖市以及地（市）以上〔含地（市）〕各部门所属的国有科学研究与技术开发机构。

独立研究与开发机构职工

指在独立研究与开发机构工作，并由其支付工资的人员。包括长期职工、临时职工和招聘人员，不包括编制以外的离休、退休人员和停薪留职人员。

研究与发展经费支出

指用于研究与发展课题活动（基础研究、应用研究、实验发展）的全部实际支出，包括用于研究与发展课题活动的直接支出和间接用于研究与发展活动的支出（如研究院、所管理费，维持研究院、所正常运转的必需费用和与研究发展有关的基本建设支出）。

科学家和工程师

指具有大学本科及以上学历和不具备上述学历但有高、中级职称的人员。

其他科技人员

指大专、中专毕业和具有初级职称的从事科技活动人员。

专业技术人员

指已取得科学技术职称，或大学、中专的理、工、农、医科系毕业，以及国民经济各部门从工作实践中提拔，从事理、工、农、医等自然科学技术的研究、教学、生产的专业人员和在机关、企业、事业中从事科学技术业务管理工作的专业人员。

工程技术人员

指在国民经济各行业中从事工程技术工作的自然科学技术专业人员，包括高级工程师、工程师、助理工程师、技术员和未评定职称的技术人员。

农业技术人员

指在国民经济各行业中从事农业技术工作的自然科学技术专业人员，包括高级农艺师、农艺师、助理农艺师、技术员和未评定职称的技术人员。

卫生技术人员

指在国民经济各行业中从事卫生医务工作的自然科学技术专业人员，包括正副主任医师、主治医师、医师、医（护）士和未评定职称的技术人员。

科学研究人员

指在国民经济各行业中从事科学技术活动的自然科学技术专业人员，包括正副研究员、助理研究员、研究实习员、技术员和未评定职称的技术人员。

自然科学教学人员

指在国民经济各行业中从事自然科学技术教学活动的专业人员，包括正副教授、讲师、助教、教师和在中学从事自然科学技术教学活动的人员。

发明

是专利法及其实施细则所称的发明，指对有关产品、方法或其改进所提出的新的技术方案。

实用新型

是专利法及其实施细则所称的实用新型，指对产品的形状、构造或者其结合所提出的适于实用的新的技术方案。

外观设计

是专利法及其实施细则所称的外观设计，指对产品的形状、图案、色彩或者其结合所作出的富有美感并适于工业上应用的新设计。

二十、卫生和社会服务

简要说明

一、本篇主要反映卫生、民政、劳动保障事业的发展情况。

卫生部分主要包括卫生机构、卫生人员、卫生设施，医疗服务，农村和社区卫生、妇幼保健、医疗保障制度等情况。

民政事业和劳动保障统计资料主要包括社会服务企事业机构、人员、床位情况，优抚和社会救济情况，社区服务设施和农村社会保障网络情况，婚姻服务情况等情况。

二、卫生部分的资料来自市卫生局。民政事业和劳动保障统计资料分别由市民政局、市人力资源和社会保障局依据统计报表制度整理提供。

三、本篇资料由市统计局人口社会科技科整理。

20－1　主要年份卫生机构数

单位:个

年份	总计	医院卫生院	#县及县以上医院	疗养院、所	门诊部、所	专科防治所、站	疾病预防控制中心(防疫站)	妇幼保健院(所、站)	医学科学研究机构	其他卫生机构
2007	1009	95	33		213	3	8	7	1	4
2008	1100	92	33		217	4	8	7	1	6
2009	1098	93	38		229	4	8	7	1	6
2010	796	92	40		191	4	7	7	1	7
2011	814	90	44		198	5	7	7	1	8
2012	860	93	49		231	5	7	7	1	5
2013	971	91	48		233	5	7	7	1	4

注:表内数据不包括村卫生室等数据。

20－2　主要年份卫生机构人员数

单位:人

年份	人员合计	#卫生技术人员	#执业(助理)医师	#注册护士	每万人口专业卫生技术人员数
2007	10330	8670	3600	2911	38.6
2008	11113	9220	3819	3070	40.8
2009	11266	9252	4060	3458	40.8
2010	11473	9445	3602	3685	41.5
2011	12370	9387	3456	3949	41.1
2012	13047	10047	3639	4297	44.0
2013	13433	10476	3919	4412	45.7

20－3　卫生机构、床位、人员数(2013 年)

指　　标	机构数(个)	床位数(张)	人员数(人)	#卫生技术人　员
总　　计	**971**	**7258**	**13433**	**10476**
医　院	48	5848	7658	6277
综合医院	27	4414	6251	5181
中医医院	7	906	911	755
中西医结合医院				
专科医院	13	430	465	328
口腔医院	1		17	15
眼科医院	2	30	29	21
耳鼻喉科医院				
肿瘤医院				
妇产(科)医院	3	73	139	88
心血管病医院				
儿童医院	1			
精神病医院	2	104	43	28
传染病医院	1	123	145	109
皮肤病医院				
结核病医院				
麻风病医院				
骨科医院	1	30	29	19
康复医院	1	50	38	28
整形外科医院				
其他专科医院	1	20	25	20
护理院	1	98	31	13
疗养院				
社区卫生服务中心(站)	103	198	1095	974
社区卫生服务中心	29	198	480	431
社区卫生服务站	74		615	543
卫生院	43	999	1352	1167
街道卫生院				
乡镇卫生院	43	999	1352	1167
中心卫生院	14	514	646	559
乡卫生院	29	485	706	608
门诊部	24	9	190	157
诊所、卫生所、医务室	244		441	435
急救中心(站)	1		38	30
采供血机构	1		48	41
妇幼保健院(所、站)	7	204	588	481
专科疾病防治院(所、站)	5		120	83
疾病预防控制中心	7		231	183
卫生监督所(中心)	7		117	109
医学科学研究机构	1		22	13
医学在职培训机构	2		17	6
健康教育所(站、中心)				
其他卫生机构	4		43	20

注:此表分项目未包括村卫生室等数据。

20－4　卫生机构各类人员数(2013 年)

单位:人

指　　标	合　计	按设置主办单位分		
		政府办	社会办	个人办
总　　计	**13433**	**7333**	**4513**	**1587**
卫生技术人员	10476	6175	3036	1265
其他技术人员	627	473	97	57
管理人员	533	220	230	83
工勤技能人员	918	462	346	110
乡村医生和卫生员	879	3	804	72
卫生技术人员	**10476**	**6175**	**3036**	**1265**
执业(助理)医师	3919	2260	1082	577
#执业医师	3221	1893	843	485
注册护士	4412	2593	1334	485
药师(士)	502	278	181	43
技师(士)	662	365	242	55
#检验师	522	278	215	29
其　他	981	679	197	105

20－5　各县区卫生机构人员数(2013 年)

单位:人

地　　区	合　　计（在岗职工）	#卫　　生技术人员	#执业(助理)医　　师		#注册护士
				#执业医师	
全　　市	**13433**	**10476**	**3919**	**3221**	**4412**
市　　区	7825	6351	2319	2086	2872
含 山 县	1555	1150	400	308	426
和　　县	1996	1442	515	337	545
当 涂 县	2057	1533	685	490	569
花 山 区	5692	4636	1630	1508	2133
雨 山 区	1729	1446	555	493	655
博 望 区	404	269	134	85	84

20－6　各县区卫生机构、床位数(2013 年)

地　区	机构合计(个)	医　院、卫生院	疾病预防控制中心	妇幼保健所、站	门诊部	床位合计(张)	#医 院、卫生院
全　　市	**971**	**91**	**7**	**7**	**24**	**7258**	**6847**
市　　区	403	34	4	4	22	3987	3699
含 山 县	161	16	1	1		977	957
和　　县	140	19	1	1		1114	1072
当 涂 县	267	22	1	1	2	1180	1119
花 山 区	210	15	2	2	12	2701	2423
雨 山 区	128	11	1	1	9	1103	1093
博 望 区	65	8	1	1	1	183	183

20－7　医疗机构门诊、住院服务情况(2013 年)

医院类别	总诊疗人次数(人次)	#门、急诊	入院人数(人)	出院人数(人)	每百门、急诊入院人数(人)
总　计	**6611260**	**6196523**	**208676**	**206211**	**3.37**
医　院	3221749	3177649	181001	178747	5.7
疗养院					
社区卫生服务中心(站)	892820	854467	906	886	0.11
卫生院	1053596	1049811	15671	15451	1.49
门诊部	92101	84021	2	2	
诊所、卫生所、医务室	707382	703122			
妇幼保健院(所、站)	642795	326636	11096	11125	3.4
专科疾病防治院(所、站)	817	817			

注:表内数据总计中不包括卫生室数据。

20－8　主要年份重大传染病救治及救助情况

指　标	2010	2011	2012	2013
重大传染病救治财政投入(万元)	93.2	101.8	110.02	122.98
艾滋病	8.2	17.3	18.72	19.68
结核病	17.5	17.5	33.3	33.3
晚期血吸虫病	67.5	67	58	70
其他				
重大传染病免费救治(人)	510	538	604	581
艾滋病	32	55	65	66
结核病	337	339	385	375
晚期血吸虫病	141	144	154	140
其　他				

20－9　医疗机构病床使用情况(2013年)

医院类别	病床周转次数(次)	病床工作日(日)	病床使用率(%)	出院者平均住院日(日)
总　计	**29.40**	**263.21**	**72.11**	**8.50**
医　院	31.63	293.79	80.49	8.84
疗养院				
社区卫生服务中心(站)	4.59	33.62	9.21	7.11
卫生院	15.91	109.89	30.11	6.04
门诊部				
妇幼保健院(所、站)	56.35	366.49	100.41	6.54
专科疾病防治院(所、站)				

20－10　主要年份医院病床使用情况

年　份	实有床位（张）	出院人数（人）	病床周转次数(次)	病床工作日（日）	病床使用率（%）	出院者平均住院日(日)
2007	3382	93307	29.20	297.30	81.70	9.10
2008	3781	105846	27.80	291.10	80.10	9.70
2009	4477	127847	28.90	278.60	76.10	9.30
2010	4591	137857	30.10	291.90	81.30	9.70
2011	4853	160888	34.20	317.90	87.10	8.50
2012	5273	172143	34.4	318.6	87.05	9.4
2013	5848	178747	31.63	293.79	80.49	8.84

20－11　各县区医院病床使用情况(2013 年)

地　区	实有床位（张）	出院人数（人）	病床周转次数(次)	病床工作日（日）	病床使用率（%）	出院者平均住院日(日)
全　　市	**5848**	**178747**	**31.63**	**293.79**	**80.49**	**8.84**
市　　区	3522	103299	29.62	310.38	85.04	9.85
含 山 县	717	25609	36.55	265.34	72.70	6.99
和　　县	712	24688	35.99	272.51	74.66	7.46
当 涂 县	897	25151	32.35	263.79	72.27	7.94
花 山 区	2393	73337	30.65	316.61	86.74	9.91
雨 山 区	1058	28929	28.23	307.96	84.37	9.76
博 望 区	71	1033	14.70	133.88	36.68	8.15

20－12　主要年份乡镇卫生院病床使用情况

年　份	实有床位（张）	出院人数（人）	病床周转次数(次)	病床工作日（日）	病床使用率（%）	出院者平均住院日(日)
2007	1279	17342	12.40	83.90	24.10	6.80
2008	1236	24953	22.90	167.60	42.10	6.80
2009	1296	35713	32.60	184.70	49.10	5.60
2010	1217	20747	18.70	119.50	32.30	6.10
2011	1123	10687	10.00	93.30	25.60	7.20
2012	1020	13521	13.8	100.1	27.36	6.3
2013	999	15451	15.91	109.89	30.11	6.04

20－13　各县区乡镇卫生院病床使用情况(2013年)

地　区	实有床位（张）	出院人数（人）	病床周转次数(次)	病床工作日（日）	病床使用率（%）	出院者平均住院日(日)
全　市	**999**	**15451**	**16**	**109.9**	**30.1**	**6.0**
含山县	240	3055	14	118.9	32.6	5.6
和　县	360	3845	11	79.7	21.8	7.0
当涂县	222	6484	29	160.4	44.0	5.3
花山区	30	40	1	10.3	2.8	7.8
雨山区	35	3	0.1	5.6	1.5	64.7
博望区	112	2024	18	145.6	39.9	7.2

20－14　主要年份村卫生室基本情况

年　份	机构数（个）	按设置、主办单位分					人员数（人）		
		村　办	乡卫生院设　点	联合办	私人办	其　他		乡村医生	卫生员
2007	622	476	8		138		803	767	35
2008	701	333	3	1	357	7	981	958	23
2009	684	297	85		297	5	1078	1040	38
2010	397	164	153	7	72	1	1018	992	26
2011	392	167	168	7	47	3	1046	1016	30
2012	396	250	144			2	954	920	34
2013	435	395	1	1	38		879	850	29

20－15　各县区村卫生室基本情况(2013年)

地区	机构数(个)	按设置、主办单位分					人员数(人)		
		村办	乡卫生院设点	联合办	私人办	其他		乡村医生	卫生员
全　市	**435**	**395**	**1**	**1**	**38**		**879**	**850**	**29**
市　区	76	76					139	137	2
含山县	96	96					210	204	6
和　县	93	92	1				274	258	16
当涂县	170	131		1	38		256	251	5
花山区	16	16					25	25	
雨山区	19	19				26	26		
博望区	41	41				88	86	2	

20－16　主要年份民政行业单位基本情况

指　标	单位数(个)		职工人数(人)	
	2012	2013	2012	2013
民政行业单位				
民政行政机关	7	7	119	123
民政事业单位				
优抚安置单位	7	7	29	29
救灾储备单位				
社区服务中心	99	40	274	119
婚姻登记服务类单位	6	6	17	17
收养类单位	82	83	594	603
救助类单位	1	1	14	14
殡仪类单位	12	12	233	226
福利彩票发行单位	1	1	31	31
慈善团体	5	5	23	23
老龄行政机构	7	7	15	22
其他事业单位	1	1	3	3
民间组织				
社会团体	464	552	1351	1674
基金会		1		5
民办非企业单位	394	454	7769	7709
基层群众自治组织				
社区居委会	159	161	886	877
村委会	400	400	1559	1556
福利企业	57	45	3639	2808

20－17　主要年份社会福利救济主要费用情况

单位:万元

指　　标	1995	2000	2005	2010	2011	2012	2013
总　计		**3100**	**6114**	**17781**	**34944**	**40314**	**47011**
国家支出		3100	6114	17781	34944	40314	47011
优抚对象补助金额		548	1237	3716	7910	10150	11771
国家支出		548	1237	3716	7910	10150	11771
集体供给							
困难户得救济金额		2202	4098	12355	24891	27793	32211
国家支出		2202	4098	12355	24891	27793	32211
社会散居孤老残幼供养金额		207	388	1186	1293	1303	1521
国家支出		207	388	1186	1293	1303	1521
集体供给							
城乡各种福利院支出							
光荣院		—	—	—	—		298
国家支出		—	—	—	—		
城乡社会福利院		144	392	524	849	1067	1211
国家支出		144	392	524	849	1067	1211

20－18　社会福利事业单位基本情况(2013年)

指　　标	单位数 (个)	工作人员 (人)	床　位 (张)	年　　末 收养人数 (人)
总　计	**91**	**646**	**12714**	**7987**
收养性福利事业单位	83	603	12614	7807
国家办	1	47	500	165
集体和民办	82	556	12114	7642
#光荣院	2	21	250	110
社会福利院	3	72	790	329
儿童福利院	2	34	166	87
城镇老年性福利机构	19	138	1563	1172
农村老年性福利机构	56	329	9783	6067
优抚安置单位	7	29		147
救助类单位	1	14	100	33

20－19 主要年份享受补助、救济人员情况

单位：人、户

指　　标	2000	2005	2010	2011	2012	2013
城乡居民最低生活保障人数		**31100**	**51647**	**94066**	**94670**	**96525**
城镇居民最低生活保障人数		23555	33728	42474	48785	49157
农村居民最低生活保障人数		7545	17919	51592	45885	47368
传统救济情况						
农村定期救济户数						
#困难户	335	485	185	177	201	189
#五保户(人)	1547	4970	4736	12056	10320	9874

20－20 主要年份婚姻服务情况

指　　标		2000	2005	2010	2011	2012	2013
内地居民登记结婚	(对)	8598	8958	13468	24533	23834	25378
初　婚	(人)	15965	15581	17536	39631	38983	41306
再　婚	(人)	1231	2335	9400	9435	8685	9450
离　婚	(对)	1000	2063	4843	6104	5409	6345
离婚率	(‰)	1.7	3.3	7.5	5.4	4.3	2.7

20－21 各县区婚姻服务情况(2013年)

地　区	内地居民登记结婚(对)	初　婚(人)	再　婚(人)	登记离婚数(对)	离婚率(‰)
全　　市	**25378**	**41306**	**9450**	**6345**	**2.7**
含 山 县	4807	8541	1073	694	1.6
和　　县	6247	11296	1198	959	1.8
当 涂 县	5206	8467	1945	1055	2.2
花 山 区	4183	6034	2332	2040	5.5
雨 山 区	3080	3632	2528	1358	5.0
博 望 区	1855	3336	374	239	1.3

20－22 主要年份城乡居民最低生活和社会保障网络基本情况

年 份	城镇社区服务设施数（个）	#社区服务单位个数	城镇便民、利民服务网点（个）	城乡居民最低生活保障			
				城镇低保人数（万人）	保障金额（万元）	农村低保人数（万人）	保障金额（万元）
1995	—	—	—	—	—	—	—
2000	991	10	375	—	—	—	—
2005	910	127	500	2.35	2520.9	0.75	205.9
2006	902	126	495	2.43	2630.8	1.41	770.8
2007	902	126	495	2.88	3522.9	1.90	986.4
2008	902	126	495	2.67	5405.9	2.01	1902.3
2009	905	121	439	3.46	7084.1	1.76	2308.4
2010	880	120	450	3.37	7984.8	1.79	2645.6
2011	312	120	460	4.25	14534.4	5.16	8356.9
2012	459	108	255	4.88	15834.2	4.59	10959.1
2013	570	122	255	4.91	19365.7	4.73	12236.5

注：1. 因统计口径的变化，表中城镇社区服务设施指标数不可比；

2. 表中各项数据均包括含山县、和县数据。

20－23 各县区城乡居民最低生活保障和社会保障网络基本情况（2013年）

地 区	城镇社区服务设施数（个）	#社区服务单位个数	城镇便民、利民服务网点（个）	城乡居民最低生活保障			
				城镇低保人数（万人）	保障金额（万元）	农村低保人数（万人）	保障金额（万元）
全 市	**570**	**255**	**49157**	**19365.7**	**47368**	**12236.5**	
含山县	29	1	4653	1963.5	14269	3239.5	
和 县	19	5	5160	2139.4	18031	4137.0	
当涂县	179	69	6578	2572.4	15068	4860.0	
花山区	206	107	13650	4872.6			
雨山区	114	66	11590	4218.7			
博望区	23	7	7526	3599.1			

20－24　主要年份工伤保险情况

单位:人、万元

指　　标	2005	2010	2011	2012	2013
参保人数	141478	250544	293325	300678	301974
农民工人数		90488	109128	119933	115161
享受伤残待遇人数	482	4224	6649	8308	9774
享受工伤保险待遇的职业病人数					
因工死亡人数	6	84	415	92	39
供养亲属人数	59	135	424	468	457
基金收入	1165	3045	8803	9762	11316
基金支出	333	2744	5947	9382	10347
累计结余	858	4472	7329	7709	8678
储备金	357	807	1375	2017	2067

20－25　各县基本医疗保险情况(2013 年)

地　　区	参保人数(人)			资金(万元)			
	合　计	职工小计	退休人员小　　计	收　入	支　出	累计结余	个人帐户
全　　市	**477557**	**319928**	**157629**	**109586**	**94295**	**69929**	**50254**
含 山 县	31972	21384	10588	5737	4247	8912	2778
和　　县	28655	21116	7539	6096	4558	5943	2527
当 涂 县	44970	30990	13980	10918	6987	9538	4602
市 本 级	371960	246438	125522	86835	78503	45536	40347

20－26　主要年份基本养老保险情况

年　份	参保职工（人）		离休、退休退职人员年末人数（人）	基金收支情况（万元）		
	年末数	#企　业		基金收入	基金支出	累计可用结余基金
1995	162068	162068	35429	12817	10609	10058
2000	195291	195291	63218	41256	41377	6301
2005	215812	188626	85957	85983	75431	48869
2006	222327	186263	88918	111414	93752	66531
2007	240556	196370	94098	135596	109575	92552
2008	258566	208475	114395	197171	136289	153434
2009	292344	239068	12685	207490	184980	175944
2010	320537	253298	131544	239135	212485	202594
2011	358475	262919	150128	276131	281563	229600
2012	383317	282138	161715	264794	304010	190384
2013	417105	307943	171672	403923	370643	223663

20－27　各县基本养老保险情况(2013年)

地　区	参保职工（人）		离休、退休退职人员年末人数（人）	基金收支情况（万元）		
	年末数	#企　业		基金收入	基金支出	累计可用结余基金
全　市	**417105**	**307943**	**171672**	**403923**	**370643**	**223663**
含山县	32271	15830	12043	25671	20966	24414
和　县	28020	14020	11824	28581	20739	24939
当涂县	47382	32529	17646	34621	27990	25841
市本级	309432	245564	130159	315050	300948	148469

20－28　主要年份城镇居民参加医疗保险情况

年　份	参保人数(人)	基金收支情况(万元)		
		基金收入	基金支出	累计结余
2007	94308	3620	689	2931
2008	384902	3498	1669	4760
2009	385518	8890	4962	8688
2010	385518	5942	9520	5110
2011	504112	15371	12398	10605
2012	502945	15567	16374	9797
2013	506004	19143	18468	10470

20－29　各县城镇居民参加医疗保险情况(2013 年)

地　区	参保人数(人)	基金收支情况(万元)		
		基金收入	基金支出	累计结余
全　市	**506004**	**19143**	**18468**	**10470**
含山县	60000	2053	2176	1451
和　县	67000	2531	2095	1776
当涂县	61000	2630	1274	6728
市本级	318004	11929	12923	515

20－30　主要年份新型农村合作医疗基本情况

年份	参合人口（万人）	参合率（%）	补偿受益（万人次）	住院率（%）	住院实际补偿比（%）	基金总额（万元）	当年筹资（万元）	农民缴纳	基金支出（万元）	#住院
2005	45.4	83.8	0.9	1.9	20.6	1392.6	1392.6	454.2	935.4	935.4
2008	53.6	98.9	11.8	5.0	44.0	6804.1	5329.6	1043.6	4349.4	4195.1
2009	53.7	99.6	74.6	6.5	46.5	7825.9	5371.3	1073.5	7326.9	6571.3
2010	54.4	100.0	95.0	6.1	46.7	8739.2	8240.2	1637.3	8555.3	7431.5
2011	146.3	98.5	133.9	7.3	48.3	34745.8	33286.6	4382.4	29297.3	26012.8
2012	137.6	101.4	209.3	6.9	54.7	45296.4	39788.3	6788.7	38029.6	32003.1
2013	138.0	101.3	193.8	7.6	55.9	53792.0	47056.6	8104.8	46129.0	36559.8

20－31　各县区新型农村合作医疗基本情况(2013年)

地区	参合人口（万人）	参合率（%）	补偿受益（万人次）	住院率（%）	住院实际补偿比（%）	基金总额（万元）	当年筹资（万元）	农民缴纳	基金支出（万元）	#住院
全　市	**138.0**	**101.3**	**193.8**	**7.6**	**55.9**	**53792.0**	**47056.6**	**8104.8**	**46129.0**	**36559.8**
含山县	36.4	100.7	32.6	9.4	58.1	13933.9	12505.6	2182.1	13318.9	11108.6
和　县	46.3	100.3	48.1	8.4	56.8	19242.7	15743.8	2778.8	15407.7	12809.4
当涂县	55.3	102.6	113.1	7.1	52.8	20615.4	18807.2	3143.9	17402.4	12641.8
花山区										
雨山区										
博望区										

20－32　各县失业保险基本情况(2013 年)

地　区	本年参保人数(人)					领取失业金人数(人)	资金(万元)		
	合　计	企　业	国有企业	集体企业	事业单位		收　入	支　出	累计结余
全　　市	**246658**	**214033**	**29059**	**19025**	**30865**	**9401**	**22821**	**23119**	**45333**
含 山 县	18342	13327	7461	2464	5015	744	900	317	823
和　　县	16701	9461	3822	2507	7240	620	1374	280	4238
当 涂 县	19210	13340	1675	445	5870	759	1527	378	4402
市 本 级	192405	177905	16101	13609	12740	7278	19020	22144	35870

20－33　主要年份农村社会养老保险情况

单位:万人、万元

指　　标	2005	2008	2009	2010	2011	2012	2013
参保人数	2.86	15.59	19.32	40.8	96.58	98.5	100.36
本年领取养老金人数	0.039	4.260	5.14	10.5	25.87	27.72	28.29
本年保险资金收入	442.3	8085	13172	20922	38659	47280	52691
本年保费收入	342.5	8005	12961	20762	38352	46077	44571
个人缴费	122.2	6129	9167	9439	14717	15745	14395
集体补助	220.3	259					
政府补贴		1617	3794	11323	23635	30332	30176
本年基金运营收益	99.8	80	209	160	306	1200	3109
其他收入			2		1	3	5011
本年保险金支出	164.5	2384	4563	12323	25176	31207	35949
养老金支出	164.5	2384	4563	12323	25176	31207	35949
本年提取管理费							
年末基金滚存结余	3540.4	15223	23832	32431	59224	75297	92039

20－34　规模以上服务业企业分行业主要经济指标(2013)

单位:亿元

指　　标	企业数(个)	资产总计	营业收入	营业税金及附加	营业利润	应付职工薪酬	年平均从业人员(人)
总　　计	**165**	**1058.19**	**187.69**	**3.23**	**39.65**	**19.48**	**32155**
交通运输、仓储和邮政业	72	49.92	31.46	0.24	1.42	6.21	11037
信息传输、软件和信息技术服务业	10	25.40	21.03	0.55	4.75	1.74	2465
房地产业	5	0.11	0.24	0.02	0.00	0.17	1180
租赁和商务服务业	36	911.22	97.15	2.06	28.26	4.83	7482
科学研究和技术服务业	19	59.82	28.99	0.29	4.96	3.38	4177
水利、环境和公共设施管理业	4	3.33	0.81	0.01	0.17	0.07	105
居民服务、修理和其他服务业	6	1.16	1.16	0.04	—	0.87	2491
教育	4	0.63	0.25	0.01	—	0.07	279
卫生和社会工作	5	5.83	6.05	—	0.04	1.98	2662
文化、体育和娱乐业	4	0.78	0.55	0.01	0.04	0.16	277

20-35 主要年份就业训练中心综合情况

指　标		2010	2011	2012	2013
就业训练中心个数	（个）	1	3	4	4
拥有实习场地			3	4	
劳动预备制度定点培训机构数		1	3	4	4
在职教职工总人数	（人）	5	21	28	28
教　师		3	8	15	15
兼职教师人数	（人）	2	8	43	43
经费来源总计	（万元）	142.8	135.7	152	127
财政补助费					
职业培训补贴		142.8	135.7	152	127
有偿培训补贴					
其他收入					
经费支出总计	（万元）	143	136	152	127
教学经费					
人员经费					
就业训练人数	（人）	3125	8663	4563	5362
女　性		2348	5231	2121	2567
上年末结转					
结业人数	（人）	2946	7833	4563	5362
按训练对象分组					
劳动预备制学员					
下岗失业人员		426	1796	2210	2145
农村劳动者		2699	6249	2353	3217
其他人员			618		
按训练期限分组				4563	5362
六个月以下		2986	8447	4563	5362
六个月至一年		139	216		
一年以上					
按获取证书分组					
初级职业资格		1606	5642	4563	5362
中级职业资格			511		
高级职业资格			247		
技师资格			36		
就业人数	（人）	963	7538	4378	4290
农村劳动者		728	6235	2108	2574

主要统计指标解释

卫生机构

指从卫生行政部门取得《医疗机构执业许可证》，或从民政、工商行政、机构编制管理部门取得法人单位登记证书，为社会提供医疗保健、疾病控制、卫生监督服务或从事医学科研和教育等工作的单位。卫生机构包括医院、疗养院、社区卫生服务中心（站）、卫生院、门诊部、诊所（卫生所、医务室）、急救中心（站）、采供血机构、妇幼保健院（所、站）、专科疾病防治院（所、站）、疾病预防控制中心（防疫站）、卫生监督所、卫生监督监测机构、医学科研机构、医学在职培训机构、健康教育所（站）等其他卫生机构。

医疗机构

指从卫生行政部门取得《医疗机构执业许可证》的机构，包括医院、疗养院、社区卫生服务中心（站）、卫生院、门诊部、诊所（卫生所、医务室）、妇幼保健院（所、站）、专科疾病防治院（所、站）、急救中心（站）和临床检验中心。

社区卫生服务中心（站）

指为本社区居民提供预防、医疗、保健、康复、健康教育、计划生育技术服务等的基层卫生机构。包括社区卫生服务中心和社区卫生服务站。

卫生人员

指在医疗、预防保健、医学科研和在职教育等卫生机构工作的职工，包括卫生技术人员、其他技术人员、管理人员和工勤人员。

卫生技术人员

包括执业（助理）医师、注册护士、药师（士）、检验和影像人员等卫生专业人员。不包括从事管理工作的卫生技术人员。

执业医师

指《医师执业证》“级别”为“执业医师”且实际从事医疗、预防保健工作的人员，不包括实际从事管理工作的执业医师。执业医师类别分为临床、中医、口腔和公共卫生四类。

执业助理医师

指《医师执业证》“级别”为“执业助理医师”且实际从事医疗、预防保健工作的人员，不包括实际从事管理工作的执业助理医师。执业助理医师类别同样分为临床、中医、口腔和公共卫生四类。

每万人口执业（助理）医师

每万人口执业（助理）医师 =（执业医师数 + 执业助理医师数）/人口数 ×10000。

每万人口医院、卫生院床位数

每万人口医院卫生院床位数 =（医院床位数 + 卫生院床位数）/人口数 ×10000。

每万人口卫生技术人员

每万人口卫生技术人员 = 卫生技术人员数/人口数 ×10000。

参加新农合人数

指根据本地新农合实施方案到年内新农合筹资截止时已缴纳新农合资金的人口数。

新农合当年基金支出

指本年度实际从新农合基金帐户中支出用于新农合补偿的资金。

新农合补偿支出受益人次

指年内新农合参合人员因病就医获得补偿的人次数，包括住院、家庭帐户形式、门诊、特殊病种大额门诊、住院正常分娩、体检和其他补偿人次之和。

新农合本年度筹资总额

指为本年度筹集的、实际进入新农合专用帐户的基金数额。包括本年度中央及地方财政配套资金、农民个人交纳资金（含民政部门及其他相关部门代缴的救助资金）、新农合基金本年度产生的全部利息收入及其他渠道实际筹集到的新农合基金额。筹资数额以进入新农合专用帐户的基金数额为准，不含上年结转额资金。

城市居民最低生活保障人数

指在报告期末家庭平均收入在当地规定的最低生活保障线以下的城镇居民数。包括“三无”对象，失业人员和在职、下岗、退休人员等。

农村居民最低生活保障人数

指报告期末在建立农村最低生活保障制度的地区，得到当地政府或集体给予最低生活保障的农业人口家庭人数。

五保户

指无法定抚养义务人，或者虽有法定抚养义务人，但是抚养人无抚养能力的；无劳动能力的；无生活来源的老年人、残疾人和未成年人。

农村传统救济人数

指未开展最低生活保障制度的农村地区，仍沿用传统救济制度救济的贫困人口数。

社会福利企业

指以集中安置有一定劳动能力的残疾人员就业为目的（残疾职工占生产人员10%以上）、带有社会福利性质的企业总称。主要包括福利工厂、假肢厂和其他福利企业。

社区服务设施数

指报告期末设立的以非营利为目的，为本社区居民服务，特别是为老年人、残疾人、儿童服务的社区服务中心、活动站、服务站、养老院、老年公寓（托老所），残疾人工疗站、残疾儿童日托所、家务服务站、婚姻介绍所等福利性设施以及职工社会保险管理服务的机构数。几种不同类型的社区服务单位，共用一个场所的，只能统计为一个社区服务设施。成为社区服务设施的条件：(1) 是独立核算单位；(2) 有固定的从业人员；(3) 有一定的服务项目；(4) 有一定的场所。

城镇职工基本养老保险

1. (参保)职工人数

指报告期末按照国家法律、法规和有关政策规定参加基本养老保险并在社保经办机构已建立缴费记录档案的职工人数,包括中断缴费但未终止养老保险关系的职工人数,不包括只登记未建立缴费记录档案的人数。

2. (参保)离退休人员人数

指报告期末参加基本养老保险的离休、退休和退职人员的人数。

3. 基金收入

指根据国家有关规定,由纳入基本养老保险范围的缴费单位和个人按国家规定的缴费基数和缴费比例缴纳的养老保险基金,以及通过其他方式取得的形成基金来源的收入。包括单位和职工个人缴纳的基本养老保险费、基本养老保险基金利息收入、上级补助收入、下级上解收入、转移收入、财政补贴和其他收入。

4. 基金支出

指按照国家政策规定的开支范围和开支标准从养老保险基金中支付给参加基本养老保险的个人的养老金、丧葬抚恤补助,以及由于保险关系转移、上下级之间调剂资金等原因而发生的支出。包括离休金、退休金、退职金、各种补贴、医疗费、死亡丧葬补助费、抚恤救济费、社会保险经办机构管理费、补助下级支出、上解上级支出、转移支出、其他支出等。

5. 基金累计结余

指截止报告期末基本养老保险基金收支相抵后的累计余额。

基本医疗保险

1. 参保人数

指报告期末按国家有关规定参加相应基本医疗保险的人数。

2. 基金收入

指由用人单位和个人按照国家规定的缴费基数、缴费比例或缴费标准缴纳的基本医疗保险基金,财政补助资金以及通过其他方式取得的形成基金来源的款项,包括:单位缴纳收入、个人缴纳收入、财政补助收入(含医疗救助补助个人收入)、财政补贴收入、利息收入和其他收入。

3. 基金支出

指按照国家政策规定的开支范围和开支标准,从基本医疗保险基金中支付给参保人员的医疗保险待遇支出,以及其他支出。包括住院医疗费用支出、门急诊医疗费用支出、个人账户基金支出、其他支出。

4. 基金累计结余

指截止报告期末基本医疗保险基金累计结余金额。

失业保险

1. 参保人数

指报告期末按照国家法律、法规和有关政策规定参加了失业保险的城镇企业、事业单位的职工及地方政府规定参加失业保险的其他人员的人数。

2. 基金收入

指报告期内筹集的失业保险基金的总额,包括失业保险费收入、利息收入、财政补贴收入、其他收入、转移收入、上级补助收入、下级上解收入。

3. 基金支出

指报告期内为保障失业人员基本生活、促进其再就业等支出的基金总额,包括失业保险金支出、医疗补助金支出、丧葬补助金和抚恤金支出、职业培训和职业介绍补贴支出、农民合同制工人一次性生活补助支出、其他支出、转移支出、上级补助支出、下级上解支出。

4. 基金累计结余

指截止报告期末失业保险基金收支相抵后的累计余额。

工伤保险

1. 参加保险人数

指报告期末依据国家有关规定参加工伤保险的职工人数和有雇工的个体工商户的雇工数。

2. 享受保险待遇人数

指年初至报告期末因工伤或职业病而享受工伤保险待遇的人数。为享受工伤医疗待遇中未评定等级的人数、享受伤残待遇人数以及享受因工死亡待遇人数之和。

3. 基金收入

指根据国家有关规定,由参加工伤保险的单位按国家规定的缴费基数和缴费比例缴纳的工伤保险基金,以及通过其他形式取得的形成基金来源的款项。包括:单位缴纳的社会统筹基金收入、财政补贴收入、利息收入、其他收入。

4. 基金支出

指按照国家政策规定的开支范围和开支标准从工伤保险基金中支付给参加工伤保险的人员及供养直系亲属工伤保险待遇支出及其他支出。包括工伤医疗费、伤残补助金、工亡补助金、护理费、丧葬补助费、工伤预防费用、职业康复费用和其他支出。

5. 基金累计结余

指截止报告期末工伤保险基金累计结余金额。

二十一、文化和体育

简要说明

一、本篇主要反映文化、体育、新闻出版、广播电影电视事业的发展情况。

文化部分主要包括艺术表演团体、艺术表演场所、公共图书馆、文化馆、文化站、广播、电视、新闻出版以及文物等文化事业的机构、人员、经费和业务活动情况。体育部分主要包括群众体育和竞技体育,主要内容有体育系统职工情况,竞技体育成绩,群众体育活动等情况。

二、根据各部门制定的统计报表制度汇总加工整理而成。艺术业、图书馆业、群众文化服务业等资料主要来自市文化委;广播、电视资料来自市广播电视台;体育部分的资料来自市体育局。

三、本篇资料由市统计局人口社会科技科整理。

21－1 文化艺术和文物事业机构、人员情况(2013年)

机 构 类 别	机构数(个)	从业人员(人)
文化及相关产业	634	4700
艺术事业	17	729
艺术表演团体	13	587
话剧、儿童剧、滑稽剧团		
歌剧、舞剧、歌舞剧团		
歌舞团、轻音乐团	2	130
文工团、文宣队、乌兰牧骑		
戏曲剧团	11	457
#京　剧		
曲艺、杂技、木偶、皮影团		
艺术表演场所	4	142
剧场、影剧院	4	142
图书馆事业	6	103
群众文化事业	54	250
省级文化馆、群众艺术馆		
地市级文化馆、群众文化馆	1	25
县、市文化馆	5	58
文化站	48	167
镇文化站	35	113
艺术教育事业		
文化市场经营单位	557	3618
文艺科研		
文化科技研究		
综合性艺术研究		
文物业	14	222
文物机构合计	4	21
文物保护管理机构	4	21
文物科研机构		
其他文物机构		
博物馆合计	10	201
艺术类博物馆	1	10
综合性博物馆	3	90
历史类博物馆	6	101
文物商店		

21－2　艺术表演团体演出情况(2013 年)

种　　类	演出场数(场)	#到农村演出	国内演出观众人数(千人次)
总　计	**2122**	**1504**	**2245**
国有剧团	446	125	274
集体经营剧团(私营)	1676	1379	1971
按剧种分	**2122**	**1504**	**2245**
话剧、儿童剧、滑稽剧团			
歌剧、舞剧、歌舞剧团			
歌舞团、轻音乐团	545	190	528
文工团、文宣队、乌兰牧骑			
戏曲剧团	1577	1314	1717
曲艺、杂技、木偶、皮影团			

21－3　群众艺术馆、文化馆站业务活动及经费情况(2013 年)

指　　标		总　计	群众艺术馆、文化馆	文化站
单位数	(个)	54	6	48
举办展览	(个)	145	72	73
组织文艺活动	(次)	784	272	512
举办训练班				
班 次	(次)	843	589	254
结业人次	(人次)	39070	20770	18300
群众艺术馆、文化馆				
负责指导单位				
农村集镇文化中心	(个)	558	168	390
文化户	(户)	90	4	86
馆办文艺团体	(个)	21	21	
群众业余演出团、队	(个)	542	112	430
总支出	(万元)	2837	1632	1205

21－4　公共图书馆业务活动及经费情况(2013年)

指　　标		总　计	地市级公共图书馆	县级公共图书馆
公共图书馆	(个)	6	1	5
总藏量	(千册)	1061	539	522
图　书		1021	509	512
#古　籍		6	5	1
报　刊		3	1	2
开架书刊	(千册)	606	211	395
发放借书证数	(千个)	42	36	6
图书流通情况				
总流通人次	(千人次)	1255	895	360
书刊外借册次	(千册次)	788	541	247
为读者服务举办各种活动				
次　数	(次)	278	131	147
参加人数	(千人次)	121	58	63
总支出	(万元)	1138	712	426
#基本支出		706	380	326
#藏量购置费		189	150	39
本年新购藏量	(千册)	179	133	46
公用房屋建筑面积	(千平方米)	28	20	8
#书　库		3	1	2
阅览室		8	6	2
阅览室坐席数	(千个)	2	1	1

21－5　博物馆、文物机构业务活动及经费情况(2013年)

指　　标		文物保护管理机构	文物科研机　构	其　他文物机构	博物馆
藏　品	(件)	805			9976
#一级品		10			23
业务活动					
陈列展览	(个)	2			36
参观人数	(千人次)	80			1379
总支出	(万元)	561			1513
#基本支出		337			580
修缮费		78			20

21－6　主要年份广播、电视事业发展情况

指　　标		2000	2005	2010	2011	2012	2013
职工人数	（人）	544	642	659	759	738	765
广播电台	（座）	4	4	1	1	4	4
中波发射台及转播台	（座）	1	1	1	1	1	1
中波发射机功率	（千瓦）	3	3	3	8	7	7
县广播电视台	（座）	3	1	1	3	3	3
广播人口覆盖率	（%）	90.94	92.10	100.00	100.00	100.00	100.00
电视台	（座）	4	4	1	1	4	4
电视发射台及转播台	（座）	5	5	7	8	8	8
电视发射机功率	（千瓦）	6	10	17	19.7	24.1	24.1
电视人口覆盖率	（%）	93.28	92.91	100.00	100.00	99.86	99.90

21－7　主要年份广播、电视覆盖率

指　　标	覆盖人口（万人）		覆盖率（%）	
	2012	2013	2012	2013
广　播				
中央台第一套节目	228.6	228.36	100.00	100.00
省台第一套节目	228.6	228.36	100.00	100.00
地市台第一套节目	228.6	228.36	100.00	100.00
县级台节目	164.7	164.69	100.00	100.00
电　视				
中央电视台第一套节目	228.3	228.36	99.86	99.9
省电视台第一套节目	228.3	228.36	99.86	99.9
地市级电视台节目	228.3	228.36	99.86	99.9
县级电视台节目	164.7	164.69	100.00	100

21－8　主要年份广播、电视节目制作时间

单位：小时

指　　标	2012	2013
广播节目制作	**8703**	**9033**
#新　闻	1525	1520
专　题	1193	1183
综　艺	4505	4555
广播剧	11	29
广　告	1318	996
其　他	151	750
电视节目制作	**4037**	**3279**
#新　闻	806	829
专　题	595	546
综 艺	305	305
影视剧	460	4
广　告	1741	1335
其　他	130	260

21－9　广播、电视宣传基本情况(2013年)

指　　标	节目套数（套）	全年公共节目播出时　间（小时）	制作节目时　间（小时）	#新闻节目	专题节目	综艺节目
无线广播合计	**5**	**21089**	**9033**	**1520**	**1184**	**4555**
地方台	5	21089	9033	1520	1184	4555
电视播映合计	**5**	**21688**	**3279**	**829**	**546**	**305**
地方台	5	21688	3279	829	546	305

21－10　主要年份图书、杂志和报纸出版数量

年　份	杂　志				报　纸			
	种　类（种）	每　期平均印数（万册）	总印数（万册）	总印张数（万印张）	种　类（种）	每　期平均印数（万册）	总印数（万份）	总印张数（万印张）
1985	7	2	18	102	6	60	9041	13146
1990	7	2	18	102	6	60	9041	13146
1995	7	2	18	102	6	60	9041	13146
2000	7	2	18	102	6	62	9046	13165
2005	7	2	18	116	6	66	9049	13166
2006	7	2	18	116	6	66	9060	13172
2007	7	2	18	116	6	66	9058	13170
2008	7	2	18	107	6	67	9069	13175
2009	7	2	31	217	6	67	9242	14322
2010	7	2	32	192	6	68	9387	11833
2011	7	2	17	147	6	68	9350	11736
2012	7	2	20	146	6	68	11887	133070
2013	7	2	16	146	6	69	12430	14510

21－11　主要年份出版物发行机构数和网点数

年　份	发行机构合　计（处）	国有书店及国有发行点	网上书店	文化教育广电邮政系统	新华书店系统外批发网点	集体个体零　售	新华书店系统出版社自办发行从业人数（人）	
							全部职工	国有书店及发行点
2000	137	1		1		135	789	108
2005	142	1		1	3	137	802	108
2006	136	1		1	3	131	780	112
2007	138	1		1	3	133	789	110
2008	140	1		1	4	134	826	118
2009	146	1		1	4	140	846	109
2010	149	1	2	1	4	141	886	116
2011	155	1	2	1	4	147	901	116
2012	186	1	2	1	4	181	1078	186
2013	168	2	2	1	4	159	1058	168

21－12　主要年份出版印刷生产情况

年　份	企业数（个）	工业销售产　值（万元）	印刷产量		装订产量（万令）	用纸量（万令）	用纸量（万吨）
			黑　白（万令）	彩　色（万对开色令）			
2000	86	5251	2.30	1.86	3.16	3.26	0.14
2005	94	33104	16.11	6.10	22.21	22.34	0.96
2006	98	45861	22.35	10.31	32.66	32.81	1.41
2007	104	54627	25.12	12.31	37.43	37.70	1.62
2008	103	58472	112.35	54.50	166.85	167.09	7.18
2009	106	33210	19.92	8.11	28.03	28.16	1.21
2010	105	40901	114.32	57.21	171.53	171.75	7.38
2011	151	58907	138.19	68.12	206.31	206.66	8.88
2012	146	53700	141.20	62.58	198.27	226.15	8.90
2013	143	49818	11.04	165.90	5.22	512.24	12.38

21－13　主要年份体育活动基本情况

指　　标		2005	2010	2011	2012	2013
举办全民健身活动次数	（次）	72	156	115	140	180
现代体育项目活动		72	90			
民间传统体育活动			60			
参加全民健身活动人数	（人）	22650	86390	50758	220000	355950
现代体育项目活动		22650	31630			
民间传统体育活动			58260			
等级运动员	（人）	38	48	97	111	106
运动健将						
一级运动员						
二级运动员		38	48	97	111	106
等级裁判员人数	（人）		66	156	181	213
国际、国家级裁判员				14	14	14
一级裁判员			7	70	70	70
二级裁判员			81	72	97	129
在国内外比赛中获奖牌数	（枚）	194	190	164	208	252
金　牌		64	93	57	67	83
银　牌		70	53	48	73	92
铜　牌		60	45	59	68	77
体育俱乐部	（个）	1	1	20	28	45
青少年体育俱乐部		1		11	16	29
社区体育健身俱乐部			1	9	12	16
其它体育俱乐部						

21－14　主要年份体育场地数

单位：个

指　　标	2010		2011		2012		2013	
	总计	体育系统	总计	体育系统	总计	体育系统	总计	体育系统
总　计	**561**	**16**	**561**	**16**	**639**	**19**	**639**	**19**
体育场	7	2	7	2	9	2	9	2
体育馆	4	2	4	2	7	3	7	3
游泳跳水馆								
室内外游泳池	7	2	7	2	10	3	10	3
有固定看台的灯光球场	3		3		3		3	
运动场	3		3		3		3	
小运动场	80		80		81	1	81	1
篮、排球场	274	8	274	8	341	8	341	8
其他	183	2	183	2	185	2	185	2

21－15　体育系统职工人数(2013年)

单位：人

指　　标	合　计	体育局机关	体育局直属单位			
			合　计	少儿体育运动学校	市体育场馆	其　他
从业人员总数	1767	399	1368	1345	23	
公务员	29	29				
专职教练员	46	12	34	34		
运动员	1642	350	1292	1292		
科研人员						
医务人员						
文化教师	8		8	8		
管理人员	16	4	12	5	7	
其　他	26	4	22	6	16	

21－16　等级运动员、等级裁判员发展人数(2013年)

单位:人

运动项目	等级运动员	运动健将	一级	二级	等级裁判员	国际、国家级	一级	二级
总计	**106**			**106**	**213**	**14**	**70**	**129**
田径	9			9	31	4	25	2
游泳	9			9	7			7
跳水								
蹦床								
举重					1	1		
拳击								
国际式摔跤	12			12	1	1		
柔道	2			2	1	1		
跆拳道	2			2				
击剑	15			15	7	1	2	4
赛艇	5			5				
皮划艇	1			1				
射击								
足球					12		1	11
篮球	12			12	48	1	19	28
排球	4			4	4		2	2
乒乓球					24	4	8	12
羽毛球	13			13				
网球								
手球								
技巧								
武术	22			22	45	1	5	39
国际象棋								
中国象棋					11		8	3
围棋								
其他					21			21

主要统计指标解释

文化及相关产业

指为社会公众提供文化、娱乐产品和服务的活动以及与这些活动有关联的活动的集合。根据提供文化、娱乐产品和服务活动的属性特点，划分为公益性文化活动和经营性文化活动两大类。

文化及相关产业是第三产业的重要组成部分。是在我国《国民经济行业分类》基础上的派生分类，有文化服务和相关文化服务两大类：

艺术表演团体

指由文化部门主办或实行行业管理（经文化市场行政部门审批或已申报登记并领取相关许可证），专门从事表演艺术等活动的各类专业艺术表演团体，含民间职业剧团。如话剧团、方言话剧团、滑稽剧团、儿童剧团、歌剧团、木偶团、皮影团等以及由若干剧种组成的综合性专业艺术表演团体。不包括群众业余文艺表演团体。

艺术表演场所

指由文化部门主办或实行行业管理（经文化市场行政部门审批或已申报登记并领取相关许可证），有观众席、舞台、灯光设备，公开售票、专供文艺团体演出的文化活动场所。附属于文化部门机构内非独立核算的剧场、排演场，公开营业的也应单独统计。

广播节目综合人口覆盖率

指根据国家广电总局制定的《广播电视人口覆盖率统计技术标准和方法》进行统计调查的，在对象区内采用无线、有线、卫星等技术手段能够收听到包括中央、省、地市、县广播节目其中任意一套的人口数占全省总人口数的百分比。

电视节目综合人口覆盖率

指根据国家广电总局制定的《广播电视人口覆盖率统计技术标准和方法》进行统计调查的，在对象区内采用无线、有线、卫星等技术手段能够收看到包括中央、省、地市、县级电视节目中任意一套的人口数占全省总人口数的百分比。

等级运动员人数

指经考核正式批准授予等级运动员称号的人数。运动员等级分为国际级运动健将、运动健将、一级运动员、二级运动员、三级运动员、少年级运动员。

等级裁判员人数

指经考核正式批准授予等级裁判员称号的人数。裁判员等级分为国际裁判、国家级裁判、一级裁判、二级裁判、三级裁判。

体育场

指有 400 米跑道（中心含足球场），有固定道牙，跑道 6 条以上，并有固定看台的室外田径场地。体育场按看台容纳观众人数分为：甲级 25000 人以上，乙级 15000 - 25000 人，丙级 5000 - 15000 人，丁级 5000 人以下。

体育馆

指有固定看台，可供篮球、排球、羽毛球、乒乓球、体操等项目训练比赛活动用的室内运动场地。体育馆按看台容纳观众人数分为：甲级 6000 人以上，乙级 4000 - 6000 人，丙级 2000 - 4000 人，丁级 2000 人以下。

二十二、公共管理及其他

简要说明

本篇主要包括社会活动参与、公检法司、残疾人事业和妇联干部情况等内容。

一、社会活动参与的内容主要包括历届市人大代表和政协委员情况以及工会组织和妇联组织情况。

二、公检法司的资料主要包括公安机关的刑事案件立案情况和治安案件查处情况,交通、火灾事故情况,人民检察院的办案情况,人民法院审理案件和收结案情况,以及律师、公证、调解工作等情况。

三、本篇资料由市统计局人口社会科技科整理。

22－1　历届全市人民代表大会代表人数

单位:人

	代表总数	#女代表	占代表总数(%)	少数民族代表	占代表总数(%)
十　届	299	65	21.74	14	4.68
十一届	295	76	25.76	10	3.39
十二届	283	68	24.03	8	2.83
十三届	282	51	18.09	8	2.84
十四届	357	82	22.97	11	3.08
十五届	327	64	19.57	10	3.06

22－2　历届政协委员人数

单位:人

	代表总数	#女代表	占代表总数(%)	少数民族代表	占代表总数(%)
六　届	265	151	56.90	11	4.15
七　届	265	105	39.62	14	5.28
八　届	323	122	37.77	14	4.33
九　届	324	129	39.81	16	4.94

22－3 主要年份妇联组织及工作情况

指　　标		2005	2010	2011	2012	2013
妇联组织数	(个、所)	44	55	55	53	52
妇女儿童活动中心	(个)	1	1	1	1	1
妇联兴办各类家长学校	(个)	285	393	151	130	210
家长人数	(万人)	14.40	15.34	19.47	16	30.90
妇联自办托幼园所	(所)	5	2	2	2	3
入托儿童数	(人)	540	700	700	883	1083
资助女童入学或返校数	(人)	385	1044	968	651	588
社会捐助总额	(万元)	14	65	129	59	94.18
妇联陪审员人数	(人)	4	10	10	5	5
妇联维权干部中取得律师资格证书的人数	(人)	-				
来信件数	(件)	12	14	11	4	6
来访人数	(人)	421	357	273	320	361
双学双比活动						
接受技术培训人数	(万人)	0	1	1	1	750
获绿色证书人数	(人)					
女农民技术员人数	(人)	394	205	218	218	218
妇代会主任是农民技术员数	(人)	214.00	185.00	197.00	197	197
建立各类农业科技指导合作性组织						
农村妇女科技指导中心	(个、所)	15	5	4	6	6
农村妇女专业技术协会	(个、所)	2	70	7	9	9
专业合作社	(个、所)	-	9	9	23	9
妇联自(联)办农业基地	(亩)	—	2	2		
三八绿色工程						
基地个数	(个)	24	96	57	41	41
基地亩数	(亩)	562.40	52000.00	17682.00	10760.00	10760.00
巾帼扶贫						
脱贫户数	(户)	89.0				
扶贫项目数	(个)	2		1	1	1
农村妇女学校数	(所)	27			44	44
失业妇女再就业						
妇联培训失业妇女人数	(人)	5027	6200	7773	3565	2000
建立培训基地或学校数	(个、所)	26	1	1	7	1
帮助失业妇女就业人数	(人)	6643	5000	6000	8875	1100
巾帼创业带头人数	(人)	123	65	83	593	500
获职业资格证书人数	(人)	42	350	417	150	91
社区妇女工作						
妇联建立及管理的巾帼社区服务实体数	(个、所)	21	96	96	96	145
中华巾帼志愿者数	(人)	7286	4500	4916	5524	4013
受表彰情况						
“双学双比”女能手数	(人)	—	213	20	161	
科技致富带头人数	(人)	19		443	92	
评选巾帼建功标兵数	(人)	—	56	50	22	10
巾帼文明示范岗数	(个、所)	48	37	75	72	75
三八红旗手	(人)	26	20	40	没评选	58
三八红旗集体	(个)	13	10	20	没评选	11
五好文明家庭	(户)	3508	127716	5391	3138	1327
十星级家庭	(户)	2987				

注:自 2010 年起数据包括含山县、和县。

22－4　主要年份工会组织情况

年　份	工会基层组织数（个）	全市已建工会组织的基层单位职工与会员人数(人)					工会专职工作人员人数（人）
		职工人数	#女职工	#农民工	会员人数	#女会员	
2005	1843	312223	107555	—	263573	98032	633
2009	2729	389788	130609	151059	360917	33444	638
2010	2932	418247	134860	135978	382970	130185	697
2011	3123	428570	142358	162426	401114	138951	636
2012	6400	528131	157180	151258	431338	155103	724
2013	7095	580037	168080	175377	461018	165730	600

22－5　主要年份妇女参政议政状况

单位:人

指　　标		2005	2006	2007	2008	2009	2010	2011	2012	2013
市人大代表数		281	282	284	284	281	284	357	327	324
#女　性		51	51	59	59	59	59	82	64	64
市政协委员数		265	265	274	274	273	274	323	324	323
#女　性		65	65	69	70	73	72	81	77	77
市级党政班子负责人数		15	15	15	15	15	15	14	15	15
#女　性		1	1	1	2	2	2	2	2	1
县处级女干部人数		103	107	123	138	114	147	171	179	178
#正　职		14	15	15	11	11	21	21	23	23
中共党员人数	（万人）	8.4	8.6	8.8	9.1	9.2	10	14.1	14.3	14.7
#女　性		1.4	1.45	1.6	1.8	1.8	1.9	2.7	2.8	2.9
干部人数	（万人）	2.4	2.4	2.4	2.4	2.1	2.2	3.7	3.7	3.7
#女　性		0.9	0.9	0.9	1	0.9	0.8	1.3	1.4	1.4

22－6　主要年份妇女儿童教育培训情况

指　　标		2000	2005	2008	2009	2010	2011	2012	2013
成人识字率(15 岁以上)	(%)								
#女　性		83.62	89.77	91.31	91.52	92.01	91.09	91.54	91.54
小学学龄儿童净入学率	(%)								
女　性		99.90	99.90	100.00	100.00	100.00	99.81	106.29	100.00
男　性		99.90	99.90	100.00	100.00	99.98	100.00	95.35	100.00
小学辍学率	(%)								
女　性		0.08	0.02	0.21	0.04	0.02	0.02	0.01	0.02
男　性		0.06	0.03	0.20	0.02	0.03	0.01	0.03	0.01
普通初中辍学率	(%)								
女　性		2.93	2.26	1.93	1.18	0.94	0.68	0.09	0.43
男　性		2.67	2.31	1.92	1.17	0.91	0.61	0.07	0.44

22－7　主要年份妇女卫生保健状况

指　　标		2000	2005	2008	2009	2010	2011	2012	2013
居民户合格碘盐食用率	(%)	99.80	98.13	97.72	98.29	98.84	98.60	99.40	99.41
农村改水受益人口普及率	(%)	100	100	100	100	100	99.81	99.84	99.84
农村享有卫生厕所的户数	(万)	21.04	8.85	9.42	9.71	11.54	19.72	20.43	21.19
覆盖率(以户数为统计单位)	(%)		43.87	51.67	53.29	63.36	47.15	48.62	50.43
妇幼保健机构病床数	(张)			154	154	184	184	180	200
妇幼保健机构医生数	(人)			167	160	168	173	122	144
孕产妇系统管理率	(%)	25.78	23.51	19.65	32.41	31.77	29.1	52.7	74.9
住院分娩率	(%)	85.13	99.3	99.21	100	100	100	99.95	99.99
孕产妇死亡率	(1/10 万)	65.04	56.16	9.48	9.6	9.88	15.61	24.54	15.03
非住院分娩消毒接生率	(%)	99.93	92	100	100	100	100	99.97	100
已婚育龄妇女避孕率	(%)	92.24	88.69	89.79	89.33	88.24		88.04	87
婚前医学检查率	(%)	35.46	3.05	35.3	41.49	87.45	86.6	91.48	92.31

22－8　主要年份儿童卫生保健状况

指　　标		2000	2005	2008	2009	2010	2011	2012	2013
婴儿死亡率	(‰)	19.42	9.55	11.00	9.98	8.20	8.48	6.67	6.41
5 岁以下儿童死亡率	(‰)	23.41	11.51	12.80	12.38	10.97	11.50	8.98	8.57
住院分娩出生缺陷发生率	(‰)	5.90	4.90	9.73	11.67	7.13	7.63	8.03	6.39
四苗全程免疫接种率	(%)	99.70	99.61	97.60	97.85	97.61	99.00	99.00	99.00
乙肝疫苗接种率	(%)	96.87	100.00	98.05	95.73	97.61	99.93	99.00	99.00
7 岁以下儿童保健管理率	(%)	50.98	57.37	73.88	68.18	78.36	66.83	86.81	94.75
新生儿访视率	(%)	55.78	54.68	57.64	58.81	65.20	64.62	80.55	89.83
新生儿破伤风发病率	(1/万)								

22－9　主要年份残疾人事业基本情况

指　　标		2005	2010	2011	2012	2013
康　复						
白内障复明手术						
白内障复明手术	(例)	885	1265	697	749	508
低视力配用助视器	(人)	53	44	27	156	150
聋儿康复						
年收训聋儿	(人)	18	24	15	82	33
培训家长	(人)	20	26	17	82	35
精神病防治康复						
开展精神病防治康复工作县区数	(个)	1	2	4	3	3
综合防治康复精神病人数	(人)	4300	1634	2361	2493	2794
监护率	(%)	97	92.58	95.1	96	96
显好率	(%)	83.8	79.06	76	76.5	77
社会参与率	(%)	82.6	62.79	64.5	66	67.2

22－9　主要年份残疾人事业基本情况(续)

指　　标		2005	2010	2011	2012	2013
肇事率	(%)					
康复训练与服务	(人)					
肢体残疾康复训练数		54	806	6016	7122	7471
智残儿童康复训练数		16	43	29	39	166
脑瘫儿童康复训练数		10	3	5	15	57
教　育						
未入学适龄残疾儿童少年	(人)	407	236	201	198	188
特教学校、特教班就读学生数	(人)	277	324	721	361	364
残疾人职业培训机构数	(个)	1	1	1	1	1
职业技术年培训借用	(人次)	822	960	907	705	915
城　镇	(人次)	483	643	409	255	301
村	(人次)	538	547	498	450	614
就　业						
城镇残疾人就业状况						
就业人数合计		5141	4673	7650	8334	8512
当年安排就业人员	(人)	616	639	570	411	470
# 按比例就业		215	1006	1541	1684	1174
集中就业		200	1051	2242	2138	2029
个体就业		1609	2678	2934	3617	5218
农村残疾人就业状况	(人)	18337	16368	31647	29572	20802
其中:女性		11525	10630	19334	18066	9501
从事农业生产劳动		23614	22154	25764	24785	14383
从事其他形式就业	(人)	2035	3334	5883	4787	6419
残疾人就业服务机构	(个)					
市		1	1	1	1	1
县		3	3	3	3	3
市辖区		3	3	3	3	3
残联组织建设						
残疾人工作者数	(人)	48	70	73	78	82

注:1. 白内障复明手术:过去统计按实际复明手术人数计算,2011年根据中残联统计要求,仅统计在本市医院手术人数;
　2. 肢体残疾康复训练数:过去未开展社区康复,自2011年开始,肢体残疾人康复纳入社区康复服务。

22－10　主要年份律师、公证、调解工作基本情况

指　　标		2000	2005	2010	2011	2012	2013
律师工作							
律师事务所	（个）	14	14	14	17	15	17
律　师	（人）	143	159	217	245	251	255
# 专职律师		76	111	169	194	198	207
兼职律师		67	22	19	24	27	25
公职律师			26	20	18	17	15
公司律师				6	6	6	6
法援律师				3	3	3	2
聘请担任常年法律顾问的单位	（处）	414	513	639	636	615	629
民事、经济诉讼代理	（件）	1784	2247	3893	4005	4211	4815
刑事诉讼辩护及代理	（件）	670	1023	832	918	710	975
行政诉讼代理	（件）	47	78	77	63	72	93
非诉讼法律事务	（件）	180	324	659	491	453	510
解答法律询问	（件）						
代写法律事务文书	（件）						
公证工作							
公证处	（个）	5	4	4	4	4	4
公证人员	（人）	37	35	31	35	37	33
# 公证员		22	16	15	16	16	15
公证员助理		2	7	2	7	5	4
办理公证文书	（件）	7100	8402	8297	8402	9214	9662
涉外及港澳台公证文书	（件）	1258	2574	2569	2574	2850	3330
人民调解工作							
司法助理员	（人）	82	90	121	138	140	178
人民调解委员会	（个）	1292	1091	755	708	672	627
调解人员	（人）	7662	7141	6255	5685	5387	5379
调解民间纠纷	（件）	6811	6976	7683	9702	11976	13537
法律援助工作							
机构	（个）	3	4	7	7	7	7
实有人员	（个）	4	9	23	22	31	30
案件合计	（件）	167	367	1160	1520	2019	2122
#民事案件	（件）	110	213	935	1330	1783	1771
刑事案件	（件）	49	154	117	108	125	326
行政案件	（件）	8		108	82	111	25
代写法律文书	（件）	10	36	165	105	102	140
接待咨询	（件）	4165	3642	6040	6471	6028	7770

22－11　劳动争议仲裁委员会受理及处理案件情况(2013 年)

单位:件

案件类别	合计	国有企业企业	城镇集体	外商投资及港澳台投资企业	私营企业	其他
上期未结案件数	**9**				**9**	
案件受理情况						
案件数	732	28		7	697	
#集体争议案件数						
劳动者当事人数（人）	736	28		7	701	
#集体争议劳动者当事人数						
案件处理情况						
结案件数	733	28		7	698	
处理方式						
仲裁调解	471	28		7	436	
仲裁裁决	217				217	
其他方式	**45**				**45**	
处理结果						
用人单位胜诉	**101**				**101**	
劳动者胜诉	557	28		7	522	
双方部分胜诉	75				75	
本期未结案数	8				8	
案外调解争议数						

22－12　主要年份公安机关立案的刑事案件情况

案件类别	立案(起)		构成(%)	
	2012	2013	2012	2013
总　计	**10991**	**10969**	**100.0**	**100.0**
杀　人	10	10	0.1	0.1
伤　害	184	222	1.7	2.0
抢　劫	102	77	0.9	0.7
强　奸	22	20	0.2	0.2
拐卖妇女儿童	41	91	0.4	0.8
盗　窃	8203	7906	74.6	72.1
诈　骗	704	861	6.4	7.9
伪造、变造货币,持有使用伪造货币				
其　他	1725	1782	15.7	16.3
总计中:青少年刑事案件作案成员占全部作案比重			25.8	30.2

22－13　主要年份公安机关受理、查处治安案件情况

单位:起

案件类别	2012		2013	
	受　理	查　处	受　理	查　处
总　计	**14642**	**14626**	**15225**	**15199**
扰乱单位、公共场所秩序	90	90	115	115
寻衅滋事	107	107	94	94
阻碍执行职务	27	27	34	34
非法携带枪支、弹药、	36	36	76	76
管制刀具				
违反危险物质管理规定	11	11	35	35
殴打他人	4934	4927	4522	4516
盗　窃	6257	6253	6832	6820
诈骗、抢夺、敲诈	387	387	504	501
勒索财物				
哄　抢	25	25		
卖淫、嫖娼	65	65	43	43
赌　博	454	453	432	432
其　他	2249	2245	2538	2533

22－14　各县区公安机关立案的刑事案件情况(2013 年)

单位:起

地　区	总　计	杀　人	伤　害	抢　劫	强　奸	拐卖妇女儿童
全　　市	**10969**	**10**	**222**	**77**	**20**	**91**
含 山 县	1106	1	22		1	15
和　　县	1059	1	33	6	5	32
当 涂 县	1413	1	31	10	2	1
花 山 区	3883	2	63	30	7	19
雨 山 区	2319	2	52	24	5	23
博 望 区	434	1	16	4		1

注:全市数据包含楚江分局、开发区分局相关数据。

地　区	盗　窃	诈　骗	伪造、变造货币,持有使用伪造货币	其　他	#青少年刑事案件作案成员占全部作案比重
全　　市	**7906**	**861**		**1782**	**30.2**
含 山 县	773	67		227	34.5
和　　县	648	68		266	37.3
当 涂 县	942	113		313	31.7
花 山 区	3113	267		382	19.0
雨 山 区	1690	285		238	41.3
博 望 区	245	42		125	30.4

注:全市数据包含楚江分局、开发区分局相关数据。

22－15 各县区公安机关受理治安案件情况(2013年)

单位:起

地区	总计	扰乱单位、公共场所秩序	寻衅滋事	阻碍执行职务	非法携带枪支、弹药、管制刀具	违反危险物质管理规定
全市	**15225**	**115**	**94**	**34**	**76**	**35**
含山县	1961	26	19	7	14	12
和县	1090	5	25	12	30	16
当涂县	2445	35	25	7	13	2
花山区	5442	29	11	4	9	2
雨山区	3063	8	14	3	7	2
博望区	593	5			2	1

注:全市数据包含楚江分局、开发区分局相关数据。

地区	殴打他人	盗窃	诈骗、抢夺、敲诈勒索财物	哄抢	卖淫、嫖娼	赌博	其他
全市	**4522**	**6832**	**504**		**43**	**432**	**2538**
含山县	1076	370	32		2	42	361
和县	478	152	9			66	297
当涂县	1205	463	34		5	171	485
花山区	480	3776	266		19	76	770
雨山区	820	1559	143		14	28	465
博望区	410	47	8			7	113

注:全市数据包含楚江分局、开发区分局相关数据。

22－16　检察机关直接立案侦查案件情况(2013 年)

案件类别	受　案（起）	立案合计		大　案（件）	要　案（件）	结案合计	
		件	人			件	人
总　计	**100**	**77**	**90**	**69**	**7**	**79**	**91**
贪污贿赂案件小计	**62**	**62**	**75**	**56**	**5**	**66**	**78**
贪　污	17	18	30	15		16	27
贿　赂	41	40	40	38	5	46	46
挪用公款	4	4	5	3		4	5
集体私分							
巨额财产来源不明							
渎职案件小计	**38**	**15**	**15**	**13**	**2**	**13**	**13**
滥用职权	11	11	11	9	2	9	9
玩忽职守	21	2	2	2		1	1
徇私舞弊	2	2	2	2		2	2
其　他	4					1	1

22－17　检察机关处理申诉案件情况(2013 年)

单位:件

案件类别	受　理	立案复查	结　案	
				改变原决定
总　计	**125**	**64**	**63**	**2**
不服刑事拘留				
不服不立案	12			
不服逮捕	1			
不服不批准	1	1	1	
不服不起诉	1	1	1	
不服撤案				
不服原免于起诉				
不服刑事判决	65	58	58	1
不服劳教				
其　他	45	4	3	1

22－18　人民法院行政一审案件收结案情况(2013年)

单位:件

项　目	收　案	结　案						结案中单独提起行政赔偿
			维　持	撤　销	驳回起诉	撤　诉	其　他	
总　计	**120**	**127**	**21**	**16**	**12**	**37**	**41**	**9**
公　安	17	15	1			6	8	4
资　源	16	16		1		3	12	
城　建	54	59	10	12	10	15	12	4
工　商	1	1					1	
卫　生								
环　保								
交　通	1	1					1	
税　务	1	1					1	
劳　动	17	20	7	3		6	4	
民　政	3	3				2	1	1
其　他	10	11	3		2	5	1	

22－19　人民法院刑事一审案件收结案情况(2013年)

单位:件

案件类别	收　案	结　案
总　计	**1512**	**1499**
危害公共安全罪	326	324
破坏社会主义市场经济秩序罪	61	67
侵犯公民人身权利、民主权利罪	239	234
侵犯财产罪	374	370
妨碍社会管理秩序罪	443	434
危害国防利益罪		
贪污贿赂罪	66	66
渎职　罪	3	4
其　他		

22－20　人民法院合同纠纷一审案件收结案情况(2013年)

单位:件

指　标	收　案	结　案	判　决	驳回起诉	撤　诉	调　解	其　他
总　计	**6351**	**6345**	**2548**	**103**	**2355**	**1289**	**50**
买卖合同	1157	1179	481	25	330	327	16
房地产开发经营合同	60	65	42		10	13	
供用电、水、气、热力合同		1	1				
借款合同	3223	3219	1183	61	1359	596	20
租赁合同	248	247	127	3	63	53	1
建设工程合同	227	215	120	3	54	35	3
承揽合同	138	136	55	1	41	38	1
运输合同	53	51	23		8	20	
知识产权合同							
经营合同	43	51	17		19	11	4
农村承包合同	50	47	32		3	12	
电信合同							
服务合同	513	520	161	1	327	30	1
劳动争议	349	330	197	3	61	69	
劳务合同	44	46	5		10	31	
其　他	246	238	104	6	70	54	4

22－21　人民法院婚姻家庭、继承、权属、侵权纠纷及其他民事一审案件收结案情况(2013年)

单位:件

指　标	收　案	结　案	判　决	驳回起诉	撤　诉	调　解	其　他
总　计	**5808**	**5856**	**2489**	**20**	**1042**	**2057**	**248**
婚姻家庭	2328	2366	925	4	549	871	17
继　承	64	66	28	1	11	26	
所有权及与所有权相关权利纠纷	294	278	122	5	85	66	
票据、证券权益纠纷	13	26	8	1	11	5	1
股东权纠纷	39	37	18		11	7	1
知识产权	79	82	14	5	60	3	
不正当竞争纠纷							
人身权纠纷	2521	2517	1206	2	275	1031	3
特殊侵权纠纷	82	83	40		13	29	1
不当得利	64	48	27		7	14	
无因管理	1	2	1		1		
适用特别程序案件	273	84	65	2	17		
其　他	50	267	35		2	5	225

22－22 主要年份交通和火灾事故发生情况

指　　标	1995	2000	2005	2010	2011	2012	2013
交通事故发生数　　（起）	130	887	1112	410	633	850	753
一次性死亡三人以上事故			1	3	1		
重　大	71	137	160	119	119	126	127
一　般	59	750	951	288	513	724	626
交通事故损失　　（万元）	18.5	315.6	184.3	70.5	92.3	166.1	274.1
一次性死亡三人以上事故	—	—	0.5	4.5	20.0		
重　大	—	—	24.8	27.0	19.6	33.0	32.5
一　般	—	—	159.0	39.0	52.7	133.1	241.6
火灾事故发生数　　（起）	145	164	179	360	257	709	872
特　大							
重　大			1				
一　般	145	164	179	360	257	709	872
火灾事故损失　　（万元）	51.1	101.5	448.0	179.0	611.9	643.2	959.5
特　大							
重　大			97.7				
一　般	51.1	101.5	350.3	179.0	611.9	643.2	959.5

22－23 交通事故情况(2013年)

指　　标	发生数（起）	死亡人数（人）	受伤人数（人）	损失折款（万元）
总　计	**127**	**131**	**58**	**32.5**
#一次性死亡三人以上事故				
重大事故	127	131	58	32.5
机动车	115	119	57	31.5
#汽　车	91	95	40	27.1
摩托车	13	13	7	2.4
拖拉机	5	5	2	0.8
农业运输车	3	3	6	0.6
非机动车	12	12	1	1.0
#自行车	10	10	1	0.7
#其它非机动车	2	2		0.3
行人、乘车人				

注:机动车其中数的受伤人数及损失折款有重复计算。

22-24　主要年份火灾事故情况

年　份	发生数(起)	死亡人数(人)	受伤人数(人)	直接经济损失(万元)	人口火灾发生率(1/10万人)
2000	164	1	1	101.5	7.19
2005	180	2	3	448	7.85
2006	72	1	2	74.6	3.15
2007	651	4		143.6	28.55
2008	694	5		342	30.43
2009	886	1	1	198.5	38.85
2010	360			179	15.78
2011	257		1	611.9	11.27
2012	709			643.2	31.1
2013	872	1	2	959.5	38.2

注:本表历年死亡人数、受伤人数不包括含山县、和县数据,其余都包括。

22-25　火灾事故发生情况(2013年)

指　标		合　计	按事故发生程度分		
			特　大	重　大	一　般
发生	(起)	872			872
死亡	(人)	1			1
受伤	(人)	2			2
损失折款	(万元)	959.5			959.5
平均每起事故损失	(元)	11003			11003

22－26　各县区交通事故情况(2013年)

地　区	合　计 发生数 (起)	死亡人数 (人)	受伤人数 (人)	损失折款 (万元)
全　　市	**753**	**131**	**784**	**274**
市　　区	378	64	424	178
含 山 县	85	6	81	13
和　　县	111	28	96	40
当 涂 县	178	33	182	43
花 山 区	196	16	233	107
雨 山 区	159	28	166	42
博 望 区	13	12	12	2

注:全市数据包括马钢产区和高速公路。

22－27　各县区火灾事故情况(2013年)

地　区	发生数 (起)	死亡人数 (人)	受伤人数 (人)	直接经济 损　失 (万元)	人口火灾 发生率 (1/10万人)
全　　市	**872**	**1**	**2**	**959.5**	**38.2**
市　　区	616	1	2	608	96.7
含 山 县	104			84.7	23.4
和　　县	94			197.2	17.2
当 涂 县	46			60.0	9.7
花 山 区	396	1	2	239.5	105.6
雨 山 区	220			368.9	84.1
博 望 区	12			9.2	6.5

22－28　灾害情况(2013 年)

指　标	自然灾害直接经济损失(亿元)	农业经济损　失	农作物灾害(万公顷) 受灾面积	绝收面积	受灾人口(万人)
总　计	**4.93**	**7.35**	**7.35**	**0.90**	**84.27**
旱　灾	4.00	6.53	6.53	0.90	69.41
洪涝灾	0.71	0.64	0.64		11.76
雪　灾	0.22	0.18	0.18		3.10

22－29　主要年份救灾情况

单位:万元

指　标	财政资金投入		救灾物资投入(折款)		接受捐赠下拨	
	2012	2013	2012	2013	2012	2013
总　计	**1005**	**1159**				
中　央	930	1070				
省　级						
地　市	25	25				
县　级	50	64				

22－30　民生工程完成情况(2013年)

指　　标		数　　量
城乡义务教育经费保障	(万元)	12282.48
高校和中职学校家庭困难学生资助	(万元)	5147.9
乡镇公办幼儿园建设	(所)	7
广播电视"村村通"工程	(个)	326
公共文化服务信息化建设	(个)	4
公共文化场馆开放	(个)	55
公共图书馆	(个)	7
文化馆	(个)	7
文化站	(个)	36
博物馆	(个)	5
农村文化建设专项补助		
农村文艺演出	(场)	1908
放映电影	(场次)	4764
开展体育活动	(次)	2494
农家书屋更新出版物	(册)	50990
新型农民培训	(人)	12705
就业技能培训	(人)	21443
城乡居民养老保险	(万人)	101.32
新型农村合作医疗	(万人)	138
城镇居民基本医疗保险	(万人)	50.6
农村居民最低生活保障	(人)	47368
城乡医疗救助	(万人次)	1.48
贫困重度残疾人生活特别救助	(人)	16886
计划生育家庭奖励扶助	(人)	8274
城乡养老服务体系建设		
农村五保供养	(人)	9874
敬老院建设	(个)	2
社会养老机构建设	(个)	21
生活无着人员社会救助		
发放孤儿基本生活费	(万元)	490.7
救助流浪乞讨人员	(人次)	5019
县级流浪乞讨人员救助站建设	(个)	3
基本公共卫生服务		
居民健康档案规范化电子建档率	(%)	80.8
65岁以上老年人规范管理率	(%)	75.05
高血压患者规范管理率	(%)	58.73

22－30　民生工程完成情况(2013年)(续)

指　　标		数　　量
Ⅱ型糖尿病患者规范管理率	(%)	65.64
孕产妇保健管理	(%)	74.9
3岁以下儿童系统管理率	(%)	79.02
7岁以下儿童保健覆盖率	(%)	94.75
县级公立医院药品零差率补助	(个)	3
重大传染病病人医疗救治		
救治艾滋病病人	(人)	66
救治贫困结核病病人	(人)	375
救治晚血病病人	(人)	140
淘汰耕牛	(头)	120
聘用禁牧协管员	(人)	95
建无害化卫生户厕	(座)	1000
提高妇女儿童健康水平		
免费婚检	(人)	47496
农村孕产妇住院分娩补助	(人)	11957
儿童一类疫苗接种	(万人次)	44.7
贫困残疾人康复工程		
贫困白内障患者复明工程	(人)	330
贫困精神残疾人补助	(万元)	127.65
贫困残疾儿童抢救性康复工程	(人)	278
廉租住房与公共租赁住房保障		
续建廉租住房	(套)	6000
新开工公租房	(套)	4285
新增发放廉租住房租赁补贴	(万元)	1443.8
农村危房改造	(户)	8600
政策性农业保险		
承保农作物	(万亩)	278.17
承保牲畜	(头)	10569
农村饮水安全工程	(万人)	30.85
病险水库除险加固工程	(座)	14
农村沼气建设工程		
户用沼气池	(户)	600
乡村服务网点	(个)	12
农村公路危桥加固改造	(座)	22
一事一议财政奖补	(个)	487
建设美好乡村公共服务体系奖补	(万元)	13347.94
农村清洁工程	(个)	6

注:此表由市民生办提供。

22－31　主要年份民生工程卫生服务体系基本情况

指　　标		2008	2009	2010	2011	2012	2013
农村卫生达标	（个数）	116	254	435	439	439	439
乡镇卫生院		31	44	26	36	36	36
其中：中心院		10	10	7	13	13	13
一般院		21	34	19	23	23	23
村卫生室		85	210	409	403	403	403
城市社区规范化建设	（个数）	25	31	24	21	21	21
社区卫生服务中心		8	7	7	16	16	16
社区卫生服务站		17	24	17	5	5	5
社区卫生服务机构总数	（个数）	73	88	98	102	102	102
社区卫生服务中心		29	33	38	38	38	38
社区卫生服务站		44	55	60	64	64	64
社区培训	（人）	156	155	153	113	272	256
全科医师		78	73	71	58	136	128
社区护士		78	82	82	55	136	128
规范化建设资金财政投入	（万元）	1024.6	670.4	1336.8	840		
农村卫生体系建设		554.6	284.4	900.8			
社区卫生体系建设		470	386	436	840		

主要统计指标解释

律师

指受聘参加法律顾问处工作,担任法律顾问、刑(民)事代理人、刑事辩护人,办理非诉讼事件、解答法律询问,代写法律事务文书等主要从事律师业务的专职法律工作者和兼职律师。

公证人员

指在公证处工作的人员总称,包括公证处主任、副主任、公证员、公证员助理(助理公证员)和其他从事辅助性工作的人员。

公证文书

指公证处根据当事人申请,依照事实和法律,按照法定程序制作的,具有法律效力的司法证明文书。

调解人员

指在人民调解委员会担负调解民间一般民事纠纷和轻微违法行为引起纠纷的工作人员,包括调解委员会的委员和调解小组的调解员。

调解民间纠纷

指调解委员会依照法律规定,根据自愿原则,用说服教育的方法调解民间发生的有关民事权利和义务的争执,促成当事双方达到协议和谅解,解决纠纷。包括婚姻家庭纠纷,财产权益纠纷等,不包括法院受理调解的民事案件数。

特大火灾

指造成30 人以上死亡,或者 100 人以上重伤,或者 1 亿元以上直接财产损失的火灾。

重大火灾

指造成10 人以上 30 人以下死亡,或者 50 人以上 100 人以下重伤,或者 5000 万元以上 1 亿元以下直接财产损失的火灾。

一般火灾

指造成3 人以下死亡,或者 10 人以下重伤,或者 1000 万元以下直接财产损失的火灾。

人民检察院直接立案侦查案件

指按照管辖的规定,由人民检察院直接立案侦查的贪污贿赂犯罪、渎职犯罪、国家机关工作人员利用职权实施的侵犯公民人身权利和民主权利的犯罪以及经省级人民检察院决定立案侦查的国家机关工作人员利用职权实施的其他重大犯罪案件。

立案

指检察机关对犯罪线索进行初步调查后,认为存在职务犯罪事实并需要追究刑事责任时,依法决定作为刑事案件进行侦查的诉讼活动,是追究犯罪的开始。

大案

贪污贿赂犯罪案件指贪污、贿赂数额在 5 万元以上,挪用公款案在 10 万元以上,其他案件在 50 万元以上。渎职犯罪大案一般为直接经济损失 5 万元以上,死亡 1 人以上或者重伤 3 人以上的案件;或虽然没有造成经济损失和伤亡,但犯罪情节恶劣或造成严重后果的案件。

要案

指县、处级以上干部的犯罪案件。该指标主要反映职务犯罪案件中县、处级以上干部被人民检察院依法立案侦查的情况。

青少年罪犯

指人民法院在报告期内判决发生法律效力的有罪判决中 14 周岁以上不满 25 周岁的罪犯。其中 14 周岁以上不满 18 周岁的罪犯为未成年罪犯。

行政案件

指公民、法人和其他组织不服行政机关作出的具体行政行为,向人民法院提起行政诉讼,人民法院依法审理的案件。

单独赔偿

指单独提起行政赔偿的案件。当事人对行政行为的合法性没有争议,就行政侵权造成的损害赔偿单独提起赔偿诉讼。

受理劳动争议案件数

指劳动争议仲裁委员会根据国家有关规定,对劳动争议当事人的申请予以审查,符合受理条件而正式立案、准备处理的劳动争议案件数。

收案

是指人民法院在报告期(月、季、年)内对符合诉讼法规定的立案条件,已决定立案的案件数。

结案

是指人民法院在统计报告期内,审理完毕或认为不需要再审理,决定结束审理或者做出实体或程序方面处理的案件数。

二十三、区域经济

简要说明

本篇数据均为初步统计数,由市统计局综合核算科搜集整理。

23－1　省内各市主要指标(2013年)

地　　区	地区生产总值		第一产业增加值	
	实绩(亿元)	增幅(%)	实绩(亿元)	增幅(%)
全　　省	19038.9	10.4	2348.1	3.5
马　鞍　山	**1293.0**	**11.0**	**79.6**	**3.5**
合　　肥	4672.9	11.5	247.2	3.2
芜　　湖	2099.5	12.0	128.6	3.3
铜　　陵	680.6	11.3	12.6	3.6
安　　庆	1418.2	10.5	213.8	3.3
淮　　北	703.7	9.1	57.0	3.5
亳　　州	791.1	9.7	195.0	3.8
宿　　州	1014.3	10.5	251.2	4.0
蚌　　埠	1007.9	11.1	172.4	3.9
阜　　阳	1062.5	9.7	272.6	3.8
淮　　南	819.4	9.7	66.2	3.6
滁　　州	1086.1	11.1	208.2	3.7
六　　安	1010.3	8.0	209.6	3.3
宣　　城	842.8	10.7	119.9	3.1
池　　州	462.2	10.2	67.4	3.4
黄　　山	470.3	9.3	53.0	3.0

23－1　省内各市主要指标(2013年)(续1)

地　　区	第二产业增加值		第三产业增加值	
	实绩(亿元)	增幅(%)	实绩(亿元)	增幅(%)
全　　省	10404.0	12.4	6286.8	9.5
马　鞍　山	**834.1**	**12.3**	**379.3**	**9.1**
合　　肥	2583.7	12.9	1842.0	10.6
芜　　湖	1388.2	13.8	582.7	9.4
铜　　陵	493.4	12.9	174.6	7.3
安　　庆	754.1	12.9	450.4	9.3
淮　　北	473.2	10.4	173.5	7.3
亳　　州	320.1	12.7	276.0	10.2
宿　　州	426.0	13.9	337.2	10.8
蚌　　埠	515.7	14.3	319.8	9.5
阜　　阳	436.6	12.9	353.3	9.9
淮　　南	508.5	10.5	244.7	9.1
滁　　州	575.6	14.3	302.3	9.8
六　　安	478.2	10.7	322.6	7.0
宣　　城	442.9	13.4	280.1	9.6
池　　州	225.6	12.3	169.3	9.7
黄　　山	218.1	11.5	199.2	8.5

23－1　省内各市主要指标(2013年)(续2)

地　区	规模以上工业增加值		战略性新兴产业产值	
	实绩(亿元)	增幅(%)	实绩(亿元)	增幅(%)
全　　省	8559.6	13.7	6863.4	23.4
马　鞍　山	**560.0**	**14.2**	**455.7**	**36.1**
合　　肥	1907.4	14.4	2006.8	21.7
芜　　湖	1255.6	15.0	1252.9	24.3
铜　　陵	455.9	14.4	482.7	20.6
安　　庆	580.9	14.3	297.2	21.4
淮　　北	515.3	10.5	334.4	28.2
亳　　州	205.5	14.9	187.5	23.6
宿　　州	300.7	14.6	65.3	27.6
蚌　　埠	490.4	15.3	497.2	28.6
阜　　阳	355.7	14.5	122.0	31.0
淮　　南	465.5	11.1	79.6	14.6
滁　　州	490.9	15.5	360.2	14.8
六　　安	408.2	11.9	228.3	13.7
宣　　城	353.3	14.8	277.2	27.2
池　　州	140.1	15.4	81.8	31.4
黄　　山	118.8	14.0	134.6	14.7

23－1　省内各市主要指标(2013年)(续3)

地　区	固定资产投资		社会消费品零售总额	
	实绩(亿元)	增幅(%)	实绩(亿元)	增幅(%)
全　　省	18251.1	21.2	6481.4	14.0
马　鞍　山	**1431.6**	**19.2**	**301.3**	**14.9**
合　　肥	4535.4	19.3	1480.8	14.8
芜　　湖	2040.7	20.0	560.0	14.6
铜　　陵	650.2	21.7	155.6	13.7
安　　庆	1185.7	22.0	523.6	14.1
淮　　北	700.5	21.4	195.5	14.2
亳　　州	541.5	25.8	345.1	14.0
宿　　州	773.3	26.0	303.7	14.5
蚌　　埠	1060.9	21.6	424.8	14.7
阜　　阳	645.3	25.3	508.0	14.3
淮　　南	800.5	25.1	291.2	13.9
滁　　州	1075.8	21.9	338.5	14.4
六　　安	845.0	23.0	434.2	13.8
宣　　城	978.2	21.5	303.6	14.5
池　　州	461.5	23.2	142.5	15.0
黄　　山	525.1	18.0	196.1	14.3

23－1 省内各市主要指标(2013年)(续4)

地　区	财政收入		地方财政收入	
	实绩(亿元)	增幅(%)	实绩(亿元)	增幅(%)
全　　省	3365.1	11.2	2075.1	15.8
马 鞍 山	**226.0**	**7.3**	**146.2**	**14.4**
合　　肥	768.3	10.6	438.6	12.6
芜　　湖	381.7	13.2	214.0	19.6
铜　　陵	130.1	2.2	64.2	0.9
安　　庆	197.0	15.7	98.5	15.0
淮　　北	93.0	-8.0	50.7	-2.3
亳　　州	103.5	21.6	64.4	35.0
宿　　州	100.3	20.8	66.4	24.5
蚌　　埠	182.8	11.0	92.8	18.4
阜　　阳	157.1	15.0	85.5	23.3
淮　　南	170.1	2.4	110.7	12.3
滁　　州	178.9	16.7	114.4	18.0
六　　安	127.7	13.5	81.8	18.1
宣　　城	157.8	14.6	107.7	23.8
池　　州	83.6	16.6	65.1	24.4
黄　　山	81.0	5.4	59.4	5.4

23－1 省内各市主要指标(2013年)(续5)

地　区	城市居民人均可支配收入		农民人均纯收入	
	实绩(元)	增幅(%)	实绩(元)	增幅(%)
全　　省	23114	9.9	8098	13.1
马 鞍 山	**34048**	**10.1**	**12339**	**13.0**
合　　肥	28083	10.4	10352	14.0
芜　　湖	26264	10.4	10962	13.3
铜　　陵	27154	10.0	11186	13.6
安　　庆	22683	10.9	7748	13.6
淮　　北	22460	10.3	8240	13.1
亳　　州	22605	10.3	7456	13.8
宿　　州	21713	10.0	7571	14.1
蚌　　埠	22739	10.2	8741	13.9
阜　　阳	20933	10.3	6763	14.2
淮　　南	22920	10.5	8869	13.2
滁　　州	22591	10.6	9183	13.5
六　　安	21275	9.8	7430	13.7
宣　　城	22731	11.0	10247	13.4
池　　州	23482	9.8	9080	13.7
黄　　山	23356	10.1	10389	13.4

23－2 皖江城市带承接产业转移示范区

指　　标	单　位	合　肥	滁　州	六　安
土地面积	平方公里	11433	13523	17986
年末户籍人口	万人	711.5	449.5	716.7
地区生产总值	亿元	4672.9	1086.1	1010.3
比上年增长	%	11.5	11.1	8.0
第一产业增加值	亿元	247.2	208.2	209.6
第二产业增加值	亿元	2583.7	575.6	478.2
第三产业增加值	亿元	1842.0	302.3	322.6
地方财政收入	亿元	438.6	114.4	81.8
固定资产投资	亿元	4535.4	1075.8	845.0
社会消费品零售总额	亿元	1480.8	338.5	434.2
进出口总额	亿美元	181.9	18.6	8.0
出口额	亿美元	119.0	13.8	7.8
实际利用外商直接投资	亿美元	18.9	7.3	3.0
城市居民人均可支配收入	元	28083	22591	21275
农民人均纯收入	元	10352	9183	7430

城市主要指标(2013年)

马鞍山	芜　湖	宣　城	铜　陵	池　州	安　庆
4049	5988	12364	1113	8272	15398
228.4	384.5	280.2	74.2	161.9	621.7
1293.0	2099.5	842.8	680.6	462.2	1418.2
11.0	12.0	10.7	11.3	10.2	10.5
79.6	128.6	119.9	12.6	67.4	213.8
834.1	1388.2	442.9	493.4	225.6	754.1
379.3	582.7	280.1	174.6	169.3	450.4
146.2	214.0	107.7	64.2	65.1	98.5
1431.6	2040.7	978.2	650.2	461.5	1185.7
301.3	560.0	303.6	155.6	142.5	523.6
36.3	54.3	18.8	58.2	4.1	18.0
13.9	39.3	17.5	6.2	2.6	14.9
14.8	16.1	5.7	4.0	2.6	4.5
34048	26264	22731	27154	23482	22683
12339	10962	10274	11186	9080	7748

23－3　南京都市圈城市

指　标	单　位	南　京	镇　江	扬　州
地区生产总值	亿元	8011.8	2927.1	3252.0
第一产业	亿元	204.6	129.1	224.5
第二产业	亿元	3450.6	1549.4	1693.7
第三产业	亿元	4356.6	1248.6	1333.8
规模以上工业增加值	亿元	2842.8	1656.9	2003.6
工业用电量	亿千瓦时	286.7	163.4	139.1
固定资产投资	亿元	5093.8	1753.2	2025.5
社会消费品零售总额	亿元	3504.2	866.9	1099.5
进出口总额	亿美元	557.6	99.5	95.1
出口总额	亿美元	322.7	62.2	75.5
财政收入	亿元	1591.6	631.2	660.3
地方财政收入	亿元	831.3	254.5	259.3
年末金融机构人民币存款余额	亿元	18050.8	3289.5	3836.9
城乡居民储蓄存款余额	亿元	4883.3	1475.5	1931.0
年末金融机构人民币贷款余额	亿元	13791.1	2364.4	2341.9
城市居民人均可支配收入	元	39881	32352	30690
农民人均纯收入	元	16531	16258	14214

主要指标(2013年)

淮安	马鞍山	芜湖	滁州
2155.9	**1293.0**	2099.5	1086.1
272.6	**79.6**	128.6	208.2
983.2	**834.1**	1388.2	575.6
900.1	**379.3**	582.7	302.3
1133.9	**560.0**	1255.6	490.9
102.3	**135.4**	107.8	44.2
1453.1	**1431.6**	2040.7	1075.8
721.2	**301.3**	560.0	338.5
36.6	**36.3**	54.3	18.6
27.8	**13.9**	39.3	13.8
494.6	**226.0**	381.7	178.9
271.4	**146.2**	214.0	114.4
1721.3	**1426.5**	2128.4	1287.7
931.8	**721.1**	1000.0	712.0
1375.2	**980.1**	1905.6	891.8
35456	**34048**	26264	22591
11045	**12339**	10962	9183

23－4 长三角城市主要

地　　区	地区生产总值		规模以上工业增加值（亿元）	固定资产投资（亿元）
	实绩（亿元）	增幅（%）		
马　鞍　山	**1293.0**	**11.0**	**560.0**	**1431.6**
上　　海	21602.1	7.7	6769.6	5644.1
南　　京	8011.8	11.0	2842.8	5093.8
无　　锡	8070.2	9.3	3057.3	4015.8
常　　州	4360.9	10.9	2178.4	2902.8
苏　　州	13015.7	9.6	6172.6	5883.9
南　　通	5038.9	11.8	2583.9	3298.7
扬　　州	3252.0	12.0	2003.6	2025.5
镇　　江	2927.1	12.1	1656.9	1753.2
泰　　州	3006.9	11.8	1999.7	1764.2
淮　　安	2155.9	12.0	1133.9	1453.1
盐　　城	3475.5	12.3	1584.0	2217.7
杭　　州	8343.5	8.0	2523.9	4263.9
宁　　波	7128.9	8.1	2291.2	3423.0
嘉　　兴	3147.7	9.3	1206.5	1910.2
湖　　州	1803.2	9.0	629.9	1070.1
绍　　兴	3967.3	8.5	1440.9	2002.0
舟　　山	930.9	8.5	264.5	750.0
台　　州	3153.3	7.9	774.3	1507.9
金　　华	2958.8	9.1	818.0	1364.4
衢　　州	1056.6	9.1	346.8	670.7
合　　肥	4672.9	11.5	1907.4	4535.4

指标(2013年)

社会消费品零售总额(亿元)	地方财政收入(亿元)	城市居民人均可支配收入(元)	农民人均纯收入(元)
301.3	**146.2**	**34048**	**12339**
8019.1	4109.5	43851	19595
3504.2	831.3	39881	16531
2740.9	710.9	38999	20587
1597.0	408.9	36946	18643
3627.6	1331.0	41143	21578
1927.1	485.9	31059	14754
1099.5	259.3	30690	14214
866.9	254.5	32352	16258
837.1	259.3	30069	13982
721.2	271.4	25456	11045
1163.4	366.8	28402	13344
3531.2	945.2	39310	18923
2635.7	792.8	41729	20534
1196.9	282.3	36743	20556
766.2	154.7	36220	19044
1318.4	293.1	40454	19618
331.7	92.6	37646	20573
1449.3	247.7	37038	16126
1407.0	242.5	36423	14788
443.7	72.8	28883	11924
1480.8	438.6	28083	10352

附　录

简要说明

一、安徽省 2013 年国民经济和社会发展统计公报资料来源于安徽省统计局。

二、统计法律法规由市统计局法规科整理。

三、2013 年统计大事记由市统计局办公室整理。

附录一：

安徽省2013年国民经济和社会发展统计公报

安徽省统计局　国家统计局安徽调查总队

2014年2月19日

2013年，全省人民在省委、省政府的坚强领导下，深入贯彻落实党的十八大和十八届三中全会精神，坚持稳中求进的工作总基调，统筹稳增长、调结构、促改革、惠民生，攻坚克难，开拓奋进，保持了经济社会稳定健康较快发展，圆满完成年初确定的主要目标任务。

一、综　　合

初步核算，全年生产总值(GDP)[2] 19038.9亿元，按可比价格计算，比上年增长10.4%。分产业看，第一产业增加值2348.1亿元，增长3.5%；第二产业增加值10404亿元，增长12.4%；第三产业增加值6286.8亿元，增长9.5%。三次产业结构由上年的12.7∶54.6∶32.7调整为12.3∶54.6∶33.1，其中第三产业比重提高0.4个百分点、工业增加值占GDP比重由上年的46.6%提高到46.9%。全社会劳动生产率44889元/人，比上年增加3553元/人。人均GDP31684元(折合5116美元)，比上年增加2892元。全年民营经济[3]增加值10843亿元，比上年增长10.7%，占GDP比重由上年的56%提高到57%。

2013年全省生产总值及其增长速度

单位：亿元

指　　标	绝对数	比上年增长%
生产总值	19038.9	10.4
第一产业	2348.1	3.5
第二产业	10404.0	12.4
工业	8928.0	13.3
建筑业	1476.0	6.7
第三产业	6286.8	9.5
交通运输、仓储和邮政业	707.1	7.2
批发和零售业	1355.5	9.3
住宿和餐饮业	298.0	6.5
金融业	735.5	17.5
房地产业	763.6	12.2
营利性服务业	900.0	10.3
非营利性服务业	1527.1	6.5

全年居民消费价格上涨2.4%，其中食品价格上涨4.7%。商品零售价格上涨1.3%。工业生产者出厂价格下降1.8%，工业生产者购进价格下降3.1%。固定资产投资价格上涨0.2%，农业生产资料价格上涨0.9%。

2013年全省居民消费价格比上年涨跌幅度

指　标	全　省	城　市	农　村
居民消费价格	2.4	2.4	2.5
其中:食品	4.7	4.9	4.4
烟酒及用品	-1.3	-1.3	-1.3
衣着	2.1	1.8	2.9
家庭设备用品及维修服务	0.9	0.6	1.4
医疗保健和个人用品	1.2	0.9	1.9
交通和通信	-0.1	-0.1	-0.2
娱乐教育文化用品及服务	2.7	2.3	3.6
居住	1.4	1.5	1.1

年末全省从业人员4275.9万人,比上年增加69.1万人。其中,第一产业1469.7万人,减少61.5万人;第二产业1169.2万人,增加61.9万人;第三产业1637万人,增加68.7万人;城乡私营企业从业人员和个体劳动者705.1万人,增加56.8万人。全年城镇实名制新增就业67.5万人,下岗失业人员再就业25.9万人。年末城镇登记失业率为3.41%,比上年下降0.27个百分点。全省农民工总量为1783万人,其中外出农民工1288万人。

二、农　　业

全年粮食作物种植面积6625.3千公顷,比上年扩大3.3千公顷,其中优质专用小麦面积2106.8千公顷,扩大27.1千公顷。油料种植面积802千公顷,减少41.6千公顷。棉花种植面积285.1千公顷,减少19.8千公顷。蔬菜种植面积836千公顷,扩大25.4千公顷。

全年粮食产量3279.6万吨,比上年减少9.5万吨,减产0.3%。其中,夏粮1338.5万吨,增加37万吨,增产2.8%;秋粮1810.3万吨,减少45.3万吨,减产2.4%。油料产量225.4万吨,下降1%。棉花产量25.1万吨,下降14.6%。

2013年全省主要农产品产量及其增长速度

单位:万吨

产品名称	绝对数	比上年增长%
粮食	3279.6	-0.3
油料	225.4	-1.0
#花生	88.7	2.1
油菜籽	130.1	-3.2
棉花	25.1	-14.6
烤烟	4.2	20.5
蚕茧	3.2	-1.1
茶叶	10.1	5.8
蔬菜	2418.0	3.9
水果	905.1	2.2

年末全省生猪存栏1612.6万头，比上年增长3.7%；全年生猪出栏2971.5万头，增长1.5%。肉类总产量403.8万吨，增长1.5%，其中猪牛羊肉产量286.6万吨，增长1.5%。禽蛋产量124.5万吨，增长1.5%。牛奶产量25.3万吨，增长5.2%。水产品产量215.5万吨，增长3.9%。

年末全省农业机械总动力6140.3万千瓦，比上年增长4%。农用拖拉机243万台，减少2.5%；农用运输车67.5万辆，减少0.2%。全年化肥施用量（折纯）338.4万吨，增长1.5%。农村用电量137.9亿千瓦小时，增长7%。有效灌溉面积4307.9千公顷，新增43.4千公顷；新增节水灌溉面积40.1千公顷。

三、工业和建筑业

年末全省规模以上工业企业[4]达15114户，比上年净增2144户。全年规模以上工业增加值增长13.7%，其中轻、重工业分别增长12.5%和14.3%；国有及国有控股企业增长9.2%，集体企业增长6.5%，股份制、外商及港澳台商投资企业分别增长13.4%和20.3%。

2013年全省规模以上工业企业主要产品产量及其增长速度

产品名称	单　位	绝对数	比上年增长%
纱	万吨	90.0	7.9
布	亿米	10.0	2.2
化　纤	万吨	32.7	17.1
饮料酒	亿升	22.1	2.4
卷　烟	亿支	1313.4	2.1
彩色电视机	万部	561.8	-8.0
家用洗衣机	万台	1697.8	13.2
家用电冰箱	万台	2973.9	14.8
房间空调器	万台	3046.7	1.8
能源生产总量	万吨标准煤	10052.5	-6.2
原　煤	万吨	13879.6	-6.4
发电量	亿千瓦时	1958.4	8.5
柴　油	万吨	225.1	24.4
生　铁	万吨	2017.4	4.7
粗　钢	万吨	2787.5	13.1
钢　材	万吨	3138.6	10.5
十种有色金属	万吨	128.8	27.6
水　泥	万吨	12131.4	12.3
平板玻璃	万重量箱	3346.8	40.1
硫　酸	万吨	584.2	17.6
纯　碱	万吨	54.7	10.7
化　肥	万吨	325.8	5.3
化学农药	万吨	19.8	-20.8
合成洗涤剂	万吨	89.7	13.5
金属切削机床	万台	7.2	19.6
汽　车	万辆	103.1	-5.0
电力电缆	百万米	2841.0	-11.2
橡胶轮胎外胎	万条	2944.7	17.0

规模以上工业中,40 个工业行业有 38 个增加值保持增长,其中计算机、通信和其他电子设备制造业增长 34.7%,有色金属冶炼和压延加工业增长 19.7%,通用设备制造业增长 19.6%,非金属矿物制品业增长 16.2%,化学原料和化学制品制造业增长 14.5%,电气机械和器材制造业增长 13.2%,农副食品加工业和汽车制造业均增长 9.4%,黑色金属冶炼和压延加工业增长 8.2%,电力、热力生产和供应业增长 7.5%,煤炭开采和洗选业增长 4.7%。六大工业主导产业增加值增长 13.3%,装备制造业增长 15.7%,高新技术产业增长 15.7%;战略性新兴产业产值增长 23.4%。

规模以上工业统计的主要产品产量中,原煤下降 6.4%,发电量增长 8.5%,粗钢、钢材分别增长 13.1% 和 10.5%,水泥增长 12.3%,家用电冰箱增长 14.8%,家用洗衣机增长 13.2%,房间空调器增长 1.8%,彩色电视机下降 8%,汽车下降 5%。

全年规模以上工业企业主营业务收入 33079.5 亿元,增长 16.1%;利税 3046.4 亿元,增长 17.3%,其中利润 1758.8 亿元,增长 16.9%。电气机械和器材制造业、非金属矿物制品业、化学原料和化学制品制造业、农副食品加工业、通用设备制造业、汽车制造业等 14 个利润超 50 亿元的行业,累计实现利润 1410.8 亿元,增长 28.2%,占全部规模以上工业的比重为 80.2%。

全年资质内建筑企业利税总额 324.8 亿元,增长 16.7%。房屋建筑施工面积 37117.2 万平方米,比上年增加 3781.6 万平方米;房屋竣工面积 14258.6 万平方米,增加 912.4 万平方米。

四、固定资产投资

全年固定资产投资[5] 18251.1 亿元,比上年增长 21.2%。其中,工业及信息化产业技术改造投资 4316.6 亿元,增长 12.5%;民间投资 12146 亿元,增长 25.6%。分区域看,皖江示范区投资 12559 亿元,增长 20.4%;皖北六市投资 4522 亿元,增长 23.9%;合肥经济圈投资 7449.9 亿元,增长 20.7%。分产业看,第一产业投资增长 28.9%,第二产业增长 18.9%,第三产业增长 23%。分行业看,工业投资增长 18.6%,其中制造业增长 20.4%,制造业中的装备制造业增长 20.6%。六大高耗能行业投资增长 16%。

2013 年全省分行业固定资产投资额及其增长速度

单位:亿元

行　业	投资额	比上年增长%
农、林、牧、渔业	389.3	28.9
采矿业	341.2	-12.5
制造业	7309.4	20.4
电力、热力、燃气及水生产和供应业	531.8	22.3
建筑业	83.2	54.2
交通运输、仓储和邮政业	812.5	24.3
信息传输、软件和信息技术服务业	115.8	59.0
批发和零售业	474.2	32.6
住宿和餐饮业	276.6	28.4
金融业	90.9	45.1
房地产业	5013.3	22.1
租赁和商务服务业	203.1	33.8
科学研究和技术服务业	151.1	7.0
水利、环境和公共设施管理业	1575.1	23.8
居民服务、修理和其他服务业	63.6	44.3
教　育	240.5	17.9
卫生和社会工作	135.1	25.5
文化、体育和娱乐业	187.8	18.9
公共管理、社会保障和社会组织	256.6	0.9

全年房地产开发投资3946.2亿元,比上年增长25.2%。商品房销售面积6265.4万平方米,增长29.7%;商品房销售额3182.9亿元,增长36.6%。全年开工建设城镇保障性安居工程住房41.8万套,基本建成32万套。

全年共安排"861"行动计划项目3389个,当年完成投资8948.4亿元。开工建设合肥航嘉源家电、铜陵铜冠电子铜箔二期、华清(合肥)高科表面工程、马鞍山正崴科技园、中科院(宿州)云计算、奇瑞发动机升级扩产、淮南平圩电厂三期、合肥统一一分厂、广药集团亳州药业、含山昭关温泉文化产业项目、芜湖长江公路二桥、济祁高速永城至利辛至淮南至合肥段、宿扬高速天长段、合肥轨道交通2号线等项目;建成投产蚌埠日产150吨玻璃基板、江淮客车新基地、江汽年产20万台1.5T发动机、芜湖海创高新节能装备制造基地、马鞍山新联合压缩机配件、铜陵全威铜业二期铜加工、合肥电厂6号机组、合肥航空产业基地二期、江南文化园三期等项目。

全年新增煤炭产能900万吨,电力装机容量401万千瓦。

五、国内贸易

全年社会消费品零售总额6481.4亿元,比上年增长14%,扣除价格因素,实际增长12.5%。按经营地统计,城镇消费品零售额5283.3亿元,增长13.9%;乡村消费品零售额1198.1亿元,增长14.2%。按消费形态统计,商品零售5781.7亿元,增长14.2%;餐饮收入699.7亿元,增长12.1%。

在限额以上企业商品零售额中,吃、穿、用类商品零售额分别比上年增长21.7%、18.8%和18.3%,粮油类增长18.2%,肉禽蛋类增长27.6%,服装类增长20.1%,化妆品类增长20.2%,金银珠宝类增长28.9%,日用品类增长20.1%,中西药品类增长17.5%,家用电器和音像器材类增长16.7%,建筑及装潢材料类增长19.4%,家具类增长29.1%,汽车类增长19.9%,石油及制品类增长16.2%。

六、对外经济和旅游

全年进出口总额456.3亿美元,比上年增长16.2%。其中,出口282.5亿美元,增长5.6%;进口173.8亿美元,增长38.6%。从出口经营主体看,生产型企业出口增长18.7%,贸易型企业出口下降45%。从出口商品看,机电产品、高新技术产品出口分别增长11.9%和31.7%。

2013年全省出口主要分类及地区分布

单位:亿美元

指　标	绝对数	比上年增长%
出口额	282.5	5.6
其中:机电产品	128.3	11.9
其中:高新技术产品	42.3	31.7
其中:一般贸易	221.7	7.8
加工贸易	53.4	31.3
其中:对亚洲	118.6	14.2
对欧洲	57.1	2.7
对北美洲	47.1	6.8
对非洲	25.0	-5.3
对拉丁美洲	29.2	-9.0
对大洋洲	5.5	2.9

全年新批外商投资企业 246 家,比上年增长 26.8%;合同利用外资 26.9 亿美元,增长 6.1%;实际利用外商直接投资 106.9 亿美元,增长 23.7%。到 2013 年底,来皖投资的境外世界 500 强企业增加到 67 家,其中当年新引进 4 家。

全年对外经济技术合作新签合同金额 28.2 亿美元,比上年增长 15.8%;完成营业额 31 亿美元,增长 3.1%;当年外派劳务人员 12531 人,下降 6.3%。全年新批境外企业(机构)60 个,实际对外投资 6.9 亿美元,增长 26.6%。

全年入境旅游人数 385.5 万人次,比上年增长 16.3%;国内游客 3.36 亿人次,增长 15%。旅游总收入 3010.4 亿元,增长 15.3%。其中,旅游外汇收入 17.3 亿美元,增长 15.8%;国内旅游收入 2903.2 亿元,增长 15.3%。年末全省有 A 级及以上旅游景点(区) 461 处。

七、交通和邮电

全年旅客运输量 24.5 亿人,货物运输量 35.7 亿吨,比上年分别增长 15.4% 和 15.6%;旅客运输周转量 2118.5 亿人公里,货物运输周转量 11136.5 亿吨公里,分别增长 14.2% 和 14.1%。全年港口货物吞吐量 4 亿吨,增长 9.8%,其中外贸货物吞吐量 331.5 万吨,增长 21.8%。全省民航机场旅客吞吐量 671.3 万人次,增长 11.2%,其中合肥机场旅客吞吐量 562.8 万人次,增长 8.4%。

年末全省民用汽车拥有量 376 万辆,比上年增长 13.9%,其中私人汽车 289.3 万辆,增长 17.3%。民用轿车拥有量 186.5 万辆,增长 24.9%,其中私人轿车 164.3 万辆,增长 28.2%。

2013 年全省各种运输方式完成旅客运输量及其增长速度

指　标	单　位	绝对数	比上年增长%
旅客运输量	亿 人	24.5	15.4
其中:铁路	亿 人	0.7	12.9
公路	亿 人	23.8	15.4
水运	万 人	360.0	126.4
旅客运输周转量	亿人公里	2118.5	14.2
其中:铁路	亿人公里	552.1	11.2
公路	亿人公里	1534.0	15.5
水运	亿人公里	0.3	8.6

2013 年全省各种运输方式完成货物运输量及其增长速度

指　标	单　位	绝对数	比上年增长%
货物运输量	亿 吨	35.7	15.6
其中:铁路	亿 吨	1.2	-5.3
公路	亿 吨	30.0	15.7
水运	亿 吨	4.5	22.2
货物运输周转量	亿吨公里	11136.5	14.1
其中:铁路	亿吨公里	864.4	-6.7
公路	亿吨公里	8433.0	16.1
水运	亿吨公里	1838.7	17.1

全年新增高速公路311公里、一级公路783公里、铁路营业里程271公里。到2013年末，全省高速公路达3521公里、一级公路达2280公里、铁路营业里程达3443公里。

全年邮电业务总量466.2亿元，比上年增长10.8%。其中，电信业务总量408.7亿元，增长9.9%；邮政业务总量57.5亿元，增长25.4%。年末本地固定电话交换机总容量844.4万门，比上年减少424.7万门。本地固定电话用户976.7万户，减少114.7万户；移动电话用户3958.9万户，增加349.1万户。每百人拥有电话（含移动）82部，增加3部。年末基础电信运营企业计算机互联网宽带接入用户642.6万户，增加135.6万户。

八、财政、金融、证券和保险业

全年财政收入3365.1亿元，比上年增长11.2%，其中地方财政收入2075.1亿元，增长15.8%。全部财政收入中，增值税增长10.6%，营业税增长11.3%，企业所得税增长2.9%。财政支出4351.6亿元，增长9.9%。其中，社会保障与就业支出增长15.4%，医疗卫生支出增长12.7%，城乡社区事务支出增长30.7%，文化体育与传媒支出增长11.3%，节能环保支出增长12%，科学技术支出增长13.6%。全年33项民生工程累计投入605.6亿元，惠及6000多万城乡居民。

年末全省金融机构各项存款余额（人民币口径，下同）26739.3亿元，比上年末增加3762亿元，增长16.4%。其中，单位存款余额12374.1亿元，增长15.9%；居民储蓄存款余额12924.9亿元，增长15.6%。金融机构各项贷款余额19088.8亿元，比上年末增加2794.5亿元，增长17.2%。其中，短期贷款余额7343亿元，增长21.6%；中长期贷款余额10953亿元，增长16.1%，中长期贷款中个人贷款余额4200.4亿元，增长23.9%。

2013年末全省金融机构人民币各项存贷款余额及其增长速度

单位：亿元

指　　标	年末数	比上年末增长%
各项存款余额	26739.3	16.4
其中：单位存款	12374.1	15.9
个人存款	13350.9	17.2
其中：居民储蓄存款	12924.9	15.6
各项贷款余额	19088.8	17.2
其中：短期贷款	7343.0	21.6
中长期贷款	10953.0	16.1

全年上市公司通过境内市场累计筹资244.6亿元，其中A股再筹资（包括配股、公开增发、非公开增发、认股权证）176.4亿元；上市公司通过发行可转债、可分离债、公司债筹资68.2亿元。到2013年末，全省有上市公司78家，上市公司市价总值5018.4亿元，比上年增长3.6%。

全年发行非上市企业（公司）债券101亿元。企业发行短期融资券262.5亿元。

全年我省境内证券经营机构证券交易量17461.5亿元，期货经营机构代理交易量106245.4亿元。

全年保险业保费收入483亿元，比上年增长6.5%。其中，财产险业务保费收入203.9亿元，增长20.6%；人身险业务保费收入279.2亿元，下降1.9%。赔款和给付223亿元，增长46.1%。其中，财产险业务赔款支出115.3亿元，增长26%；人身险业务赔款和给付支出107.7亿元，增长76.1%。

九、教育和科学技术

年末全省有研究生培养单位21个，在学研究生46506人。普通高校106所，普通本专科在校生105.2

万人，高等教育毛入学率35%，比上年上升4.4个百分点。各类中等职业教育(不含技工学校)463所，在校生96.8万人。普通高中698所，在校生125.5万人，高中阶段毛入学率90%，比上年上升4个百分点。初中2902所，在校生199.7万人，初中阶段适龄人口入学率为99.2%。小学11507所，在校生409.2万人，小学学龄儿童入学率为99.7%。各级各类成人学校毕业生101.8万人。

2013 年全省各级各类教育发展情况

单位：万人

指　标	招生数	在校生数	毕业生数
研究生	1.6	4.7	1.3
普通本专科	31.5	105.2	28.0
中等职业教育	36.9	96.8	32.5
普通高中	38.1	125.5	41.7
初中阶段	65.3	199.7	72.4
小学	75.3	409.2	65.5

年末全省有各类专业技术人员194万人，比上年增长6.1%。科研机构3013个，其中大中型工业企业办机构978个。从事研发活动人员15.6万人。全年用于研究与试验发展(R&D)经费支出341.8亿元，增长21.3%；相当于全省生产总值的1.8%，比上年提高0.16个百分点。全省有国家大科学工程5个；有国家实验室2个，国家重点(工程)实验室19个，省级(含重点)实验室111个，部属(含院属)实验室51个；有省级以上工程(技术)研究中心468家，其中国家级23家。有高新技术产业开发区15个，其中国家级4个。有高新技术企业2018家，其中新认定441家。

全年取得省部级以上科技成果920项。主要科技成果有自主泊车系统产业化关键技术、露天矿边坡岩体操作与灾变智能控制技术研究等。全年受理申请专利93353件，授权专利48849件，比上年分别增长24.7%和12.8%。共签订各类技术合同6951项，成交金额130.8亿元，比上年增长51.7%。

年末全省有县以上产品质量检验机构830个，其中系统内110个，国家质量监督检验中心22个；有产品质量、体系认证机构1个，累计完成强制性产品认证的企业1954个；法定计量技术机构80个，全年强制检定计量器具110万台(件)；累计制定国际标准4项、国家标准677项，制定、修订地方标准2119项。有国家地理标志产品44个、安徽名牌产品1353个。

全年省测绘档案资料馆为社会各界提供各种比例尺地形图21832幅，测绘基准成果6732点(次)，航空航天遥感数据99.7万平方千米，数据量29307 GB；完成国家基本比例尺地形图生产与更新36274幅、地理国情动态监测1980平方千米、“天地图・安徽”地图网站数据更新2310GB。

十、文化、卫生和体育

年末全省有文化馆121个，公共图书馆102个，博物馆154个(含民营博物馆)，乡镇街道综合文化站1433个。全国重点文物保护单位130处、合并国保项目4处，省级重点文物保护单位708处。国家级非物质文化遗产名录60项，省级名录273项。广播电台15座，中波发射台和转播台23座，广播综合人口覆盖率98.34%。电视台15座，有线电视用户708.26万户，电视综合人口覆盖率98.57%。全年出版报纸98种，总印数12.6亿份；期刊(杂志)180种，总印数0.63亿册；图书10514种，总印数2.52亿册。有各级国家档案馆142个，馆藏档案资料2291.3万卷(件、册)，库馆总建筑面积28.7万平方米。

年末全省有医疗卫生机构24643个，其中医院938个、基层医疗卫生机构21873个、专业公共卫生机构1734个，其他卫生机构98个。基层医疗卫生机构中，卫生院1388个，社区卫生服务中心(站)1942个，村卫生室15311个；专业公共卫生机构中，疾病预防控制中心120个，专科疾病防治院(所、站)43个，妇幼保健院

(所、站)121个,卫生监督所(中心)113个。全省卫生技术人员25.3万人,其中执业(助理)医师9.8万人,注册护士10.3万人。乡村医生和卫生员5.2万人。医疗卫生机构床位24万张,其中医院、卫生院床位22.5万张。全年医疗卫生机构共诊疗2.6亿人次。参加新型农村合作医疗的农业人口5149.6万人,参合率为100.6%。

全年在国际国内重大比赛中,我省运动健儿共获得21.5枚金牌、31枚银牌、28枚铜牌。其中,在第十二届全国运动会上获得8.5枚金牌、9枚银牌、12枚铜牌。"全民健身、健康安徽"系列主题活动蓬勃开展,全年共举办百人以上的群众体育健身活动1722次,参加活动总人数236万人次。

十一、人口、人民生活和社会保障

全年人口出生率为12.88‰,比上年下降0.12个千分点;死亡率6.06‰,下降0.08个千分点;自然增长率为6.82‰,下降0.04个千分点。年末户籍人口6928.5万人,比上年增加26.5万人;常住人口6029.8万人,比上年增加41.8万人。城镇化率47.9%,比上年提高1.4个百分点。

2013年末全省人口数及其构成

单位:万人

指　标	年末数	比重%
年末户籍人口	6928.5	
年末常住人口	6029.8	
其中:城镇	2885.9	47.9
乡村	3143.9	52.1
其中:0－14岁	1092.0	18.1
15－59岁	3953.1	65.6
60岁及以上	984.7	16.3
其中:65岁及以上	650.0	10.8

全年城镇居民人均可支配收入23114元,比上年增长9.9%,扣除价格因素,实际增长7.4%。人均消费性支出16285元,增长8.5%。其中,食品支出增长9.5%,衣着增长9.5%,居住增长19.1%,家庭设备用品及服务增长10.8%,医疗保健下降23.9%,交通和通信增长33.2%,教育文化娱乐服务下降1.5%。城镇居民家庭恩格尔系数[6]为39.1%,比上年上升0.4个百分点。年末城镇居民人均住房建筑面积34.9平方米,比上年增加2.5平方米。

全年农村居民人均纯收入8098元,比上年增长13.1%,扣除价格因素,实际增长10.3%。人均生活消费支出5725元,增长3%。其中,食品支出增长4.1%,衣着增长1%,居住下降0.1%,家庭设备用品及服务增长12.5%,医疗保健增长8.2%,交通通讯增长4.7%,文教娱乐用品及服务下降2.4%。农村居民家庭恩格尔系数为39.6%,比上年上升0.4个百分点。年末农村居民人均住房面积32.2平方米,比上年减少3.7平方米。

年末全省参加城镇基本养老、医疗保险人数分别为811.3万人和1665.9万人。参加失业保险的人数为409万人,全年为11.8万名失业人员发放了不同期限的失业保险金。全省参加工伤、生育保险人数分别为473.2万人和458.9万人。城乡居民养老保险参保人数3308.7万人。

年末78.2万城市居民享受政府最低生活保障,216.1万农村居民享受政府最低生活保障,43.6万农村五保户享受政府供养。全年救助城市医疗困难群众49.9万人次,救助农村医疗困难群众266.8万人次。

年末全省有各类提供住宿的社会服务机构2465个,床位27.4万张,收养各类人员19.6万人。有各类社区服务设施5540个,其中社区服务中心1053个,社区服务站2578个。全年销售社会福利彩票59亿元,筹集社会福利资金 16.7 亿元。

十二、资源、环境和安全生产

全省已发现的矿种为 158 种(含亚矿种)。查明资源储量的矿种 125 种(含普通建筑用石料矿种),其中能源矿种 6 种,金属矿种 22 种,非金属矿种 95 种,水气矿种 2 种。全年地质勘查部门开展各类地质(科研)项目(省级)429 项,其中新开展 97 项。新增查明资源储量的大中型矿产地 14 处。

年末全省有省、市、县级环境监测站 91 个。16 个省辖城市均开展了空气环境质量监测,其中 8 个城市空气质量达到二级标准。已建成自然保护区 39 个,其中国家级 7 个、省级 30 个、市级 2 个。当年人工造林面积 202.8 千公顷。年末森林面积 3804.2 千公顷,活立木总蓄积量 23868.2 万立方米,森林蓄积量 20987.9 万立方米。

淮河干流安徽段水质以Ⅲ类为主,总体水质优。长江干流安徽段以Ⅱ类水质为主,总体水质优;主要支流总体水质良好。巢湖湖区整体水质轻度污染,9 条主要环湖支流整体水质中度污染。新安江干、支流水质优。全省城市集中式饮用水水源地水质达标率为 97.6%。

全年亿元 GDP 生产安全事故死亡人数为 0.16 人,比上年下降 13.7%;工矿商贸从业人员十万人生产安全事故死亡人数为 1.07 人,下降 14.5%;煤矿百万吨死亡人数为 0.16 人,下降 24.8%;道路交通万车事故死亡人数为 2.19 人,下降 16.2%。全年发生道路交通事故 17610 起,发生火灾事故 11691 起。

注:

[1] 本公报数据为初步统计数。

[2] 生产总值及各产业增加值绝对数按现价计算,增长速度按可比价格计算。

[3] 民营经济统计的范围为集体经济(不包括第一产业中的集体经济)、私营经济、港澳台经济和个体经济。

[4][5] 2011 年国家统计制度改革,规模以上工业统计范围为年主营业务收入 2000 万元及以上的企业,固定资产投资统计范围为计划总投资 500 万元及以上项目和房地产。

[6] 恩格尔系数是指居民食品消费支出占全部消费性支出的比重。

附录二：

中华人民共和国统计法

（1983年12月8日第六届全国人民代表大会常务委员会第三次会议通过；根据1996年5月15日第八届全国人民代表大会常务委员会第十九次会议《关于修改〈中华人民共和国统计法〉的决定》修正；2009年6月27日第十一届全国人民代表大会常务委员会第九次会议修订）

第一章　总　　则

第一条　为了科学、有效地组织统计工作，保障统计资料的真实性、准确性、完整性和及时性，发挥统计在了解国情国力、服务经济社会发展中的重要作用，促进社会主义现代化建设事业发展，制定本法。

第二条　本法适用于各级人民政府、县级以上人民政府统计机构和有关部门组织实施的统计活动。

统计的基本任务是对经济社会发展情况进行统计调查、统计分析，提供统计资料和统计咨询意见，实行统计监督。

第三条　国家建立集中统一的统计系统，实行统一领导、分级负责的统计管理体制。

第四条　国务院和地方各级人民政府、各有关部门应当加强对统计工作的组织领导，为统计工作提供必要的保障。

第五条　国家加强统计科学研究，健全科学的统计指标体系，不断改进统计调查方法，提高统计的科学性。

国家有计划地加强统计信息化建设，推进统计信息搜集、处理、传输、共享、存储技术和统计数据库体系的现代化。

第六条　统计机构和统计人员依照本法规定独立行使统计调查、统计报告、统计监督的职权，不受侵犯。

地方各级人民政府、政府统计机构和有关部门以及各单位的负责人，不得自行修改统计机构和统计人员依法搜集、整理的统计资料，不得以任何方式要求统计机构、统计人员及其他机构、人员伪造、篡改统计资料，不得对依法履行职责或者拒绝、抵制统计违法行为的统计人员打击报复。

第七条　国家机关、企业事业单位和其他组织以及个体工商户和个人等统计调查对象，必须依照本法和国家有关规定，真实、准确、完整、及时地提供统计调查所需的资料，不得提供不真实或者不完整的统计资料，不得迟报、拒报统计资料。

第八条　统计工作应当接受社会公众的监督。任何单位和个人有权检举统计中弄虚作假等违法行为。对检举有功的单位和个人应当给予表彰和奖励。

第九条　统计机构和统计人员对在统计工作中知悉的国家秘密、商业秘密和个人信息，应当予以保密。

第十条　任何单位和个人不得利用虚假统计资料骗取荣誉称号、物质利益或者职务晋升。

第二章　统计调查管理

第十一条　统计调查项目包括国家统计调查项目、部门统计调查项目和地方统计调查项目。

国家统计调查项目是指全国性基本情况的统计调查项目。部门统计调查项目是指国务院有关部门的专业性统计调查项目。地方统计调查项目是指县级以上地方人民政府及其部门的地方性统计调查项目。

国家统计调查项目、部门统计调查项目、地方统计调查项目应当明确分工，互相衔接，不得重复。

第十二条　国家统计调查项目由国家统计局制定，或者由国家统计局和国务院有关部门共同制定，报国务院备案；重大的国家统计调查项目报国务院审批。

部门统计调查项目由国务院有关部门制定。统计调查对象属于本部门管辖系统的，报国家统计局备案；统计调查对象超出本部门管辖系统的，报国家统计局审批。

地方统计调查项目由县级以上地方人民政府统计机构和有关部门分别制定或者共同制定。其中，由省级人民政府统计机构单独制定或者和有关部门共同制定的，报国家统计局审批；由省级以下人民政府统计机构单独制定或者和有关部门共同制定的，报省级人民政府统计机构审批；由县级以上地方人民政府有关部门制定的，报本级人民政府统计机构审批。

第十三条　统计调查项目的审批机关应当对调查项目的必要性、可行性、科学性进行审查，对符合法定条件的，作出予以批准的书面决定，并公布；对不符合法定条件的，作出不予批准的书面决定，并说明理由。

第十四条　制定统计调查项目，应当同时制定该项目的统计调查制度，并依照本法第十二条的规定一并报经审批或者备案。

统计调查制度应当对调查目的、调查内容、调查方法、调查对象、调查组织方式、调查表式、统计资料的报送和公布等作出规定。

统计调查应当按照统计调查制度组织实施。变更统计调查制度的内容，应当报经原审批机关批准或者原备案机关备案。

第十五条　统计调查表应当标明表号、制定机关、批准或者备案文号、有效期限等标志。

对未标明前款规定的标志或者超过有效期限的统计调查表，统计调查对象有权拒绝填报；县级以上人民政府统计机构应当依法责令停止有关统计调查活动。

第十六条　搜集、整理统计资料，应当以周期性普查为基础，以经常性抽样调查为主体，综合运用全面调查、重点调查等方法，并充分利用行政记录等资料。

重大国情国力普查由国务院统一领导，国务院和地方人民政府组织统计机构和有关部门共同实施。

第十七条　国家制定统一的统计标准，保障统计调查采用的指标涵义、计算方法、分类目录、调查表式和统计编码等的标准化。

国家统计标准由国家统计局制定，或者由国家统计局和国务院标准化主管部门共同制定。

国务院有关部门可以制定补充性的部门统计标准，报国家统计局审批。部门统计标准不得与国家统计标准相抵触。

第十八条　县级以上人民政府统计机构根据统计任务的需要，可以在统计调查对象中推广使用计算机网络报送统计资料。

第十九条　县级以上人民政府应当将统计工作所需经费列入财政预算。

重大国情国力普查所需经费，由国务院和地方人民政府共同负担，列入相应年度的财政预算，按时拨付，确保到位。

第三章　统计资料的管理和公布

第二十条　县级以上人民政府统计机构和有关部门以及乡、镇人民政府，应当按照国家有关规定建立统计资料的保存、管理制度，建立健全统计信息共享机制。

第二十一条　国家机关、企业事业单位和其他组织等统计调查对象，应当按照国家有关规定设置原始记录、统计台账，建立健全统计资料的审核、签署、交接、归档等管理制度。

统计资料的审核、签署人员应当对其审核、签署的统计资料的真实性、准确性和完整性负责。

第二十二条　县级以上人民政府有关部门应当及时向本级人民政府统计机构提供统计所需的行政记录资料和国民经济核算所需的财务资料、财政资料及其他资料，并按照统计调查制度的规定及时向本级人民政府统计机构报送其组织实施统计调查取得的有关资料。

县级以上人民政府统计机构应当及时向本级人民政府有关部门提供有关统计资料。

第二十三条　县级以上人民政府统计机构按照国家有关规定，定期公布统计资料。

国家统计数据以国家统计局公布的数据为准。

第二十四条　县级以上人民政府有关部门统计调查取得的统计资料，由本部门按照国家有关规定公布。

第二十五条　统计调查中获得的能够识别或者推断单个统计调查对象身份的资料，任何单位和个人不得对外提供、泄露，不得用于统计以外的目的。

第二十六条　县级以上人民政府统计机构和有关部门统计调查取得的统计资料，除依法应当保密的外，应当及时公开，供社会公众查询。

第四章　统计机构和统计人员

第二十七条　国务院设立国家统计局，依法组织领导和协调全国的统计工作。

国家统计局根据工作需要设立的派出调查机构，承担国家统计局布置的统计调查等任务。

县级以上地方人民政府设立独立的统计机构，乡、镇人民政府设置统计工作岗位，配备专职或者兼职统计人员，依法管理、开展统计工作，实施统计调查。

第二十八条　县级以上人民政府有关部门根据统计任务的需要设立统计机构，或者在有关机构中设置统计人员，并指定统计负责人，依法组织、管理本部门职责范围内的统计工作，实施统计调查，在统计业务上受本级人民政府统计机构的指导。

第二十九条　统计机构、统计人员应当依法履行职责，如实搜集、报送统计资料，不得伪造、篡改统计资料，不得以任何方式要求任何单位和个人提供不真实的统计资料，不得有其他违反本法规定的行为。

统计人员应当坚持实事求是，恪守职业道德，对其负责搜集、审核、录入的统计资料与统计调查对象报送的统计资料的一致性负责。

第三十条　统计人员进行统计调查时，有权就与统计有关的问题询问有关人员，要求其如实提供有关情况、资料并改正不真实、不准确的资料。

统计人员进行统计调查时，应当出示县级以上人民政府统计机构或者有关部门颁发的工作证件；未出示的，统计调查对象有权拒绝调查。

第三十一条　国家实行统计专业技术职务资格考试、评聘制度，提高统计人员的专业素质，保障统计队伍的稳定性。

统计人员应当具备与其从事的统计工作相适应的专业知识和业务能力。

县级以上人民政府统计机构和有关部门应当加强对统计人员的专业培训和职业道德教育。

第五章　监督检查

第三十二条　县级以上人民政府及其监察机关对下级人民政府、本级人民政府统计机构和有关部门执行本法的情况，实施监督。

第三十三条　国家统计局组织管理全国统计工作的监督检查，查处重大统计违法行为。

县级以上地方人民政府统计机构依法查处本行政区域内发生的统计违法行为。但是，国家统计局派出的调查机构组织实施的统计调查活动中发生的统计违法行为，由组织实施该项统计调查的调查机构负责查处。

法律、行政法规对有关部门查处统计违法行为另有规定的，从其规定。

第三十四条　县级以上人民政府有关部门应当积极协助本级人民政府统计机构查处统计违法行为，及时向本级人民政府统计机构移送有关统计违法案件材料。

第三十五条　县级以上人民政府统计机构在调查统计违法行为或者核查统计数据时，有权采取下列措施：

（一）发出统计检查查询书，向检查对象查询有关事项；

（二）要求检查对象提供有关原始记录和凭证、统计台账、统计调查表、会计资料及其他相关证明和资料；

（三）就与检查有关的事项询问有关人员；

（四）进入检查对象的业务场所和统计数据处理信息系统进行检查、核对；

（五）经本机构负责人批准，登记保存检查对象的有关原始记录和凭证、统计台账、统计调查表、会计资料及其他相关证明和资料；

（六）对与检查事项有关的情况和资料进行记录、录音、录像、照相和复制。

县级以上人民政府统计机构进行监督检查时，监督检查人员不得少于二人，并应当出示执法证件；未出示的，有关单位和个人有权拒绝检查。

第三十六条 县级以上人民政府统计机构履行监督检查职责时，有关单位和个人应当如实反映情况，提供相关证明和资料，不得拒绝、阻碍检查，不得转移、隐匿、篡改、毁弃原始记录和凭证、统计台账、统计调查表、会计资料及其他相关证明和资料。

第六章 法律责任

第三十七条 地方人民政府、政府统计机构或者有关部门、单位的负责人有下列行为之一的，由任免机关或者监察机关依法给予处分，并由县级以上人民政府统计机构予以通报：

（一）自行修改统计资料、编造虚假统计数据的；

（二）要求统计机构、统计人员或者其他机构、人员伪造、篡改统计资料的；

（三）对依法履行职责或者拒绝、抵制统计违法行为的统计人员打击报复的；

（四）对本地方、本部门、本单位发生的严重统计违法行为失察的。

第三十八条 县级以上人民政府统计机构或者有关部门在组织实施统计调查活动中有下列行为之一的，由本级人民政府、上级人民政府统计机构或者本级人民政府统计机构责令改正，予以通报；对直接负责的主管人员和其他直接责任人员，由任免机关或者监察机关依法给予处分：

（一）未经批准擅自组织实施统计调查的；

（二）未经批准擅自变更统计调查制度的内容的；

（三）伪造、篡改统计资料的；

（四）要求统计调查对象或者其他机构、人员提供不真实的统计资料的；

（五）未按照统计调查制度的规定报送有关资料的。

统计人员有前款第三项至第五项所列行为之一的，责令改正，依法给予处分。

第三十九条 县级以上人民政府统计机构或者有关部门有下列行为之一的，对直接负责的主管人员和其他直接责任人员由任免机关或者监察机关依法给予处分：

（一）违法公布统计资料的；

（二）泄露统计调查对象的商业秘密、个人信息或者提供、泄露在统计调查中获得的能够识别或者推断单个统计调查对象身份的资料的；

（三）违反国家有关规定，造成统计资料毁损、灭失的。

统计人员有前款所列行为之一的，依法给予处分。

第四十条 统计机构、统计人员泄露国家秘密的，依法追究法律责任。

第四十一条 作为统计调查对象的国家机关、企业事业单位或者其他组织有下列行为之一的，由县级以上人民政府统计机构责令改正，给予警告，可以予以通报；其直接负责的主管人员和其他直接责任人员属于国家工作人员的，由任免机关或者监察机关依法给予处分：

（一）拒绝提供统计资料或者经催报后仍未按时提供统计资料的；

（二）提供不真实或者不完整的统计资料的；

（三）拒绝答复或者不如实答复统计检查查询书的；

（四）拒绝、阻碍统计调查、统计检查的；

（五）转移、隐匿、篡改、毁弃或者拒绝提供原始记录和凭证、统计台账、统计调查表及其他相关证明和资料的。

企业事业单位或者其他组织有前款所列行为之一的，可以并处五万元以下的罚款；情节严重的，并处五万元以上二十万元以下的罚款。

个体工商户有本条第一款所列行为之一的，由县级以上人民政府统计机构责令改正，给予警告，可以并处一万元以下的罚款。

第四十二条　作为统计调查对象的国家机关、企业事业单位或者其他组织迟报统计资料，或者未按照国家有关规定设置原始记录、统计台账的，由县级以上人民政府统计机构责令改正，给予警告。

企业事业单位或者其他组织有前款所列行为之一的，可以并处一万元以下的罚款。

个体工商户迟报统计资料的，由县级以上人民政府统计机构责令改正，给予警告，可以并处一千元以下的罚款。

第四十三条　县级以上人民政府统计机构查处统计违法行为时，认为对有关国家工作人员依法应当给予处分的，应当提出给予处分的建议；该国家工作人员的任免机关或者监察机关应当依法及时作出决定，并将结果书面通知县级以上人民政府统计机构。

第四十四条　作为统计调查对象的个人在重大国情国力普查活动中拒绝、阻碍统计调查，或者提供不真实或者不完整的普查资料的，由县级以上人民政府统计机构责令改正，予以批评教育。

第四十五条　违反本法规定，利用虚假统计资料骗取荣誉称号、物质利益或者职务晋升的，除对其编造虚假统计资料或者要求他人编造虚假统计资料的行为依法追究法律责任外，由作出有关决定的单位或者其上级单位、监察机关取消其荣誉称号，追缴获得的物质利益，撤销晋升的职务。

第四十六条　当事人对县级以上人民政府统计机构作出的行政处罚决定不服的，可以依法申请行政复议或者提起行政诉讼。其中，对国家统计局在省、自治区、直辖市派出的调查机构作出的行政处罚决定不服的，向国家统计局申请行政复议；对国家统计局派出的其他调查机构作出的行政处罚决定不服的，向国家统计局在该派出机构所在的省、自治区、直辖市派出的调查机构申请行政复议。

第四十七条　违反本法规定，构成犯罪的，依法追究刑事责任。

第七章　附　　则

第四十八条　本法所称县级以上人民政府统计机构，是指国家统计局及其派出的调查机构、县级以上地方人民政府统计机构。

第四十九条　民间统计调查活动的管理办法，由国务院制定。

中华人民共和国境外的组织、个人需要在中华人民共和国境内进行统计调查活动的，应当按照国务院的规定报请审批。

利用统计调查危害国家安全、损害社会公共利益或者进行欺诈活动的，依法追究法律责任。

第五十条　本法自 2010 年 1 月 1 日起施行。

附录三:

统计从业资格认定办法

2005年5月16日国家统计局制定,现经2007年4月28日国家统计局第6次局务会议修改通过,国家统计局第10号令公布,自2007年6月1日起实施。

第一章 总 则

第一条 为规范统计从业资格认定工作,提高统计人员的素质,保障统计资料的准确性和及时性,根据《中华人民共和国统计法》、《中华人民共和国行政许可法》和《国务院对确需保留的行政审批项目设定行政许可的决定》,制定本办法。

第二条 在国家机关、社会团体、企业事业单位和其他组织等统计调查对象中承担经常性政府统计调查任务的人员,必须取得统计从业资格,持有统计从业资格证书。

已取得统计员以上统计专业技术职务资格的人员,可免于统计从业资格考试和申请,凭统计专业技术职务资格证书直接从事统计工作。

第三条 国家统计局领导和管理全国的统计从业资格认定工作。

第四条 省级人民政府统计机构是本行政区域内统计从业资格认定工作的实施机关。

第五条 县级人民政府统计机构是本行政区域内统计从业资格认定工作的承办机关。

必要时,省级人民政府统计机构可以决定由设区的市人民政府统计机构承办统计从业资格认定的有关工作。

新疆生产建设兵团统计局负责所属单位的统计从业资格认定工作。

第二章 申请与受理

第六条 具备下列条件的人员,可申请取得统计从业资格:

(一)熟悉统计法律、法规和规章;

(二)坚持原则,具备良好的道德品质;

(三)具备从事统计工作所需的专业知识和技能。

第七条 国家实行统计从业资格考试制度。

统计从业资格考试的时间为每年九月份的第三个星期日。

统计从业资格考试的科目为:统计基础知识与统计实务;统计法基础知识。

第八条 已具备教育行政部门认可的会计与统计核算、统计实务专业大专,统计学类、经济学类、工商管理类专业本科以上学历(或学位)的人员,可免于参加统计基础知识与统计实务科目的考试。

统计学类、经济学类、工商管理类专业以国务院教育主管部门公布的《高等学校本科专业目录(统计用)》为准。

第九条 国家统计局负责编制统计从业资格考试大纲、考试命题、制定考试管理办法和考务规则等工作。

省级人民政府统计机构负责统计从业资格考试考点的设定、试卷的印制、组织阅卷和成绩登记造册等工作。

统计从业资格认定工作承办机关负责统计从业资格考试的报名、考务组织和成绩通知等工作。

第十条 统计从业资格考试应当公开举行。县级以上人民政府统计机构应当事先公布考试的报名条件、报考办法、考试科目以及考试大纲。

第十一条　申请取得统计从业资格的人员，在向统计从业资格认定工作承办机关提出申请时，应当提交下列材料：

（一）《统计从业资格认定申请表》一式两份；

（二）本人有效身份证件及其两份复印件；

（三）统计从业资格考试合格成绩单原件及其两份复印件；

（四）本人近期正面免冠彩色照片一张。

符合本办法第八条规定的人员，在提出统计从业资格认定申请时，除提交前款所规定的材料外，还需同时提交本人学历证书原件及其两份复印件。

第十二条　具备条件的地方，可通过网络受理统计从业资格认定申请，所需材料由省级人民政府统计机构规定。

第十三条　统计从业资格认定工作的承办机关应当将有关统计从业资格认定的依据、条件、程序、期限以及需要提交的全部材料的目录和申请书示范文本等在办公场所公示。

第十四条　申请人申请统计从业资格，应当如实向受理申请的统计从业资格认定工作承办机关提交有关材料。受理机关不得要求申请人提交与其申请的统计从业资格认定事项无关的材料。

第十五条　统计从业资格认定工作的承办机关对申请人提出的申请，应当根据下列情况分别作出处理：

（一）申请人依法不需要取得统计从业资格的，应当即时告知申请人不受理；

（二）申请材料存在可以当场更正的错误的，应当允许申请人当场更正；

（三）申请材料不齐全或者不符合法定形式的，应当当场或者在五日内一次告知申请人需要补正的全部内容，逾期不告知的，自收到申请材料之日起即为受理；

（四）申请材料齐全、符合法定形式，或者申请人按照承办机关的要求提交全部补正申请材料的，应当受理统计从业资格认定申请。

统计从业资格认定工作的承办机关受理或者不予受理统计从业资格认定申请，应当向申请人出具加盖本行政机关专用印章并注明日期的书面凭证。

第三章　审查与决定

第十六条　统计从业资格认定工作的承办机关应当对已受理的申请材料进行审查，并将初步审查意见和全部申请材料自受理之日起二十日内报送省级人民政府统计机构。

省级人民政府统计机构应当自收到初步审查意见和全部申请材料之日起二十日内作出是否授予统计从业资格的决定。二十日内不能作出决定的，经本行政机关负责人批准，可以延长十日，并将延长期限的理由告知申请人。

第十七条　申请人的申请符合法定条件的，省级人民政府统计机构应当依法做出授予统计从业资格的书面决定，并颁发统计从业资格证书。统计从业资格证书应当加盖省级人民政府统计机构印章。

申请人的申请不符合法定条件，省级人民政府统计机构依法作出不授予统计从业资格的书面决定的，应当说明理由，并告知申请人享有依法申请行政复议或者提起行政诉讼的权利。

第四章　证书的使用与管理

第十八条　统计从业资格证书在全国范围内有效。

统计从业资格证书应当依法使用，不得涂改、转让、出租和出借。

第十九条　统计从业资格证书由国家统计局统一设计样式，统一制定编号规则。

省级人民政府统计机构负责统计从业资格证书的印制、编号、颁发和管理工作。

统计从业资格认定工作的承办机关负责本行政区域内统计从业资格证书的送达工作。

第二十条　统计从业资格证书遗失或损坏的，取得统计从业资格的人员可持有效证明，向原承办机关提出补发统计从业资格证书的申请。原承办机关进行审查后，报原发证机关依法予以补发。

第二十一条　对取得统计从业资格的人员，实行统计继续教育。

第二十二条　有下列情形之一的，国家统计局和省级人民政府统计机构可以依法撤销已经授予的统计从业资格：

（一）滥用职权、玩忽职守作出授予统计从业资格决定的；

（二）超越法定职权作出授予统计从业资格决定的；

（三）违反法定程序作出授予统计从业资格决定的；

（四）对不具备申请资格或者不符合法定条件的申请人授予统计从业资格的；

（五）以欺骗、贿赂等不正当手段取得统计从业资格的；

（六）依法可以撤销统计从业资格的其他情形。

因前款所列情形被依法撤销统计从业资格的人员，其已取得的统计从业资格证书应当依法予以收回。

第二十三条　申请人因第二十二条第一款第（五）项原因被撤销统计从业资格的，自撤销之日起两年内，省级人民政府统计机构不得授予统计从业资格。

第二十四条　上级人民政府统计机构应当加强对下级人民政府统计机构实施统计从业资格认定工作的监督检查，及时纠正和处理统计从业资格认定工作中的各种违法行为。

第五章　法律责任

第二十五条　任何单位违反本办法第二条的规定，聘请、任用未取得统计从业资格证书的人员从事统计工作的，由县级以上人民政府统计机构责令限期改正，予以警告或者通报批评。拒不改正的，处一千元以下的罚款。

第二十六条　县级以上地方各级人民政府统计机构违反本办法的规定，有下列情形之一的，由其上级人民政府统计机构责令改正；情节较重的，对直接负责的主管人员和其他直接责任人员依法给予行政处分：

（一）对符合法定条件的统计从业资格申请不予受理的；

（二）对不符合法定条件的申请人授予统计从业资格或者超越法定职权作出授予统计从业资格决定的；

（三）对符合法定条件的申请人不授予统计从业资格或者不在法定期限内作出授予统计从业资格决定的；

（四）法律、法规、规章规定的其他违法行为。

第二十七条　申请人隐瞒有关情况或者提供虚假材料申请统计从业资格的，县级以上地方各级人民政府统计机构不予受理或者不授予统计从业资格，并给予批评教育。

第二十八条　已取得统计从业资格的人员有下列行为之一的，由县级以上人民政府统计机构责令改正，予以警告或者通报批评：

（一）涂改、转让、出租、出借统计从业资格证书的；

（二）向负责监督检查的县级以上人民政府统计机构隐瞒有关情况、提供虚假材料或者拒绝提供情况的；

（三）以欺骗、贿赂等不正当手段取得统计从业资格证书的；

（四）法律、法规、规章规定的其他违法行为。

第六章　附　　则

第二十九条　在本办法实施前已依法取得《统计证》、《统计上岗证》或《统计上岗资格证书》的人员，应当自本办法实施之日起一年内，到所在地统计从业资格认定工作承办机关换领统计从业资格证书。

第三十条　本办法规定的实施行政许可的期限以工作日计算，不含法定节假日。

第三十一条　本办法自2005年7月1日起施行。国家统计局1998年发布的《统计人员持证上岗暂行规定》同时废止。

附录四：

统计违法违纪行为处分规定

中华人民共和国监察部
中华人民共和国人力资源和社会保障部　令
国家统计局

第18号

《统计违法违纪行为处分规定》已经监察部2009年2月9日第一次部长办公会议、人力资源社会保障部2008年12月30日第十六次部务会议、国家统计局2008年11月6日第十八次局务会议审议通过。现予公布，自2009年5月1日起施行。

第一条 为了加强统计工作，提高统计数据的准确性和及时性，惩处和预防统计违法违纪行为，促进统计法律法规的贯彻实施，根据《中华人民共和国统计法》、《中华人民共和国行政监察法》、《中华人民共和国公务员法》、《行政机关公务员处分条例》及其他有关法律、行政法规，制定本规定。

第二条 有统计违法违纪行为的单位中负有责任的领导人员和直接责任人员，以及有统计违法违纪行为的个人，应当承担纪律责任。属于下列人员的（以下统称有关责任人员），由任免机关或者监察机关按照管理权限依法给予处分：

（一）行政机关公务员；

（二）法律、法规授权的具有公共事务管理职能的事业单位中经批准参照《中华人民共和国公务员法》管理的工作人员；

（三）行政机关依法委托的组织中除工勤人员以外的工作人员；

（四）企业、事业单位、社会团体中由行政机关任命的人员。

法律、行政法规、国务院决定和国务院监察机关、国务院人力资源社会保障部门制定的处分规章对统计违法违纪行为的处分另有规定的，从其规定。

第三条 地方、部门以及企业、事业单位、社会团体的领导人员有下列行为之一的，给予记过或者记大过处分；情节较重的，给予降级或者撤职处分；情节严重的，给予开除处分：

（一）自行修改统计资料、编造虚假数据的；

（二）强令、授意本地区、本部门、本单位统计机构、统计人员或者其他有关机构、人员拒报、虚报、瞒报或者篡改统计资料、编造虚假数据的；

（三）对拒绝、抵制篡改统计资料或者对拒绝、抵制编造虚假数据的人员进行打击报复的；

（四）对揭发、检举统计违法违纪行为的人员进行打击报复的。

有前款第（三）项、第（四）项规定行为的，应当从重处分。

第四条 地方、部门以及企业、事业单位、社会团体的领导人员，对本地区、本部门、本单位严重失实的统计数据，应当发现而未发现或者发现后不予纠正，造成不良后果的，给予警告或者记过处分；造成严重后果的，给予记大过或者降级处分；造成特别严重后果的，给予撤职或者开除处分。

第五条 各级人民政府统计机构、有关部门及其工作人员在实施统计调查活动中，有下列行为之一的，对有关责任人员，给予记过或者记大过处分；情节较重的，给予降级或者撤职处分；情节严重的，给予开除处分：

（一）强令、授意统计调查对象虚报、瞒报或者伪造、篡改统计资料的；

（二）参与篡改统计资料、编造虚假数据的。

第六条 各级人民政府统计机构、有关部门及其工作人员在实施统计调查活动中，有下列行为之一的，对有关责任人员，给予警告、记过或者记大过处分；情节较重的，给予降级处分；情节严重的，给予撤职处分：

（一）故意拖延或者拒报统计资料的；

（二）明知统计数据不实，不履行职责调查核实，造成不良后果的。

第七条 统计调查对象中的单位有下列行为之一，情节较重的，对有关责任人员，给予警告、记过或者记大过处分；情节严重的，给予降级或者撤职处分；情节特别严重的，给予开除处分：

（一）虚报、瞒报统计资料的；

（二）伪造、篡改统计资料的；

（三）拒报或者屡次迟报统计资料的；

（四）拒绝提供情况、提供虚假情况或者转移、隐匿、毁弃原始统计记录、统计台账、统计报表以及与统计有关的其他资料的。

第八条 违反国家规定的权限和程序公布统计资料，造成不良后果的，对有关责任人员，给予警告或者记过处分；情节较重的，给予记大过或者降级处分；情节严重的，给予撤职处分。

第九条 有下列行为之一，造成不良后果的，对有关责任人员，给予警告、记过或者记大过处分；情节较重的，给予降级或者撤职处分；情节严重的，给予开除处分：

（一）泄露属于国家秘密的统计资料的；

（二）未经本人同意，泄露统计调查对象个人、家庭资料的；

（三）泄露统计调查中知悉的统计调查对象商业秘密的。

第十条 包庇、纵容统计违法违纪行为的，对有关责任人员，给予记过或者记大过处分；情节较重的，给予降级或者撤职处分；情节严重的，给予开除处分。

第十一条 受到处分的人员对处分决定不服的，依照《中华人民共和国行政监察法》、《中华人民共和国公务员法》、《行政机关公务员处分条例》等有关规定，可以申请复核或者申诉。

第十二条 任免机关、监察机关和人民政府统计机构建立案件移送制度。

任免机关、监察机关查处统计违法违纪案件，认为应当由人民政府统计机构给予行政处罚的，应当将有关案件材料移送人民政府统计机构。人民政府统计机构应当依法及时查处，并将处理结果书面告知任免机关、监察机关。

人民政府统计机构查处统计行政违法案件，认为应当由任免机关或者监察机关给予处分的，应当及时将有关案件材料移送任免机关或者监察机关。任免机关或者监察机关应当依法及时查处，并将处理结果书面告知人民政府统计机构。

第十三条 有统计违法违纪行为，应当给予党纪处分的，移送党的纪律检查机关处理。涉嫌犯罪的，移送司法机关依法追究刑事责任。

第十四条 本规定由监察部、人力资源社会保障部、国家统计局负责解释。

第十五条 本规定自 2009 年 5 月 1 日起施行。

附录五：

2013 年统计大事记

1 月 1 日	市统计局完成《转型发展、加快发展、和谐发展》系列分析专辑和“两会”资料手册编印工作。
1 月 1 日—2 日	省统计局法规处处长王平一行来马鞍山市调研法规工作。
1 月 4 日	市政府召开新闻发布会，市统计局局长徐宏勇发布 2012 年暨过去五年全市经济社会发展情况。
1 月 5 日	市长张晓麟在市统计局撰写的《基本单位稳步增加 产业发展转型升级——五年来全市基本单位发展情况综述》统计分析资料上作重要批示。
1 月 5 日—9 日	市统计局副局长张玛莉列席市政协九届一次会议。
1 月 6 日—10 日	市统计局局长徐宏勇列席市十五届人大一次会议。
Δ	市长张晓麟代表市政府向市第十五届人大一次会议所作的政府工作报告中，将企业一套表改革及第三次全国经济普查工作纳入全市 2013 年度重点工作。
1 月 7 日	国家统计局发文，分别授予马鞍山市统计局企业“一套表”联网直报国家级先进集体、一体化住户调查国家级先进集体荣誉称号。
1 月 9 日	市政府印发文件（马政人〔2013〕1 号），任命许宏林同志为市统计局副局长。
Δ	市统计局召开县区、园区统计局长会议，总结去年的重点工作，研究部署当前主要工作。
1 月 11 日	市统计局召开了全市工业及能源统计报表制度布置会议。
1 月 12 日	市统计局召开理论学习会，商贸外经科科长吕斌为全局职工做了题为“贸易统计学习汇报”的业务讲座。
Δ	市统计局召开全局职工大会，部署近期重点工作。
1 月 15 日	市统计局副调研员张敏敏率部门统计考核检查组前往市公安局、市残联，检查 2012 年度统计工作。
Δ	市统计局副局长、总统计师许宏林带领相关专业人员赴秀山新区，考核该新区 2012 年固定资产投资统计工作。
1 月 16 日	市统计局局长徐宏勇带领相关专业人员赴市地税局和人行马鞍山分行，开展部门统计考核工作。
Δ	市统计局局长徐宏勇赴马钢进行工业企业科技统计工作调研，市统计局副局长张玛莉、市科技局副局长黄竹梅等领导陪同调研。
Δ	市统计局召开全市服务业暨文化产业统计年报工作会议。
Δ	市统计局召开全市基本单位名录库工作暨程序培训会议。
Δ	市统计局完成统计网络 2M ATM 线路到 2M SDH 线路的切换工作，省到市广域网备份线路改造工作圆满完成。
1 月 17 日	市统计局副局长张玛莉带领相关专业人员赴市教育局、旅游局和国土局开展统计考核工作。
1 月 18 日	市统计局召开“学习十八大精神、千场报告下基层”集中宣讲活动报告会，邀请市教育局副调研员朱家贤为全局职工做专题报告。
Δ	市统计局机关党支部负责同志与结对共建村永合村负责人座谈共建工作。
1 月 23 日	省统计局普查中心主任王斌、副主任戴绍中一行 4 人来我市检查指导第三次经济普查专题调研工作。
Δ	市统计局召开慈湖高新区与花山区托管区域相关企业统计数据划转对接会议。
1 月 24 日	市委宣传部、市统计局联合召开文化产业统计暨法人单位核查认定工作会议。市委常委、宣传部长盛厚林，市统计局局长徐宏勇，副局长张玛莉出席会议。
Δ	市统计局召开 2013 年全市综合、考核暨核算统计工作会议。
1 月 28 日	市统计局召开局务会，部署春节前后相关工作。
Δ	市统计局妇委会荣获 2012 年度全市“优秀妇委会”荣誉称号。
1 月 28 日—2 月 1 日	市统计局分 2 个小组集中走访慰问了 12 名离退休干部职工、2 名困难遗属家庭和 3 个结队共建单位。
1 月 29 日	市委常委、常务副市长魏尧在市统计局撰写的《关于开发区考核评价有关问题的汇报》统计信息专报上作出批示。
Δ	市统计局局长徐宏勇带队赴市财政局交流统计工作。

1月30日	市统计局召开2012年度科级及以下干部述职考评会。
1月31日	市统计局局长徐宏勇赴郑蒲港新区调研,副局长张玛莉、副调研员宋必友等陪同调研
2月1日	市统计局荣获"2012年度全市对外宣传工作先进集体"。
2月2日	市统计局召开理论学习会,普查科科长黄惠珍为全局职工做了题为《第三次全国经济普查相关内容介绍》的专业讲座。
2月4日	市统计局召开全市工业统计年报数据处理业务培训会。
Δ	市统计局城调队召开全队工作会议,部署春节期间居民消费价格调查工作。
2月5日、7日	市委书记郑为文、市长张晓麟分别在市统计局报送的《纳入2013年月度统计的新增企业审批情况汇报》上作批示。
2月16日	市统计局召开党组(扩大)会议,迅速传达全市项目提速年动员大会精神。
Δ	市委书记郑为文分别在市统计局报送的《2012年全市消费品市场发展情况分析》、《2012年全市对外经济贸易情况简析》上作重要批示。
Δ	市统计局城调队顺利完成春节假期采价和发送价格的工作任务。
2月18日	市统计局、市经信委联合召开全市工业企业成本费用调查工作会议,副市长季翔出席会议并讲话。
2月19日	市统计局组织党员干部和志愿者参加除冰扫雪工作,清扫行政中心北面路段采秣路机动车道的积雪。
2月20日	市统计局城调队荣获全省调查队系统"2012年度安徽调查队系统综合考核先进单位",这是该队连续第五年获得全省调查队系统先进单位荣誉称号。
2月21日	市统计局召开全市贸易统计业务培训会。
Δ	市统计局组织开展公路客货运车辆能源消费情况调查。
2月22日	市统计局城调队组织召开全市固定资产投资价格调查工作暨培训会。
2月25日	市统计局召开局务会,部署近期直报专业月报、年报工作。
2月26日	市统计局、市房开办联合召开全市房地产开发企业统计人员业务培训会议,共同推进房地产企业联网直报工作。
2月27日	市统计局发布《2012年马鞍山市国民经济和社会发展统计公报》。
Δ	市长张晓麟专门听取市统计局主要领导工作汇报,对市统计局2012年的工作表示充分肯定,并对2013年统计工作提出具体要求。
2月28日	市统计局荣获"2012年度全市社会管理综合治理先进单位"。
3月1日	市统计局会同市委宣传部相关人员赴雨山区督查文化产业法人单位核查认定工作。
3月5日—6日	市统计局局长徐宏勇、副局长张玛莉带领市局相关科室负责人赴宣城市、浙江省嘉兴市学习交流部门统计、统计基层基础建设工作。
3月7日	市统计局会同市委宣传部相关人员赴花山区督查文化产业法人单位核查认定工作。
Δ	市统计局召开庆"三八"座谈会。局党组书记、局长徐宏勇,副局长张玛莉、副调研员张敏敏参加了座谈会。
3月9日	市统计局召开理论学习会,邀请人民银行马鞍山市中心支行调查统计科科长高建华,为全局职工做了题为《金融知识实务介绍》的专题讲座。
3月12日	市统计局召开2012年全市投入产出调查工作会议。
Δ	市统计局局长徐宏勇赴滨江新区进行调研统计工作。
3月12日—13日	市统计局会同市委宣传部相关人员分别赴当涂县、和县督查文化产业法人单位核查认定工作。
3月13日	市统计局副调研员宋必友带领市局相关科室负责人赴芜湖市学习交流投入产出调查工作。
3月18日	市统计局召开2013年一季度全市GDP核算部门联席会议,市发改委、经信委、住建委、农委、财政局、交运局、国税局、地税局和人民银行的分管领导及有关科室负责人参加会议。
3月19日	市长张晓麟在市统计局撰写的《关于国家统计局下发〈紧急通知〉相关情况的汇报》上作重要批示。
Δ	市统计局印发《2013年马鞍山市统计法制工作要点》。
3月19—21日	市统计局副局长张玛莉、副调研员张敏敏分别带队,赴博望区、含山县、市开发区,开展贯彻落实《国家统计局关于坚决制止和严肃查处编造统计数据等弄虚作假行为的紧急通知》专项督查。
3月19日—23日	市统计局城调队组织专题调查,研究分析"新国五条"房地产政策对我城市居民买卖房屋意向的影响。
3月20日—21日	国家统计局安徽调查总队方正亚副总队长率消价处童晓丽处长、生价处张雪处长等一行四人,来马鞍山市城调队调研指导工作。
3月21日	市统计局荣获2012年度全市政务公开工作先进单位。
3月22日	市统计局召开全市文化产业法人单位核查认定工作推进会。

3月23日	市统计局被市直机关工委评为2012年度创建“五好”关工委工作先进单位。
3月26日	市党风廉政建设责任制暨推进惩治及预防腐败体系建设工作小组印发文件,通报2012年度全市党风廉政建设责任制暨推进惩治及预防腐败体系建设考核工作情况,市统计局获优秀等次。
3月26日—27日	市统计局召开全市2012年投入产出调查培训工作会议。省统计局核算处副处长过劲松到会并作业务指导。
3月28日	市统计局召开全市统计法制工作会议。市局党组书记、局长徐宏勇代表市统计局与各县区统计局局长及开发区(新区)统计机构负责人签订2013年度统计依法行政责任书,副局长张玛莉出席会议并提出要求,副调研员张敏敏主持会议。
3月29日	市统计局召开全市固定资产投资业务培训会,市统计局副局长许宏林主持会议。
Δ	市统计局组队参加市直机关干部登山比赛,瞿燕获女子组第三名。
4月1日	马鞍山市第三次全国经济普查网站正式上线运行。
4月3日	市统计局印发《2013年马鞍山市统计执法检查工作计划》,部署全市统计执法检查工作。
Δ	统计法律法规将从今年开始,纳入全市政府部门领导干部任前考试内容,旨在增强各级领导干部依法统计意识。
Δ	市统计局荣获“2012年度全市环境保护目标责任制考核优秀单位”。
4月8日	市统计局佘白鱼同志在市委宣传部、市文明办、马鞍山日报社主办的“弘扬雷锋精神 构建和谐社会”征文活动中,荣获三等奖。
4月10日	市统计局印发《关于清理统计代理机构代替企业进行联网直报的通知》,对全市范围内的统计代理机构代报数据行为进行清理,切实保障企业一套表联网直报源头数据质量。
4月11日	市统计局局长徐宏勇应市委党校邀请,为2013年春季学期主体班全体学员作题为《转型发展中的马鞍山》的专题讲座。
Δ	市统计局制定《2013年统计局领导干部集体学法计划》,提高统计领导干部依法行政工作水平。
Δ	市统计局印发《关于开展“三上”及重点服务业企业统计从业人员持证情况调查的通知》,开展“三上”及重点服务业企业统计人员持证上岗情况调查工作,建立全市“三上”及重点服务业企业统计从业人员基本信息数据库,实行动态维护管理。
4月12日	市统计局党支部组织青年志愿者赴黄池镇中渡村开展义务植树活动。
4月13日	市统计局召开理论学习会,邀请马鞍山日报社总编助理、要闻部主任陈峰为全局职工作题为《新闻、媒介及新闻报道写作》的专题讲座。
Δ	市统计局召开全局职工大会,市统计局局长徐宏勇总结今年以来统计工作开展情况,重点部署近期主要工作,并提出五项具体要求进一步推进工作提效。
4月13日—22日	市统计局组队参加第一届“广电杯”干部职工篮球赛,展示了统计干部职工的良好形象。
4月16日	市统计局召开中心组(扩大)会议,专题学习贯彻省委副书记、代省长王学军在马鞍山考察调研工作时的重要讲话精神。
4月17日	市统计局综合科、服务业科和工建科组成联合检查组赴含山、和县检查指导工业企业投入产出调查工作开展情况。
4月18日	市统计局商贸科对部分重点商贸企业进行调研,详细了解部分商贸企业今年以来的经营状况。
4月25日	市长张晓麟在市统计局上报的《一季度我市GDP增幅跃居全省第二》统计专报上作重要批示。
Δ	市推进依法行政工作领导小组第五期《简报》专题宣传市统计局统计依法行政工作。简报从健全机构制度、加强人员培训、强化普法宣传和加大日常督查四个方面对市统计局近年来统计改革和依法行政工作进行宣传。
Δ	市统计局联合市开发办对房地产开发企业进行统计基础工作和数据质量专项检查,进一步提高房地产统计源头数据质量。
4月26日	市长张晓麟在市统计局上报的《关于全省统计局长座谈会精神及我市统计工作开展情况的汇报》上批示:去年统计工作在省局关心支持下,取得显著成绩,值得赞赏,望继续努力!
Δ	市统计局服务业统计科赴雨山、博望,对雨山区江发劳务有限公司和博望区建设发展有限公司生产经营情况进行调研。
4月27日	市委书记郑为文来市统计局调研指导工作,亲切看望和勉励大家继续保持好的工作作风、好的工作状态。市委常委、常务副市长魏尧,副市长张文静,市委秘书长张东明,市委副秘书长吴瑞新,市政府目标办主任潘素萍参加调研。

Δ	市委书记郑为文在市统计局上报的《关于全省统计局长座谈会精神及我市统计工作开展情况的汇报》上批示：感谢省统计局的关心和厚爱；感谢市统计局同志们的辛勤劳动和作出的贡献。望再接再厉，再创佳绩。
Δ	市统计局召开局务会，学习贯彻市委书记郑为文在市统计局调研时的重要讲话精神。局党组书记、局长徐宏勇主持会议，副局长张玛莉、许宏林，副调研员张敏敏、宋必友等分别畅谈了学习体会。
Δ	市统计局召开局务会，认真学习贯彻全省统计工作座谈会精神，局长徐宏勇主持会议。副局长张玛莉传达了省统计局局长钱晓康重要讲话精神，副局长、总统计师许宏林提出具体要求。
Δ	市统计局召开局务会，研究"项目提速、工作提效"具体措施，部署全局效能建设工作。
5月6日	省统计局局长钱晓康在马鞍山市统计局上报的《马鞍山市委书记郑为文、市长张晓麟在马鞍山市局上报〈统计信息专报〉(第11期)上的批示》上批示。
5月7日	市统计局召开党组(扩大)会议，部署下基层调研和专题分析工作。
5月8日	市委书记郑为文连续在三期安徽统计分析上做出重要批示，体现了对统计分析工作的高度重视。
Δ	市统计局完成《2012数字马鞍山》的编印工作。
5月9日	市统计局局长徐宏勇赴秀山新区调研统计工作。
Δ	市统计局党组(中心组)荣获2012年度理论学习"先进单位"。
Δ	市统计局完成《2012年度马鞍山市统计工作资料和统计分析汇编》编印工作。
5月10日	市统计局副局长张玛莉赴花山区文苑社区检查指导二季度劳动力抽样调查入户登记工作。
5月11日	市统计局召开理论学习会，邀请市财政局国库科科长齐道友为全局职工作题为《关于财政管理的几个问题》的专题讲座。
Δ	市统计局召开全局职工大会，部署当前统计工作。会议提出要通过"打基础、强协作、抓调研、提能力"四项举措，全面推进各项工作。
5月13日	市统计局干部职工积极参与"母亲邮包"捐赠活动，向四川地震灾区人民捐赠善款4300元。
Δ	市统计局组织职工参加由市直机关工委组织的庆"五一"拔河比赛。
5月14日	市统计局局长徐宏勇应市行政学院邀请，为2013年第一期科级公务员任职培训班全体学员，作题为《当前马鞍山经济形势》的专题讲座。
5月14日—15日	市统计局副局长张玛莉率相关科室同志，赴合肥市、铜陵市统计局学习交流城镇化统计工作。
5月15日	市统计局召开《2013马鞍山统计年鉴》编辑工作会议。
5月16日	副市长王晓焱在市统计局撰写的《一季度全市消费品市场运行情况简析》上批示。
5月17日	马鞍山市召开全市统计工作座谈会。会议传达贯彻全国统计工作会议、全省统计工作座谈会精神及市委市政府主要负责同志关于统计工作的批示精神；回顾总结去年以来统计工作，明确今年统计工作任务。
Δ	市统计局会同市发改委召开全市服务业统计联席会议。
Δ	宋必友同志任市统计局党组成员。
5月20日	市统计局商贸科、法规科负责人赴花山区开展统计执法检查。
5月21日	许峰、胡书敏、宛敏代表市统计局参加市直机关组织的政务微博大赛。
5月22日	市统计局、市妇儿工委联合召开全市妇女儿童监测统计工作会议，研究部署2012年度"两纲"监测统计工作任务。
Δ	市统计局荣获2012年度全市党政机关目标管理考核优秀单位。
5月23日	宋必友同志任市统计局总统计师。
5月27日	市统计局荣获"2012年度全市政务信息工作先进单位"荣誉称号，王芳同志荣获"2012年度全市政务信息工作先进个人"荣誉称号。
5月27日	市依法治市办公室印发文件，将《统计法》、《全国经济普查条例》等列入2013年度市统计重点普法目录。
5月28日	市长张晓麟在市统计局撰写的《一季度我市GDP等指标增幅居长三角城市前列》上批示。
5月23日、28日	市统计局法规科负责同志会同市开发区和慈湖高新区的统计执法人员，深入园区企业开展统计执法工作。
Δ	朱夏晴同志任市城市社会经济调查队副队长。
5月30日	市统计局召开全市统计法制工作会议，部署全市"三上"及重点服务业企业统计从业人员持证情况专项执法检查和统计"六五"普法中期督导检查工作。

5月30日—31日	省统计局政策法规处处长王平、副处长高文冬等一行5人,来我市检查指导工业企业统计数据质量及统计基础工作。
6月4日	市政府印发《关于认真做好第三次全国经济普查的通知》,从工作要求、对象和范围、内容和时间、组织和实施、经费保障等方面对全市第三次经济普查工作进行全面部署。
6月5日—6日	省统计局人事教育处调研员陈淮松一行来我市调研高校统计职称资格考试报考情况。
6月7日	市统计局副局长许宏林赴和县、郑蒲港新区调研统计工作。
6月9日	市统计局召开理论学习会,邀请市委讲师团成员、市经济学会副会长洪绍明为全局职工作题为《塘、湖、江——马鞍山大城之梦》专题讲座。
Δ	市统计局召开全局职工大会,传达学习代省长王学军赴省统计局调研时重要讲话精神。
Δ	市统计局召开全局职工大会,对当前统计工作进行再部署。市统计局局长徐宏勇要求全局职工进一步拓宽工作路径,理清"动力"与"压力"两种关系,以开展专题调研为突破口,开创统计工作新局面。
6月14日	国家统计局人口司专项调查处处长崔红艳一行来我市调研人口统计和城镇化建设情况。
6月16日	市长张晓麟在市统计局撰写的《关于学习贯彻王学军代省长赴省局调研时的重要讲话精神情况汇报》上批示。
6月17日	省统计局文化产业处处长张成美一行来我市调研文化产业统计工作。
Δ	市统计局完成统计"六五"普法中期自查验收工作。
6月20日	市统计局总统计师宋必友等一行,赴江苏省盐城市学习交流建设全面小康社会达标评审工作。
6月21日	市统计局副局长张玛莉、市商务局副局长潘良庭一行赴和县调研商业统计工作。
6月24日	市委书记郑为文在市统计局撰写的《关于全市新增企业申报情况的汇报》上批示。
6月25日	市统计局特邀省统计局综合处赵金宝处长作《统计分析专题讲座》,市统计局全体干部职工,县区统计局局长和业务骨干参加讲座。
6月26日	市统计局召开上半年全市GDP核算部门联席会议。市发改委、经信委、住建委、农委、财政局、商务局、交运局、国税局、地税局、人民银行等部门有关负责人参加会议。
6月26日	市统计局胡书敏同志参加市直机关地税杯迎七一"共筑中国梦、党员做先锋"演讲比赛。
6月27日	市委常委、常务副市长魏尧在市统计局撰写的《关于全市新增企业申报情况的汇报》上批示。
Δ	市统计局戴向京、佘白鱼两名新党员参加市直机关工委组织的迎"七一"新党员入党宣誓活动。
6月28日	市统计局局长徐宏勇在市政府常务会上专题汇报上半年新增企业情况。
Δ	市统计局组队参加全市"交通杯"庆"七一"乒乓球比赛。
7月2日	市长张晓麟在我局撰写的《关于我市部分商业企业未纳入限上统计情况的调查报告》上作批示。
7月3日	市委书记郑为文在市统计局城调队撰写的《马鞍山市城市居民耐用消费品拥有情况分析》上作批示。
7月4日	市统计局党组成员、副局长张玛莉深入计划生育联系点护河镇调研指导计划生育工作。
Δ	市统计局完成一季度基本单位名录库更新维护工作。
7月5日	市统计局党组成员、副局长张玛莉主持召开"互联共建"座谈会,黄池镇中渡村两委班子、局党支部委员参加座谈会。
7月5日—10日	市统计局城调队在市区范围内开展"马鞍山市物业管理满意度"问卷调查。
7月6日	市统计局召开理论学习会,邀请市规划局编研中心副主任彭师为全局职工作《马鞍山市城市规划介绍》专题讲座;邀请市政府法制办综合科科长李霞作《依法行政视角下的统计执法》专题讲座。
7月8日	市政府召开市长碰头会,市统计局汇报了全市部分商业企业未纳入限额以上统计的情况,市长张晓麟就做好限额以上商贸企业统计工作提出具体要求。
7月9日	市统计局召开全市民营经济统计工作会议。市经信委、住建委、商务局、交运局、科技局、国税局、地税局、工商局、质监局和人民银行等部门有关负责人参加会议。
7月11日	市人大常委会副主任龙李海、徐业志等领导专题听取市统计局关于2013年上半年全市经济运行情况的汇报。
7月12日	市统计局党组成员、副局长张玛莉带一行赴黄池镇中渡村召开村干部参加的座谈会,了解派驻干部工作情况。会后,张玛莉一行慰问了4户困难老党员。
7月15日	市统计局局长徐宏勇就进一步加强部门统计工作向市政府常务会议作专题汇报,提请市政府审议相关工作实施意见。
7月16日	市委书记郑为文在市统计局撰写的《马鞍山区域投入产出水平比较分析》上作批示。
Δ	市统计局召开企业一套表联网直报"三查"重点核查工作会议,部署全市"三查"工作。

7月19日	市政府召开新闻发布会,市统计局局长徐宏勇发布了2013年上半年全市经济社会发展情况。
Δ	市第三次经济普查领导小组办公室组织召开编制、民政、工商、国税、地税、质监、统计七部门联络员会议,研究布置部门行政登记资料整理工作。
7月21日	市长张晓麟在我局撰写的《马鞍山区域投入产出水平比较分析》上作批示。
7月22日	市长张晓麟在我局撰写的《上半年我市GDP核算情况汇报》上作批示。
7月23日—24日	省统计局能源处处长胡永进一行4人,赴含山、和县开展企业一套表联网直报"三查"工作。
7月25日—26日	全省统计局长座谈会在我市召开。会议分析研讨全省各市上半年经济形势,听取了对省局开展党的群众路线教育实践活动的意见建议。会议期间,市委书记郑为文会见了省统计局局长钱晓康一行,并与他们交流了新形势下的统计工作;市长张晓麟出席座谈会并致辞;市委常委、常务副市长魏尧,省统计局副局长张培胜等出席座谈会,全省各市统计局长参加会议。
7月26日	市经普办召开首次全体成员会议。市经普办主任、市统计局副局长张玛莉主持会议,市经普办副主任、市统计局总统计师宋必友参加会议。
Δ	市统计局联合市住建委,对国家重点服务业企业开展统计巡查。
7月18日、30日	市统计局副局长张玛莉、许宏林,总统计师宋必友,分别率领核查组,赴县区、开发园区和新区开展企业一套表联网直报"三查"工作重点核查工作。
7月30日	市委组织部、市统计局联合召开领导班子和领导干部作风建设情况专项调查会议。
7月31日	市统计局副局长张玛莉赴雨山区经普办,指导经济普查省级综合试点普查区域划分、"两员"选调、宣传等前期准备工作。
Δ	市第三次全国经济普查领导小组办公室印发《关于开展第三次全国经济普查省级综合试点的通知》,对经济普查省级综合试点工作进行部署。
Δ	市政府印发《关于进一步加强部门统计工作的意见》(马政〔2013〕63号),全面规范部门统计工作,建立政府综合统计和部门统计的相互协作机制,按季召开部门统计联席会议。
8月1日	截止7月底,全市三县三区、四个园区、马钢、十七冶和58个乡镇、街道(工业园区)第三次经济普查机构全部组建完毕。
8月2日	市经普办集中学习《三经普综合试点方案》。
8月5日	市统计局召开局务会,总结上半年工作,研究部署下半年重点工作。
8月7日	全市第三次全国经济普查省级综合试点单位核查、培训工作会议在雨山区召开。市、县区经普办业务骨干、平湖、安民街道全体普查员近百人参加了会议。
8月8日	市统计局党组书记、局长徐宏勇主持召开县区统计局长座谈会,学习传达全省统计局长座谈会精神,分析当前形势,部署年内工作。
8月8日—14日	雨山区近百名普查人员,完成试点区域单位、个体户数量相关信息的入户核查、单位比对和查遗补漏工作。
8月10日	市统计局农调队队长沈万元赴当涂县开展农村统计基础工作检查。
Δ	市统计局召开"中国梦"宣讲会,邀请市委宣传部理论科科长齐道明,为全局职工作《"中国梦"的科学内涵与实现之路》专题讲座。
Δ	市统计局召开全局职工大会,布置近期工作。
8月11日	市委常委、常务副市长王菘在听取市统计局主要负责人关于全市统计工作情况和经济运行情况的专题汇报后,充分肯定统计工作所取得的成绩,并对下一步工作提出具体要求。
8月12日	市经普办召开经济普查省级试点入户核查总结及近期工作布置会。市经普办主任、市统计局副局长张玛莉到会讲话。
8月13日	市统计局考核办主任周济在市第五批选派干部到村任职年度考核中被评定为市级优秀。
8月14日	市统计局召开理论学习会,邀请市委党校教授马小林为全局职工作理论知识专题讲座。
8月17日	市经普办召开会议,传达全省第三次全国经济普查综合试点工作布置暨业务培训会议精神,部署试点近期各项工作。市经普办副主任、市统计局总统计师宋必友主持会议。
8月18日	市统计局组队参加市直机关第一届"我健康 我快乐"地税杯游泳比赛。
Δ	市第三次全国经济普查省级综合试点动员暨业务培训会议在雨山区行政中心召开。市经普领导小组副组长、市统计局局长徐宏勇到会作动员讲话,雨山区副区长徐选谊,市、县区(园区)经普办业务骨干及试点地区普查人员参加了会议。市经普办副主任、市统计局总统计师宋必友主持会议。
8月19日—24日	全市近百名普查人员分成45个调查小组,深入雨山区安民街道和平湖街道调查小区,开展普查试点登

记工作。

8月20日　市统计局总统计师宋必友应市司法局邀请，为全市司法系统作题为《统计知识与统计分析》专题讲座。

Δ　市统计局荣获第六届“四优”文明机关称号。

8月21日　全省第三次全国经济普查综合试点（马鞍山）PDA业务培训会议在马钢宾馆召开。省统计局普查中心副主任戴绍中到会讲话，省统计局服务业调查中心副主任李志英介绍经济普查综合试点方案；市经普领导小组副组长、市统计局局长徐宏勇到会致辞，市经普办副主任、市统计局总统计师宋必友主持会议。

8月22日—24日　合肥、芜湖、六安、滁州四市近70名经济普查业务骨干来我市，参与省级综合试点登记工作，熟悉普查工作流程，掌握PDA数据采集技能。

8月23日　省统计局服务业处处长张海涛一行来我市检查重点服务业数据质量。

8月24日　市统计局农调队会同市农委在全市开展高温热害对农作物生长情况专项调查。

8月29日　国务院和安徽省先后召开第三次全国经济普查电视电话会议，全市及各县区经济普查领导小组成员及办公室人员在全市各分会场参加会议。市委常委、常务副市长王崧，市经济普查领导小组成员单位领导及联络员在市主会场参加会议。

9月4日　市委书记张晓麟在市统计局报送的《关于8月份新增企业申报情况的汇报》上批示。

Δ　市经普办召开会议，总结省级综合试点工作，部署近期工作。

9月5日　我市组织人员集中收看第三次全国经济普查视频会议。

9月6日　芜湖市统计局副局长方陵、总统计师朱春建一行4人来我局交流第三次全国经济普查省级综合试点工作。

9月7日　市统计局全面完成61个乡级单位、568个村级单位的统计用行政区划代码和城乡属性更新、划分工作。

9月12日　市统计局召开县区（园区）统计局长会议，研究部署四季度工作，市统计局局长徐宏勇主持会议，并就全面完成目标任务提出具体要求。

Δ　市统计局组织召开县区经济普查办公室主任会议，总结省级综合试点工作，部署近期工作。

9月12日—15日　市统计局副局长张玛莉带领市经普办相关人员走访编办、民政、工商、国税、地税、质监等部门，就贯彻落实省八部委文件精神，完善部门行政登记资料提供的范围、格式和指标口径，发挥部门优势、配合做好经济普查工作进行面对面的交流和探讨。

9月15日　全市688名统计从业人员参加的2013年全国统计从业资格考试工作圆满完成。

9月17日　市统计局召开局务会，传达学习市政府第二次全体会议精神，部署目标考核统计工作。

9月18日　我市召开第三次全国经济普查领导小组第一次会议，贯彻落实全国经济普查电视电话会议精神，全面部署经济普查工作。市经普领导小组组长、常务副市长王崧主持会议并作重要讲话，市经普领导小组副组长、市政府副秘书长邢修桂参加会议，市经普领导小组成员单位参加会议。

9月23日　市委常委、常务副市长王崧在市政府常务会上再次强调经济普查工作，并就加强部门协作搞好普查工作提出具体要求。

Δ　亳州市统计局局长燕传立率县区局负责同志一行17人来我市交流经济普查工作。

Δ　市统计局总统计师宋必友主持召开三季度全市GDP核算部门联席会议。市发改委、经信委、住建委、农委、财政局、商务局、交运局、国税局、地税局、人民银行等部门负责人参加了会议。

9月23日—24日　省经普办副主任、省统计局总统计师高亳洲一行3人来我市调研指导经济普查工作，并对省级综合试点普查登记情况进行事后质量抽查。

9月23日—24日　市统计局副局长许宏林一行，先后深入5家企业，开展“走访服务企业”活动。

9月23日　2013年全市统计行政执法案卷评查暨业务培训会在和县召开。

9月25日—26日　市统计局副局长、市经普办主任张玛莉一行赴含山、和县和博望区，检查第三次经济普查前期准备工作。

9月26日　市统计局局长徐宏勇应邀为市委党校2013年秋季学期主体班全体学员，作“马鞍山建成全面小康社会进程”专题讲座；宣传第三次全国经济普查工作。

Δ　市统计局党组成员、副局长张玛莉深入计划生育联系点护河镇调研指导计划生育工作。

10月7日　我市召开县区经济普查办公室主任会议，市经济普查领导小组副组长、市统计局局长徐宏勇要求认真贯彻落实全省经济普查办公室主任会议精神，坚持“创新引领、保障到位”，坚持“系统性思维、精细化运作”，全面完成好全市经济普查各项工作。

10月8日　市统计局副局长许宏林会同相关部门分管负责同志，赴马钢两公司协调两公司资产重组相关统计工作。

10 月 9 日	市统计局局长徐宏勇主持召开局务会，要求从六个方面入手做好四季度工作。
10 月 10 日	市经普办主任、市统计局副局长张玛莉应邀出席马钢集团公司召开的第三次经济普查动员暨单位核查业务培训会，并在会上作动员讲话。
10 月 11 日	市委书记张晓麟在我局撰写的工业统计分析《全市 11 个省级以上开发园区的主导产业发展情况概况》上作重要批示。
10 月 12 日	市委宣传部和市经普办联合召开第三次全国经济普查单位核查阶段宣传工作会议，对全市单位核查宣传工作进行全面动员和部署。
Δ	市统计局组织离退休老同志赴当涂县美好乡村建设示范点参观，让老同志们切身感受经济发展成果。
10 月 13 日	市统计局在市委碰头会上，专题汇报关于全市 9 月份新增企业审核通过和 2013 年度企业申报情况。市委书记张晓麟充分肯定统计部门在新增企业申报工作中作出的积极努力，要求相关部门进一步做好年度企业申报工作。
Δ	市统计局圆满完成全国统计专业技术中、初级资格考试马鞍山考点的考务工作。
10 月 15 日	市委常委、常务副市长王崧赴市海关、国税局、地税局调研，市统计局局长徐宏勇陪同调研。调研中，王崧要求有关部门高度重视并全力支持经济普查工作。
10 月 16 日	市政府召开部门统计工作联席会议，研究部署当前全市部门统计工作。市委常委、常务副市长王崧主持会议并作重要讲话。
10 月 17 日	市委常委、常务副市长王崧主持召开新增规上工业企业申报工作推进会。市统计局局长徐宏勇作情况通报。
10 月 18 日	市委常委、常务副市长、市第三次全国经济普查领导小组组长王崧在《马鞍山日报》等主流媒体发表题为《弘扬求真务实精神 全力搞好经济普查》的署名文章，强调全市上下要齐心协力、扎实工作，以一流的工作水平、一流的工作效率、一流的工作质量，圆满完成经济普查各项工作任务。
Δ	市经济普查领导小组副组长、市统计局局长徐宏勇就第三次全国经济普查接受市电台、市电视台记者采访。
10 月 19 日	市第三次全国经济普查单位核查阶段入户登记的第一天，市经济普查领导小组副组长、市统计局局长徐宏勇赴花山区、雨山区进行检查指导单位核查工作。
10 月中旬开始	我市创新宣传理念和方式，全方位、立体式、多渠道开展普查宣传，掀起普查宣传高潮，为全市经济普查单位核查工作顺利推进营造浓厚的舆论氛围。
10 月 21 日	市经普办召开县区经普办主任会议，通报前一阶段单位核查工作进展情况，对下一阶段单位核查工作进行再部署。
Δ	市经普办副主任、市统计局总统计师宋必友赴市开发区、慈湖高新区检查经济普查单位核查工作。
Δ	市经普办召开银行、证券、保险、铁路、邮政、电信、移动和联通等部门业务负责人会议，布置垂直管理部门单位核查工作。
10 月 22 日	市统计局局长徐宏勇出席花山区第三次经济普查单位核查业务培训会议并讲话，花山区副区长张晓涧主持会议。
Δ	市经普办主任、市统计局副局长张玛莉带队赴博望区检查指导经济普查单位核查工作。
Δ	淮南市经普办主任、市统计局总统计师尹伊一行 5 人来我市交流第三次经济普查工作。市经普办主任、市统计局副局长张玛莉，市经普办副主任、总统计师宋必友及相关专业负责人参加交流会。
10 月 23 日—25 日	市经普办主任、市统计局副局长张玛莉分赴示范园区、花山区和当涂县检查指导单位核查工作。
10 月 23 日	市统计局副局长许宏林一行赴含山县检查指导经济普查单位核查工作。
10 月 25 日	我市组织收看全省动员基层组织参加第三次全国经济普查工作电视电话会议。
10 月 28 日	全市三经普单位核查关键时期，市统计局召开会议，专题研究重点区域单位核查工作。市经济普查领导小组副组长、市统计局局长徐宏勇主持会议，并就切实做好单位核查工作，提出具体要求。
Δ	市经济普查领导小组副组长、市统计局局长徐宏勇一行赴博望区督查单位核查工作。
Δ	市统计局总统计师、市经普办副主任宋必友一行赴雨山区雨山街道检查指导单位核查工作。
10 月 29 日	省统计局副局长、省经普办主任张培胜一行来我市调研经济普查个体经营户抽样调查试点工作。市委书记张晓麟，市委常委、常务副市长王崧会见了张培胜一行，市政府副秘书长邢修桂、市统计局局长徐宏勇、马鞍山调查队队长戴晓泉，省统计局贸外处副处长陈之清、服务业调查中心副主任李志英等陪同调研。

10 月 31 日	我市召开县区经普办主任会议，通报全市单位核查工作进展情况，对单位核查后期工作进行全面部署。
11 月 1 日	省统计局人社处调研员王继武一行来我市检查指导人口变动抽样调查工作。
11 月 4 日	市统计局城调队张荣金同志取得市直机关干部职工象棋比赛第六名的好成绩。
Δ	市经普办召开会议，通报全市单位核查进展情况，部署单位核查后续工作。
11 月 5 日	市经济普查领导小组副组长、市统计局局长徐宏勇赴当涂县、花山区和雨山区督查经济普查单位核查工作。
11 月 9 日	市长魏尧在我局撰写的工业专题汇报材料《关于我市工业经济实现倍增计划的情况汇报》上作批示。
11 月 10 日	市委书记张晓麟在我局撰写的工业统计分析《前三季度马鞍山市省级以上开发区主要经济指标对比分析》上作批示。
11 月 11 日	省经普办副主任、省统计局总统计师高亳洲一行来我市检查指导经济普查单位核查工作。
11 月 11 日—12 日	省统计局财务处副处长王保荣一行来我市指导财务工作。
11 月 17 日	市统计局召开经济普查单位核查分析评估会议，通报全市单位核查工作情况，部署近期工作。
11 月 20 日	市委常委、常务副市长王崧在我局撰写的专报《我市 2012 年全社会研发投入强度超过 2%》上作批示。
Δ	市委常委、宣传部长盛厚林在我局撰写的统计信息专报《关于文化产业增加值核算方法变化情况的汇报》上作批示。
Δ	市统计局张叶萍同志荣获全市依法行政知识竞赛三等奖。
11 月 20 - 22 日	省统计局投资处副调研员许伟一行赴和县开展固定资产投资统计工作专项执法检查。
11 月 21 日	市统计局局长徐宏勇应邀为市商务局全体职工作报告。徐宏勇结合经济形势，重点阐述当前统计体制总体情况，讲解了统计基本常识。
11 月 21 日—24 日	市统计局副局长、经普办主任张玛莉，市统计局总统计师、经普办副主任宋必友一行赴花山区、雨山区和当涂县检查指导单位核查查遗补漏工作。
11 月 26 日	市统计局认真组织开展《统计法》和《全国经济普查条例》知识竞赛活动。
11 月 29 日	市统计局农调队与市林业部门联合召开全市林业统计年报工作会议。
11 月 30 日	副市长从辉等领导在视察全市“12.4”全国法制宣传日活动时，在市统计局宣传咨询台前驻足观看，对市统计局组织开展的第三次经济普查宣传工作给予充分肯定。
Δ	市统计局组织人员积极参加由市依法治市领导小组在大华广场开展的“12.4”法制宣传咨询活动。
12 月 3 日	市政府召开市长工作例会，会议将做好经济普查前期准备、服务业统计和开展好年度行业经济统计分析工作，作为 12 月份要重点抓好的 15 项工作之一。
Δ	市统计局农调队召开全市农村统计年报工作会议。会议传达全省农村统计年报会精神，布置 2013 年农村统计年报和 2014 年定期报表工作。
12 月 4 日—5 日	省统计局工业处处长王维率省经济普查单位核查数据质量抽查组一行来我市指导工作。
12 月 6 日	市统计局党组成员、副局长许宏林带队赴结对共建单位郑浦港新区白桥镇白桥社区开展“走亲戚”活动。
Δ	市经普办召开县区经普办主任会议，传达国家及省经普办、统计局《关于认真学习贯彻国务院领导同志批示精神的紧急通知》，对年内经济普查工作进行部署。
Δ	市统计局组织参与由国家统计局组织的全国统计法律法规知识竞赛活动。从国家统计局网站刊载《关于〈统计法〉和〈全国经济普查条例〉知识竞赛获奖者名单的公告》获悉，市儿童公园一位参与者获得三等奖，也是安徽省唯一获奖者。
12 月 8 日	市统计局、国家统计局马鞍山调查队、市第三次经济普查领导小组办公室、花山区统计局联合在大华国际广场，开展主题为“坚持依法统计，搞好经济普查”——纪念《统计法》颁布 30 周年宣传咨询活动。
12 月 12 日	市统计局城调队队长许亚明、市统计局办公室、综合科相关同志赴黄池镇中渡村开展“走亲戚”活动。
Δ	市统计局印发《关于做好 2013 年全市劳动工资年报统计工作的通知》，要求全市各有关单位全面做好劳动工资统计并轨工作，为企业一套表平台与原平台实施完全并轨夯实基础。
12 月 17 日	市经普办召开会议，传达全省经普办主任会议精神，要求增强紧迫感和责任感，坚守“六条”红线，确保高质量完成普查工作。
12 月 18 日	市委书记张晓麟在市统计局报送的工业统计专报《关于前 11 个月马鞍山市开发园区（新区）经济发展情况的汇报》上作批示。
Δ	市统计局组织全市各县区、开发园区专业统计负责同志，参加全省服务业统计工作暨年报布置视频会会议。

Δ	市统计局组织召开全市劳动工资统计业务培训会议，部署 2013 年年报和 2014 年定期报表工作。
12 月 19 日	市统计局召开全市 2013 年全年 GDP 核算部门联席会议。市经信委、住建委、财政局、国税局、地税局、交运局、人民银行和国家统计局马鞍山调查队等部门有关负责人参加了会议。
12 月 20 日—21 日	市经普办召开全市第三次经济普查业务培训会议。市统计局副局长、市经普办主任张玛莉到会对经济普查登记工作进行全面动员部署，市经普办副主任、市统计局总统计师宋必友主持会议。
12 月 20 日	市经普办召开全市经普办公室主任会议，全面部署经济普查登记阶段的各项工作。市统计局副局长、市经普办主任张玛莉到会讲话。
12 月 24 日	市统计局根据《安徽省人民政府办公厅关于开展 2013 年度政风行风民主评议工作的通知》要求，全面完成 2013 年度政风行风民主评议问卷调查活动。
12 月 25 日	市统计局党组在广泛征求意见的基础上，召开专题民主生活会。会议按照“照镜子、正衣冠、洗洗澡、治治病”的总体要求，以为民务实廉政为主题，以“反对‘四风’、服务群众”为重点，坚持严肃认真、实事求是、民主团结开展批评与自我批评。局党组书记、局长徐宏勇主持会议。
Δ	市经普办和市委宣传部联合召开第三次全国经济普查登记阶段宣传工作会议，对全市经济普查登记阶段宣传工作进行全面动员和部署。市经普领导小组副组长、市统计局局长徐宏勇到会讲话，市经普领导小组副组长、市委宣传部副部长梁发年主持会议。
12 月 26 日	市长魏尧在文化产业调研中，就开展好文化产业统计工作提出具体要求。
Δ	市政府召开全市第三次经济普查领导小组第二次会议，总结回顾单位核查阶段工作，对全市普查登记工作进行动员和部署。市经普领导小组副组长、市政府副秘书长邢修桂到会讲话，市经普领导小组副组长、市统计局局长徐宏勇主持会议，市经普办主任、市统计局副局长张玛莉通报我市经济普查有关情况。
Δ	市政府召开部门统计工作联席会议，研究部署当前全市部门统计工作。市政府副秘书长邢修桂参加会议并讲话，市统计局局长徐宏勇主持会议，市统计局总统计师宋必友通报了今年第四季度全市统计工作开展情况及下一阶段工作安排。
Δ	市统计局召开科技统计年报工作会议，传达全省科技统计年报工作会议精神，部署 2013 年科技统计年报及 2014 年科技统计工作。
12 月 27 日	市统计局召开全市贸易外经统计工作会议，部署 2013 年商贸外经统计年报及 2014 年定报统计工作。
12 月 30 日	市经济普查领导小组副组长、市统计局局长徐宏勇就第三次全国经济普查接受了马鞍山日报社、皖江晚报社记者采访。
Δ	市经普办组织人员相继收看国家、省统计局第三次全国经济普查战前动员视频会，并于会后进行全面动员和部署，迅速贯彻落实会议精神。市统计局局长徐宏勇到会讲话，副局长张玛莉主持会议，副局长许宏林、总统计师宋必友参加会议。
Δ	市统计局根据国家统计局《企业用工情况调查方案》统一部署，全面完成国家样本点企业用工情况调查工作任务。
12 月 31 日	市统计局党组成员、副局长张玛莉带队赴结对共建单位当涂县博望镇永合村开展“走亲戚”活动。
Δ	市统计局精心组织编印《聚焦工业促发展 转型升级谱新篇——2013 马鞍山市情》资料手册、《转型升级 加快发展》系列分析专辑以及“一分钟读懂经济普查”折页。